Fundamentos de Psicologia

TEMAS CLÁSSICOS DA PSICOLOGIA SOB A ÓTICA DA ANÁLISE DO COMPORTAMENTO

O GEN | Grupo Editorial Nacional – maior plataforma editorial brasileira no segmento científico, técnico e profissional – publica conteúdos nas áreas de ciências da saúde, exatas, humanas, jurídicas e sociais aplicadas, além de prover serviços direcionados à educação continuada e à preparação para concursos.

As editoras que integram o GEN, das mais respeitadas no mercado editorial, construíram catálogos inigualáveis, com obras decisivas para a formação acadêmica e o aperfeiçoamento de várias gerações de profissionais e estudantes, tendo se tornado sinônimo de qualidade e seriedade.

A missão do GEN e dos núcleos de conteúdo que o compõem é prover a melhor informação científica e distribuí-la de maneira flexível e conveniente, a preços justos, gerando benefícios e servindo a autores, docentes, livreiros, funcionários, colaboradores e acionistas.

Nosso comportamento ético incondicional e nossa responsabilidade social e ambiental são reforçados pela natureza educacional de nossa atividade e dão sustentabilidade ao crescimento contínuo e à rentabilidade do grupo.

Fundamentos de Psicologia

TEMAS CLÁSSICOS DA PSICOLOGIA SOB A ÓTICA DA ANÁLISE DO COMPORTAMENTO

ORGANIZADORES

MARIA MARTHA COSTA HÜBNER
Pós-Doutora em Psicologia Experimental pela Universidade de São Paulo – USP.
Pesquisadora do Instituto Nacional de Ciência e Tecnologia – Estudos sobre Comportamento, Cognição e Ensino.
Docente no Departamento de Psicologia Experimental do Instituto de Psicologia e Coordenadora do Programa de Pós-Graduação em Psicologia Experimental – USP.

MÁRCIO BORGES MOREIRA
Doutorado em Ciências do Comportamento pela Universidade de Brasília – UnB.
Coordenador do Curso de Psicologia do Instituto de Educação Superior de Brasília – IESB.
Graduação e Mestrado em Psicologia pela Pontifícia Universidade Católica de Goiás – PUC-GO.

EDITORES DA SÉRIE

EDWIGES FERREIRA DE MATTOS SILVARES
Professora Titular do Departamento de Psicologia Clínica do Instituto de Psicologia da USP.
Orientadora e Supervisora no Curso de Graduação junto ao Departamento de Psicologia Clínica e no Programa de Pós-Graduação em Psicologia Clínica do Instituto de Psicologia da USP.

FRANCISCO BAPTISTA ASSUMPÇÃO JUNIOR
Professor Livre-Docente pela Faculdade de Medicina da USP.
Professor Associado do Departamento de Psicologia Clínica do Instituto de Psicologia da USP.

LÉIA PRISZKULNIK
Professora-Doutora do Departamento de Psicologia Clínica do Instituto de Psicologia da USP.
Docente do Curso de Graduação em Psicologia do Instituto de Psicologia da USP.
Docente e Orientadora do Programa de Pós-Graduação em Psicologia Clínica do Instituto de Psicologia da USP.
Psicanalista.

- Os autores deste livro e a EDITORA GUANABARA KOOGAN LTDA. empenharam seus melhores esforços para assegurar que as informações e os procedimentos apresentados no texto estejam em acordo com os padrões aceitos à época da publicação, *e todos os dados foram atualizados pelos autores até a data da entrega dos originais à editora.* Entretanto, tendo em conta a evolução das ciências da saúde, as mudanças regulamentares governamentais e o constante fluxo de novas informações sobre terapêutica medicamentosa e reações adversas a fármacos, recomendamos enfaticamente que os leitores consultem sempre outras fontes fidedignas, de modo a se certificarem de que as informações contidas neste livro estão corretas e de que não houve alterações nas dosagens recomendadas ou na legislação regulamentadora.

- Os autores e a editora se empenharam para citar adequadamente e dar o devido crédito a todos os detentores de direitos autorais de qualquer material utilizado neste livro, dispondo-se a possíveis acertos posteriores caso, inadvertida e involuntariamente, a identificação de algum deles tenha sido omitida.

- **Atendimento ao cliente: (11) 5080-0751 | faleconosco@grupogen.com.br**

- Direitos exclusivos para a língua portuguesa
  Copyright © 2012, 2022, 2023 (8ª impressão) by
  EDITORA GUANABARA KOOGAN LTDA.
  Uma editora integrante do GEN | Grupo Editorial Nacional
  Travessa do Ouvidor, 11
  Rio de Janeiro – RJ – CEP 20040-040
  www.grupogen.com.br

  Reservados todos os direitos. É proibida a duplicação ou reprodução deste volume, no todo ou em parte, em quaisquer formas ou por quaisquer meios (eletrônico, mecânico, gravação, fotocópia, distribuição pela Internet ou outros), sem permissão, por escrito, da EDITORA GUANABARA KOOGAN LTDA.

- Capa: Editora Guanabara Koogan

  Editoração eletrônica: Anthares

  Projeto gráfico: Editora Guanabara Koogan

- **Ficha catalográfica**

T278

Temas clássicos da psicologia sob a ótica da análise do comportamento / organizadores Maria Marta Costa Hübner, Márcio Borges Moreira ; editores da série Edwiges Ferreira de Mattos Silvares, Francisco Baptista Assumpção Junior, Léia Priszkulnik. - [Reimpr.]. - Rio de Janeiro : Guanabara Koogan, 2024.

ISBN 978-85-277-2059-5

1. Comportamento humano - Psicologia. 2. Avaliação de comportamento. 3. Behaviorismo (Psicologia). 4. Psicologia. I. Hübner, Maria Martha. II. Moreira, Márcio Borges, 1976-.

12-0591.   CDD: 158.1
                                                                                 CDU: 159.947

AUTORES

Adriana Cunha Cruvinel
Doutorado em Psicologia Experimental pela Universidade de São Paulo. Mestrado em Psicologia Experimental: Análise do Comportamento pela Pontifícia Universidade Católica de São Paulo. Graduada em Psicologia pela Pontifícia Universidade Católica de Minas Gerais.

Ana Karina Leme Arantes
Doutoranda do Programa de Pós-Graduação em Psicologia da UFSCar. Mestre em Educação Especial e participante do Instituto Nacional de Estudos Sobre Comportamento, Cognição e Ensino (INCT/ECCE).

Ana Leda de Faria Brino
Doutora pelo Programa de Pós-Graduação em Teoria e Pesquisa do Comportamento da Universidade Federal do Pará (UFPA). Professora Adjunta II da Universidade Federal do Pará.

Camila Domeniconi
Pós-Doutoranda na Universidade do Minho. Doutorado pela Universidade Federal de São Carlos. Pesquisadora do Instituto Nacional de Ciência e Tecnologia. Professora Adjunta do Departamento de Psicologia da Universidade Federal de São Carlos.

Camila Muchon de Melo
Doutorado e Mestrado em Filosofia pela Universidade Federal de São Carlos. Graduada em Psicologia pela Universidade Estadual de Londrina.

Carmen Silvia Motta Bandini
Doutorado e Mestrado em Filosofia pela Universidade Federal de São Carlos. Graduada em Psicologia pela Universidade Federal de São Carlos. Professora da Universidade Estadual de Ciências da Saúde de Alagoas e do Centro Universitário CESMAC, Maceió, AL.

Denis Roberto Zamignani
Doutorado em Psicologia Clínica pela Universidade de São Paulo. Graduado em Psicologia e Mestre em Psicologia Experimental: Análise do Comportamento, pela Pontifícia Universidade Católica de São Paulo – PUC-SP. Coordenador da Faculdade de Psicologia na Escola de Ciências da Saúde da Universidade Anhembi-Morumbi.

Elenice S. Hanna
Docente e Pesquisadora do Programa de Pós-Graduação em Ciências do Comportamento da Universidade de Brasília – UnB. Pesquisadora do Instituto Nacional de Ciência e Tecnologia sobre Comportamento, Cognição e Ensino – ECCE, apoiado pelo MCT, CNPq e FAPESP.

Eliana Isabel de Moraes Hamasaki
Doutorado e Mestrado em Psicologia Experimental pela Universidade de São Paulo. Graduada em Psicologia, com Especialização em Terapia Comportamental e Cognitiva pela Universidade de São Paulo. Professora dos cursos de Psicologia, Nutrição e Enfermagem na Universidade Nove de Julho.

Elizeu Borloti
Pós-Doutorado em Psicologia Experimental pela Universidade de São Paulo. Doutorado em Psicologia Social pela Pontifícia Universidade Católica de São Paulo. Mestrado em Psicologia pela Universidade Federal do Espírito Santo.

Graduado em Psicologia pela Universidade Federal do Espírito Santo. Professor Adjunto do Departamento de Psicologia Social e do Desenvolvimento da Universidade Federal do Espírito Santo.

Erik Luca de Mello
Doutorando no Programa de Pós-Graduação de Psicologia: Comportamento e Cognição, na UFSCar. Mestre em Psicologia Experimental: Análise do Comportamento pela PUC/SP.

Gerson Yukio Tomanari
Doutorado e Mestrado em Psicologia Experimental. Coordenador do Laboratório de Análise Experimental do Comportamento (IPUSP). Professor Titular do Instituto de Psicologia da Universidade de São Paulo (IPUSP). Graduado em Psicologia pela Universidade de São Paulo (IPUSP). Pesquisador e coordenador local do Instituto Nacional de Ciência e Tecnologia sobre Comportamento, Cognição e Ensino (MCT/CNPq/FAPESP).

Joana Singer Vermes
Mestrado em Psicologia Experimental: Análise do Comportamento pela Pontifícia Universidade Católica de São Paulo PUC-SP. Psicóloga clínica, professora e supervisora do Curso de Especialização em Clínica Analítico-Comportamental do Núcleo Paradigma.

Luciana Verneque
Doutora em Processos Comportamentais (Análise do Comportamento) e Mestre em Psicologia pela Universidade de Brasília (UnB). Docente do Instituto de Ensino Superior de Brasília (IESB).

Professora e Supervisora Clínica do Instituto Brasiliense de Análise do Comportamento (IBAC).

Maria Stella Coutinho de Alcântara Gil
Doutorado em Psicologia Experimental pela Universidade de São Paulo. Graduada em Psicologia pela Pontifícia Universidade Católica de Campinas. Mestrado em Psicologia Social pela Universidade Federal da Paraíba. Professora associada da Universidade Federal de São Carlos, vinculada ao Departamento de Psicologia/CECH.

Marina Souto Lopes Bezerra de Castro
Doutorado e Mestrado em Filosofia. Graduada em Psicologia pela Universidade Federal de São Carlos. Psicóloga judiciária – Tribunal de Justiça do Estado de São Paulo.

Naiara Minto de Souza
Doutoranda em Psicologia pela UFSCar. Mestrado em Educação Especial e Graduação em Psicologia pela UFSCar.

Paola Almeida
Doutorado em Psicologia Experimental pela USP. Graduação e Mestrado em Psicologia pela Pontifícia Universidade Católica de São Paulo – PUC-SP. Professora da Pontifícia Universidade Católica de São Paulo – PUC-SP.

Paulo Elias Delage
Doutorado e Mestrado em Teoria e Pesquisa do Comportamento pela UFPA. Graduado em Psicologia pela UFJF. Professor de disciplinas e temas ligados à Psicologia da Educação.

Paulo Roney Kilpp Goulart
Doutorado em Teoria e Pesquisa do Comportamento. Docente do Núcleo de Teoria e Pesquisa do Comportamento, da Universidade Federal do Pará (NTPC-UFPA). Graduado em Psicologia.

Pedro Bordini Faleiros
Doutorado em Psicologia Experimental pela USP/São Paulo. Mestrado em Psicologia Experimental: Análise do Comportamento pela Pontifícia Universidade Católica de São Paulo.

Graduado em Psicologia pela Universidade Federal de São Carlos.

Docente do curso de graduação em Psicologia da Universidade Metodista de Piracicaba – UNIMEP.

Raquel Melo Golfeto
Doutorado em Educação Especial pela Universidade Federal de São Carlos. Graduação em Psicologia pela UNESP de Bauru. Mestrado

em Psicologia Experimental: Análise do Comportamento pela PUC de São Paulo.

Ricardo Corrêa Martone
Pós-Doutorando no Programa de Estudos Pós-Graduados em Psicologia Experimental da Pontifícia Universidade Católica de São Paulo.

Doutorado em Ciências do Comportamento pela Universidade de Brasília. Graduado em Psicologia pela Pontifícia Universidade Católica de São Paulo. Mestrado em Psicologia Experimental: Análise do Comportamento pela Pontifícia Universidade Católica de São Paulo.

Roberta Kovak
Mestre em Psicologia Experimental: Análise do Comportamento pela PUC-SP. Psicóloga clínica, professora e supervisora do Curso de Especialização em Clínica Analítico-Comportamental do Núcleo Paradigma. Coordenadora do Curso de Extensão em Acompanhamento Terapêutico e da equipe de acompanhantes terapêuticos do Núcleo Paradigma.

Roberto Alves Banaco
Coordenador Pedagógico do Núcleo Paradigma de Análise do Comportamento de São Paulo.

Professor Titular de Análise do Comportamento da PUC-SP. Conselheiro da Associação Brasileira de Psicologia e Medicina Comportamental e da Sociedade Brasileira de Psicologia.

Tales Carnelossi Lazarin
Doutoranda em Filosofia (Realismo Científico Contemporâneo) pela Universidade Federal de São Carlos. Bacharel em Psicologia e Mestre em Filosofia pela Universidade Federal de São Carlos.

Thais Porlan de Oliveira
Professora Doutora. Coordenadora do Colegiado de Graduação em Psicologia da Universidade Federal de Minas Gerais (UFMG/FAFICH). Pesquisadora do Instituto de Estudos sobre Comportamento, Cognição e Ensino.

Viviane Verdu Rico
Doutora em Psicologia Experimental e Especialista em Terapia Comportamental-Cognitiva pela Universidade de São Paulo.

Mestre em Teoria e Pesquisa do Comportamento pela Universidade Federal do Pará. Pesquisadora associada da Universidade Federal de São Carlos.

AGRADECIMENTOS

Uma obra dessa envergadura é, obviamente, consequência do trabalho de inúmeras pessoas de valor.

Em primeiro lugar, agradeço à Professora Dra. Edwiges Silvares, do Departamento de Psicologia Clínica do Instituto de Psicologia da USP, que me fez honroso convite para conduzir um volume sobre Análise do Comportamento em uma coleção cujo objetivo é configurar-se como aquela a ser inserida nos melhores cursos do país.

Em segundo lugar, agradeço ao Professor Dr. Julio de Rose, então Coordenador do Grupo de Pesquisa do PRONEX – Programa de Apoio a Grupos de Excelência sobre Comportamento, Cognição e Ensino (CNPQ/FAPESP) e à Professora Dra. Deisy das Graças de Souza, Coordenadora do Grupo de Pesquisa da ANPEPP – Análise Comportamental de Processos Simbólicos, na ocasião em que o grupo aceitou o convite para trabalhar nessa obra. Ambos os professores, líderes desse grupo, apoiaram o convite e, graças a esse grupo, o livro está hoje completo e pronto, com um conteúdo de peso.

Entretanto, a organização da obra não teria sido possível se não fosse a co-organização do Dr. Márcio Borges Moreira, pesquisador no grupo, que aceitou ser co-organizador, dando à tarefa uma agilidade e competência que, sozinha, eu não teria conseguido. Agradeço à Professora Elenice Hanna, docente da Universidade de Brasília e pesquisadora do grupo citado, por ter indicado, após meu pedido, o querido colega para trabalhar na organização do livro.

Sem dúvida alguma, a essência do livro está em sua ideia, originada do imenso grupo de colaboradores, coautores da obra. Vocês foram geniais!

Ao querido colega Roberto Banaco, que aceitou – em um prazo muito exíguo – escrever dois capítulos com sua equipe do Núcleo Paradigma sobre temas que só ele poderia coordenar no país.

Finalmente, agradeço a dois grandes ícones e modelos para todos nós da Análise do Comportamento: Professor Dr. João Claudio Todorov e Professora Dra. Deisy das Graças de Souza, os quais aceitaram, gentilmente, escrever, respectivamente, o Prefácio e Apresentação do livro. Foi uma grande honra para todos nós ter esse enorme privilégio.

Maria Martha Costa Hübner

PREFÁCIO

Esta coletânea é uma novidade que chega com atraso. Em 1938, ao comentar o livro *O comportamento dos organismos*, de B. F. Skinner, Ernst Hilgard disse que um desafio que a proposta teria que vencer era provar ser melhor que as outras com as quais teria que competir. Era preciso ver até onde o programa de pesquisa poderia se estender para cobrir todo o comportamento humano, ou pelo menos todos os aspectos com os quais se ocupavam outras teorias. A extensão de uma teoria com base no comportamento dos ratos na caixa de Skinner ao comportamento humano no ambiente natural levou muito tempo, com pouco progresso até a publicação de *Ciência e comportamento humano*. Exceto por *O comportamento verbal*, Skinner nunca chegou a aprofundar as inúmeras análises teóricas e os poucos exemplos experimentais ("São necessárias as teorias da aprendizagem?") que adiantou em suas publicações.

O desafio de Hilgard começa a ser enfrentado por Fred S. Keller e William N. Schoenfeld com *Principles of psychology*, um livro escrito para ser texto didático de introdução à psicologia. Com o avanço da Análise do Comportamento nas atividades profissionais a partir dos anos 1970, temas antes impensáveis para "skinnerianos de carteirinha" começam a surgir em trabalhos de análise experimental do comportamento. Comentei isso à época em artigo publicado no México chamando a atenção para os progressos e para a expansão na Análise do Comportamento: *Libertad, conocimiento, memória y autocontrol: conductismo?*. A partir dos anos 1980, dois textos dominam o ensino de Análise do Comportamento (mais "modernos" que Skinner): *Aprendizagem: comportamento, linguagem e cognição*, de A. Charles Catania, e o volumoso texto de William Baum – *Compreender o behaviorismo: comportamento, cultura e evolução*. Hoje, não há dúvida (pelo menos entre os behavioristas) de que temos ferramentas para trabalhar dados empíricos em qualquer área da psicologia. Análise do comportamento não é uma área, é um modo de trabalhar.

Temas clássicos da psicologia sob a ótica da análise do comportamento é uma coletânea que vem confirmar que, também no Brasil, o trabalho dos behavioristas tem se expandido continuamente desde a chegada de Fred S. Keller à USP, em 1961. Os temas mais frequentes dos tradicionais livros de introdução à psicologia (os temas "clássicos") estão aqui. Espero que cada capítulo seja uma ponte para os jovens pesquisadores: ao abordar uma área "clássica", convém saber o que os "clássicos" já acumularam de dados empíricos antes de reinventar a roda. Feita a advertência, segue uma sequência de elogios. Primeiro, pela iniciativa da Editora ao encomendar o livro. Depois aos pesquisadores do Instituto Nacional de Ciência e Tecnologia – Estudos de Comportamento, Cognição e Ensino (INCT-ECCE, CNPq/FAPESP) de aceitar o desafio proposto. Aos organizadores da coletânea, Maria Martha Costa Hübner e Márcio Borges Moreira pelo trabalho constante e sistemático necessário para a organização e finalização da obra. É um trabalho coletivo que envolveu a colaboração de muitos pesquisadores experimentados, como Martha Hübner, Elenice Hanna, Julio de Rose, Gerson Tomanari, Elizeu Borloti e Roberto Banaco (como convidado), bem como de jovens doutores, como Márcio Borges Moreira, Ana Leda de Faria Brino, Ricardo Martone, Pedro Faleiros, Denis Zamignani, dentre outros. Poderão dizer que este volume não cobre todas as áreas tradicionais da psicologia clássica. Tais críticas certamente servirão de estímulo à continuação do presente trabalho em novas publicações.

João Claudio Todorov
Professor Emérito da Universidade de Brasília

Apresentação da série

É com imenso prazer que apresentamos a *Série Fundamentos de Psicologia*. Ela consiste em textos básicos destinados aos alunos dos cursos de graduação, de especialização ou de pós-graduação em Psicologia de qualquer universidade do país. Esses textos encontram-se organizados de maneira prática, acessível e com sugestões de aprofundamento nos temas estudados de maneira a dispor ao leitor um guia de leitura para um curso acadêmico na área.

A obra visa, principalmente, à estruturação de um núcleo básico de pensamento, objetivando o conhecimento e a compreensão do campo em estudo, de modo a otimizar o ingresso do leitor nesse campo.

Como a finalidade desta série não é substituir os textos clássicos, mas sim orientar e sistematizar a compreensão dos principais temas estudados, uma maior reflexão, visando o aprofundamento deles, é recomendável. Assim, leituras complementares são sugeridas pelos diferentes autores a cada título.

O projeto, aparentemente simples, envolve grande parte da temática de relevância na área da psicologia. Assim, engloba seu conhecimento enquanto história, fundamentos, epistemologia e ética, a Psicologia do Desenvolvimento e da Aprendizagem, a Análise Experimental do Comportamento, a Etologia, a Psicopatologia nos aspectos clínicos e estruturais. Várias especificidades da área, como a Psicologia do Excepcional e a questão da deficiência física, mental e sensorial, a Psicologia dos processos cognitivos, a Psicologia dos processos sensoriais, a Psicologia da Personalidade, a Neuropsicologia, a relação Psicologia e doenças somáticas, bem como a Psicologia e Morte, são igualmente contempladas. Do ponto de vista das diferentes escolas de pensamento, procura ainda abordar seus fundamentos, uma introdução à Psicanálise, envolvendo as ideias de Freud, Jung, Klein, Winnicott, Lacan, Reich, uma introdução à Terapia Comportamental-Cognitiva e à Gestalt-Terapia, como também os modelos fenomenológicos e processos grupais e familiares. Busca ainda caracterizar, mesmo que de maneira geral, um panorama atual da Psicologia Social, da Psicologia Institucional, da Psicologia do Trabalho e das Organizações, bem como a interface Psicologia e Religião. Finalmente, o projeto propõe um último volume referente a questões específicas de cada um dos temas desenvolvidos, visando uma avaliação sistemática delas. O objetivo é facilitar o estudo do leitor iniciante em cada uma das áreas contempladas.

Todos os temas são desenvolvidos por especialistas com capacidade reconhecida nacional e internacionalmente.

É um trabalho de fôlego, sem similar na literatura nacional, e visa suprir uma lacuna existente em nosso mercado editorial.

Esperamos que seus objetivos sejam alcançados com o agrado de todos.

Profa. Dra. Edwiges Ferreira de Mattos Silvares
Prof. Dr. Francisco Baptista Assumpção Junior

Apresentação

Este livro foi escrito atendendo a um convite da Guanabara Koogan à Dra. Martha Hübner. O propósito era disponibilizar um livro didático sobre processos psicológicos básicos, sob a ótica da Análise do Comportamento, para alunos de graduação e de pós-graduação em Psicologia.

O convite fora feito pouco tempo antes da realização do XII Simpósio da Associação Nacional de Pesquisa e Pós-Graduação em Psicologia (ANPEPP), em 2008. Uma atividade central dos simpósios da ANPEPP são os grupos de trabalho, definidos por interesses convergentes em pesquisa e ensino e dos quais participam pesquisadores dos programas de pós-graduação, incluindo doutorandos. Martha participa do grupo de trabalho "Análise comportamental de processos simbólicos" e, com a generosidade que lhe é característica, compartilhou com os colegas a notícia sobre o convite e, mais do que isso, estendeu o convite aos demais membros do grupo. Ela abria mão de ser a autora de um importante livro na área, para ser sua organizadora.

O convite, apresentado inicialmente aos doutores, rapidamente se estendeu aos pós-graduandos, por sugestão do Professor Júlio de Rose, com base na consideração de que pesquisadores nesse estágio de formação encontram-se plenamente comprometidos com os assuntos de suas dissertações e teses e, por isso mesmo, conhecem o assunto em profundidade, além de, em muitos casos, dominarem conhecimento de ponta, melhor que qualquer outra pessoa da área, por serem eles os responsáveis pelos desenvolvimentos recentes de conhecimento novo.

Ao longo do simpósio, o grupo, que tinha uma pauta específica de trabalho a ser cumprida, realizou "horas-extras" para definir o formato e os temas que seriam abordados no livro, considerando os objetivos que ele deveria atender e, ao mesmo tempo, distribuindo o trabalho entre os autores, levando em conta seus interesses e suas competências.

O resultado desse planejamento foi o que talvez seja a principal contribuição desta obra: decidiu-se que o livro apresentaria, sob a ótica da Análise do Comportamento, os temas clássicos da Psicologia tratados em manuais gerais da área. Como mostram importantes pesquisas na área, inclusive as realizadas com estudantes brasileiros, o aluno iniciante de Psicologia geralmente chega ao curso aspirando se tornar um psicoterapeuta e desejando aprender sobre personalidade e psicopatologia. Compete aos cursos realizar o importante papel de levar o aluno a compreender que, para chegar à atividade profissional,

é crucial conhecer profundamente os processos psicológicos básicos e as variáveis das quais eles são função. No entanto, essa não é uma tarefa fácil, pela diversidade da psicologia no estudo e tratamento desses processos e pelas dificuldades de disponibilidade de material didático como suporte para a aprendizagem do aluno.

Considerando-se os desenvolvimentos científicos no campo da Análise do Comportamento, se o aluno precisa aprender, por exemplo, sobre percepção e memória, seria importante que ele aprendesse sobre controle de estímulos e a imensa complexidade de fenômenos e processos que esse termo abarca; se precisa aprender sobre motivação, é fundamental familiarizar-se com o papel das consequências do comportamento e com operações estabelecedoras; seu interesse em personalidade e psicopatologia pode encontrar respostas nas descobertas sobre efeitos deletérios do controle aversivo, sobre o papel de comportamentos de fuga e esquiva e seus sub-produtos. Como ilustram os exemplos, este livro procura apresentar uma transição dos temas clássicos da Psicologia, muitos deles já presentes na linguagem cotidiana, para os campos de estudo em Análise do Comportamento. O enfoque deverá permitir ao aluno navegar com mais facilidade pelos domínios da Análise do Comportamento, sem que a linguagem técnica e específica da área lhe cause, de início, tanta estranheza. A linguagem técnica é importante para a formulação de conceitos científicos (e para a discriminação entre conceitos formados a partir do senso comum e conceitos formados com base no método científico) e o aprendiz de ciência, de qualquer ciência, encontra-se sempre na condição de quem tem que aprender uma segunda língua; mas, como mostra nossa ciência, a segunda língua pode ser melhor aprendida quando as palavras se relacionam fortemente aos eventos do mundo com os quais o indivíduo lida ou com os quais está familiarizado. Este livro tomou o cuidado de estabelecer essa conexão.

O esforço para chegar ao conjunto final, que envolveu muitas e extensas trocas entre os autores, valeu a pena. O livro apresenta-se como uma fonte fundamental para quem queira aprender sobre Análise do Comportamento e sobre processos psicológicos básicos.

Deisy das Graças de Souza
Professora Titular da Universidade Federal de São Carlos
Coordenadora do Instituto Nacional de Ciência e
Tecnologia sobre Comportamento, Cognição e Ensino – INCT.

SUMÁRIO

CAPÍTULO I   BASES FILOSÓFICAS E NOÇÃO DE CIÊNCIA EM ANÁLISE DO COMPORTAMENTO, 1

Introdução, 1
O surgimento do Behaviorismo, 1
O Behaviorismo Radical de B. F. Skinner, 2
    Behaviorismos e as vicissitudes do sistema skinneriano, 3
    Causalidade e explicação no behaviorismo radical, 7
    A concepção de homem no behaviorismo radical, 11
A proposta de uma ciência do comportamento, 12
    O objeto de estudo da análise do comportamento, 13
    A unidade básica de análise, 14
    Previsão e controle, 15
    O método de pesquisa, 17
Referências bibliográficas, 18

CAPÍTULO II   APRENDIZAGEM, 20

Introdução, 20
O que é aprendizagem?, 20
    Comportamento respondente, 22
    Comportamento operante, 22
Processos básicos de aprendizagem, 24
    Condicionamento respondente, 24
    Condicionamento operante, 26
    O princípio unificado do reforço, 30
    Imprinting, 32
    Aprendizagem indireta, 32
O aprendiz experiente, 34
    Generalização primária eequivalência funcional, 34
    Modelagem e encadeamento de respostas, 35
    Learning set, 37
    Insight, 37
Aprendizagem no ensino formal, 38
Conclusões, 40
Referências bibliográficas, 40

CAPÍTULO III   PERCEPÇÃO E ATENÇÃO, 42

Introdução, 42
Perceber, 43
Atentar, 45
A relação entre perceber e atentar, 48
Aplicação, 49
Conclusões, 53
Referências bibliográficas, 54

CAPÍTULO IV   MEMÓRIA, 56

Alguns modelos explicativos de memória, 57
    Memória de trabalho, 57
    Memórias de curto e de longo prazos e memórias remotas, 58
    Memórias implícita e explícita, 58
Teorias sobre o esquecimento, 58
    Estudos de Ebbinghaus, 58
    Teoria de deterioração, 59
    Teorias de interferência, 59
    Falha na recuperação, 61
    Teoria dos esquemas, 61
    Teorias neurológicas, 61
Variáveis que controlam os comportamentos de "lembrar" e "esquecer": controle de estímulos, 61
Memória e aprendizagem: aprendendo a lembrar, 63
Distorções da memória: outras variáveis que influenciam os comportamentos de "lembrar" e "esquecer", 66
Melhorando a memória: aplicações das descobertas sobre "lembrar" e "esquecer", 67
Memória na análise do comportamento: de volta às ideias de Skinner, 70
Considerações finais, 71
Referências bibliográficas, 71

CAPÍTULO V   MOTIVAÇÃO, 74

Diferentes usos do conceito "motivação" na Psicologia, 75
    Uso disposicional (tendência a agir de certa maneira), 75
    Função adverbial (fazer duas coisas *vs.* fazer de certa maneira), 76
A motivação do comportamento e a análise do comportamento, 78
Operações estabelecedoras, 82
Taxonomia das operações estabelecedoras, 83
    Operação estabelecedora condicionada substituta, 85
    Operação estabelecedora condicionada reflexiva, 85
    Operação estabelecedora condicionada transitiva, 85
Conclusão, 86
Referências bibliográficas, 87

CAPÍTULO VI   SENTIMENTOS, 88

A natureza dos sentimentos e sua relação com o comportamento, 88
O que são os sentimentos e como aprendemos a prestar atenção a eles?, 91

xvi Temas Clássicos da Psicologia sob a Ótica da Análise do Comportamento

História de condicionamento envolvendo sentimentos, 91
Sentimentos: como relatá-los, 92
Por que o que eu sinto é diferente do que o outro sente?, 94
Descrição de alguns sentimentos sob a perspectiva
behaviorista radical, 94
  Alegria, 95
  Tristeza, 95
  Raiva, 95
  Frustração, 95
  Ansiedade, 96
  Medo, 96
  Vergonha e culpa, 96
  Amor, 96
Sentimentos: pesquisa e aplicação, 97
Referências bibliográficas, 99

CAPÍTULO VII   LINGUAGEM, 100

Pressupostos da proposta behaviorista radical para o estudo
da linguagem, 100
Proposta comportamental para o estudo da linguagem, 101
Operantes verbais: um vocabulário
comportamental único, 103
  Relações verbais formais, 103
  Relações verbais temáticas, 104
  A segunda ordem de operantes: os autoclíticos, 106
Controles verbais complexos, 107
  Extensões, 107
O controle pela audiência, 109
  Controle múltiplo, 109
Controle verbal sobre o comportamento não verbal: o
comportamento verbalmente controlado ou
comportamento governado por regras, 110
Referências bibliográficas, 113

CAPÍTULO VIII   PENSAMENTO E CRIATIVIDADE, 116

Qual é o problema com as abordagens tradicionais do estudo
do pensamento?, 118
  O problema com o conceito de mente e com a
  equivalência mente-cérebro, 118
  O problema da relação pensamento/comportamento
  encoberto ou comportamento verbal, 119
O pensamento na teoria Behaviorista Radical, 121
  Atentar como comportamento precorrente, 122
  Decidir como comportamento precorrente, 124
Pensar como resolver problemas e sua relação com a
criatividade, 124
Conclusão, 127
Referências bibliográficas, 127

CAPÍTULO IX   DESENVOLVIMENTO HUMANO, 129

Referências bibliográficas, 141

CAPÍTULO X   PERSONALIDADE, 144

A perspectiva tradicional do conceito de personalidade, 145
A noção de personalidade a partir da análise do
comportamento, 146
  O primeiro nível de seleção: aspectos herdados da
  personalidade, 147

O segundo nível de seleção: aspectos aprendidos da
personalidade, 148
O terceiro nível de seleção: aspectos verbais da
personalidade, 150
Para finalizar, 152
Bibliografia, 153

CAPÍTULO XI   PSICOPATOLOGIA, 154

Ainda há muito o que ser explicado, 155
Definição especial de psicopatologia: como fugir do estudo
da anormalidade, 156
O papel do controle aversivo na determinação de
comportamentos psicopatológicos, 156
Fontes do comportamento psicopatológico, 157
  O comportamento reflexo patológico, 157
  Interações entre processos respondentes e operantes, 158
Psicopatologia a partir da análise do comportamento, 159
  O comportamento operante patológico, 159
  Aspectos verbais e culturais dos comportamentos
  psicopatológicos, 161
O comportamento verbal do cientista determinando o
comportamento psicopatológico, 164
Resumo, 165
Referências bibliográficas, 165

CAPÍTULO XII   CULTURA E LIBERDADE, 167

A cultura como um terceiro nível de variação e seleção, 169
  A variação no terceiro nível dosprocessos de variação e
  seleção, 170
  As consequências culturais, 171
Unidades de análise no âmbito da cultura, 173
  Sigrid Glenn: contingências entrelaçadas e
  metacontingências, 174
O valor de sobrevivência no terceiro nível seletivo, 177
  O planejamento da cultura, 178
Liberdade, 180
  Em busca da liberdade, 181
Conclusão, 185
Referências bibliográficas, 185

CAPÍTULO XIII   CONSCIÊNCIA E AUTOCONHECIMENTO, 188

Eventos privados, 190
O conteúdo consciente, 191
Auto-observação e autoconsciência, 195
  Discriminação condicional do próprio
  comportamento, 195
  Autorreconhecimento no espelho, 196
  Autodiscriminação de estímulos privados, 197
O comportamento descritivo, 197
Autoconhecimento, 200
Autocontrole, 201
O comportamento inconsciente, 202
Autoconhecimento e psicoterapia, 203
Conclusão, 205
Referências bibliográficas, 206

ÍNDICE ALFABÉTICO, 208

CAPÍTULO I

BASES FILOSÓFICAS E NOÇÃO DE CIÊNCIA EM ANÁLISE DO COMPORTAMENTO

Márcio Borges Moreira · Elenice Seixas Hanna

INTRODUÇÃO

Este capítulo tem o objetivo de apresentar, em linhas gerais, uma filosofia chamada Behaviorismo Radical e uma abordagem psicológica (ou ciência do comportamento) denominada Análise do Comportamento, bem como estabelecer relações entre ambas. Faremos uma distinção importante entre o Behaviorismo Radical (corrente atual) e o Behaviorismo Metodológico. É importante que o leitor atente para esta distinção, pois a falta dela é, em parte, a razão de muitas críticas incorretas feitas ao moderno Behaviorismo Radical.

O pensamento de B. F. Skinner e alguns dos principais pressupostos filosóficos de sua obra serão apresentados brevemente e terão a função de fornecer ao leitor um referencial teórico básico para a melhor apreciação dos demais capítulos deste livro. Além dos aspectos concernentes ao Behaviorismo Radical, apresentaremos também a noção de ciência em Análise do Comportamento e algumas de suas características principais: seu objeto de estudo, sua unidade de análise e seu método.

O SURGIMENTO DO BEHAVIORISMO

Por volta do final do século 19, a Psicologia começa a constituir-se como ciência independente, embalada, principalmente, pelas pesquisas de Gustav Fechner e Wilhelm Wundt (cf. Goodwin, 2005/2005). Essencial ao surgimento e desenvolvimento de uma ciência é a definição do seu objeto de estudo e do seu método. Nessa época, sobretudo

após Wundt ter criado o primeiro laboratório de Psicologia experimental em Leipzig, Alemanha, difundiu-se a ideia de que o objeto de estudo da Psicologia era a consciência (e seus elementos constituintes), e o método eleito, a introspecção experimental[1] (cf. Goodwin, 2005/2005). É nesse contexto que, em 1913, o psicólogo John Broadus Watson publica um artigo intitulado *A Psicologia como um behaviorista a vê*.[2] Esse artigo ficou conhecido posteriormente como *O Manifesto behaviorista*.[3]

Em seu artigo, Watson (1913) argumentou que o uso da introspecção experimental como método principal falhou em estabelecer a Psicologia como uma ciência natural (uma ciência que lida com fenômenos que ocupam lugar no tempo e no espaço, como a Física e a Química). A crítica de Watson baseava-se principalmente na falta de replicabilidade dos resultados produzidos, isto é, quando se realizava novamente uma mesma pesquisa com um outro sujeito, uma pessoa diferente, os resultados encontrados eram diferentes da pesquisa anterior. Para se ter uma ideia do que representa esse problema, imagine, por exemplo, que se a mesma questão fosse encontrada na farmacologia, cada indivíduo que tomasse um analgésico teria uma reação completamente diferente e, provavelmente, nenhuma dessas reações seria a diminuição de uma dor de cabeça.

---

[1] Os participantes das pesquisas eram exaustivamente treinados a descrever estímulos apresentados pelo experimentador antes da tarefa experimental propriamente dita.
[2] Título original: *Psychology as the behaviorist views it.*
[3] Matos (1997/2006) aponta que o "Manifesto", na verdade, corresponde a um conjunto de documentos, e não apenas ao artigo seminal de 1913.

Watson (1913) salientou também outro problema importante com relação à introspecção experimental: a "culpa" das diferenças entre os resultados obtidos a partir de tal método era atribuída aos sujeitos (que eram também os observadores), e não ao método ou às condições experimentais nas quais esses resultados foram produzidos. Se, por exemplo, as impressões de um sujeito sobre um determinado objeto, uma fruta, por exemplo, diferiam das impressões de outro sujeito, dizia-se que um deles não havia aprendido corretamente a fazer introspecção (a fazer observações corretas de seus estados mentais). Para Watson, a Psicologia deveria seguir o exemplo de ciências bem estabelecidas, como a Física e a Química, as quais atribuíam as falhas em suas pesquisas aos instrumentos e métodos utilizados em seus estudos, o que levaria a Psicologia a um patamar equivalente de conhecimento do seu objeto de estudo.

Watson (1913) propôs, então, como principais objetivos da Psicologia a previsão e o controle do comportamento. O comportamento observável (por mais de um observador) seria o objeto de investigação a partir do método experimental, no qual se manipulam sistematicamente características do ambiente e verifica-se o efeito de tais manipulações sobre o comportamento dos sujeitos. Para Watson, embora o comportamento humano fosse o principal interesse da Psicologia, o comportamento animal também deveria ser estudado como parte importante da agenda de pesquisas dessa ciência. A obra de Watson estendeu-se além do texto de 1913 e incluía, segundo Matos (1997/2006), as seguintes características/ proposições principais:

"(...) estudar o comportamento por si mesmo; opor-se ao Mentalismo e ignorar fenômenos, como consciência, sentimentos e estados mentais; aderir ao evolucionismo biológico e estudar tanto o comportamento humano quanto o animal, considerando este último mais fundamental; adotar o determinismo materialístico; usar procedimentos objetivos na coleta de dados, rejeitando a introspecção; realizar experimentação controlada; realizar testes de hipótese, de preferência com grupo de controle; observar consensualmente; evitar a tentação de recorrer ao sistema nervoso para explicar o comportamento, mas estudar atentamente a ação dos órgãos periféricos, dos órgãos sensoriais, dos músculos e das glândulas" (Matos, 1997/2006, p. 64).

O Manifesto behaviorista, como ficou conhecido o artigo de Watson (1913), é uma espécie de marco histórico do surgimento do Behaviorismo. Embora muitas das concepções apresentadas por Watson em sua obra ainda se façam presentes, o que se conhece por Behaviorismo Radical (Skinner, 1974/2003), a proposta original sofreu reformulações, e a correta compreensão do que é o Behaviorismo hoje deve ser buscada principalmente não na obra de Watson (a despeito de sua relevância), mas na obra de Burrhus Frederic Skinner.

O BEHAVIORISMO RADICAL DE B. F. SKINNER

"*O Behaviorismo não é a ciência do comportamento humano, mas, sim, a filosofia dessa ciência.* Algumas das questões que ele propõe são: É possível tal ciência? Pode ela explicar cada aspecto do comportamento humano? Que métodos pode empregar? São suas leis tão válidas quanto as da Física e da Biologia?" Proporcionará ela uma tecnologia e, em caso positivo, que papel desempenhará nos assuntos humanos? São particularmente importantes suas relações com as formas anteriores de tratamento do mesmo assunto. O comportamento humano é o traço mais familiar do mundo em que as pessoas vivem, e deve-se ter dito mais sobre ele do que sobre qualquer outra coisa. E, de tudo o que foi dito, o que vale a pena ser conservado?" (Skinner, 1974/2003, p. 7, grifo nosso).

É dessa forma que Skinner (1974/2003) começa seu livro chamado *Sobre o Behaviorismo*. Destaca-se nessa citação uma distinção geralmente negligenciada: a diferença entre Behaviorismo e Análise do Comportamento. Ciência e Filosofia – ou conhecimento científico e conhecimento filosófico – andam, geralmente, de braços dados, mas há diferenças entre uma e outra. Como destacado por Skinner no trecho citado, quando falamos de *Behaviorismo*, estamos discutindo questões filosóficas, isto é, questões que orientam a forma como entendemos o mundo ou uma parte específica dele; estamos falando de uma *visão de mundo*. A própria possibilidade de uma ciência do comportamento é, em si, uma questão filosófica, é uma questão de como "enxergamos" o ser humano.

Behaviorismos e as vicissitudes do sistema skinneriano

Uma consulta rápida sobre o Behaviorismo em muitos dos manuais introdutórios de Psicologia ou livros de História da Psicologia, atuais e antigos, revelará críticas tenazes ao Behaviorismo, críticas apresentadas, muitas vezes, sob rótulos como "mecanicista", "simplista", "reducionista", "psicologia estímulo-resposta", "psicologia da caixa-preta" etc. Embora se possa argumentar que a atribuição de alguns desses adjetivos a uma determina abordagem científica não seja necessariamente ruim (há uma má compreensão, ou uso inadequado, desses termos por alguns autores), atribuí-los ao sistema skinneriano é, pelo menos em parte, "chutar um cachorro morto", isto é, tais críticas são feitas, geralmente, tendo como referência concepções behavioristas ultrapassadas (Chiesa, 1994/2006).

Essas concepções têm hoje, sobretudo, um interesse apenas histórico, e devem ser atribuídas tanto a pensadores e pesquisadores diferentes de Skinner quanto ao próprio Skinner nos primeiros momentos de sua carreira (Chiesa, 1994/2006; Micheletto, 1997/2006). Micheletto (1997/2006) sugere que a proposta de Skinner pode ser dividida em dois momentos distintos: de 1930 a 1938 e de 1980 a 1990. Segundo Micheletto, o "primeiro" Skinner (1930-1938) é marcado por uma forte influência das ciências físicas, sobretudo a mecânica newtoniana, e da filosofia do reflexo:

> "(...) Skinner, neste momento, ainda tem uma suposição associada ao mecanicismo, decorrente de ter mantido características originais da noção de reflexo: apesar de operar com a noção de relação funcional e não com uma causalidade mecânica, busca um evento no ambiente relacionado com o que o organismo faz, mas considera que este evento deve ser um estímulo antecedente que provoca a ocorrência da resposta" (Micheletto, 1997/2006, p. 46).

Já o "segundo" Skinner (1980-1990), como apontado por Micheletto (1997/2006), mostra-se mais comprometido com o modelo causal que embasa as ciências biológicas, influenciado principalmente pela teoria da evolução das espécies por seleção natural, de Charles Darwin (1859), e menos influenciado pelo modelo newtoniano. No entanto, já em 1938, Skinner apresentava uma ruptura com o modelo causal mecanicista. Um exemplo claro é a definição de reflexo, entendido à época como uma ligação direta entre estímulo e resposta, e reinterpretado por Skinner (1938) como uma correlação entre dois eventos observáveis: "Em geral, a noção de reflexo deve se livrar de qualquer noção de 'empurrão' do estímulo. Os termos se referem aqui a eventos correlacionados, e a nada mais" (Skinner, 1938, p. 21). Diz-se, então, que Skinner substitui a noção de causalidade mecânica pela noção de relações funcionais (Chiesa, 1994/2006; Skinner, 1953/1998). Como aponta o próprio Skinner (1953/1998), a ciência tem substituído o termo "causa" pelo termo "relação funcional", pois o primeiro remete a forças e mecanismos que "ligam" dois eventos, já o segundo apenas estabelece regularidade entre dois (ou mais) eventos.

Essa mudança no pensamento skinneriano é comumente atribuída (ou correlacionada) à influência do físico e epistemólogo Ernest Mach (cf. Chiesa, 1994/2006; Micheletto, 1997/2006; Todorov, 1989). Ernest Mach (cf. Chiesa, 1994/2006) causou certa discussão entre filósofos e físicos ao afirmar que o conceito de força era absolutamente redundante para o adequado entendimento e aplicação da mecânica clássica. A noção proposta por Mach, de que não é necessário inferir ou postular uma "força de atração" para explicar por que objetos caem, é a mesma noção proposta por Skinner (1938), de que não é necessário inferir uma força ou mecanismo que estabeleça o elo entre um estímulo e uma resposta.

Um ponto marcante no desenvolvimento do sistema de pensamento skinneriano, e considerado o "nascimento" do *Behaviorismo Radical* (Tourinho, 1987), é a publicação, em 1945, do artigo intitulado *Análise operacional de termos psicológicos*[4] (Skinner, 1945/1972). Skinner fora convidado para participar de um simpósio sobre o *Operacionismo*, uma doutrina filosófica proposta por Bridgman (1927) e cuja tese principal era a de que os conceitos devem ser definidos em termos das operações que o produzem. O significado, por exemplo, de comprimento deveria ser buscado nas operações pelas quais o comprimento é medido (Skinner, 1945/1972; Tourinho, 1987).

Embora Skinner (1945/1972) reconheça a influência da proposta de Bridgman em seus trabalhos iniciais, neste momento de sua obra ele questiona a utilidade do Operacionismo para o desenvolvimento de uma ciência do comportamento, sobretudo o que está relacionado com a definição e entendimento de conceitos psicológicos. Skinner (1945/1972) argumenta inicialmente que

---

[4]Título original: *The operational analysis of psychological terms.*

conceitos devem ser analisados como aquilo que realmente são: comportamentos verbais. Para Skinner, então, analisar conceitos significa analisar o comportamento verbal[5] do cientista (ou de quem os usa) e, para tanto, deve-se buscar as condições antecedentes e as condições consequentes do uso de determinado conceito (*análise funcional*).

As implicações dessa proposta de Skinner (1945/1972), e os caminhos percorridos para chegar a ela, serão apresentadas com mais detalhe em capítulos subsequentes deste livro. Por enquanto, para os propósitos deste capítulo, basta-nos saber que tal proposta estabelece uma distinção drástica entre o behaviorismo de Skinner, denominado por ele Behaviorismo Radical, e o Behaviorismo praticado (ou defendido) por alguns de seus contemporâneos, referido por Skinner como Behaviorismo Metodológico. No Behaviorismo Radical, há o reconhecimento de que eventos psicológicos privados (p. ex., pensamento, consciência etc.) *devem* fazer parte do objeto de estudo de uma ciência do comportamento e *podem* ser estudados com o mesmo rigor científico que eventos públicos.

Outra importante característica do Behaviorismo Radical apresentada no artigo de 1945, e da qual deriva, pelo menos em parte, a possibilidade do estudo científico dos eventos privados, é a proposição de Skinner (1945/1972) de que eventos privados (ou comportamentos privados) são tão físicos quanto os eventos públicos (ou comportamentos públicos), isto é, são de mesma natureza:

> "De acordo com essa doutrina [behaviorismo metodológico], o mundo está dividido em eventos públicos e privados; e a psicologia, para atingir os critérios de uma ciência, precisa se confinar ao estudo dos primeiros. Esse nunca foi um bom behaviorismo, mas era uma posição fácil de expor e defender e frequentemente defendida pelos próprios behavioristas (...). A distinção público-privado enfatiza a árida filosofia da 'verdade por concordância'. (...) O critério último para a adequação de um conceito não é a concordância entre duas pessoas, mas se o cientista que usa o conceito pode operar com sucesso sobre seu material – sozinho se necessário. (...) A distinção entre público e privado não é, de forma alguma, a mesma que a distinção entre físico e mental. É por isso que o behaviorismo metodológico (que adota a pri-

meira) é bem diferente do behaviorismo radical (...). O resultado é que, enquanto o behaviorismo radical pode, em alguns casos, considerar eventos privados (...), o operacionismo metodológico se colocou em uma posição em que não pode" (Skinner, 1945/1972, p. 382-383).

Curiosamente, muitas das críticas que Skinner (1945/1972) fazia aos behavioristas metodológicos há mais de seis décadas são ainda hoje, feitas ao próprio Skinner. Essas críticas são, obviamente, equivocadas – quando feitas ao Behaviorismo Radical. Fica claro no texto de 1945/1972, bem como em obras subsequentes de Skinner (p. ex., Skinner, 1974/2003), que o Behaviorismo Radical:

- É monista (entende eventos privados e públicos como sendo de mesma natureza)
- Tem como critério de verdade a efetividade – no uso do conhecimento – e não a concordância entre observadores
- Toma os eventos privados como legítimos objetos de estudo, resgatando a introspecção e o estudo da consciência, não como método, mas como comportamentos em seu próprio direito.

Como apontado, uma mudança importante no pensamento skinneriano foi a transição de um modelo explicativo menos influenciado pela física e mais voltado para o modelo das ciências biológicas, notadamente a teoria da evolução das espécies por seleção natural, de Charles Darwin (1859). Em 1981, Skinner publicou na revista *Science* um dos mais importantes e influentes periódicos científicos no mundo, um artigo intitulado *Seleção por consequências* (Skinner, 1981/2007). Embora algumas das ideias apresentadas no artigo já estivessem presentes em trabalhos bem anteriores de Skinner (p. ex., Skinner, 1953/1998), o artigo representa uma espécie de formalização do modelo explicativo do Behaviorismo Radical: *o modelo de seleção pelas consequências*.

Em seu livro de 1859, Darwin explica a origem das diferentes espécies de seres vivos, bem como diferenciações de uma mesma espécie, a partir de dois processos básicos principais: variação e seleção. Cada indivíduo de uma dada espécie é único, no sentido de ser diferente, em maior ou menor grau, de outros membros da mesma espécie. Essas diferenças referem-se a características anatômicas, fisiológicas e comportamentais. Falamos aqui, então, de variação ou variabilidade entre membros de uma mesma espécie. Os

---

[5]Segundo o próprio Skinner (1945/1972), parte da argumentação usada em 1945 era derivada de uma outra obra sua que se encontrava em preparação e seria publicada em 1957: *O comportamento verbal* (Skinner, 1957/1978).

membros dessa espécie vivem, geralmente, em um mesmo ambiente, e suas características anatômicas, fisiológicas e comportamentais são favoráveis à vida neste ambiente, isto é, a espécie está adaptada ao ambiente. Enquanto esse ambiente se mantiver inalterado, as características dessa espécie manter-se-ão inalteradas, mesmo que haja diferenças entre cada membro.

De acordo com Darwin (1859), entretanto, se houver mudanças no ambiente da espécie, aqueles indivíduos cujas características mostrarem-se mais adequadas ao novo ambiente terão mais chances de sobreviver e passar seus genes adiante (prole).

Eis um exemplo fornecido por Darwin:

> "Vejamos o exemplo de um lobo, que caça vários tipos de animais, conseguindo alguns pela estratégia de caça, outros pela força e outros pela rapidez; suponhamos que uma presa mais rápida, um veado, por exemplo, por algum motivo, aumentou seu número em um determinado local, ou que outras presas diminuíram seu número, durante a época do ano na qual o lobo mais precisa de comida. Sob essas circunstâncias, não vejo razão para duvidar de que os lobos mais rápidos e mais magros teriam as melhores chances de sobreviver, e, portanto, de serem preservados ou selecionados (...)" (Darwin, 1859, p. 90).

Nesse exemplo, podemos identificar os dois princípios básicos apontados por Darwin (1859): lobos, membros de uma mesma espécie, diferem, por exemplo, em força e agilidade ou rapidez (variação); e quando o ambiente muda (maior disponibilidade de presas velozes) aqueles lobos mais velozes têm mais chances de sobreviver e transmitir seus genes para sua prole e, consequentemente, depois de algum tempo haverá maior quantidade de lobos mais velozes, isto é, o ambiente selecionou esta característica.

Dizer que o ambiente selecionou uma característica é o mesmo que dizer que ela se tornou mais frequente. No exemplo de Darwin (1859), em um primeiro momento, a maioria dos lobos era capaz de correr a certa velocidade média X. Alguns poucos lobos eram capazes de correr a uma velocidade média um pouco menor que X e outros a uma velocidade média um pouco maior (variabilidade). Quando as presas disponíveis no ambiente dos lobos eram aquelas mais velozes, aqueles poucos lobos que eram mais rápidos (e isso era uma característica genética deles) foram mais capazes de se alimentar e transmitir seus genes para seus descendentes que, provavelmente, também eram mais velozes que a média. Depois de algum tempo, aquela velocidade média (mais veloz) passou a ser bem mais frequente naquele grupo de lobos, isto é, havia mais lobos capazes de desenvolverem velocidades maiores.

Em seu artigo de 1981, Skinner (1981/2007) afirma que o processo de seleção natural (Darwin, 1859) é apenas um primeiro nível – ou tipo – de seleção pelas consequências, e que nos explicaria a origem das diferentes espécies, assim como nos explicaria parte do comportamento dos organismos, como apontado pelo próprio Darwin. Ao observarmos os comportamentos de indivíduos de diferentes espécies, percebemos que há uma série de comportamentos que estes organismos emitem sem que seja necessária uma experiência anterior, sem que haja aprendizagem (Moreira, Medeiros, 2007). Entretanto, como apontado por Skinner, há, de maneira geral, duas características dos animais que foram selecionadas pelo ambiente que são fundamentais para a Psicologia, pois estão diretamente relacionadas com a nossa capacidade de aprender:

> "O comportamento funcionava apropriadamente apenas sob condições relativamente similares àquelas sob as quais fora selecionado. A reprodução sob uma ampla gama de condições tornou-se possível com a evolução de dois processos por meio dos quais organismos individuais adquiriam comportamentos apropriados a novos ambientes. Por meio do condicionamento respondente (pavloviano), respostas preparadas previamente pela seleção natural poderiam ficar sob o controle de novos estímulos. Por meio do condicionamento operante, novas respostas poderiam ser fortalecidas ("reforçadas") por eventos que imediatamente as seguissem" (Skinner, 1981/2007, p 129-130).

Como apontado por Skinner (1981/2007) nesse trecho, quando determinado comportamento é selecionado em uma determinada espécie, tal comportamento somente será adaptativo enquanto as condições ambientais que o selecionaram permanecerem as mesmas. No entanto, o próprio processo de seleção natural teria sido responsável pela seleção de duas características importantes que passaram a permitir que os membros de uma espécie pudessem, durante o período de sua vida, adaptar-se a ambientes diferentes – ou lidar mais facilmente com mudanças em seu próprio ambiente. Essas características podem ser definidas como capacidades para aprender a interagir de novas maneiras com o ambiente. Essas aprendizagens ocorrem de duas maneiras: por meio do condicionamento respondente e do condicionamento operante (esses dois processos de aprendizagem serão aprofundados em capítulos subsequentes).

Segundo Skinner (1981/2007), o condicionamento operante é um segundo tipo de seleção pelas consequências. Em algum momento da evolução das espécies, o comportamento dos organismos passou a ser suscetível aos acontecimentos que ocorrem após o comportamento ser emitido, isto é, certas *consequências do comportamento* (eventos que os sucedem) que podem fortalecer esse comportamento e tornar sua ocorrência mais provável. A analogia entre seleção natural e seleção operante é direta. No entanto, a seleção natural produz as diferenças entre espécies, as mudanças ocorridas (selecionadas) ao longo de milhares de anos; já a seleção operante estabelece as diferenças comportamentais individuais e as mudanças comportamentais ocorridas durante a vida de um indivíduo.

Apenas como um exercício para entendermos, de maneira geral, o modelo de seleção pelas consequências no nível individual (seleção operante), tente imaginar um ser humano em diferentes momentos de sua vida, desde o seu nascimento até sua morte; e tente imaginar também esse ser humano em diferentes situações do seu cotidiano – e, ao imaginar essas situações, tente imaginar não só o que esse ser humano está fazendo, mas também o que acontece depois que ele faz alguma coisa. Imagine, por exemplo, um pequeno bebê em seu berço, sorrindo para sua mãe e balbuciando. O bebê emite diferentes sons aleatoriamente (variabilidade) e, em algum momento, emite um som parecido com "mãn". Quando isso acontece, a mãe do bebê "faz uma festa" com seu filho que acaba de dar o primeiro passo em direção à palavra "mamãe", aconchegando e falando com o bebê. As reações da mãe poderão ter um efeito fortalecedor sobre o comportamento do bebê, ou seja, poderão tornar mais provável que ele repita aquele som (dizemos que a reação da mãe funcionou como uma *consequência reforçadora* para o comportamento do bebê).

O bebê, então, passa a falar "mã" mais vezes. Neste sentido, dizemos que esse comportamento foi selecionado por suas consequências no ambiente, neste caso, a reação orgulhosa da mamãe. Algumas vezes o "mã" é seguido por sons parecidos com "pá", outras por "dá" etc. (variabilidade). Em algum momento, o "mã" é seguido por outro "mã", e lá estará a mãe para fazer outra "festa" com seu filho, que está quase falando "mamãe". Dizemos então que o comportamento de dizer, por enquanto, "mãmã" foi selecionado por suas consequências.

Imagine agora uma criança por volta dos seus 3 ou 4 anos que pede educadamente um doce a seu pai, e este diz não. Ao ouvir o "não", a criança pede o doce de modo mais vigoroso, e ouve outro não, passando a pedir cada vez mais de maneira mais enérgica até iniciar uma birra (variabilidade). No ápice da birra, seu pai a atende, dá-lhe o doce. Imagine que situações parecidas continuem ocorrendo até que a criança passe a "dar birras" frequentemente. Dizemos então que este comportamento, "dar birras", foi selecionado por suas consequências.

Imagine as diversas interações entre pais e filhos (o que os pais fazem ou dizem quando os filhos fazem ou dizem alguma coisa; e o que os filhos fazem ou dizem quando os pais fazem ou dizem alguma coisa); imagine as diversas interações entre professores e alunos; imagine as diversas interações entre alunos; imagine as diversas interações entre adolescentes pertencentes a um mesmo grupo; imagine as diversas interações entre amigos; entre chefes e funcionários; entre funcionários e funcionários; tios e sobrinhos; avós e netos; enfim, as diversas interações que ocorrem cotidianamente na vida de todos nós. Se examinarmos com algum cuidado essas interações, perceberemos que a reação dos outros ao que pensamos, falamos ou fazemos influencia bastante a nossa maneira de pensar, o que falamos e o que fazemos, ou seja, essas reações são consequências dos nossos comportamentos e os selecionam, no sentido de tornar alguns de nossos comportamentos mais frequentes e outros menos frequentes. Obviamente, nosso comportamento também funciona como consequência para o comportamento das pessoas com as quais interagimos, e também seleciona certos comportamentos dessas pessoas. O uso do termo "interação" não é por acaso e implica analisar as experiências individuais como um processo de retroalimentação. Cada interação do indivíduo com seu ambiente altera o modo como as interações seguintes ocorrerão, caracterizando um processo extremamente dinâmico e complexo.

A Psicologia, de maneira geral, ocupa-se dos fenômenos relacionados com este segundo nível de seleção pelas consequências. Entendendo como os processos de variabilidade e seleção operam neste segundo nível, nos tornamos capazes de explicar, entre outras coisas, como a personalidade de um indivíduo é formada, como surge boa parte das psicopatologias, como aprendemos a falar, escrever, pensar, descrever nossos sentimentos; como surgem nosso temperamento e a subjetividade, como passamos a ter consciência de nós mesmos e do mundo, e uma infinidade de outros comportamentos e processos psicológicos.

Parte significativa deste livro dedica-se a apresentar cada um desses processos à luz do modelo de seleção pelas consequências.

A seleção natural, ou filogenia, nos ajuda a entender a origem das diferenças entre as espécies; a seleção operante, ou ontogenia, nos ajuda a entender a origem das diferenças comportamentais entre os indivíduos e, embora este segundo nível de seleção nos permita explicar uma infinidade de comportamentos e processos psicológicos, há ainda uma lacuna para a adequada compreensão do ser humano. Segundo Skinner (1981/2007), essa lacuna é preenchida por um terceiro nível de seleção pelas consequências: *o nível de seleção cultural.*

De acordo com Skinner (1981/2007), em algum momento da evolução da espécie humana, "a musculatura vocal ficou sob controle operante" (p. 131). Isso quer dizer que vocalizações emitidas por um indivíduo ficaram sensíveis às suas consequências, ou seja, passaram a ter sua probabilidade de voltar a ocorrer aumentada ou diminuída em função do que acontecia no ambiente do organismo que as emitia. Nesta característica residem a origem (ou possibilidade) da linguagem e o caráter eminentemente social do ser humano:

> "O desenvolvimento do controle ambiental sobre a musculatura vocal aumentou consideravelmente o auxílio que uma pessoa recebe de outras. Comportando-se verbalmente, as pessoas podem cooperar de maneira mais eficiente em atividades comuns. Ao receberem conselhos, ao atentarem para avisos, ao seguirem instruções, e ao observarem regras, as pessoas podem se beneficiar do que outros já aprenderam. Práticas éticas são fortalecidas ao serem codificadas em leis, e técnicas especiais de autogoverno ético e intelectual são desenvolvidas e ensinadas. O autoconhecimento ou consciência emergem quando uma pessoa pergunta a outra questões como 'O que você vai fazer?' ou 'Por quê você fez aquilo?'. A invenção do alfabeto propagou essas vantagens por grandes distâncias e períodos de tempo. Há muito tempo, diz-se que essas características conferem à espécie humana sua posição única, embora seja possível que tal singularidade seja simplesmente a extensão do controle operante à musculatura vocal" (Skinner, 1981/2007, p. 131).

De acordo com Skinner (1981/2007; 1987), o surgimento da linguagem possibilitou o aparecimento de ambientes sociais cada vez mais complexos, ou seja, tornou possível o rápido desenvolvimento da cultura (ou de práticas culturais). Para Skinner, assim como o modelo de seleção pelas consequências nos explica as origens e as diferenças entre as espécies, explica-nos as origens e as diferenças dos comportamentos individuais, esse modelo também nos explica as origens e as diferenças entre as culturas.

Vimos que a variabilidade nas características (anatômicas, fisiológicas e comportamentais) entre membros de uma mesma espécie possibilita a seleção de novas características que, em algum momento, passam a ser mais adequadas a um ambiente (seleção no nível filogenético). Vimos também que a variabilidade nos comportamentos individuais faz com que novos comportamentos sejam selecionados pelo ambiente (seleção no nível ontogenético). Da mesma forma, a variabilidade nas práticas culturais de um grupo permite o surgimento de novas práticas culturais, isto é, a mudança na cultura.

As práticas culturais de um povo, segundo Skinner (1953/1998; 1981/2007), produzem certas consequências para esse grupo. Por exemplo, se a maioria dos indivíduos de um determinado grupo, que mora à beira de um rio, emite regularmente comportamentos que mantêm o rio limpo, e observamos esse hábito por meio das gerações nesse grupo, dizemos então que esses comportamentos constituem uma prática cultural daquele grupo. Segundo Skinner, ter o rio limpo (livre de doenças, água potável etc.) é uma consequência da prática cultural e é esta consequência, esse efeito sobre o grupo como um todo que mantém a ocorrência dessa prática. Neste sentido, dizemos que esta consequência selecionou aquela prática cultural.

Causalidade e explicação no behaviorismo radical

Por que as flores caem no outono e não na primavera? Por que o céu é azul? Por que as coisas caem para baixo e não para cima? Por que depois de cozido o ovo não pode ser "descozido"? Por que temos cinco dedos em cada mão e não seis? Por que algumas pessoas induzem vômito em si mesmas depois de comer? Por que algumas crianças aprendem mais rapidamente que outras? Por que alguns grupos sociais odeiam outros grupos sociais? Por que fulano fez aquilo? Por que sicrano tem agido de forma tão estranha? Essas perguntas são apenas exemplos de um traço bastante característico do comportamento humano: queremos explicar tudo o que acontece ao nosso redor, principalmente aquilo que as pessoas (ou nós mesmos) fazem ou deixam de fazer.

Em um sentido amplo, explicar significa apontar as causas de alguma coisa. Quando fazemos a pergunta "por que fulano agiu daquela forma?", estamos perguntando "o que causou aquele comportamento?". Durante um curso de Psicologia, por exemplo, boa parte do que os professores ensinam refere-se às causas dos comportamentos dos indivíduos; por que pensam o que pensam? Por que sentem o que sentem? Por que falam o que falam? Por que fazem o que fazem? Ou por que deixam de falar, fazer, pensar ou sentir o que falam, fazem, pensam e sentem? Entretanto, o aluno de Psicologia, já no primeiro semestre do curso, depara-se com um "problema" que o acompanhará até o final do curso – e até mesmo depois de formado: o estudante começa a aprender que existem diversas abordagens em Psicologia e que cada uma delas aponta diferentes causas para os comportamentos das pessoas. Para complicar mais ainda a vida do estudante, muitas vezes há conflitos, divergências entre as explicações. Na aula do primeiro horário o professor diz que as causas de um determinado fenômeno comportamental (um transtorno de personalidade, por exemplo) são X; já na aula do segundo horário o professor diz "Turma, X não explica nada sobre esse transtorno de personalidade. Na verdade, as verdadeiras causas são Y e Z".

Por que isso ocorre? Por que essa divergência? Essa "confusão" ocorre por um simples motivo: existem diversos *modelos explicativos* na Psicologia – e nas ciências em geral. Um modelo explicativo refere-se, de maneira geral, ao modo como se explicam e se apontam as causas de um dado fenômeno. Por exemplo, imagine o caso de um rapaz que tem dificuldades de iniciar e manter uma conversa com uma garota que ele ache atraente. Uma forma de explicar essa dificuldade é dizer que o rapaz é tímido, introvertido. Outra é dizer que ele tem medo de ser rejeitado, ou que tem baixa autoestima, ou, ainda, que hoje esse rapaz tem essa dificuldade porque em outras vezes que abordou uma garota que achou interessante as consequências foram desastrosas.

Por que os organismos se comportam?

O subtítulo acima leva o mesmo nome do Capítulo 3 do livro *Ciência e Comportamento Humano* (Skinner, 1953/1998). Nesse capítulo, Skinner aborda algumas causas gerais utilizadas comumente pare se explicar o comportamento, apontando alguns problemas em se utilizar tais causas. Um primeiro ponto destacado por Skinner é que nenhum tipo de causa deve ser descartado de imediato: "Qualquer condição ou evento que tenha algum efeito demonstrável sobre o comportamento deve ser considerado (p. 24)". Note, entretanto, o uso da palavra "demonstrável". O problema de se atribuir certas causas ao comportamento não é a causa em si, mas a falta de evidências que atestem que aquele evento ou condição, de fato, exerce alguma influência sobre o comportamento de alguém.

Se uma pessoa acredita, por exemplo, que a posição dos astros no momento do nascimento de outra pessoa, ou dela mesmo, influencia ou até mesmo determina os comportamentos de alguém pelo resto de sua vida, esta pessoa deveria ser capaz de *demonstrar* essa influência. Skinner (1953/1998) aponta que o problema com explicações advindas, por exemplo, da astrologia e da numerologia "são tão vagas que a rigor não podem ser confirmadas ou desmentidas (p. 25)". Se você diz a um amigo: "Amanhã vai chover, mas pode fazer sol", ficará difícil dizer que você estava errado na sua previsão. Da mesma forma, dizer, por exemplo, "os arianos costumam ser bastante ingênuos, porém com espírito inquieto e selvagem às vezes" constitui uma proposição difícil de demonstrar que está incorreta, difícil de avaliar.

Outra explicação (ou causa) que as pessoas geralmente usam para explicar o comportamento de alguém, ou delas próprias, é a hereditariedade. Como já vimos, parte do comportamento dos organismos é fruto da seleção natural, ou seja, é determinado geneticamente. Entretanto, segundo Skinner (1953/1998), explicar as diferenças de comportamento, de personalidade e as aptidões de indivíduos de uma mesma espécie a partir da hereditariedade pode constituir um equívoco. É bastante plausível presumir que a hereditariedade possa desempenhar algum papel na explicação dos comportamentos de uma pessoa. No entanto, é comum exagerar-se na importância desse papel, além do fato de que se infere que um comportamento é inato por desconhecermos os efeitos da experiência individual para o seu desenvolvimento (hereditário é o que não consigo provar que é aprendido).

Além da falta de dados conclusivos sobre a influência desses fatores no comportamento humano, isto é, além da falta de evidências de que esses fatores são causas (ou influências) legítimas do comportamento, há um problema ainda maior: quanto mais o comportamento de uma pessoa for explicado por esses fatores, menos o papel do psicólogo será necessário (Skinner, 1953/1998). Se a "causa" da timidez de alguém for hereditária, por exemplo, isso significa dizer que é genética, logo, essa pessoa estaria "condenada" a ser tímida pelo resto de sua vida. É curioso observar como alguns psicólogos e alunos de Psicologia gostam de dar tanta ênfase ao papel da hereditariedade na "causação" do comportamento. Devemos reconhecer que a hereditariedade possa explicar parte do comportamento de uma pessoa, mas devemos "apostar nossas fichas" mais na aprendizagem e na interação do que na hereditariedade. Psicólogos que acreditam que "pau que nasce torto morre torto" estão na profissão errada.

Skinner (1953/1998) aponta ainda um outro conjunto de causas – equivocadas – do comportamento que ele chamou de causas internas, que são de três tipos:

- Causas neurais
- Causas internas psíquicas
- Causas internas conceituais.

Estamos explicando o comportamento a partir de causas neurais quando utilizamos expressões como "fulano estava com os nervos à flor da pele" e "sicrano tem miolo mole ou não bate bem da bola". Podemos usar termos mais técnicos também, como, por exemplo, "fulano está deprimido porque seus níveis de serotonina estão baixos".

Skinner (1953/1998) faz duas considerações importantes acerca da atribuição de causas neurais do comportamento. A primeira delas diz respeito ao fato de que condições específicas do nosso sistema nervoso não são as causas de um dado comportamento; são parte do comportamento do indivíduo. Por exemplo, quando dizemos que uma pessoa está deprimida, estamos dizendo, entre outras coisas, que ela pode estar tendo pensamentos recorrentes de morte ou suicídio e também que seus níveis de serotonina podem estar baixos. A causa relevante da depressão, para o psicólogo, estará em acontecimentos da vida da pessoa (p. ex., perda de um ente querido).

Um segundo problema em se atribuir causas neurais ao comportamento é de ordem mais prática: o psicólogo, no exercício de sua profissão, não dispõe de instrumentos para "acessar" o sistema nervoso de uma pessoa, além de não poder "interferir" diretamente nesse sistema nervoso com, por exemplo, cirurgias e medicamentos. Além disso, conforme apontado por Skinner (1953/1998), mesmo conhecendo todos os aspectos neurológicos relacionados com a depressão, por exemplo, ainda assim deveremos buscar na história da pessoa com depressão eventos,

situações que serão, de fato, a causa (ou causas) da sua depressão, ou seja, que serão a causa última dos "sintomas comportamentais" (p. ex., ideias suicidas), bem como das alterações neurológicas (p. ex., baixo nível de serotonina).

Os dois outros tipos de causas internas (psíquicas e conceituais) apontados por Skinner (1953/1998) podem ser agrupados em um único tipo, dado que apresentam os mesmos problemas: são circulares e expressam a ideia de outro ser ou agente que habita nossos corpos e causa nossos comportamentos. Esses dois tipos de causa podem ser exemplificados pelo uso de expressões como "fulano tem uma personalidade desordenada", "sua consciência é seu guia", "fulano fuma demais porque tem o vício do fumo", "ele joga bem xadrez porque é inteligente", "ela briga por causa do seu instinto de luta" ou "sicrano toca bem piano por causa de sua habilidade musical" (Skinner, 1953/1998, p. 32-33). Esses dois tipos de explicação são o que Skinner (1974/2003) chamou de explicações mentalistas, isto é, *explicações que nos dão a falsa impressão de estarmos explicando algo quando, na verdade, não estamos.* Veremos o porquê a seguir.

Explicações circulares do comportamento

Tomemos como exemplo a frase citada anteriormente: "fulano fuma demais porque tem o vício do fumo". Quando dizemos essa frase, estamos querendo *explicar* por que alguém fuma demais, ou seja, estamos apontando *a causa do "fumar demais".* Estamos tão acostumados com este tipo de explicação que muitas vezes não percebemos um erro lógico inerente a ele: causa e efeito não podem ser a mesma coisa, o mesmo evento (p. ex., "cair água do céu" não pode ser a explicação de por que está chovendo). Se dedicarmos um pouco do nosso tempo para analisar proposições como essa, logo perceberemos que nada estamos explicando. "Fulano fuma demais" e "fulano tem o vício do fumo" são exatamente a mesma proposição, isto é, têm exatamente o mesmo significado.

Quando dizemos "fulano fuma demais", o dizemos ao observar o comportamento de alguém (o número de cigarros que um amigo ou conhecido fuma por dia, por exemplo). Ao observar o comportamento (fumar demais), queremos explicá-lo, indicar sua causa, então dizemos "fulano fuma demais *porque* tem o vício do fumo". Dizer que fulano *tem o vício do fumo*, de algum modo, nos passa uma ideia de que há algo (o vício) dentro daquela pessoa, e que este vício a impele a fumar. No entanto, *a única evidência que temos da existência desse vício é o próprio comportamento de fumar.* O diálogo a seguir talvez deixe mais clara a circularidade desse tipo de explicação:

Pessoa 1: Por que fulano fuma tanto?

Pessoa 2: Porque ele é viciado.

Pessoa 1: Ah! Mas como você sabe que ele é viciado?

Pessoa 2: Ora! Porque ele fuma demais!

Pessoa 1: Mas por que ele fuma demais?

Pessoa 2: Porque tem esse vício!

Pessoa 1: Não estou entendendo! Ele fuma demais porque é viciado em cigarro ou é viciado em cigarro porque fuma demais?

Pessoa 2: Os dois, ora!

Dizer, portanto, que alguém tem o vício do fumo significa apenas dizer que alguém fuma (demais), mas nada nos explica sobre a origem, a causa, do *fumar demais* (ou do *vício*). É relativamente simples perceber a circularidade dessa explicação, pois *vício do fumo* refere-se a uns poucos comportamentos do indivíduo relacionados com o consumo de cigarros. Entretanto, há uma série de outras explicações que lançam mão de conceitos psicológicos para explicar comportamentos mais complexos e que incorrem no mesmo erro. O uso do conceito de inteligência é um bom exemplo. Vejamos a seguinte frase: "João joga bem xadrez *porque* é inteligente". Certamente jogar xadrez bem não é a única realização de uma pessoa que nos leva a dizer que ela é inteligente. Há uma infinidade de coisas que as pessoas falam e fazem que nos levam a dizer que essas pessoas são inteligentes. Entretanto, usar, por exemplo, *inteligência* como explicação, como causa de comportamentos, implica o mesmo problema apontado para o uso de *vício* como explicação para o comportamento de fumar: a única evidência que temos de que a pessoa é inteligente é o fato de que ela joga bem xadrez (ele joga bem xadrez porque é inteligente ou é inteligente porque joga bem xadrez?). Então, as frases "fulano é inteligente" e "fulano joga bem xadrez" significam a mesma coisa; uma proposição não é a explicação, a causa, da outra.

Se pararmos por um momento para analisarmos os usos que fazemos do conceito de inteligência, perceberemos facilmente que não estamos explicando por que algumas pessoas fazem ou falam certas coisas – ou falam ou fazem certas coisas de certas maneiras. O uso desse conceito, por exemplo, tem uma *função adverbial*, isto é, não estamos explicando o comportamento das pessoas, mas sim usando o conceito como um advérbio (jogar bem xadrez *versus* jogar mal xadrez; Oliveira-Castro, Oliveira-Castro, 2001). Analisar como usamos certos conceitos psicológicos é uma ótima atividade para percebermos que muitas das causas/ explicações que atribuímos ao comportamento dos outros, e ao nosso próprio, na verdade, nada explicam. No Capítulo 5 deste livro – Motivação – você verá mais alguns exemplos dessas análises.

O problema com agentes internos que causam comportamento

Outro tipo de "causa" interna psíquica que normalmente se atribui ao comportamento das pessoas, e que Skinner (1953/1998) também aponta como problemática ou falaciosa, é a explicação do comportamento a partir de agentes internos como o *eu*, a *consciência*, a *mente* ou o *self*. Quando, por exemplo, alguém diz "fiz o que minha consciência me ditou", essa pessoa está dizendo que sua consciência causou seu comportamento, ou seja, ela (ou o que ela ditou) é a explicação do comportamento. Novamente, temos, no mínimo, uma explicação incompleta, pois nos restaria ainda responder à seguinte pergunta: "E quem ditou à sua consciência o que fazer?". O uso de conceitos como *self* ou *mente*, por exemplo, para explicar o comportamento traz implícita a ideia de que existe uma "outra pessoa" dentro da pessoa, e que "dita" a ela o que fazer. No entanto, quem dita a essa "pessoinha" interna o que fazer? Outra "pessoinha"? E a essa outra "pessoinha"? Uma outra? Perceba que quando analisamos esse tipo de explicação caímos em um erro lógico que os filósofos chamam de regressão ao infinito. Nesse caso, criaríamos "pessoinhas" infinitamente, uma para explicar o que a outra fez.

Com o gigantesco avanço das neurociências na década de 1990, um outro tipo de explicação falaciosa para o comportamento começou a "virar moda". Bennett e Hacker (2003) chamaram esse tipo de explicação de *falácia mereológica*, que consiste em atribuir ao cérebro capacidades ou ações que só fazem sentido quando atribuídas a um indivíduo íntegro, como um todo, e não a partes desse indivíduo (p. ex., o cérebro decide; o cérebro escolhe; o cérebro sente, interpreta etc.). Raramente ouvimos dizer "as mãos de fulano pegaram a caneta" ou "as pernas de sicrano caminharam até a porta". É mais comum ouvirmos "fulano pegou a caneta" e "sicrano caminhou até a porta". É mais comum porque o uso correto desses verbos refere-se a indivíduos como um todo, e não a partes deles, assim como decidir, interpretar, escolher etc. Dizer que o cérebro fez isso ou aquilo implica o mesmo erro apontado por Skinner (1953/1998) de dizer, por exemplo, "minha consciência decidiu".

É necessário ressaltar novamente que dizer que não é a consciência de um indivíduo, ou o seu *self*, ou sua personalidade, ou o seu eu interior, ou o seu cérebro, por exemplo, que explica o comportamento das pessoas, que são as causas de seus comportamentos, *não quer dizer de forma alguma* que, para o Behaviorismo Radical, as pessoas são uma "caixa-preta" ou um organismo vazio. Apenas quer dizer que as causas dos comportamentos não devem ser atribuídas a processos ou estruturas internas inferidas a partir da observação do próprio comportamento do indivíduo. As explicações para o que as pessoas fazem, falam, pensam ou sentem devem ser buscadas na sua história de interações com seu ambiente, sobretudo interações com outras pessoas. Neste sentido, o modelo causal na perspectiva behaviorista radical é o modelo de seleção pelas consequências (apresentado anteriormente), nos três níveis em que ocorre: filogenético, ontogenético e cultural (Skinner, 1981/2007). Os demais capítulos deste livro fornecerão uma excelente amostra de como se explica o comportamento a partir desse modelo.

A concepção de homem no behaviorismo radical

"Os homens agem sobre o mundo, modificando-o, e, por sua vez, são modificados pelas consequências de sua ação" (Skinner, 1957/1978, p. 15). Esta é a primeira frase do livro de Skinner chamado *O comportamento verbal*, a qual ilustra, de maneira geral, a concepção de homem do Behaviorismo Radical, denotando o caráter relacional entre o homem e o mundo em que vive (lembrando que o principal aspecto desse mundo, para entendermos corretamente essa frase, são os outros membros da mesma espécie, as outras pessoas).

É comum ouvirmos ou lermos que, para o Behaviorismo, o homem é um ser passivo. Essa afirmação é, no mínimo, equivocada e denota apenas a falta de compreensão de muitos autores sobre a obra de Skinner. Apenas a análise da frase inicial de *O comportamento verbal* (Skinner, 1957/1978) já pode nos mostrar que, para o Behaviorismo Radical, o homem é um ser ativo em seu mundo. A frase citada anteriormente é composta por, pelo menos, três proposições básicas:
- Os homens agem sobre seu mundo
- Os homens modificam seu mundo (essas modificações são descritas como as consequências de suas ações)
- Os homens são modificados pelas consequências de suas ações.

Se o homem muda em função das mudanças em seu mundo, produzidas por ele mesmo (das consequências de suas ações), então cada homem é capaz de construir-se como homem, como pessoa, a partir de suas próprias ações. Esta concepção, ao contrário do que afirmam muitos críticos, talvez seja uma das concepções de homem que mais conferem a este o domínio sobre sua própria vida, já que não considera o homem uma "vítima" de motivações inconscientes, de estruturas de sua personalidade e de instintos, entre outras coisas.

A correta compreensão da proposição de que o homem age sobre o mundo, modificando-o, e sendo modificado por essas mudanças que ele mesmo produziu (Skinner, 1957/1978), requer a noção adicional de que o homem é também histórico. Pense, por um instante, em você como você é hoje. Pense que você age sobre seu mundo (p. ex., faz perguntas às pessoas; faz declarações de amor, escreve recados; pede favores; dá ordens; pede conselhos; dá conselhos; reclama da vida às vezes; diz, às vezes, que não poderia estar mais feliz; emite opiniões sobre os mais diversos assuntos etc.). Todas essas ações produzem, pelo menos ocasionalmente, mudanças no mundo ao seu redor (p. ex., as pessoas concordam ou discordam de suas opiniões; suas declarações de amor são respondidas com carinho ou rechaçadas; suas ordens e seus pedidos de favor às vezes são atendidos e às vezes não; seus conselhos podem ser seguidos; suas "reclamações da vida" podem ser criticadas ou confirmadas por outras pessoas e assim por diante).

De acordo com essa filosofia, chamada de Behaviorismo Radical, é nesse turbilhão de interações com o seu mundo, principalmente com as pessoas que o cercam, que você aprende a ser quem você é, aprende as habilidades que tem, os "defeitos" que tem, as virtudes que tem, sua maneira de pensar e de sentir, aprende a ter consciência de quem você é e, entre inúmeras outras coisas, a ter consciência do mundo em que vive. No entanto, se você pensar não apenas nas suas interações com o seu mundo, e como elas influenciam seu comportamento, e pensar também nas interações das pessoas que você conhece, rapidamente perceberá que certas consequências dos seus comportamentos influenciam você de maneiras diferentes do que as mesmas consequências influenciariam o comportamento das pessoas que você conhece. Por exemplo, imagine que você e um colega fizeram uma prova e que os dois não se saíram muito bem. Fazer uma prova (responder às questões) é comportamento, é agir sobre o mundo. Receber uma nota boa ou uma nota ruim é uma consequência desse comportamento. Para facilitar o exemplo, imagine também que as respostas de vocês na prova foram bastante parecidas. Portanto, em nosso exemplo, você e seu colega emitiram um mesmo comportamento, uma mesma ação sobre o mundo, e as consequências (nota ruim) foram também muito similares. No entanto, ao receber a nota, você diz "vou me esforçar mais da próxima vez" (e você faz exatamente isso na próxima prova) e seu colega diz "essa matéria é muito difícil, vou 'trancar' a disciplina" (e assim ele faz).

Neste exemplo, a consequência das suas ações e das ações de seu colega influenciou seus comportamentos futuros, e os de seu colega, de maneiras diferentes. Duas implicações importantes podem ser extraídas desse exemplo: a primeira é que, mesmo de maneiras diferentes, a consequência do comportamento, seu e de seu colega, influenciou comportamentos futuros (desistir ou se esforçar mais), *i. e.*, vocês agiram sobre o mundo, modificando-o, e foram modificados pelas consequências de suas ações; a segunda implicação importante diz respeito ao fato de que uma mesma consequência influencia de maneiras diferentes comportamentos de diferentes pessoas. Novamente, as razões dessa diferença, de por que diferentes pessoas reagirem de formas diferentes a aspectos do seu ambiente, devem ser buscadas na história de interações da própria pessoa. Neste caso, poderíamos nos perguntar, por exemplo, como os seus pais e os pais de seu colega reagiram a notas ruins no passado.

É neste sentido, portanto, que dizemos que, para o Behaviorismo Radical, o homem é um ser histórico. O homem é também, para esta filosofia, um ser inerentemente social, já que boa parte das modificações que produzimos no mundo são, na verdade, mudanças nos comportamentos das pessoas com as quais convivemos.

Como vimos anteriormente, o homem é pertencente à espécie humana e, portanto, parte do seu comportamento e de suas capacidades é resultado de um processo de seleção e variação no nível filogenético. O homem aprende com suas interações com o mundo, muda seus comportamentos em função das modificações que produz nesse mundo: processo de variação e seleção (de comportamentos) no nível ontogenético. Essa aprendizagem se dá, sobretudo, pela mediação de outras pessoas. Muitas pessoas em um grupo social fazem muitas coisas parecidas, gostam de muitas coisas parecidas, têm crenças e valores semelhantes, entre outras coisas. Essa similaridade entre os comportamentos de indivíduos de um mesmo grupo é muitas vezes chamada de cultura, e é transmitida de geração para geração: falamos então do processo de variação e seleção (de comportamentos) no nível cultural. Portanto, dizer que o homem é um ser social e histórico é dizer que ele é, constitui-se como homem, como pessoa, a partir de processos de variação e seleção nesses três níveis: filogenético, ontogenético e cultural.

A PROPOSTA DE UMA CIÊNCIA DO COMPORTAMENTO

Provavelmente você já ouviu o ditado popular "de médico e louco todo mundo tem um pouco". Para que ele ficasse um pouco mais completo, deveria ser: "de médico, louco e *psicólogo* todo mundo tem um pouco". Como citado, todos temos nossas próprias explicações para os comportamentos das outras pessoas e para o nosso próprio. Esse conhecimento – que as pessoas em geral têm sobre os mais diversos assuntos e, nesse caso, sobre o comportamento humano – é chamado de *conhecimento do senso comum*. Inúmeros filósofos, muitos deles muito importantes (p. ex., Sócrates, Aristóteles e Platão), produziram uma quantidade absurda de conhecimento sobre o ser humano, sobre suas essências, sua natureza, suas razões etc. Esse tipo de conhecimento é chamado conhecimento filosófico. Padres, pastores, sacerdotes e clérigos em geral também têm suas próprias concepções e explicações para muitos assuntos humanos; esse conhecimento é chamado conhecimento religioso.

Há, entretanto, um tipo de conhecimento diferente desses três apresentados: o *conhecimento científico*. Quais são, então, as diferenças entre esses tipos de conhecimento? Poderíamos dizer que o conhecimento do senso comum é produzido pelas pessoas em geral, que o conhecimento filosófico é aquele produzido pelo filósofo, que o conhecimento religioso é aquele produzido por religiosos (padres, bispos, pastores etc.) e que o conhecimento científico é aquele produzido por cientistas. Mas essa distinção ainda nos deixa outra pergunta: o que nos permite dizer que alguém é um cientista ou um filósofo ou um religioso? A resposta a essa pergunta, e que também distingue um tipo de conhecimento de outro, *está na maneira como o conhecimento é produzido*.

Dissemos que o Behaviorismo Radical é uma filosofia que embasa uma ciência do comportamento (Skinner, 1974/2003). Essa ciência é chamada Análise do Comportamento. Behaviorismo Radical e Análise do Comportamento tratam do ser humano e de seus comportamentos, no entanto, abordam esses assuntos de maneiras diferentes, e o conhecimento derivado de cada um desses campos do saber é produzido também de modos diferentes. Se já existe uma filosofia que trata desses assuntos, para que precisamos de uma ciência que também trata desses assuntos? O conhecimento filosófico é extremamente importante e dele deriva inclusive a própria concepção de ciência. Praticamente não há uma ciência que não esteja fortemente ancorada em pressupostos filosóficos. Embora cada tipo de conhecimento tenha sua utilidade, cada tipo também tem suas limitações. O conhecimento científico (o produzido de forma científica) apresenta certas características importantes que preenchem algumas lacunas deixadas pelos outros tipos de conhecimento. Essas características do conhecimento científico permitem que, de certa forma, ele avance mais rapidamente que as outras formas de conhecimento. Vejamos o que diz Skinner sobre isso:

> "Os resultados tangíveis e imediatos da ciência tornam-na mais fácil de avaliar que a Filosofia, a Arte, a Poesia ou a Teologia. (...) a ciência é única ao mostrar um progresso acumulativo. Newton explicava suas importantes descobertas dizendo que estava de pé sobre os ombros de gigantes. Todos os cientistas (...) capacitam aqueles que os seguem a começar um pouco mais além. (...) Escritores, artistas e filósofos contemporâneos não são apreciavelmente mais eficazes do que os da idade de outro da Grécia, enquanto o estudante secundário médio entende muito mais a natureza do que o maior dos cientistas gregos (p. 11). (...) Os dados, não os cientistas, falam mais alto (p. 13). (...) Os cientistas descobriram também o valor de ficar sem uma resposta até que uma satisfatória possa ser encontrada (p. 14). (...) O comportamento é uma matéria difícil, não porque seja inacessível, mas porque é extremamente complexo. Desde que seja um processo, e não uma coisa, não pode ser facilmente imobilizado para observação. É mutável, fluido e evanescente, e, por esta razão, faz grandes exigências técnicas da engenhosidade e energia do cientista (p. 16)" (Skinner, 1953/1998, p. 11-16).

Resumidamente, o que Skinner (1953/1998) está dizendo nesse trecho é que cada nova geração de cientistas que se forma tem um conhecimento mais preciso sobre os assuntos que estuda do que a geração anterior, mas o mesmo não é válido para, por exemplo, novas gera-

ções de filósofos ou artistas. Isso só é possível porque os cientistas descobriram um modo de testar o conhecimento que produzem (o *método científico*). A maneira como os cientistas trabalham e divulgam o conhecimento produzido permite que outros cientistas repitam a pesquisa que seus colegas fizeram, e que avaliem se os resultados apresentados por seus colegas se repetem ou não. A ciência, neste sentido, é autocorretiva: equívocos são passíveis de identificação e correção.

É interessante destacar também a seguinte frase da citação anterior de Skinner (1953/1998): "Os cientistas descobriram também o valor de ficar sem uma resposta até que uma satisfatória possa ser encontrada". É por isso que muitas vezes vemos propagandas de produtos dizendo que seus feitos foram *testados cientificamente*. Quando o cientista divulga um conhecimento, geralmente ele tem muitos *dados* (obtidos por meio de experimentação) que sustentam o que está dizendo, e não apenas hipóteses e argumentos lógico-linguísticos bem estruturados.

O objeto de estudo da análise do comportamento

Já foi dito que o que distingue o conhecimento científico dos demais tipos de conhecimento é a maneira como ele é produzido, o método utilizado para produzi-lo. Mas o que distingue uma ciência da outra? O que distingue a Física da Química? Ou a Biologia da Psicologia? Essa distinção se dá, principalmente, pelo *objeto de estudo* de cada ciência. Se digo que estudo o movimento dos corpos, então estou falando de uma área da Física; se estudo o desenvolvimento embrionário de répteis, então estou falando de uma área da Biologia. Porém, qual é o objeto de estudo da Psicologia?

Não há na Psicologia, talvez por ser ainda uma ciência relativamente nova, consenso sobre qual é o seu objeto de estudo. Diferentes abordagens psicológicas (p. ex., Análise do Comportamento, Psicanálise, Psicologia Humanista) postulam diferentes objetos de estudo para a Psicologia. Para a Análise do Comportamento, a Psicologia deve ter como objeto de estudo as interações dos organismos vivos com seu mundo, como apontando por Todorov (1989) em um artigo chamado *A Psicologia como o Estudo de Interações*:

> "A psicologia estuda interações de organismos, vistos como um todo, com seu meio ambiente (Harzem, Miles, 1978). Obviamente não está interessada em todos os tipos possíveis de interações nem em quaisquer espécies de organismo. A psicologia

se ocupa fundamentalmente do homem, ainda que para entendê-lo muitas vezes tenha que recorrer ao estudo do comportamento de outras espécies animais (Keller, Schoenfeld, 1950). Quanto às interações, estão fora do âmbito exclusivo da psicologia aquelas que se referem a partes do organismo, e são estudadas pela biologia, e as que envolvem grupos de indivíduos tomados como uma unidade, como nas ciências sociais. Claro está que a identificação da psicologia como distinta da biologia e das ciências sociais não se baseia em fronteiras rígidas: as áreas de sobreposição de interesses têm sido importantes a ponto de originar as denominações de psicofisiologia e psicologia social, por exemplo. As interações organismo-ambiente são tais que podem ser vistas como um *continuum* onde a passagem da psicologia para a biologia ou para as ciências sociais é muitas vezes questão de convencionar-se limites ou de não se preocupar muito com eles. (...) Nesta caracterização da psicologia, o homem é visto como parte da natureza. Nem pairando acima do reino animal, como viram pensadores pré-darwinianos, nem mero robô, apenas vítima das pressões do ambiente, na interpretação errônea, feita por alguns autores (...)" (Todorov, 1989, p. 348).

Alguns pontos dessa citação merecem um destaque especial. O primeiro refere-se ao fato de que, para a Análise do Comportamento, devemos estudar *interações comportamento-ambiente*, e não apenas o que o indivíduo faz, fala, pensa ou sente. O que o indivíduo faz, fala, pensa ou sente deve sempre ser contextualizado. Dizer, por exemplo, "Maria chorou" não é de muita utilidade para o psicólogo. Não estamos interessados somente no que as pessoas fazem, ou pensam, ou sentem; estamos interessados nas condições em que este fazer/pensar/sentir ocorre e nas consequências (mudanças ambientais) relacionadas com esse fazer/pensar/sentir. Um segundo ponto importante está relacionado com o fato de que não são todas as interações que interessam à Psicologia, e que o limite entre o que é objeto de estudo da Psicologia e o que não é nem sempre é muito claro. Os fenômenos que estão nessa "fronteira" muitas vezes são estudados por áreas que chamamos de *áreas de interface*, como a Psicobiologia, por exemplo. No entanto, de uma coisa podemos ter certeza, como destacado pelo professor João Claudio Todorov em muitas de suas palestras: "onde há pessoas se comportando, há espaço para o psicólogo".

Você, muito provavelmente, lerá e ouvirá no decorrer do curso de Psicologia coisas como "para o behaviorismo não existe pensamento"; "a análise do comportamento não estuda as emoções"; "o behaviorismo não estuda a consciência ou a criatividade"; "a Análise do Comportamento (ou o behaviorismo) não leva em consideração a personalidade do indivíduo". Frases como essas, em última análise, estão "tentando" circunscrever o objeto de estudo da Análise do Comportamento. Todas elas, e muitas outras parecidas, são absolutamente inverídicas. Todos esses fenômenos/processos psicológicos (personalidade, consciência, criatividade, pensamento e emoções) fazem parte do objeto de estudo da Análise do Comportamento. No entanto, em função de esses fenômenos/processos serem estudados pela Análise do Comportamento como comportamentos, *e não como causa de outros comportamentos*, muitos autores e psicólogos tendem a dizer, equivocadamente, que eles não pertencem ao escopo da Análise do Comportamento. Os capítulos seguintes desse livro ilustrarão melhor como alguns desses fenômenos/processos são abordados pela Análise do Comportamento.

A unidade básica de análise

Para que um determinado fenômeno possa ser estudado adequadamente, é necessário identificar quais são seus componentes mais básicos, mais simples. Dissemos anteriormente que o objeto de estudo da Análise do Comportamento são as interações de ações do organismo com seu ambiente. Isso quer dizer que não é suficiente somente o que o organismo faz e nem só o ambiente, ou seja, a unidade de análise não é nem um, nem outro isoladamente, mas a interação entre ambos. Para a Análise do Comportamento, portanto, qualquer fenômeno psicológico (ou comportamental) deve ser analisado a partir de relações entre eventos. A unidade básica de análise que descreve e relaciona esses eventos chama-se *contingência*, que pode ser definida como uma descrição (do tipo se *isso* então *aquilo*) de relações entre eventos (Skinner, 1969; Todorov, 2002).

O trabalho do psicólogo é, primordialmente, encontrar e modificar tais relações. Chamamos de análise funcional a identificação dessas relações entre indivíduo e ambiente. Murray Sidman (1989/1995) descreveu de maneira bastante simples essa tarefa e sua importância para o trabalho do psicólogo:

"Se quisermos entender a conduta de qualquer pessoa, mesmo a nossa própria, a primeira pergunta a fazer é: 'O que ela fez?' O que significa dizer, identificar o comportamento. A segunda pergunta é: 'O que aconteceu então?' O que significa dizer, identificar as consequências do comportamento. Certamente, mais do que consequências determinam nossa conduta, mas essas primeiras perguntas frequentemente hão de nos dar uma explicação prática. Se quisermos mudar o comportamento, mudar a contingência de reforçamento – a relação entre o ato e a consequência – pode ser a chave. Frequentemente gostaríamos de ver algumas pessoas em particular mudar para melhor, mas nem sempre temos controle sobre as consequências responsáveis por sua conduta. Se tivermos, poderemos mudar as consequências e ver se a conduta também mudará. Ou poderemos prover as mesmas consequências para conduta desejável e ver se a nova substituirá a antiga.

Esta é a essência da análise de contingências: identificar o comportamento e as consequências; alterar as consequências; ver se o comportamento muda. Análise de contingências é um procedimento ativo, não uma especulação intelectual. É um tipo de experimentação que acontece não apenas no laboratório, mas, também, no mundo cotidiano. Analistas do comportamento eficientes estão sempre experimentando, sempre analisando contingências, transformando-as e testando suas análises, observando se o comportamento crítico mudou. (...) se a análise for correta, mudanças nas contingências mudarão a conduta" (Sidman, 1989/1995, p. 104-105).

Previsão e controle

Boa parte do conhecimento já produzido pelo homem tem a função de dar algum sentido ou significado a vários aspectos do seu mundo (p. ex., "há uma vida após a morte"), ou simplesmente explicar por explicar, dar uma causa (p. ex., "as pessoas agem por impulso"). A ciência, entretanto, busca algo mais. Para a ciência, o "bom conhecimento", ou o conhecimento útil, é aquele que permite previsão e/ou controle sobre seu objeto de estudo (Skinner, 1953/1998). Uma teoria que explique apenas coisas que já aconteceram não é muito útil. Imagine, por exemplo, uma teoria psicológica que explique "perfeitamente" por que

alguém cometeu suicídio, mas de que nada adiante para podermos identificar suicidas em potencial; ou em que nada nos ajude a fazer um suicida em potencial "mudar de ideia".

Previsão do comportamento

Quando se fala em prever o comportamento, em ciência, deve-se ficar claro que não estamos falando de nada esotérico e, a exemplo de outras ciências, raramente podemos prever eventos do cotidiano com 100% de precisão. Quando estudamos o comportamento para tentar prevê-lo, estamos tentando identificar que fatores o influenciam, que fatores alteram sua probabilidade de ocorrência. Tentar prever o comportamento é tentar responder, por exemplo, perguntas como "o que pode levar um indivíduo à depressão?"; "por que algumas crianças aprendem mais rapidamente que outras?"; "que circunstâncias podem levar uma pessoa a desenvolver um transtorno obsessivo-compulsivo?" etc.

Só é possível prever o comportamento porque existe certa ordem, certa regularidade na maneira como as pessoas se comportam. Essa previsibilidade do comportamento, muitas vezes, é mais óbvia do que pensamos. Vejamos o que Skinner (1953/1998) nos diz sobre isso:

"Um vago senso de ordem emerge de qualquer observação demorada do comportamento humano. Qualquer suposição plausível sobre o que dirá um amigo em dada circunstância é uma previsão baseada nesta uniformidade. Se não se pudesse descobrir uma ordem razoável, raramente poder-se-ia conseguir eficácia no trato dos assuntos humanos. Os métodos da ciência destinam-se a esclarecer estas uniformidades e torná-las explícitas" (Skinner, 1953/1998, p. 17).

Todos nós sabemos como um amigo irá reagir ao ouvir uma piada mais "picante"; ou como nosso pai irá reagir ao ouvir que "tiramos" uma nota baixa na prova; ou que ficaremos tristes ou alegres ao ouvir uma ou outra notícia etc. Em certo sentido, todos nós somos hábeis em prever o comportamento das pessoas que conhecemos e o nosso próprio comportamento, ou seja, somos capazes de identificar ordem, regularidade no comportamento. A ciência (seus métodos), segundo Skinner (1953/1998), apenas aperfeiçoa, amplia, nossa capacidade de prever o comportamento, de tornar as uniformidades explícitas.

Para fazer uma previsão, qualquer que seja, devemos nos basear em alguma coisa. Se olhamos para o céu e vemos, por exemplo, nuvens escuras, geralmente fazemos a previsão de que irá chover. Estamos, portanto, nos baseando na ocorrência de um evento (presença de nuvens escuras) para prever outro (a chuva). Mais importante ainda, só somos capazes de fazer a previsão porque observamos essa relação "nuvens escuras-chuva" algumas vezes no passado (identificamos uma regularidade na natureza). Com o comportamento, não é muito diferente (talvez apenas mais complexo, dependendo do comportamento). Fazemos previsões sobre o comportamento (que são eventos) baseado em outros eventos (ambientais, incluindo como ambiente o próprio comportamento).

Se podemos prever como um amigo reagirá a uma piada, o fazemos baseados em observações dessa relação: "piada contada-reação do amigo". Obviamente, nem sempre acertamos nossas previsões; nem sempre chove quando nuvens escuras estão presentes no céu e nem sempre nosso amigo fica vermelho ao ouvir certo tipo de piada. Um meteorologista certamente faz previsões mais acuradas sobre precipitações atmosféricas que um não meteorologista, isto é, ele acerta mais vezes e com mais precisão. Mas o que o permite fazer isso? De modo geral, o que o permite prever melhor certos eventos que nós é o conhecimento que ele tem sobre as variáveis que influenciam esses fenômenos atmosféricos (pressão atmosférica, temperatura, velocidade do vento, umidade do ar etc.). Da mesma maneira, o psicólogo experiente terá mais sucesso nas suas previsões sobre o comportamento porque tem conhecimento de mais variáveis que influenciam a ocorrência do comportamento.

Entretanto, mesmo o meteorologista mais treinado ou o psicólogo mais experiente eventualmente fará previsões que não se confirmarão. A razão para tais "fracassos" está no fato de que cada fenômeno, por mais simples que seja, é quase sempre influenciado por muitas variáveis e, quase sempre, o cientista ou o psicólogo não conhece todas as variáveis que, em conjunto, são responsáveis por produzir um determinado fenômeno. A tarefa do cientista, neste sentido, é conhecer cada vez mais quais são as variáveis que influenciam a ocorrência de determinado fenômeno e as condições sob as quais ele é observado.

Imagine, por exemplo, que um determinado fenômeno X ocorre sempre que os fenômenos A, B, C, D, E, F, G e H ocorrem conjuntamente. Imagine que este fenômeno seja *chover* e que A seja "nuvens escuras no céu". Para que chova, é necessário que ocorra A+B+C+D+E+F+G+H. Às vezes, você olha para o céu e verifica a presença de A, diz que vai chover e, logo depois, começa a chover. Embora você tenha observado apenas a variável A, as variáveis B,

C, D, E, F, G e H estavam presentes, por isso choveu. Em outro momento, você verifica a presença de A, diz que vai chover, mas não chove. Provavelmente, neste caso, uma das demais variáveis não estava presente. Suponha que você aprenda a identificar a ocorrência de B (umidade do ar acima de 80%, por exemplo). A partir desse momento, você só fará a previsão de chuva se verificar a presença de A+B. Embora você ainda erre muitas vezes, pois não conhece – ou não é capaz de identificar – a presença das demais variáveis, você acertará mais vezes do que quando conhecia apenas a variável A; e a cada nova variável que você aprende a identificar mais acurada fica sua previsão. É assim que o conhecimento científico progride. O mesmo raciocínio vale para o comportamento e vários exemplos serão apresentados ao longo desse livro.

Controle do comportamento

Um primeiro ponto que deve ficar claro quando falamos de controle do comportamento, na perspectiva da Análise do Comportamento, é que o termo "controle" não tem, neste referencial teórico, nenhuma conotação "ruim" (Sidman, 1989/1995). No dia a dia dizemos, de maneira pejorativa, que fulano é controlador ou que sicrano "fica me controlando o tempo todo" no sentido de "ser obrigado a fazer algo". Controle aqui não significa obrigar alguém a fazer alguma coisa; controle deve ser entendido como influência. Buscar as variáveis que controlam um comportamento significa buscar as variáveis que influenciam a ocorrência desse comportamento, que o tornam mais ou menos provável de ocorrer.

Quando damos conselhos, estamos exercendo controle sobre o comportamento de alguém, caso o conselho altere a probabilidade de quem ouviu o conselho emitir um ou outro comportamento; quando elogiamos alguém, estamos exercendo controle sobre o comportamento dessa pessoa, caso nosso elogio aumente as chances de a pessoa fazer ou dizer aquilo que nos levou a elogiá-la; quando castigamos uma criança que "fez arte", estamos exercendo controle sobre seu comportamento caso o castigo altere a probabilidade de a criança "fazer arte" ou de outro comportamento. Do momento em que acordamos até o momento em que vamos dormir estamos o tempo todo influenciando o comportamento dos outros, e os outros estão exercendo controle sobre nosso comportamento.

A partir do momento em que nos tornamos capazes de identificar regularidades no comportamento, ou seja, quando encontramos as variáveis (pelo menos algumas) das quais um dado comportamento é função, tornamo-nos também, na maioria das vezes, mais capazes de controlar esse comportamento alterando as variáveis que o controlam. É assim, segundo a Análise do Comportamento, que o psicólogo se torna capaz de lidar eficazmente com depressões, transtornos de ansiedade, problemas de aprendizagem, motivação, transtornos de personalidade, criatividade e todos os fenômenos com os quais lida.

Essa, entretanto, não é uma tarefa fácil. O comportamento, geralmente, é multideterminado, *i. e.*, existe sempre uma grande quantidade de variáveis que o controlam. A pesquisa em Psicologia nos mostra cada vez mais variáveis que são importantes para se explicar, prever e controlar uma variedade de comportamentos. Para complicar ainda mais esta tarefa, diferentes variáveis podem controlar de formas diferentes comportamentos diferentes de diferentes pessoas, pois o controle que uma determinada variável exerce hoje sobre o comportamento de alguém só pode ser entendido se conhecermos a história desse indivíduo com essa variável ao longo de sua vida. Por exemplo, algumas pessoas sentem-se bem ao serem elogiadas em público, outras não. Essa diferença, ou o efeito do elogio sobre o comportamento desses dois indivíduos, só pode ser entendida buscando-se a história dessas pessoas em situações similares.

O método de pesquisa

O método de pesquisa de uma abordagem, ou de uma ciência, é a maneira como tal abordagem produz conhecimento. Como dissemos antes, observações cotidianas dos comportamentos de nossos amigos, e das situações nas quais esses comportamentos ocorrem, nos permitem fazer previsões dos comportamentos de nossos amigos, bem como influenciar tais comportamentos. Dissemos também que os métodos da ciência tornam tais relações mais explícitas. Para que isso seja possível, é necessário que essa observação das relações entre o comportamento e a contingência seja feita de maneira diferente. Não basta apenas observar tais relações, é preciso observá-las em situações que podem ser repetidas e variadas (o laboratório é um bom lugar para se fazer isso).

O tempo todo há muita coisa acontecendo ao nosso redor, antes e depois de nossos comportamentos. Já sabemos que eventos que ocorrem antes e depois de nossos comportamentos podem exercer alguma influência sobre eles (podem alterar sua probabilidade de ocorrência). Mas o que, de tudo que acontece à nossa volta, é de fato importante para entendermos determinado comportamento?

Para que essa pergunta seja respondida adequadamente, é necessário criar situações mais simples, com menos coisas acontecendo, para estudarmos o comportamento e suas interações com os eventos que o cercam.

Imagine, por exemplo, que você está interessado em estudar a memória, mais especificamente, você quer saber se a cor das palavras de um texto (preto ou vermelho) influencia o quanto as pessoas lembram daquele texto. Para responder a sua pergunta, então, você pede à sua mãe, na sua casa, que leia o "Texto 1" (em letras vermelhas) e que depois responda a algumas perguntas em um questionário. No dia seguinte, você pede a um colega de faculdade que leia o "Texto 2" (em letras pretas) e que depois responda a um questionário. Se você fizer apenas isso, provavelmente os resultados que você encontrará não serão muito conclusivos.

Como dito, o comportamento é multideterminado. O comportamento de lembrar (ou lembrar mais *versus* lembrar menos), portanto, não é influenciado apenas por uma variável (p. ex., cor do texto). O grau de dificuldade e o conteúdo dos textos que você usou poderão influenciar o *lembrar*; as condições em que os participantes da pesquisa realizaram a leitura (barulho, temperatura, cansaço, hora do dia etc.); a experiência de cada participante com leitura, e com leitura daquele assunto específico; a motivação em participar da pesquisa; a forma como você os instruiu a realizar a tarefa; as questões de cada questionário e uma série de outras variáveis podem interferir no resultado de sua pesquisa. Para que você possa dizer que foi a cor do texto, e não inúmeras outras variáveis, que influenciaram o lembrar dos seus participantes (sua mãe e seu colega), você deve "isolar" essas outras possíveis influências, ou, pelo menos, atenuar seus efeitos sobre o quanto os participantes lembram de cada texto após lê-los.

Há várias maneiras de se fazer isso, e essas maneiras são chamadas de *delineamentos de pesquisa* (ver, por exemplo, Cozby, 2003). Uma dessas maneiras, e a mais utilizada em Análise do Comportamento, é utilizar o *delineamento de sujeito como seu próprio controle*. Uma das maiores fontes de variabilidade em uma pesquisa é o próprio sujeito, em função de sua história única de interações com seu mundo. Sendo assim, se você faz a pesquisa com o mesmo sujeito, em *condições experimentais* diferentes (p. ex., o mesmo sujeito lê o "Texto 1" e o "Texto 2"), muitas das variáveis que poderiam enviesar sua pesquisa ficam automaticamente controladas (ficam constantes entre condições). Pesquisas nas quais se manipula, se altera uma variável, e se mantêm constantes outras que poderiam também influenciar o fenômeno em estudo são chamadas de pesquisas experimentais.

A ênfase em Análise do Comportamento em tais pesquisas, pelos resultados robustos que produzem, é tão forte que é comum referir-se a esta ciência do comportamento como Análise Experimental do Comportamento. Embora a pesquisa experimental seja a preferida, ela não é o único tipo de pesquisa utilizado na Psicologia. Vários outros tipos de pesquisa que não serão detalhados aqui (p. ex., pesquisas correlacionais) podem ser utilizados, dependo de uma série de fatores (incluindo fatores práticos – possibilidade de se fazer a pesquisa – e fatores éticos).

Pesquisa com animais não humanos

Muitas pesquisas em Análise do Comportamento (ou Análise Experimental do Comportamento) são realizadas com ratos, pombos e outros animais não humanos. Se a Psicologia busca entender o comportamento humano, por que, então, realizar pesquisas com seres diferentes dos seres humanos? A resposta a essa pergunta passa por dois pontos principais:

- O que aprendemos ao estudarmos o comportamento de animais não humanos pode, em algum grau, ser usado para explicarmos o comportamento humano
- O comportamento de animais não humanos é mais simples que o comportamento de seres humanos e, para a ciência, é importante partir do simples para o complexo, e não o contrário.

É importante lembrar que não são os comportamentos *em si* dos animais estudados em laboratórios que são de interesse para o psicólogo, mas sim os *princípios comportamentais* que podem ser estudados. Quando estudamos o comportamento de um rato, como pressionar uma alavanca em uma caixa, nossa preocupação fundamental não é com o *pressionar a barra*, mas sim em entender como certas variáveis ambientais afetam esse, ou qualquer outro, comportamento.

Um dos princípios comportamentais mais básicos é o de que certas consequências aumentam a probabilidade do comportamento que as produziu (Skinner, 1953/1998). Esse princípio foi, e ainda é, amplamente estudado em laboratório, e fora dele, com animais não humanos e também com seres humanos, e o estudo desse princípio com animais não humanos foi fundamental para se entender melhor como ele opera quando o assunto é o comportamento humano.

Por fim, gostaríamos de convidar o leitor a aprofundar seu conhecimento sobre o Behaviorismo Radical e a Análise do Comportamento. As ideias de Skinner e de seus sucessores mudaram os rumos do conhecimento produzido pela Psicologia; as novas definições do objeto de estudo e metodologia direcionaram a visão do fenômeno psicológico para relações em vez da busca da essência ou descrição de sua estrutura mental e para a busca das condições sob as quais os fenômenos psicológicos ocorrem; os desenvolvimentos conceituais e metodológicos, bem como o grande conjunto de conhecimentos criados com base empírica e suas aplicações em outras abordagens e áreas das ciências como a Farmacologia, Economia, Psicologia Cognitivista, falam por si sós; os avanços e as contribuições em temas que outras abordagens pouco têm a dizer, como ensino especial, autismo e educação, para citar alguns, mostram que o reconhecimento mais amplo de sua importância, diferentemente do que dizem alguns críticos, ainda está por vir. Como disse certa vez o poeta inglês Alexander Pope, "um pouco de conhecimento é uma coisa perigosa; embriague-se dele ou nem mesmo prove".

REFERÊNCIAS BIBLIOGRÁFICAS

Bennett MR, Hacker PMS. *Philosophical Foundations of Neuroscience*. Malden: Blackwell Publishing, 2003.

Bridgman PW. *The logics of modern physics*. New York: Macmillan, 1927.

Chiesa M. *Behaviorismo radical: a filosofia e a ciência*. Brasília: IBAC Editora & Editora Celeiro, 2006. (Originalmente publicado em 1994.)

Cozby PC. *Métodos de pesquisa em ciências do comportamento*. São Paulo: Atlas, 2003.

Darwin C. *On the origin of species by means of natural selection, or the preservation of favoured races in the struggle for life*. Londres: John Murray, 1859.

Goodwin CJ. *História da psicologia moderna*. São Paulo: Cultrix, 2005.

Matos MA. O behaviorismo metodológico e suas relações com o mentalismo e o behaviorismo radical. In: Banaco RA (Org.). *Sobre comportamento e cognição: aspectos teóricos, metodológicos e de formação em Análise do Comportamento e Terapia*

Cognitivista. São Paulo: ESETec., pp. 63-74, 2006. (Originalmente publicado em 1997.)

Micheletto N. Bases filosóficas do Behaviorismo Radical. In: Banaco RA (Org.). *Sobre comportamento e cognição: aspectos teóricos, metodológicos e de formação em Análise do Comportamento e Terapia Cognitivista.* São Paulo: ESETec., pp. 42-55, 2006. (Originalmente publicado em 1997.)

Moreira MB, Medeiros CA. *Princípios básicos de Análise do Comportamento.* Porto Alegre: Artmed, 2007.

Oliveira-Castro, JM, Oliveira-Castro KM. A função adverbial de "inteligência": definições e usos em psicologia. *Psicologia: teoria e pesquisa, 17,* 257-264, 2001.

Sidman M. *Coerção e suas implicações.* Campinas: Editorial Psy, 1995. (Originalmente publicado em 1989.)

Skinner BF. *Ciência e comportamento humano.* São Paulo: Martins Fontes, 1998. (Originalmente publicado em 1953.)

Skinner BF. *Contingencies of reinforcement: a theoretical analysis.* New York: Appleton-Century-Crofts, 1969.

Skinner BF. *O comportamento verbal.* São Paulo: Cultrix, 1978. (Originalmente publicado em 1957.)

Skinner BF. *O mito da liberdade.* São Paulo: Summus Editorial, 1983. (Originalmente publicado em 1971.)

Skinner BF. Seleção por consequências. *Revista Brasileira de Terapia Comportamental e Cognitiva,* 9, 129-137, 2007. (Originalmente publicado em 1981.)

Skinner BF. *Sobre o behaviorismo.* São Paulo: Cultrix, 2003. (Originalmente publicado em 1974.)

Skinner BF. *The behavior of organisms.* New York: Appleton-Century, 1938.

Skinner BF. The operational analysis of psychological terms. In: Skinner BF. *Cumulative record.* New York: Appleton-Century-Crofts., 3ª ed., pp. 370-384, 1972.

Skinner BF. What is wrong with daily life in the western world? In: Skinner BF. *Upon further reflection.* Englewood Cliffs: Prentice Hall, pp. 15-31. 1987.

Todorov JC. A psicologia como o estudo de interações. *Psicologia: teoria e pesquisa,* 5, 325-347, 1989.

Todorov JC. Evolução do conceito de operante. *Psicologia: teoria e pesquisa,* 18, 123-127, 2002.

Tourinho EZ. Sobre o surgimento do behaviorismo radical de Skinner. *Psicologia-SP,* 13, 1-11, 1987.

Watson JB. Psychology as the behaviorist views it. *Psychological Review,* 20, 158-177, 1913.

CAPÍTULO II

APRENDIZAGEM

Paulo Roney Kílpp Goulart · Paulo Elías Gotardelo Audebert Delage · Viviane Verdu Rico · Ana Leda de Faria Brino

INTRODUÇÃO

A aprendizagem é um tema recorrente entre as disciplinas preocupadas com algum aspecto do comportamento humano, sejam as diversas abordagens da psicologia, as neurociências ou a pedagogia, para citar algumas. Todavia, embora possamos encontrar com facilidade material de qualidade sobre uma variedade de tópicos dentro do tema – *processos de aprendizagem, mecanismos neurais da aprendizagem, aprendizagem associativa, aprendizagem por tentativa e erro, déficits de aprendizagem* etc. –, raramente encontramos uma definição formal de aprendizagem. Aparentemente, trata-se de um daqueles conceitos que todos parecem compreender, mas ninguém é capaz de definir. O fato é que os episódios reconhecidos como casos de aprendizagem são tão variados e as explicações que cada disciplina privilegia são tão diversas (e, por vezes, até incompatíveis entre si) que se torna realmente difícil arriscar uma definição suficientemente abrangente e coerente o bastante para agradar a leitores de todas as predileções teóricas.

Este capítulo não busca fornecer essa definição abrangente. Não pretendemos englobar todas as facetas que possam vir a ser atribuídas ao "fenômeno" aprendizagem, nos seus mais diversos tratamentos. Pelo contrário, o objetivo aqui é identificar características comportamentais minimamente definidoras daquelas ocorrências reconhecidas como aprendizagem. Por certo, os humanos não são os únicos animais capazes de aprender, então, nossa definição de aprendizagem precisa ter características que sejam observadas também em outros animais. Consideremos, então, o que no comportamento de um organismo nos faz reconhecer um caso de aprendizagem.

O QUE É APRENDIZAGEM?

No laboratório de condicionamento operante, dizemos que um rato aprendeu a pressionar a barra quando essa resposta passa a ser frequente, sendo que observamos no passado que ele não a emitia em quantidade significativa. Se ouvimos uma mãe dizer que seu filho finalmente aprendeu a andar de bicicleta sem rodinhas, supomos imediatamente que, há pouco tempo, aquela criança não era capaz de se equilibrar por conta própria e pedalar ao mesmo tempo. Se perguntamos a uma criança o que ela aprendeu na escola, esperamos que ela nos conte algo novo, que não era capaz de fazer anteriormente. Uma pessoa, tendo sua pia de cozinha entupida, pode afirmar que aprendeu, "da pior forma possível", a não jogar restos de comida no ralo, mas somente concordaremos que ela de fato aprendeu se passar a jogar os restos em outro lugar no futuro. Em todos esses exemplos, reconhecer ou não algo como aprendizagem depende de se considerar o estado presente de algum aspecto do comportamento de uma pessoa em comparação com seu estado anterior. Aprendizagem, então, é uma demonstração de comportamento novo ou modificado. É uma alteração no modo como um indivíduo responde a parcelas relevantes do mundo.

No entanto, nem toda alteração na relação do organismo com o ambiente qualificar-se-á como aprendizagem. Certas ocorrências podem modificar temporariamente a maneira como um organismo responde. Por exemplo, uma pessoa que acabou de assistir a um filme de terror pode responder por algum tempo de maneira exacerbada a certos ruídos, mesmo àqueles com os quais está familiarizada.

Em manipulações experimentais, é possível observar um ruído provocar um sobressalto maior que o usual em um rato quando antecedido por um choque elétrico. Outro exemplo de modificação circunstancial da maneira como o organismo responde a partes do mundo é quando certos eventos deixam de evocar as respostas que normalmente evocam se forem apresentados em rápida sucessão ou de modo continuado. É o que acontece quando você simplesmente deixa de notar o ruído da sua geladeira, por exemplo. Alterações desse tipo na relação dos organismos com o ambiente (conhecidas na literatura técnica como "sensibilização" e "habituação", respectivamente) são exemplos importantes de modulação da influência dos estímulos (ou da sensibilidade do organismo, dependendo do ponto de vista), mas não serão tratados como casos de aprendizagem, devido ao seu caráter transitório e pontual. Essas são situações em que um determinado arranjo ambiental causa uma modificação no responder, mas esse responder modificado está restrito à ocorrência daquele arranjo específico: sem o choque, o rato do exemplo citado voltará a responder aos ruídos da mesma maneira que antes de ter experimentado a sucessão choque-ruído. Estamos interessados aqui em mudanças na relação do organismo com o ambiente que sejam *duradouras*, no sentido de perdurar e repercutir no responder futuro do organismo, mesmo que ele não volte a ter contato com o arranjo ambiental específico que originou a mudança no responder. As condições que favorecem esse tipo de modificação duradoura no responder dos organismos serão discutidas no decorrer deste capítulo.

Outra ressalva é feita por Catania (1998/1999) em seu livro *Aprendizagem*. O autor comenta que se, após encarar um eclipse solar, um observador tiver dano permanente nos olhos, seu comportamento futuro certamente será alterado, mas, "se alguém afirmasse que essa alteração é um caso de aprendizagem, provavelmente discordaríamos" (p. 22). Certamente, nesse caso, a relação daquele organismo com toda estimulação visual passa a ser diferente do que foi no passado, mas isso ocorre porque ele deixou de ser sensível àquela parcela do mundo. Não é que ele responda de modo diferente... Ele não é mais capaz de responder! Claro que há situações em que deixar de responder a um estímulo é um caso de aprendizagem, como seria não jogar restos de comida na pia. A diferença é que, nesses casos, o indivíduo é capaz de perceber o evento, ainda que não responda de maneira específica a ele. O indivíduo responde de outras maneiras (joga restos de comida no lixo, por exemplo) e pode, inclusive, vir a

responder da maneira que não responde hoje (volta a jogar os restos na pia). Ao observarmos uma mudança no modo como determinado indivíduo interage com certos eventos ambientais, devemos considerar se o organismo permanece sensível àquele conjunto de acontecimentos antes de reconhecermos aquela mudança como sendo aprendizagem. Para a Análise do Comportamento, *ambiente* não diz respeito a todo o universo que circunda o organismo, mas justamente àqueles eventos que exercem influência de fato sobre o seu comportamento (ver, por exemplo, Tourinho, 2001). Portanto, podemos considerar que aqueles eventos aos quais um organismo responderia se tivesse um aparato visual intacto deixam de ser "ambiente" para a pessoa que teve dano visual permanente. Quando falarmos em "ambiente", então, estaremos nos referindo a aspectos do mundo que um organismo é capaz de perceber (ver no Capítulo 3 como a percepção pode ser tratada de uma perspectiva analítico-comportamental).

Após essas considerações, podemos, agora, arriscar uma definição comportamental de aprendizagem. *Aprendizagem é qualquer mudança duradoura na maneira como os organismos respondem ao ambiente.* Tal definição será suficiente para identificarmos a maioria dos casos de aprendizagem, seja na natureza, no laboratório ou na escola, mas ainda é necessário que consideremos os meios pelos quais a modificação da "relação organismo-ambiente" se dá. Essa relação, a qual nos referimos de maneira mais ou menos genérica até então, diz respeito à relação funcional observada entre eventos ambientais e respostas do organismo, ou seja, a relação entre estímulos e respostas. Assim, a "mudança na relação organismo-ambiente" que caracteriza a aprendizagem pode ser tanto a modificação de uma relação estímulo-resposta preexistente como o estabelecimento de uma relação estímulo-resposta nova.

As relações entre estímulos e respostas não são todas iguais. Alguns estímulos estão fortemente vinculados a uma resposta, de modo que a resposta ocorre praticamente toda vez que o organismo entra em contato com o estímulo (como a contração da pupila no contato com uma fonte de iluminação intensa). Outras respostas, embora claramente ligadas a certo estímulo, não acontecem sempre que o estímulo está presente (como abrir a porta da geladeira) e ainda podem se relacionar com outros estímulos (a porta do carro, de casa, do armário). A literatura da Análise do Comportamento costuma dividir as relações comportamentais em duas categorias – "comportamento respondente" e "comportamento operante" –, dependendo das correlações entre eventos ambientais e comportamentais que as descrevem. Apresentaremos a seguir uma breve caracterização dessas duas classes de relações comportamentais, antes de abordarmos as maneiras como elas se estabelecem e/ou se modificam, ou seja, os processos de aprendizagem propriamente ditos.

Comportamento respondente

O termo "comportamento respondente" é usado em Análise do Comportamento para se referir aos comportamentos conhecidos como reflexos, costumeiramente caracterizados como reações involuntárias do organismo a certos eventos. O exemplo mais célebre é o reflexo de salivar dos cães, estudado por Ivan Petrovich Pavlov (1849-1936). As relações comportamentais ditas respondentes são as mais fundamentais encontradas em organismos que apresentam sistema nervoso central. Em termos analítico-comportamentais, são caracterizadas por uma reação altamente provável do organismo a um estímulo específico do ambiente (Catania, 1998/1999; Millenson, 1967/1975; Skinner, 1953/2000; Skinner, 1974). Sob condições ótimas,[1] a resposta ocorrerá toda vez que o organismo entrar em contato com o estímulo.

Diante de uma relação estímulo-resposta desse tipo, um analista do comportamento dirá que o estímulo eliciou a resposta reflexa (Figura 2.1). Eliciar é o termo usado para dizer que a resposta foi provocada pelo estímulo. Quando a resposta reflexa do organismo a determinado estímulo não precisou ser aprendida, usa-se o termo incondicionado ou primário para se referir tanto ao estímulo quanto à resposta (Catania, 1998/1999; Millenson, 1967/1975; Skinner, 1953/2000). Os seres humanos não precisam aprender a contrair a pupila diante de uma luz intensa. Esse reflexo é, portanto, um reflexo incondicionado. As relações respondentes incondicionadas são inatas e foram selecionadas na história de cada espécie em razão de seu valor de sobrevivência. Por exemplo, afastar a mão rapidamente de uma fonte de calor é um reflexo importante na manutenção de nossa integridade física. Assustar-se com um som alto e repentino é um reflexo relevante, pois prepara o organismo para uma potencial situação de perigo.

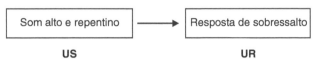

FIGURA 2.1 Exemplo de um comportamento reflexo incondicionado, no qual US (*unconditioned stimulus*) é o estímulo incondicionado e UR (*unconditioned response*) é a resposta incondicionada. As siglas se referem aos termos em inglês, sendo as siglas usadas na literatura.

Comportamento operante

No século 19, Edward L. Thorndike (1874-1949) descreveu pela primeira vez que o comportamento dos animais era influenciado por seus efeitos. Ele construiu uma variedade de caixas-problema, nas quais colocava diferentes animais. Esses animais deveriam aprender a resposta que abria a caixa, que lhes permitia sair da mesma e comer o alimento colocado fora dela. Por tentativa e erro, todos os animais aprendiam tal resposta (puxar uma corda, abrir um trinco etc.). Primeiramente, os animais abriam a caixa por acaso, enquanto se movimentavam dentro dela. Com o passar do tempo, movimentos que permitiam o escape da caixa ocorriam após intervalos de tempo cada vez mais curtos a partir da inserção do animal na caixa. Com a resposta já aprendida, os animais passavam a abrir a caixa quase que instantaneamente, assim que eram colocados lá dentro. A aprendizagem era avaliada pela redução no tempo que o animal levava para escapar da caixa-problema nas inserções sucessivas do sujeito dentro do aparato. A partir dessas observações, Thorndike (1898/1911) elaborou a Lei do Efeito, que basicamente dizia que o comportamento era modificado em função de seus efeitos.

Na década de 1930, Burrhus Frederic Skinner (1904-1990), ao estudar comportamento reflexo em ratos, constatou que muitos comportamentos não podiam ser explicados em termos de relações reflexas (como se supunha na época). Diferentemente do observado nos reflexos, naqueles comportamentos não havia uma relação de determinação absoluta de um estímulo antecedente sobre uma determinada resposta, porque ou havia imprecisão em se verificar a ocorrência de qualquer estímulo que pudesse estar controlando uma resposta observada, ou, quando verificada sua presença, a apresentação do estímulo não era garantia de ocorrência da resposta. A relação entre estí-

---

[1] O comportamento reflexo obedece a algumas leis que regem a sua ocorrência. Por exemplo, o estímulo incondicionado tem que ocorrer em intensidade suficiente para eliciar a resposta incondicionada, de modo que existe um limiar a partir do qual o estímulo produz a resposta. Uma fonte de calor pouco intensa provavelmente não provocará o afastamento irresistível da mão. Além disso, quanto maior a intensidade do estímulo, maior a força (ou magnitude) da resposta reflexa e mais rapidamente ela se seguirá ao estímulo (menor latência entre estímulo e resposta). Um tratamento mais completo das leis do reflexo pode ser encontrado em Catania (1998/1999), Millenson (1967/1975) e Skinner (1938).

mulos e respostas era marcada pela flexibilidade: a probabilidade de ocorrência da resposta variava ao longo de múltiplas exposições ao estímulo. Além disso, vários estímulos podiam estar relacionados com a mesma resposta e várias respostas com o mesmo estímulo. Unindo suas observações aos estudos de Thorndike, Skinner identificou que, nesses casos, a ocorrência ou não das respostas e sua relação com os estímulos que as antecediam eram influenciadas por suas consequências passadas. Alguns eventos ambientais consequentes, isto é, que ocorrem após a emissão de uma resposta pelo organismo, fazem com que respostas semelhantes a ela tenham maior ou menor probabilidade de ocorrer no futuro (Baum, 1994/1999; Catania, 1998/1999; Millenson, 1967/1975; Skinner, 1953/2000, Skinner, 1974). Se a resposta passa a ocorrer com maior frequência em situações semelhantes àquelas em que a consequência foi produzida, dizemos tratar-se de uma consequência reforçadora. Se, ao contrário, a frequência da resposta diminuir naquelas situações, dizemos que a consequência é aversiva. Vejamos um exemplo:

Todos conhecem a curiosidade das crianças. Qualquer objeto novo as fascina de tal maneira que elas logo se aproximam e manipulam o objeto. Ao ver uma tomada, uma criança se aproxima e não demora muito para começar a colocar o dedo ou até mesmo objetos em seus orifícios. Em um determinado momento, ela leva um pequeno choque e se afasta da tomada. Será pouco provável que ela volte a colocar o dedo ou objetos em seus orifícios, visto que choques costumam ter funções aversivas. Em outra situação, esta mesma criança vê uma bola e começa a manipulá-la. Ela aperta a bola, joga a bola, observa a bola pulando, chuta a bola etc. Se houver um adulto presente, provavelmente ele brincará de jogar a bola com a criança. Todas essas consequências da resposta de manipular a bola são potencialmente reforçadoras, o que se confirmará se a criança frequentemente pegar e brincar com uma bola quando esse objeto estiver presente no seu ambiente.

Certas respostas, portanto, tornam-se mais ou menos prováveis *em situações semelhantes àquelas nas quais costumam estar correlacionadas com determinadas consequências.* Dito de outra forma, os contextos semelhantes àquele no qual certas respostas foram consistentemente acompanhadas de reforçadores têm maior probabilidade do que outros de evocar aquelas respostas. Por isso, a Análise do Comportamento descreve o comportamento operante por meio da tríplice contingência, que envolve não só a resposta e a consequência, mas ainda o contexto em que ocorrem (Figura 2.2). Esse contexto, a estimulação antecedente à resposta, recebe o nome de estímulo discriminativo (S^D). Em princípio, podemos imaginar que as respostas podem se tornar mais ou menos frequentes de maneira generalizada, a despeito do contexto, mas basta uma inspeção mais atenta para notarmos que não é isso o que acontece. Consideremos o exemplo de chutar uma bola. O que chamamos de resposta, "chutar bola", se pensarmos bem, já é uma relação entre estímulos e respostas: como seria possível chutar uma bola na ausência de uma bola? Ainda assim, a presença da bola nem sempre vai evocar respostas de "chutar bola". Imaginemos que tenhamos observado que a criança em questão normalmente chuta a bola quando há um adulto presente, que se engaja em chutar a bola de volta. Então, a relação comportamental, nesse caso, inclui a presença da bola e de um adulto. Essa relação será modificada dependendo das consequências. Se o adulto costumeiramente se engajar em jogar bola com a criança, chutar a bola sob aquelas condições será mais provável no futuro. Por outro lado, se aquele adulto estiver rotineiramente cansado e não brincar com a criança, a relação será enfraquecida.

No caso dos operantes, a relação entre o estímulo antecedente e a resposta não é considerada uma relação de eliciação. Respostas de "chutar a bola" são *emitidas* em determinadas situações e sua emissão é modulada pelas suas consequências. Relações comportamentais moduladas pelas consequências são amplamente encontradas na natureza, nas mais variadas espécies. Skinner estudou esses comportamentos com pombos e ratos por meio de uma câmara experimental – a famosa Caixa de Skinner –, que permitia o controle automatizado da apresentação de eventos ambientais antes e após a ocorrência de uma

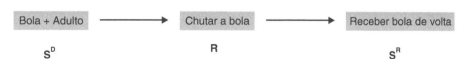

FIGURA 2.2 Esquema de uma tríplice contingência operante. S^D é o estímulo antecedente (estímulo discriminativo), R a resposta e S^R o estímulo reforçador.

resposta arbitrariamente definida (tradicionalmente, bicar um disco transiluminado, no caso de pombos, e pressionar uma barra, no caso de ratos). Quando os animais efetuavam a resposta requerida, o aparato disponibilizava, por exemplo, um bocado de ração. O ambiente do animal era organizado de modo que *seu comportamento operava sobre o ambiente, produzindo uma consequência,* daí o nome "comportamento operante".

É importante ressaltar, todavia, que, do ponto de vista do organismo, é irrelevante se a consequência foi ou não produzida por seu comportamento. Se eventos reforçadores se sucederem de modo contíguo a uma resposta em determinada situação, a resposta tornar-se-á ligeiramente mais provável sob situações similares, no futuro. O próprio Skinner (1948) identificou situações em que a contiguidade acidental entre respostas e consequências produzia um aumento transitório na frequência daquelas respostas, as quais ele denominou "comportamentos supersticiosos". Uma vez que o ambiente esteja configurado de modo que a contiguidade resposta-consequência seja recorrente, serão produzidas relações entre estímulos e respostas estáveis características do "comportamento operante". O conceito original de comportamento operante vem sendo refinado desde sua origem, como é comum ocorrer na ciência (Todorov, 2002), mas a relação entre resposta e consequência mantém-se central em sua definição.

Vimos, então, que os organismos já nascem com o potencial para responder prontamente de maneira adaptativa a alguns eventos ambientais. São os chamados reflexos incondicionados, que já "vêm de fábrica", por assim dizer; não dependem de aprendizagem para ocorrer. Entretanto, é possível que novos estímulos passem a eliciar respostas semelhantes no decorrer da vida do organismo, tendo como ponto de partida as relações reflexas estímulo-resposta incondicionadas. Por sua vez, os operantes são caracterizados pela flexibilidade e arbitrariedade das relações entre estímulos e respostas, possibilitando variabilidade comportamental para além da observada nas relações reflexas. Em todos os casos, a determinação dos estímulos e respostas que participarão das novas relações comportamentais do repertório de um organismo é produto da história específica de contato de cada organismo com seu ambiente durante a sua vida. A seguir, abordaremos os principais processos de aprendizagem encontrados na natureza, tendo como base as relações estabelecidas entre estímulos ambientais e respostas do organismo.

PROCESSOS BÁSICOS DE APRENDIZAGEM

Condicionamento respondente

Como dito antes, a partir dos reflexos incondicionados é possível produzir novos reflexos, chamados condicionados. Os reflexos condicionados são originados a partir de uma história de condicionamento respondente (também chamado de condicionamento clássico ou pavloviano). Essa possibilidade de condicionamento permite que o comportamento reflexo inato seja modificado de acordo com as necessidades de adaptação do organismo às mudanças no ambiente em que vive (Skinner, 1974). Da mesma maneira como ocorre com o reflexo incondicionado, no reflexo condicionado um estímulo elicia imediatamente uma resposta. Entretanto, esta relação entre o estímulo e a resposta se desenvolve durante a vida do organismo (ontogênese), em vez de ser determinada pela história evolutiva da espécie (filogênese) (Catania, 1998/1999; Skinner, 1974).

Os principais estudos que contribuíram para a compreensão do condicionamento reflexo datam do início do século 20. Foi o já citado fisiólogo russo Ivan P. Pavlov quem sistematizou uma metodologia de estudo do condicionamento respondente. Daí o fato de este ser chamado também de condicionamento pavloviano. Nossa exposição do condicionamento respondente será centralizada nos estudos de Pavlov, mas é importante ressaltar que contingências respondentes são foco de investigação ainda hoje (ver Rescorla, 1988; 2000, por exemplo).

Em 1927, Pavlov estudava a atividade digestiva de cães quando se deparou com um fenômeno interessante. Ele percebeu que os cães não salivavam apenas quando tinham comida na boca (que é um reflexo incondicionado), mas também quando viam a vasilha de comida, quando entravam na sala em que eram alimentados e até mesmo quando viam o tratador ou ouviam seus passos (Keller, Schoenfeld, 1950/1974; Millenson, 1967/1975). A partir dessa observação, Pavlov supôs que a resposta de salivação a esses estímulos havia sido aprendida e pôs-se a testar essa hipótese com experimentos que usavam o pareamento regular entre estímulos "neutros"[2] e o estí-

---

[2] É importante ressaltar que o estímulo é considerado "neutro" em relação à resposta reflexa que está em foco, mas provavelmente será estímulo eliciador para outras respostas. Por exemplo, o som de uma sineta é originalmente neutro para a resposta de salivar, mas pode ter função eliciadora sobre a resposta de virar a cabeça na direção do som.

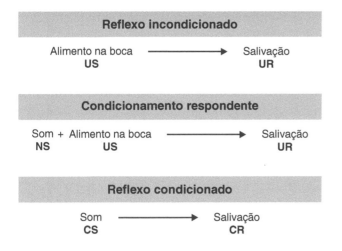

FIGURA 2.3 Esquema do processo de condicionamento respondente. As siglas usadas significam: US, estímulo incondicionado; UR, resposta incondicionada; NS, estímulo neutro; CS (*conditioned stimulus*), estímulo condicionado; CR (*conditioned response*), resposta condicionada. As siglas se referem aos termos em inglês, sendo as siglas usadas na literatura.

mulo incondicionado, o que se tornou o procedimento clássico para a produção de uma relação reflexa condicionada (Figura 2.3).

Basicamente, o que Pavlov fazia era tocar um som (estímulo neutro) sempre que colocava alimento na boca do cão (estímulo incondicionado), coletando as gotas de saliva produzidas (resposta incondicionada). Esse procedimento foi feito regularmente, por alguns dias. Em seguida, Pavlov começou a apresentar o som (estímulo condicionado) sozinho, verificando a ocorrência da resposta de salivação (resposta condicionada). O que ocorre no condicionamento respondente, então, é que um estímulo neutro passa a eliciar uma resposta reflexa, como produto do pareamento frequente entre esse estímulo e um outro eliciador (que pode ser incondicionado ou condicionado). Quando o estímulo originalmente neutro passa a eliciar a resposta, recebe o nome de estímulo condicionado. A resposta, por sua vez, embora seja semelhante à resposta eliciada incondicionalmente, recebe o nome resposta condicionada, por estar sendo eliciada em decorrência de aprendizado por condicionamento, e não por uma relação inata entre estímulo e resposta (Catania, 1998/1999; Millenson 1967/1975).

Nesse experimento descrito, o pareamento do estímulo neutro com o estímulo incondicionado ocorreu de modo que os dois foram apresentados ao mesmo tempo. Entretanto, essa não é a única configuração temporal possível da ocorrência dos estímulos no condicionamento respondente. O estímulo neutro pode também ser apresentado antes ou depois do estímulo incondicionado (ou de outro estímulo condicionado). Na verdade, há diversas maneiras de pareamento e cada uma delas tem um efeito diferente na força do condicionamento (Catania, 1998/1999). Por exemplo, quando o estímulo neutro é apresentado imediatamente antes do estímulo incondicionado, o condicionamento é mais eficaz do que quando ambos são apresentados ao mesmo tempo. Quando o estímulo neutro é apresentado depois do incondicionado, o condicionamento respondente dificilmente acontece. O tempo entre a apresentação dos estímulos no pareamento também é uma variável relevante: para que o condicionamento ocorra, a distância temporal entre os estímulos não deve ultrapassar certo limite e, quanto mais próximos entre si, mais rápido ocorre o condicionamento. Para que os efeitos do condicionamento respondente se mantenham, isto é, para que a relação entre estímulo eliciador condicionado e resposta condicionada perdure, é necessário que, pelo menos de tempos em tempos, os estímulos condicionado e incondicionado sejam novamente pareados. Caso contrário, observa-se um processo de extinção da relação reflexa condicionada (extinção respondente): gradualmente, o tempo entre a exposição ao estímulo condicionado e a ocorrência da resposta aumentará e a magnitude da resposta diminuirá até, finalmente, alcançar níveis próximos aos observados antes do condicionamento.

No caso dos seres humanos, o condicionamento respondente pode ajudar a explicar alguns comportamentos comuns. As nossas emoções são, em grande parte, explicadas por condicionamento respondente. Quando nosso coração bate forte ao ouvirmos uma música que tocava muito quando namorávamos determinada pessoa, estamos diante de um caso que envolve um reflexo condicionado. Quando nos apavoramos diante de uma pessoa que nos lembre, de algum modo, alguém que nos assaltou, estamos diante de outro caso de condicionamento respondente (este tema será abordado com maiores detalhes no Capítulo 6). Muitos casos de fobia, por exemplo, resultam de condicionamento respondente, como medo generalizado de cães ou medo de dentista. Uma mordida de um cão bravo pode tornar todo e qualquer cão um aversivo condicionado, e a exposição a um procedimento especialmente doloroso no consultório dentário pode fazer o mesmo com tudo que se relacione com dentista. Além disso, contingências respondentes têm sido implicadas em aspectos da drogadição, tanto em estudos comportamentais (p. ex., DeGrandpre, Bickell, 1993) como neuro-fisiológicos e bioquímicos (ver, p. ex., Everitt, Robbins, 2005, para uma revisão).

Condicionamento operante

Na breve exposição feita sobre comportamento operante, falamos sempre de *respostas* que produzem consequências, mas é importante dizer que o Behaviorismo Radical não define um comportamento operante pela forma (ou topografia) específica da resposta, e sim por sua função; uma resposta emitida por um organismo nunca é idêntica a outra. A chance de que o organismo apresente uma resposta topograficamente idêntica a anterior é muito pequena, de modo que ocorrerão variações nas formas das respostas. O analista do comportamento reconhece todas as respostas que tiveram sua frequência aumentada por um mesmo tipo de consequência como da mesma função.[3] Pensemos no comportamento de abrir uma porta, por exemplo. O modo como uma pessoa abre a porta depende de uma série de fatores. Pode abrir a porta com a mão direita ou com a mão esquerda. Pode abri-la apoiando o cotovelo na maçaneta, porque tem as mãos ocupadas. Pode ainda pedir que alguém que a acompanha abra a porta. Enfim, há diversas formas (topografias) de se abrir uma porta, mas todas elas têm a mesma função: ter acesso ao ambiente que se encontra atrás da porta. É por isso que o analista do comportamento não fala apenas em respostas, mas em *classe de respostas*, no sentido de que existe todo um grupo de topografias possíveis que têm a mesma função, ou seja, que têm sua ocorrência influenciada pela mesma consequência (Catania, 1998/1999; Skinner, 1953/2000). Todas as respostas usadas para abrir uma porta formam a classe de respostas "abrir a porta". Outra razão para a adoção da noção de classe é lógica: a consequência que segue uma determinada resposta não pode reforçar essa mesma resposta, porque ela ocorreu antes da consequência. Quando falamos que uma resposta é reforçada, portanto, estamos, na verdade, falando do aumento da probabilidade futura de respostas de uma mesma classe.

A mesma noção de *classe* se aplica quando falamos de estímulos. Embora falemos costumeiramente em *o estí-mulo*, os eventos que o organismo encontrará em diversas ocasiões não são necessariamente os mesmos, nem são semelhantes em todos os aspectos. Mais adiante, veremos como diversos eventos ambientais podem vir a ser agrupados em uma mesma *classe de estímulos*, isto é, um conjunto de estímulos que, mesmo não sendo exatamente idênticos entre si nem aos que o organismo encontrou no passado, estão relacionados com uma mesma classe de respostas.

São muitos os exemplos de aprendizagem operante, envolvendo desde comportamentos mais simples, como levar a colher até a boca durante uma refeição, a comportamentos mais complexos, como a resolução de problemas matemáticos. Todos dependem da correlação entre eventos ambientais antecedentes, respostas e eventos consequentes. Essa correlação entre eventos, quando produz a modificação da probabilidade de que certos estímulos antecedentes e certas respostas coocorram, recebe o nome de condicionamento operante. Em condições artificialmente arranjadas, como no laboratório, isso é obtido basicamente pela disponibilização de certos eventos ambientais como consequência para a emissão de determinadas respostas e não de outras sob uma estimulação antecedente específica (Catania, 1998/1999; Skinner, 1953/2000). Na natureza, o condicionamento ocorre quando determinadas ações do organismo consistentemente promovem o contato com consequências ecologicamente relevantes, o que costuma acontecer em contextos específicos. Por exemplo, se um babuíno jovem permanece próximo de uma fêmea, ignorando o macho alfa que se aproxima com os dentes à mostra, provavelmente será violentamente atacado. Se ele sobreviver, é provável que não se aproxime daquela fêmea, ou somente o faça na ausência do macho alfa e trate de se afastar rapidamente ao avistá-lo. O analista do comportamento reconheceria aí uma contingência natural (visão do macho alfa → permanecer próximo à fêmea → sofrer agressão) promovendo a aprendizagem.

Quando falamos em "ações que consistentemente promovem contato com consequências ecologicamente relevantes", pode parecer que cada resposta de um organismo precisa produzir determinada consequência para que seja reconhecida uma contingência. Não é esse o caso. A contingência operante consiste na coocorrência *regular* entre respostas e consequências em dada situação, mas não é essencial que cada ocorrência de uma classe de resposta seja acompanhada da consequência que define aquela classe. Na verdade, as contingências mais comuns parecem ser aquelas em que a consequência é

---

[3] É comum esse termo ser tomado com a conotação de que as respostas funcionam, agem, de modo a produzir certa consequência, ou que sua função é produzi-la. Entretanto, o sentido mais apropriado para o termo "função" nesse contexto seria o usado na matemática: o aumento ou a manutenção da frequência das respostas da classe R *é função* da apresentação contingente da consequência X.

produzida para algumas ocorrências de uma classe de respostas, não para todas. Tomemos como exemplo um pássaro que forrageia virando pedras com seu bico em busca de pequenos insetos. Nem todas as pedras reviradas serão abrigo de insetos, mas seu comportamento de virar pedras será mantido se pelo menos algumas delas apresentarem alimento em quantidade suficiente para suprir a demanda energética do animal. Em outros casos, a disponibilidade da consequência no ambiente do organismo depende não da quantidade de respostas efetuadas, mas da passagem de um período de tempo antes que a resposta ocorra. Imagine uma pessoa que recebe mensalmente uma correspondência importante, mas ainda não notou que ela chega sempre após as 14 h do quinto dia útil. Nem todas as respostas de abrir a caixa de correio "produzirão" a consequência prevista: não importa que a pessoa verifique sua caixa de correio todo dia ou 1 vez por semana, a carta somente estará lá se a caixa for aberta após as 14 h do quinto dia útil de cada mês. A literatura de Análise do Comportamento estuda esse tipo de contingência em que a relação entre respostas e reforçadores é intermitente sob as rubricas *Reforçamento Intermitente* e *Esquemas de Reforçamento.* Catania (1998/1999) divide os esquemas de reforçamento em três tipos básicos:

- Aqueles em que a produção do reforçador depende da ocorrência de um número fixo ou variável de respostas, como no exemplo do pássaro forrageando (conhecidos como esquemas de *razão*)
- Aqueles em que a produção do reforçador depende não apenas da emissão de uma resposta, mas da passagem de um intervalo de tempo fixo ou variável, como no exemplo da carta (conhecidos como esquemas de intervalo)
- Aqueles que dependem da taxa de respostas ou do espaçamento temporal entre respostas.

Há ainda uma variedade de esquemas complexos derivados da combinação de esquemas básicos. Cada arranjo de contingências que caracteriza um esquema produz um padrão de respostas peculiar, com taxas de respostas e distribuição distintas. A literatura da área é tão rica que mesmo um tratamento superficial extrapolaria em muito o escopo deste capítulo. (Para um tratamento pormenorizado, ver Catania 1998/1999; Ferster, Skinner, 1957).

Há uma série de eventos "ecologicamente relevantes", eventos ambientais importantes de serem considerados para a sobrevivência do organismo, tais como alimento, água, contato sexual, eventos danosos etc. Embora tenhamos até então enfatizado exemplos de fortalecimento de relações entre estímulos e respostas, é importante ressaltar que os processos que envolvem o enfraquecimento de relações comportamentais também são processos de aprendizagem. Como dissemos anteriormente, as consequências que estão correlacionadas com a diminuição da frequência de certa classe de respostas em determinado contexto são chamadas "aversivas". Aqueles eventos cujo valor reforçador ou aversivo decorre da história da espécie (filogênese) são denominados incondicionados ou primários. Uma enorme variedade de estímulos, entretanto, adquire valor reforçador ou aversivo ao longo da vida do organismo ao serem pareados com eventos que já apresentam uma dessas funções. Isso ocorre por um processo de aprendizagem com o qual o leitor já está familiarizado, o condicionamento respondente. Esses eventos recebem o nome de reforçadores/aversivos condicionados ou secundários. Vejamos o exemplo do dinheiro como reforçador condicionado. Dinheiro é um produto da cultura humana e não da história da espécie. Na verdade, não passa de pedaços de papel ou círculos de metal. Entretanto, é um reforçador condicionado poderoso, pois ao longo de nossa vida ele foi pareado a praticamente todos os reforçadores incondicionados e condicionados que existem.[4] Com dinheiro, adquirem-se alimento, água potável, proteção (roupas, calçados, casas etc.), diversão, entre outras coisas. Não é de se estranhar que muitas pessoas façam qualquer coisa para ter acesso a este reforçador.

Primários ou secundários, a questão é que qualquer resposta que permita ao organismo obter os eventos reforçadores ou evitar os eventos aversivos será fortalecida no seu repertório comportamental. Por outro lado, respostas que produzam eventos aversivos ou eliminem reforçadores serão enfraquecidas. Tanto o fortalecimento como o enfraquecimento de uma classe de respostas em uma dada situação são casos de aprendizagem: a relação do organismo com parcelas do ambiente se modifica de alguma forma duradoura.

---

[4]Quando um reforçador condicionado tem seu valor reforçador com base em vários reforçadores primários, costuma-se chamá-lo de reforçador generalizado. Por essa relação com vários reforçadores primários, o reforçador condicionado generalizado pode ser efetivo quando contingente a diversas classes de respostas (Catania, 1998/1999).

Além disso, os dois processos frequentemente estão envolvidos em uma mesma aprendizagem. O babuíno do exemplo citado pode aprender a ficar longe da fêmea na presença do macho alfa; ao se aproximar, produz consequências aversivas; e pode aprender também a se aproximar dela na ausência do macho alfa; quando se aproxima, produz consequências reforçadoras. Temos duas relações comportamentais com suas probabilidades de ocorrência modificadas em função de suas consequências: especificamente "aproximar-se da fêmea na presença do macho alfa" diminuindo a frequência e "aproximar-se da fêmea na ausência do macho alfa" aumentando a frequência. Os processos que levam a essas variações na aprendizagem operante serão descritos a seguir.

Quando um comportamento é mantido por suas consequências, dizemos que ele foi reforçado (fortalecido) e que a consequência é, portanto, reforçadora. Quando, ao contrário, um comportamento diminui de frequência (ocorre menos) ou deixa de ocorrer em decorrência de suas consequências, dizemos que ele foi punido (enfraquecido) e que a consequência é, então, punitiva ou punidora (Baum, 1994/1999; Catania, 1998/1999; Skinner, 1953/2000). Os termos "punitivo" e "reforçador" não se referem a características intrínsecas dos estímulos, mas sim à função que exerceram sobre dada classe de respostas. Note que o que define se a consequência é reforçadora ou punidora não é o estímulo em si, mas o seu efeito sobre a frequência da resposta. Não se pode, portanto, definir *a priori* se uma consequência será punitiva ou reforçadora. Essa regra se aplica tanto aos reforçadores condicionados quanto aos incondicionados. Um mesmo estímulo pode ser reforçador para um indivíduo e punitivo para outro. Na verdade, um mesmo estímulo pode desempenhar as duas funções para um mesmo indivíduo, a depender do contexto. Por exemplo, quando estamos com fome, o alimento torna-se altamente reforçador. Se comemos demais, entretanto, a mera visão da comida pode nos causar náuseas. No primeiro caso, a comida é potencialmente reforçadora, pois é provável que emitamos respostas para obtê-la; no segundo caso, é um estímulo potencialmente aversivo, pois é provável que respondamos de modo a evitá-la. Além disso, respostas podem tanto produzir a *apresentação* de um evento quanto produzir a sua *remoção*. Em certos casos, a introdução de um estímulo pode ser reforçadora e sua eliminação punitiva (um sorvete, por exemplo).

Em outros casos, a introdução de um estímulo pode ser punitiva e sua eliminação reforçadora (digamos, um choque elétrico).[5]

O processo de condicionamento pelo qual um organismo aprende a responder diferencialmente na presença ou ausência de um estímulo antecedente é chamado de *discriminação*. A discriminação ocorre quando o comportamento do organismo é controlado[6] pela presença ou ausência de determinado padrão de estimulação antecedente. Ao analisar o comportamento, o pesquisador identifica aquelas propriedades do ambiente que se relacionam de maneira significativa com o comportamento sob análise. As propriedades que consistentemente participam juntas do controle do comportamento são identificadas pelo experimentador como um "estímulo". Os casos em que uma resposta somente é evocada por um mesmo agrupamento de propriedades, ou seja, de um mesmo estímulo, costumam ser denominados "discriminação simples". Um exemplo é um cão fazer festa quando seu dono chega a casa, mas não o fazer quando a empregada chega. Entretanto, há casos em que o organismo responde de maneiras distintas a diferentes combinações de dois ou mais agrupamentos de propriedades. Suponhamos que, de manhã cedo, o cão busque a atenção do dono e ignore a empregada, mas, ao meio-dia, busca a atenção da empregada e ignore o dono. Casos desse tipo costumam ser identificados como "discriminação condicional", pois se entende que a função dos estímulos ("dono" e "empregada", no nosso exemplo)

---

[5]Uma maneira de se referir à função dos estímulos que o leitor encontrará com frequência na literatura é que certos estímulos são "reforçadores *positivos*" (se reforçam quando acrescentados, somados ao ambiente) e "punidores *negativos*" (se punem quando eliminados, subtraídos); enquanto outros estímulos são "reforçadores *negativos*" (se sua subtração do ambiente é reforçadora) e "punidores *positivos*" (se sua adição é punitiva). Às vezes, no entanto, pode parecer confuso dizer que um estímulo aversivo (geralmente danoso) tem função reforçadora. Uma maneira de evitar a confusão seria considerar não que um evento – choque elétrico, por exemplo – está sendo introduzido ou retirado do ambiente, mas que a "introdução do choque" é um evento ambiental e a "eliminação do choque" é outro. O primeiro é um evento potencialmente punitivo, pois respostas que produzem a "introdução do choque" geralmente diminuem de frequência, ao passo que o segundo é potencialmente reforçador, pois respostas que produzem "a eliminação do choque" tendem a se tornar mais frequentes (ver, p. ex., Michael, 1975; Baron, Galizio, 2005; 2006).
[6]Quando dizemos que o estímulo antecedente controla a ocorrência de determinado comportamento, queremos dizer que, por ter sido reforçada na sua presença, a classe de respostas tem maior probabilidade de ocorrer novamente diante deste estímulo. É equivalente a dizer que o estímulo antecedente "evoca" a resposta que produz determinada consequência. Vale lembrar que controlar dicriminativamente determinada resposta, entretanto, é diferente de eliciar (como ocorre com o comportamento reflexo).

é modificada dependendo de outros estímulos ("manhã cedo" ou "meio dia"), os estímulos condicionais. Cada um desses casos é tratado de uma maneira específica na Análise do Comportamento, mas ambos são exemplos do processo mais amplo de discriminação.[7] Vejamos um exemplo de como o responder discriminado se estabelece.

Digamos que você se mude para um apartamento novo e não conheça seus vizinhos. Você aprendeu, ao longo de sua vida, a cumprimentar as pessoas (ao menos aquelas que estão sempre presentes no seu ambiente). Todas as manhãs você encontra dois moradores do prédio, que vão trabalhar no mesmo horário que você. Inicialmente, a presença de ambos evoca a resposta de cumprimentá-los com um "bom-dia", porque essa classe de respostas foi amplamente reforçada na sua história. Acontece, entretanto, que apenas um dos moradores responde ao cumprimento, enquanto o outro se limita a continuar o que está fazendo sem sequer olhar na sua direção. Por alguns dias você ainda insiste em cumprimentar a ambos, afinal de contas, essa classe de respostas está muito bem estabelecida no seu repertório comportamental, mas a reação de ambos os moradores permanecem as mesmas. Com o passar do tempo, você vai deixando de cumprimentar o morador que nunca responde ao cumprimento, porque essa resposta nunca é reforçada na sua presença. Já o outro morador, que devolve o "bom-dia", é cumprimentado por você diariamente, porque você aprendeu que, na presença dele, o cumprimento será seguido de reforço.

Quando falamos do procedimento de discriminação, portanto, estamos falando que uma determinada classe de respostas é mais frequentemente seguida de uma consequência específica na presença de um estímulo do que de outro (ver Figura 2.4). Isso faz com que esta classe de respostas torne-se mais provável diante do primeiro estímulo, chamado de S^D, e praticamente não ocorra na presença do outro estímulo, condição chamada de S^Δ (Catania, 1998/1999). No exemplo dado, o morador que responde ao seu cumprimento seria o S^D para a resposta de dizer "bom-dia", enquanto o outro morador seria o S^Δ para a mesma resposta. O reforçamento diferencial (contato

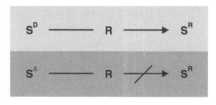

FIGURA 2.4 Esquema do procedimento de discriminação. S^D é o estímulo discriminativo, R a resposta, S^R o estímulo reforçador e S^Δ (S-delta) representa a ausência.

com o reforço em certas situações e não em outras) é essencial para o estabelecimento de controle discriminativo. Se o comportamento for reforçado com frequência similar em qualquer situação, não há razão para que o indivíduo atente para o contexto (estímulo antecedente).

Não custa realçar que parar de dizer "bom-dia" para o vizinho que nunca responde também é um caso de aprendizagem, porque respostas que não produzem modificações no ambiente não têm função adaptativa e tendem a reduzir em frequência. De certo modo, você aprende a não dizer "bom-dia" para aquela pessoa. Há, no cotidiano, diversas situações que exigem que comportamentos diminuam de frequência no repertório do indivíduo. Para enfraquecer uma relação comportamental operante, é preciso, inicialmente, saber quais as consequências que a mantém. Vejamos o exemplo de uma criança que constantemente emite respostas de "fazer birra" no supermercado sempre que a mãe diz que não vai comprar o doce que ela pediu. A criança se joga no chão, bate pés e mãos, grita, chora etc. Esse é um padrão de comportamento inaceitável socialmente e, portanto, precisa ser eliminado do repertório da criança. Como essas não são respostas inatas de um ser humano, é muito provável que estejam sendo mantidas por suas consequências. No caso, quase sempre a criança obtém da mãe o que quer ao emitir uma resposta que se insere na classe "fazer birra". Então, como eliminar esse comportamento? O melhor é fazer com que a classe de respostas "fazer birra" deixe de produzir as consequências que produz normalmente. A mãe poderia deixar de atender ao pedido da criança quando ela faz birra. O que se observa com esse procedimento é que, de início, a birra aumenta, como que para chamar mais a atenção da mãe, mas, como o reforçamento nunca ocorre, essa classe de respostas vai ficando menos frequente até praticamente deixar de ocorrer. A este procedimento de quebra da relação entre uma classe de

---

[7] De fato, alguns autores defendem que os exemplos de controle de estímulos tradicionalmente estudados sob a rubrica *discriminação condicional* poderiam ser vistos como controle antecedente por combinações de estímulos, mas sem um caráter condicional, hierárquico (p. ex., Thomas, Schmidt, 1989). Nessa visão, as respostas de "buscar atenção" do cão seriam controladas pelos estímulos compostos "dono + manhã" e "empregada + tarde", mas não pelos estímulos compostos "dono + tarde" e "empregada + manhã".

respostas e a consequência que a mantém dá-se o nome *de extinção operante* (Catania, 1998/1999; Millenson 1967/1975; Skinner, 1953/2000).

O padrão de resposta descrito no exemplo é típico do processo de extinção operante. Como a classe de respostas em processo de extinção foi muito reforçada na história do indivíduo, é esperado que não seja tão fácil eliminá-la de seu repertório. É em decorrência dessa questão do reforçamento que há um aumento abrupto na frequência de uma classe de respostas submetida a uma condição de extinção antes que possamos observar a redução de sua ocorrência. Esse fenômeno tem sido amplamente observado com os mais diversos tipos de comportamento operante em diversas espécies (Catania, 1998/1999). Acontece ainda que dificilmente a resposta que passou pelo processo de extinção deixa de ocorrer indefinidamente. Ocasionalmente, essa resposta pode voltar a ser emitida e, se pensarmos bem, é adaptativo que assim seja. Para que um organismo tenha maior chance de sobrevivência, é preciso que tenha uma variabilidade comportamental a partir da qual novas respostas possam ser reforçadas, a depender das exigências do ambiente. Se a cada processo de extinção classes de respostas deixassem de existir, teríamos um organismo com um repertório comportamental muito restrito e, consequentemente, com menor capacidade de se adaptar às mudanças no ambiente. O fenômeno do ressurgimento de respostas que foram reforçadas na história do organismo (Reed, Morgan, 2006), observado durante a aplicação do procedimento de extinção a uma dada classe, sustenta essa hipótese.

O princípio unificado do reforço

Embora tenhamos descrito os condicionamentos respondente e operante em separado, atualmente é bastante difundida na Análise do Comportamento a noção de que essa separação é meramente didática. Como o leitor deve ter percebido quando falamos dos eventos reforçadores/aversivos condicionados, há na natureza uma sobreposição, ou entrelaçamento, de contingências operantes e respondentes. Os estímulos que funcionam como reforçadores são necessariamente estímulos eliciadores de uma resposta reflexa. Em uma contingência operante (S^D – R – S^R), em que o estímulo "eliciador" (reforçador) é consistentemente correlacionado com o estímulo discriminativo, temos uma contingência respondente "embutida" na contingência

operante. Como consequência disso, o estímulo discriminativo também pode assumir função eliciadora (da resposta eliciada pelo reforçador) e pode inclusive servir como reforçador condicionado para outras respostas operantes. Além disso, as relações reflexas podem servir de ponto de partida para o desenvolvimento de relações operantes. Tome-se como exemplo o reflexo de sucção dos bebês humanos. Já nos primeiros momentos de vida qualquer estimulação tátil dos lábios de um bebê elicia um padrão de sucção, importantíssimo para o seu contato inicial com alimento. Entretanto, apenas uma parcela restrita do ambiente disponibiliza alimento. Com o passar do tempo, o contato com as consequências diferenciais faz com que as respostas de sugar sejam evocadas apenas pelos estímulos relevantes. O mesmo ocorre com o choro. As crianças rapidamente aprendem a chorar com maior frequência em dadas ocasiões em função das consequências do chorar, isto é, das mudanças produzidas no ambiente por intermédio do comportamento dos cuidadores.[8]

Ambos os tipos de condicionamentos têm em comum o estabelecimento de uma nova relação entre estímulos e respostas. No condicionamento respondente, a correlação entre um estímulo neutro e um estímulo eliciador faz com que o estímulo inicialmente neutro passe a eliciar a resposta reflexa. No condicionamento operante, estímulos e respostas que coocorrem em correlação com um estímulo "eliciador" (o reforçador) passam a ocorrer juntos com mais frequência. Nos dois casos, uma relação S-R é fortalecida pela correlação com um estímulo eliciador. A diferença está nos arranjos ambientais que produzem essas relações e no controle do estímulo sobre a resposta. Reconhecendo essa afinidade, os pesquisadores Donahoe e Palmer (1994) propuseram o *Princípio Unificado do Reforço*. A ideia, basicamente, é que em ambos os condicionamentos ocorre o mesmo processo de fortalecimento. Em linhas gerais, o sistema nervoso dos organismos capazes de aprender está configurado de modo que os estímulos e as respostas que consistentemente ocorrem contiguamente a um estímulo eliciador terão maior probabilidade de ocorrer juntos no

---

[8]Uma parcela considerável dos eventos ambientais que influenciam o comportamento humano é composta por produtos do comportamento de outrem. Em Análise do Comportamento, os comportamentos que são estabelecidos e mantidos por consequências mediadas por outros indivíduos são estudados sob a rubrica de "Comportamento Verbal", cuja formulação original pode ser encontrada em Skinner (1957) e descrita no Capítulo 7.

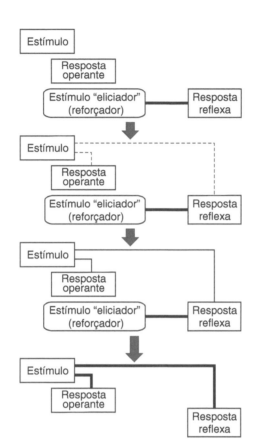

FIGURA 2.5 Diagrama ilustrando a aprendizagem sob a perspectiva do Princípio Unificado do Reforço. Tanto contingências respondentes como operantes correlacionam estímulos, respostas e reforçadores (eliciadores). A espessura das linhas ligando estímulo e respostas representa a força da relação. O efeito de múltiplas correlações, em ambos os casos, é o fortalecimento de uma relação entre estímulos antecedentes e respostas. (As aspas na palavra eliciador são inclusões dos organizadores da obra).

futuro,[9] independente de como tais eventos se correlacionem em primeiro lugar. Dessa perspectiva, os qualificativos "respondente" e "operante" caracterizam os procedimentos que o experimentador usa no laboratório para fortalecer relações entre estímulos e respostas, não tipos diferentes de comportamento.

A Figura 2.5 ilustra essa noção. Tanto contingências respondentes como contingências operantes correlacionam eventos ambientais inicialmente "neutros" com respostas e estímulos eliciadores. Como você deve lembrar, os dois tipos de contingências diferem no momento de apresentação do estímulo eliciador. No condicionamento respondente, o estímulo eliciador é apresentado contiguamente a um estímulo neutro, ao passo que no condicionamento operante o eliciador é apresentado contiguamente a uma resposta. Apesar dessas diferenças formais, o efeito da coocorrência recorrente desses eventos é a mesma nos dois casos: o fortalecimento da relação entre todos os estímulos e respostas que coincidiram com a apresentação do estímulo eliciador. Após múltiplas exposições à contingência, o estímulo originalmente neutro eventualmente passa a ser seguido daquelas respostas mesmo na ausência do estímulo "eliciador". Repare que, na contingência operante, o estímulo que se tornará discriminativo para a resposta em questão também passa a eliciar as respostas reflexas produzidas pelo reforçador.

---

[9] O princípio unificado do reforço é parte da proposta "biocomportamental" de Donahoe e Palmer (1994), que busca suplementar a explicação do comportamento com dados acerca da fisiologia dos organismos. Os autores defendem que a base fisiológica do reforço é o fortalecimento sináptico produzido em certas regiões do cérebro quando o organismo entra em contato com os eventos reforçadores. Em resumo, os reforçadores são estímulos que atuam sobre uma área do sistema límbico chamada área tegumentar ventral (VTA). A VTA interage com um conjunto de regiões do cérebro onde há sinapses entre neurônios que participam do contato com eventos ambientais e neurônios que participam da produção de respostas. Quando o organismo entra em contato com um reforçador, as sinapses provenientes da VTA lançam o neurotransmissor dopamina naquelas regiões. Um efeito da dopamina é promover o aumento da eficácia das sinapses que estão ativas no momento em que entram em contato com ela. Se o organismo for exposto recorrentemente a arranjos ambientais em que o contato com certos estímulos e a emissão de certas respostas são consistentemente acompanhados do contato com um reforçador (eliciador), o efeito cumulativo do fortalecimento das sinapses ativas no contato com o reforço será o favorecimento de uma rede neural que, grosso modo, subsidia a relação entre estímulos e respostas. Diversas investigações acerca da neurobiologia da aprendizagem têm corroborado e estendido esse modelo (para uma revisão desses estudos, ver Guerra, 2006; para mais detalhes sobre a proposta biocomportamental, ver Donahoe, Palmer, 1994; para uma discussão acerca da participação de eventos neurais na contingência de reforço, ver Silva, Gonçalves, Garcia-Mijares, 2007).

Imprinting

Um tipo de aprendizagem bem específico que ocorre em algumas espécies é o *imprinting* (estampagem). No *imprinting*, assim como no comportamento reflexo, o organismo nasce preparado biologicamente para responder a determinadas propriedades de estímulos que têm um valor de sobrevivência. O exemplo clássico de *imprinting* é o do patinho que passa a reagir ao primeiro objeto em movimento com o qual tem contato após o nascimento. Geralmente, o patinho vê a mãe assim que nasce, mas pode acontecer de a mãe não estar presente e ele se deparar com algum outro ser vivo ou algum objeto em movimento. Seja a mãe, ou uma pessoa, ou um carrinho de brinquedo em movimento, o patinho passará a segui-lo o tempo todo e a apresentar piados de desconforto na sua ausência (Catania, 1998/1999; Millenson, 1967/1975; Skinner, 1974). O termo *imprinting* refere-se ao fato de o organismo agir como se tivesse gravado (ou estampado) o estímulo com o qual teve contato ao nascer. O patinho que "grava" o estímulo "mãe" tem mais chance de sobreviver, pois, ao se manter perto da mãe, receberá seus cuidados e sua proteção contra os perigos do mundo.

Se considerarmos a natureza da relação estímulo-resposta que se estabelece, o *imprinting* pode ser considerado um caso híbrido de condicionamento reflexo e condicionamento operante: embora o organismo já nasça preparado para reagir a uma propriedade de estímulo bastante específica (o movimento), outras propriedades do primeiro estímulo em movimento que ele vê na vida (como cor, forma etc., essas bastante inespecíficas) passarão a controlar quaisquer comportamentos que as mantenham próximas. É como se as demais propriedades do estímulo "estampado" adquirissem função reforçadora condicionada após um único pareamento com o evento incondicionado, o movimento, e o organismo passasse, então, a emitir, com maior probabilidade, comportamentos que mantivessem aquele estímulo presente e/ou próximo. Em ambiente natural, a cadeia de comportamentos envolve, em geral, o "seguir e se manter próximo ao" objeto estampado. Experimentos já demonstraram, entretanto, que o patinho pode aprender outras respostas (bicar um disco, ficar parado etc.) que lhe permitam a proximidade, mesmo que apenas visual, ao estímulo (Hess, 1958; Hoffman, Searle, Toffey, Kozma, 1966, citados por Millenson, 1967/1975; Peterson, 1960, citado por Catania 1998/1999).

Aprendizagem indireta

Nem sempre a aprendizagem depende da exposição direta do organismo a todos os aspectos das contingên-
cias. Alguns comportamentos são aprendidos pela observação do comportamento do outro ou ainda por instrução verbal (uma interessante alegoria dessas duas formas de aprendizagem pode ser encontrada em Skinner, 1988). No caso da espécie humana, pode-se dizer que grande parte de nosso comportamento é aprendida dessa maneira. A seguir, vamos descrever brevemente dois tipos de aprendizagem indireta: aprendizagem vicariante e aprendizagem por instrução.

Aprendizagem vicariante

Também denominada aprendizagem por observação, é a aprendizagem baseada na observação de respostas emitidas por outro organismo e/ou de suas consequências (Catania, 1998/1999). Essa observação não implica, necessariamente, imitação da resposta observada. O observador pode imitar o comportamento observado para obter as mesmas consequências que o outro organismo, mas a aprendizagem vicariante não se restringe à imitação.[10] Imaginemos um chimpanzé com fome que não tem meios de conseguir alimento no seu ambiente atual. De repente, ele observa outro chimpanzé se aproximar de um cupinzeiro segurando uma vareta bem estreita. O animal observado insere a vareta nos orifícios do cupinzeiro e a retira com a ponta coberta por cupins, que lhe servem de alimento. Quando ele se retira de cena, o observador procura uma vareta semelhante e repete o comportamento observado, obtendo o alimento. Nesse exemplo, ocorreu a observação e imitação de uma resposta que produziu uma consequência reforçadora. Note que o chimpanzé teria levado muito tempo para aprender sozinho esse comportamento, se é que um dia o aprenderia. A observação do outro possibilitou a aquisição imediata de um comportamento novo.

No entanto, o comportamento observado pode produzir uma consequência aversiva. Nesse caso, aprendemos uma resposta que não deve ser emitida porque propicia consequências danosas. Por exemplo, ao vermos que um colega foi ridicularizado por um grupo de alunos ao fazer uma pergunta ao professor, é pouco provável que façamos qualquer pergunta diante daquele grupo. Nesse caso, a observação do comportamento do outro não envolveu apenas a

---

[10]Quando um organismo imita ou duplica o comportamento observado em outro organismo, essa duplicação pode ser total ou parcial e não necessariamente envolve o aprendizado das contingências que controlaram o comportamento observado. Por exemplo, uma criança pode imitar um gesto feito por um adulto sem atentar para o estímulo discriminativo que controlava a resposta do adulto observado. A imitação é apenas um tipo de aprendizagem vicariante.

resposta (fazer pergunta ao professor) e sua consequência (ser ridicularizado por colegas), mas também um estímulo discriminativo (presença daquele grupo de alunos na sala). Podemos dizer que, nesse caso, o observador aprendeu quando a resposta de "fazer perguntas" deveria ou não ser emitida.

A aprendizagem por observação é, portanto, vantajosa para o organismo, pois permite que ele aprenda com base na experiência alheia, não precisando perder muito tempo aprendendo pela exposição direta às contingências. É importante notar, no entanto, que, embora a observação permita a ocorrência da resposta apropriada no contexto apropriado sem o contato prévio com as contingências, ao emitir a resposta no contexto apropriado, o organismo acaba por entrar em contato com as contingências, o que tornará possíveis a manutenção e eventuais refinamentos da resposta. Esse tipo de aprendizagem não é vantajoso apenas para o indivíduo, mas também para o grupo social. Quando determinado grupo desenvolve estratégias para conseguir alimento ou escapar de predadores, é importante que essas estratégias sejam adotadas pelos novos membros do grupo para que a prática se perpetue ao longo das gerações e a espécie tenha maior chance de sobreviver. A aprendizagem por observação tem papel essencial nesses casos, especialmente para organismos que, diferentemente do homem, não utilizam uma linguagem elaborada para transmitir o conhecimento às gerações futuras (ver Biro, Inoue-Nakamura, Tonooka *et al.*, 2003; e McGrew, 1998, para exemplos de aprendizagem por observação e transmissão cultural em primatas).

No que diz respeito a outros animais, um exemplo clássico de aprendizagem vicariante foi o observado por Kawamura (1959), com macacos japoneses. Uma das fontes de alimento desses primatas eram batatas doces, que geralmente ficavam cobertas pela areia da praia onde viviam. Por acaso, um macaco jovem derrubou batatas na água do oceano, o que limpou a areia. Em pouco tempo, os macacos jovens do grupo passaram a lavar as batatas no oceano antes de comê-las. O interessante é que essa "prática cultural" se manifestou apenas nos macacos jovens, pois os adultos continuaram a comer as batatas cobertas pela areia.

Aprendizagem por instrução

O homem tem certa vantagem sobre os outros animais no que se refere à transmissão de conhecimentos ao longo de gerações. A linguagem, que será discutida no Capítulo 7, possibilita que registremos os conhecimentos adquiridos ao longo dos séculos para que as gerações futuras possam avançar a partir deles. A linguagem também tem um papel essencial na aprendizagem de comportamentos em nossa cultura. Quando estamos diante de um problema para o qual não temos resposta, podemos chegar a sua solução seguindo as instruções lidas em um livro ou apresentadas por outra pessoa (um professor, por exemplo). Ao comprarmos um aparelho eletrônico de última geração, provavelmente precisaremos ler o manual de instruções para conseguir fazê-lo funcionar direito. Aprendemos também uma série de comportamentos sociais por meio de instrução.

Porém, o que é uma instrução afinal? De acordo com Skinner (1969/1984, 1974), as instruções seriam classificadas como um tipo de regra. Regras são descrições verbais de contingências que podem funcionar como estímulos discriminativos ou como estímulos alteradores da função de outros estímulos, dependendo das contingências de reforço de que participam (ver, p. ex., Albuquerque, 2001; Schlinger, Blakely, 1994). Essa descrição das contingências pode ser parcial, especificando apenas a resposta ou a resposta e o estímulo discriminativo, a resposta e a consequência prevista etc.; ou completa, especificando os três elementos da contingência. O comportamento aprendido por instrução também é chamado de comportamento governado por regras.

As regras (ou instruções) podem, portanto, estabelecer comportamentos novos, antes (e mesmo sem) que se entre em contato com as contingências. Além de permitir que novos comportamentos sejam adquiridos mais rapidamente, as instruções podem estabelecer no repertório do indivíduo comportamentos adequados mesmo em situações nas quais a contingência é ineficaz, atua a longo prazo ou não pode ser contatada naturalmente (Catania, 1998/1999; Skinner, 1969/1984). Por exemplo, como explicar que passemos anos cursando uma graduação, talvez com disciplinas que sequer apreciemos, sem nunca termos entrado em contato com as consequências de se ter um diploma de curso superior? É possível que a permanência em uma graduação venha a ser mantida por outras consequências imediatas, como aceitação social, a esquiva de admoestações por parte dos pais ou o contato com os amigos, mas nossa busca por ela, em primeiro lugar, provavelmente ocorre por seguimento de regras (p. ex., de que quem conclui um curso de graduação tem maior chance de ter emprego e sucesso na vida profissional). Apesar de nunca termos entrado em contato direto com essas consequências, prestamos o vestibular e nos dedicamos vários anos aos estudos.

Apesar de suas evidentes vantagens, o comportamento governado por regras apresenta uma desvantagem importante. Esse comportamento pode ser "insensível" às contingências, de modo que, quando a contingência muda, o comportamento estabelecido por regras tende a se manter inalterado, tornando-se disfuncional. Permanecer emitindo os comportamentos descritos na regra a despeito das contingências imediatas é, em si, um exemplo de aprendizagem: as pessoas aprendem a *seguir regras.* Podemos aprender a seguir certas regras e outras não, a somente seguir regras ditadas por certas pessoas. Em alguns casos, a consequência ao comportamento de seguir regras é tão atraente que emitimos o comportamento requerido, apesar de uma eventual consequência aversiva ser produzida quando o organismo se expõe à contingência ("Você ganhará mil reais se puser a mão nesse formigueiro"). Pode acontecer de, na história de vida de algumas pessoas, as consequências por não seguir regras serem tão aversivas que elas passam a seguir regras cegamente. Geralmente é esse o grupo de pessoas que continua seguindo regras apesar de não corresponderem às contingências imediatas. As condições que podem produzir sensibilidade ou insensibilidade às mudanças nas contingências no seguimento de regras têm sido foco de ampla investigação experimental (ver, p. ex., Albuquerque, Reis, Paracampo, 2006; Pinto, Paracampo, Albuquerque, 2006; Paracampo, Albuquerque, Farias, Carvalló, Pinto, 2007; Wulfert, Greenway, Farkas, Hayes, Douguer, 1994).

O APRENDIZ EXPERIENTE

É muito comum que professores e pesquisadores de inspiração analítico-comportamental sejam acusados de produzir dados sem relevância etológica ou social, uma vez que a maior parte desses estudos é realizada por meio da coleta de dados em laboratório, normalmente com sujeitos ingênuos e em contextos bastante simplificados. Não são raros comentários de que, tão ingênuos quanto seus sujeitos, são os próprios analistas do comportamento por acreditarem que os processos de aprendizagem observados sob essas condições minimalistas se dariam do mesmo modo no complexo ambiente natural e mesmo em outras espécies. Para esses críticos, o comportamento complexo em ambiente natural, sobretudo o comportamento complexo humano, estaria muito além de explicações de matizes behavioristas. Os princípios da Análise do Comportamento supostamente reduziriam o homem a um autômato programado para reagir a estímulos (para uma discussão detalhada das críticas ao Behaviorismo Radical, ver Carrara, 2005).

A essa altura, o leitor já deve ter adivinhando que não é esse o caso. Os princípios do condicionamento deixam margem para uma considerável flexibilidade no desenvolvimento de relações comportamentais ao longo da vida dos organismos. Os animais vêm preparados para aprender a responder adaptativamente ao seu ambiente. O que exatamente eles aprenderão dependerá de suas histórias específicas de vida. O que a Análise do Comportamento vem buscando desde sua origem são princípios fundamentais que regem o comportamento animal, e o controle experimental rigoroso das contingências ambientais e da história pré-experimental dos sujeitos é primordial nessa busca. Entretanto, ao contrário do que muitos pensam, os analistas do comportamento não estão alheios à complexidade do ambiente e do comportamento. A abordagem comportamental, no entanto, parte do pressuposto de que comportamentos complexos não precisam, necessariamente, ser fruto de processos comportamentais igualmente complexos. Para o analista do comportamento, a complexidade é resultado de processos de aprendizagem relativamente simples atuando repetidamente sobre os produtos de aprendizagens prévias. O efeito cumulativo desses ciclos repetidos de aprendizagens é o desenvolvimento de relações entre estímulos e respostas cada vez mais complexas (Donahoe, Palmer, 1994). Parte da complexidade do comportamento em ambiente natural advém do fato de que as relações entre estímulos, respostas e consequências que compõem o repertório comportamental de um organismo não são construídas do zero. É muito comum que repertórios aprendidos em contextos específicos sejam derivados para outros contextos e/ou sirvam de base para o estabelecimento de novos repertórios. A seguir, comentaremos brevemente algumas das maneiras como a história prévia de aprendizagem pode influenciar o que e como os organismos aprendem.

Generalização primária e equivalência funcional

As bases para que comportamentos aprendidos em um contexto sejam transferidos para outros são variadas e dependem, em grande medida, de algum nível de similaridade entre o ambiente atual e os contextos originais em que ocorreu a aprendizagem. Tomemos um exemplo clássico na literatura da Análise do Comportamento, o de um pombo que após treino discriminativo (por meio de reforçamento diferencial, como você deve lembrar) tenha aprendido a bicar com alta frequência um disco transiluminado, digamos cor de laranja. Depois do treino, em vez de iluminar o disco com luz cor de laranja, começamos a apresentá-lo com outras cores, mudando-as em intervalos regulares, e observamos como o pombo responde, agora sem reforçamento algum. Se registrarmos o número de respostas emitidas para cada cor do disco e fizermos um gráfico, obteremos uma curva bastante semelhante ao modelo apresentado na Figura 2.6. É sabido que estímulos novos evocarão uma determinada resposta com maior probabilidade quanto mais próximos perceptualmente forem do estímulo originalmente correlacionado com o reforço. No nosso exemplo, então, o pombo provavelmente emitirá uma quantidade de respostas maior frente a discos amarelo-alaranjados ou laranja-avermelhados do que para um disco azul, por exemplo. Esse efeito, observado em inúmeras espécies, é um produto natural do treino discriminativo e recebe o nome de *generalização primária* (Keller, Schoenfeld, 1950/1974; Skinner, 1953/2000).

A generalização primária pode ser atribuída à similaridade física entre os estímulos novos e o estímulo discriminativo, mas há outros exemplos nos quais estímulos compartilham o controle do comportamento, embora não apresentem semelhança física; nesses casos, o compartilhamento de função depende de uma sobreposição entre as contingências de que os estímulos participam. Consideremos o exemplo de uma criancinha que foi ensinada explicitamente a colocar seus brinquedos em um cesto quando solicitada. Certo dia, sua mãe lhe traz de presente uma girafa de plástico e ambas, a mãe e a criança, manipulam a girafa por um tempo. Mais tarde, na hora de guardar os brinquedos, a criança prontamente coloca a girafa dentro do cesto, muito embora ela não se assemelhe fisicamente a nenhum outro brinquedo seu. Provavelmente, o que a girafa tem em comum com os outros objetos que vão para o cesto são as relações comportamentais de que participam, como, por exemplo, o fato de acompanharem respostas características da classe de "brincar". As classes de eventos ambientais que compartilham funções, não devido à semelhança perceptual, mas por participarem de contingências similares, são chamadas *classes de equivalência* (Sidman, 1994; 2000). O termo enfatiza o fato de que aqueles estímulos compartilham a mesma função comportamental, ou seja, são *equivalentes* entre si no controle de alguma parcela do comportamento de um organismo. Uma característica dessas classes de estímulos é que, se algum de seus membros adquirir controle sobre outro comportamento, há alta probabilidade de que os demais membros da classe passem também a evocar aquele comportamento. Assim, se a criança porventura aprender a chamar sua bola de "bitedo", não será surpresa se ela passar a chamar todos os outros brinquedos assim.

A formação de classes de equivalência pode ser (e tem sido) estudada a partir de vários procedimentos, desde procedimentos operantes de discriminação simples e de discriminação condicional (Carr, Wilkinson, Blackman, McIlvane, 2000; De Rose, McIlvane, Dube, Galpin, Stoddard, 1988; Kastak, Schusterman, Kastak, 2001; Vaughan, 1988) até procedimentos respondentes (p. ex., Dougher, Augustson, Markham, Greenway, Wulfert, 1994). Uma boa parte da literatura que trata do tema se divide em duas rubricas diferentes, "Equivalência Funcional" e "Equivalência de Estímulos", dependendo dos procedimentos utilizados para a verificação da formação de classes. A despeito das diferenças metodológicas, o que parece definir as classes é o fato de os estímulos serem potencialmente substituíveis no controle de uma mesma classe de respostas (ver, p. ex., Sidman, 2000; Barros, Galvão, Brino, Goulart, McIlvane, 2005).

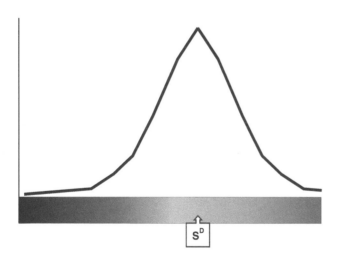

FIGURA 2.6 Previsão de gradiente de generalização. O eixo das ordenadas representa o número de respostas e o eixo das abscissas representa as diferentes cores do estímulo a que o sujeito teria sido exposto após o treino discriminativo. O estímulo discriminativo é indicado.

Modelagem e encadeamento de respostas

Outra maneira pela qual novas relações comportamentais se desenvolvem alicerçadas em relações estabelecidas em aprendizagens prévias é a modificação gradual da topografia de uma resposta já evocada por certa classe de estímulos. Como dito anteriormente, sempre há algum grau de variabilidade nas respostas emitidas por um organismo. Mesmo quando suas topografias se assemelham de uma instância para outra, é possível que ligeiras variações tenham efeito diferente no ambiente, seja produzindo o reforçador com mais regularidade, seja produzindo um evento diferente do reforçador que define a classe de respostas original. Nesses casos, o que acontece é que aquela topografia variante torna-se mais provável. Claro que também haverá variabilidade em torno da nova topografia de resposta privilegiada, de modo que outras formas variantes poderão ser fortalecidas em detrimento das anteriores, se favorecerem o contato consistente com as consequências relevantes.

O efeito desses ciclos repetidos de reforçamento diferencial de certas topografias de resposta em detrimento de outras é que o comportamento vai sendo *modelado* (no sentido de ter sua forma moldada mesmo) ao longo do tempo (Skinner, 1953/2000). Dependendo das contingências de reforço, é possível que se produzam comportamentos completamente diferentes do comportamento original. É assim que os bebês aprendem a falar suas primeiras palavras. Inicialmente, bebês emitem vocalizações indistintas, compostas basicamente de alguns poucos fonemas, como "buh", "ma", "prrr", por exemplo. Felizmente, os pais costumam ser criaturas bastante impressionáveis e um "ma" certamente será interpretado como uma tentativa da criança de dizer "mamãe", e será seguido de uma série de interações animadas com o bebê. Essa é a receita para que, com o passar do tempo, na medida em que seu desenvolvimento anatomofisiológico possibilitar, o pequeno passe a emitir vocalizações gradualmente mais próximas de "mamãe". Nesse caso, como em outras situações de ensino mais planejadas, em que quem disponibiliza o reforço conhece a topografia de respostas final, o procedimento que produz a modificação gradual no comportamento é chamado de reforçamento diferencial por aproximações sucessivas.

É importante ressaltar que a modelagem também ocorre sob contingências naturais. Quando um filhotinho de macaco-prego passa a se locomover por curtas distâncias longe da mãe, sua cauda, preênsil, tende a se agarrar a toda superfície que toca, de modo que o macaquinho dá alguns passos e para de supetão, preso pela cauda. Ele, então, solta a cauda, dá mais alguns passos e para novamente. Com o passar do tempo, no entanto, ele passa gradualmente a se prender com a cauda em intervalos mais afastados, salvo em situações de risco, até que eventualmente usa a cauda para se locomover de maneira perfeitamente adaptada.

É possível que o leitor tenha ficado com a impressão de que os processos de aprendizagem ocorrem isoladamente, sem se relacionar com outros processos. A interlocução entre os condicionamentos operante e respondente, discutida mais cedo, é um exemplo de que esse não parece ser o caso. Um exemplo adicional é o *encadeamento de respostas* (Catania, 1998/1999; Keller, Schoenfeld, 1950/1974; Millenson, 1967/1975). Trata-se de um modo de aprendizagem que produz repertórios complexos com base em um conjunto de relações comportamentais previamente estabelecidas a partir de histórias de condicionamento respondente e operante e de modelagem de respostas. Cadeias de respostas são bastante comuns. Para certos fins didáticos, podemos considerar o "comportamento de ir para casa", por exemplo, como se fosse *um* operante, mas trata-se, na verdade, de uma sequência de respostas encadeadas. O caminho para casa é tão familiar que talvez sequer reparemos que ele está dividido em uma série de pequenos percursos intercalados por alguns marcos geográficos: ir até o ponto de ônibus; pegar o ônibus X; descer na praça Y, atravessar a rua... Além do mais, provavelmente não seremos capazes de reconstruir a história de aprendizagem que estabeleceu a cadeia. Consideremos um exemplo simples de encadeamento de apenas duas respostas:

Digamos que um rato privado de água tenha aprendido, por modelagem, a pressionar uma alavanca (resposta) quando uma luz está acesa na câmara experimental (S^D), produzindo uma gota d'água (S^R). Como já visto, qualquer estímulo que consistentemente acompanhe um estímulo reforçador incondicionado torna-se reforçador condicionado. Nesse exemplo, a luz da sala, consistentemente associada à apresentação do alimento, adquire função de reforçador condicionado. Agora, o experimentador pode modelar uma nova resposta, passar por dentro de uma argola ao ouvir um som, apresentando a luz como consequência. Como a luz tem dupla função (S^D e S^R), sua apresentação, além de fortalecer a resposta de passar pela argola, evoca a resposta de pressionar a alavanca, que produz o reforçador final. Em uma cadeia de respostas, estímulos com dupla função são os elos que ligam as respostas (Figura 2.7). Esse é também o caso dos marcos geográficos na cadeia "ir para casa".

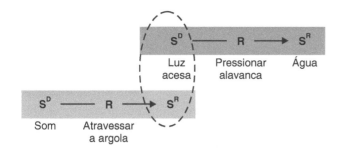

FIGURA 2.7 Diagrama exemplificando o encadeamento de respostas. S^D é o estímulo discriminativo, R a resposta, S^R o estímulo reforçador.

Learning set

A história prévia de aprendizagem reflete não apenas no desenvolvimento de novas relações comportamentais, mas também no modo como o sujeito encara novos contextos de aprendizagem. É comum dizermos que o organismo aprende a aprender, no sentido de que a exposição prévia a múltiplas contingências de reforço semelhantes tem influência no contato do organismo com contingências novas, por exemplo, favorecendo a atenção a certos aspectos mais relevantes das contingências. O primeiro autor a abordar esse tema de maneira sistemática foi Harry F. Harlow (1906-1981) que, no final da década de 1940, publicou um artigo intitulado *The formation of learning sets*, no qual demonstrou que sujeitos que passavam por diferentes problemas tornavam-se mais hábeis em resolver novos problemas que lhes iam sendo apresentados, mesmo quando os novos problemas eram mais complexos do que os problemas iniciais.

Nessa ocasião, Harlow (1949) submeteu oito macacos *rhesus* a uma série de problemas de escolha entre dois objetos, sendo que, sob um deles, haveria um pedaço de comida. Cada problema era apresentado repetidas vezes e o objeto correto era sempre o mesmo do início ao fim da tarefa (um exemplo de treino discriminativo). Assim, se o objeto correto fosse o Objeto A e o Objeto B o incorreto, o macaco deveria escolher sempre o Objeto A. Foram apresentados 344 diferentes problemas com diferentes pares de objetos e cada problema consistia de múltiplas repetições da situação de escolha. A cada nova repetição, a posição dos dois objetos podia ou não ser invertida. Caso o sujeito tivesse escolhido o objeto correto na primeira tentativa, era esperado que ele prontamente o escolhesse na tentativa seguinte e, caso contrário, que trocasse sua escolha para o outro objeto; essa rápida aprendizagem da discriminação não foi observada durante a exposição aos primeiros problemas, nos quais a proporção de escolha do item correto esteve próxima à linha do acaso. Contudo, à medida que novos problemas foram sendo apresentados aos sujeitos, os mesmos passaram a mudar suas escolhas para o item correto e permanecer escolhendo-o cada vez mais cedo, até chegarem ao ponto em que, após emitirem a primeira resposta ao acaso, já passavam a escolher sempre o objeto correto a partir da segunda tentativa.

Dessa maneira, Harlow (1949) demonstrou que a prontidão para aprendizagem de novos problemas era muito maior quando os animais eram experientes do que quando estes mesmos animais ainda eram ingênuos. Esse efeito, que ele chamou de *learning set*, foi observado mesmo quando problemas mais complexos foram apresentados aos sujeitos, como, por exemplo, problemas em que, após sete tentativas, o objeto correto era invertido e os animais precisavam passar a escolher o objeto que até então vinha sendo preterido. É possível observar essa capacidade de aprender a aprender em vários contextos de aprendizagem no nosso cotidiano, como no caso de pessoas que, já tendo aprendido uma ou mais línguas além de sua língua nativa, aprendem novas línguas progressivamente mais rápido do que as anteriores, mesmo que sejam línguas de origens diferentes.

Insight

A demonstração súbita de responder adaptada como produto da história prévia de aprendizagem também é característica de outro processo de aprendizagem: o *insight*, descrito pela primeira vez por Wolfgang Köhler (1887-1967). Köhler (1917/1957) acreditava que algumas formas de aprendizagem não poderiam ser reduzidas a processos básicos de aprendizagem gradual (como a aprendizagem por "tentativa e erro", que havia sido demonstrada por Thorndike), uma vez que, em determinadas circunstâncias, eram observadas curvas súbitas de aprendizagem, com sujeitos que em um primeiro momento não eram capazes de resolver determinado problema. De acordo com Köhler, os sujeitos resolviam os problemas prontamente após um processo descrito como sendo uma "apreensão visual da tarefa", que ele chamou de *insight*. Em sua obra *The Mentality of Apes*, Köhler descreveu uma série de experimentos nos quais um ou mais chimpanzés eram colocados em uma situação em que um pedaço de fruta era posto fora de alcance, de modo que eles precisavam descobrir alguma estratégia para ter acesso a ele.

Um bom exemplo é o de um chimpanzé chamado Sultão, que foi posto em uma situação em que um pedaço de fruta foi deixado fora da jaula, longe do seu alcance. Além disso, um bastão foi preso ao teto da gaiola, também fora do seu alcance, e uma caixa cheia de pedras foi disponibilizada para que pudesse ser empurrada até o bastão, desde que as pedras fossem antes retiradas. Assim que avistou o bastão no teto, Sultão dirigiu-se até a caixa e pôs-se a empurrá-la com toda a força em direção ao bastão, mas mal pôde movê-la. Ele, então, pegou uma pedra e a arrastou até uma posição abaixo de onde estava localizado o bastão. Em seguida, ele pegou a pedra e a levou para as barras da gaiola exatamente em frente à fruta, mas, ao tentar fazer com que ela passasse pelas grades, não obteve resultados satisfatórios. Ele, então, retornou à caixa, retirou outra pedra e pôs-se a empurrar a caixa novamente e, ainda que com visível dificuldade, conseguiu levá-la até o bastão e utilizá-la como meio de alcançá-lo. Depois de apanhá-lo, ele foi até as barras e imediatamente alcançou o alimento.

O autor defendeu que relatos como esse mostram que realmente existem situações em que a resolução de um problema ou a aprendizagem de uma nova tarefa não podem ser atribuídas a um processo gradual de aprendizagem, ocorrendo subitamente. Contudo, reinterpretações dos dados de Köhler e estudos posteriores sugerem que tais resoluções não são acontecimentos súbitos, independentes da história de vida dos sujeitos. No experimento descrito, por exemplo, Sultão já havia passado anteriormente por problemas em que ele precisava usar um bastão para alcançar uma banana distante, situações em que ele deveria empilhar caixas sob uma fruta presa ao teto, e até mesmo um experimento em que precisou tirar pedras de dentro de uma caixa para empurrá-la. Ou seja, apesar de nunca ter sido submetido àquela situação-problema específica, ele tinha uma história prévia de aprendizagens de todas as habilidades componentes requeridas pela situação nova. Quando outros sujeitos sem a mesma história de Sultão foram expostos ao mesmo problema, falharam ao tentar resolvê-lo.

Cientes desse fato, Epstein, Kirshnit, Lanza e Skinner (1984) propuseram um experimento para investigar como repertórios prévios podem se recombinar, levando à emissão de novas respostas em situações-problema inéditas. Nesse experimento, pombos deveriam resolver um problema empurrando uma pequena caixa em direção a um objeto pendurado fora de seu alcance. Os pombos receberam treino direto de várias combinações de relações comportamentais pré-requisito: os animais podiam ser ensinados a empurrar uma caixa em direção a um ponto projetado nas paredes da câmara experimental, a subir em uma caixa e bicar uma peça de plástico, e ainda eram expostos a uma situação na qual a peça ficava fora do seu alcance e a caixa estava ausente, com o objetivo de extinguir as respostas de alcançar diretamente a peça. A fim de controlar os efeitos da história prévia na resolução do problema, foram definidos vários grupos experimentais com histórias diferentes: um que passou por todas as etapas de treino, três que não passaram por uma das etapas e um para o qual o treino de empurrar não contava com o ponto na parede.

Na situação de teste, a peça de plástico foi pendurada fora do alcance e a caixa de papelão deixada disponível em um dos cantos, de modo que poderia ser livremente empurrada até o ponto sob a peça, servindo de plataforma e permitindo que a peça fosse bicada. Os sujeitos que haviam passado por todas as etapas resolveram rapidamente a tarefa,[11] ao passo que aqueles que não haviam passado pelo treino de um dos repertórios, ou pela variação do treino de empurrar sem o ponto na parede, não foram capazes de resolver o problema. Já o grupo que não passou pela extinção das respostas de alcançar diretamente a peça foi capaz de resolver o problema, mas apenas após terem emitido várias respostas não reforçadas de alcançar diretamente a peça. Ao demonstrarem que apenas os animais que passaram por todas as etapas de treino foram capazes de resolver o problema, Epstein e colaboradores (1984) identificaram ponto a ponto os pré-requisitos funcionais necessários à emergência do *insight*, demonstrando, assim, que a história prévia do aprendiz tem um papel fundamental na sua capacidade de se adaptar a novas situações e na rapidez com que se adapta.

APRENDIZAGEM NO ENSINO FORMAL

Os seres humanos talvez sejam os únicos animais que deliberadamente reconfiguram o ambiente a fim de promover o ensino de repertórios relevantes para seus coespecíficos.[12] Atualmente, o ensino formal tem uma varie-

---

[11]Um vídeo do momento da resolução pode ser encontrado sob o nome de *A Pigeon Solves the Classic Box-and-Banana Problem* no endereço http://www.youtube.com/watch?v=mDntbGRPeEU.

[12]Sabe-se que, em certos primatas, como os chimpanzés já citados, os infantes podem adquirir certas habilidades pela observação do comportamento dos animais mais experientes, mas aparentemente não há qualquer esforço destes em *ensinar*.

dade de técnicas, das mais diversas inspirações filosóficas, e as descobertas e os pressupostos de várias áreas de produção de conhecimento continuam guiando a busca por metodologias de ensino mais eficazes. Será que a Análise do Comportamento pode contribuir? A resposta é "Sim!" e isso vem acontecendo desde a década de 1960, quando o psicólogo norte-americano Fred S. Keller (1899-1996) desenvolveu um método de ensino que levava em consideração os processos de aprendizagem conhecidos em sua época, criando um método que ficou conhecido como PSI (*Personalized System of Instruction*), Sistema Personalizado de Instrução ou Método Keller.

Keller partia do princípio de que cada aluno traz demandas e pré-requisitos idiossincráticos para o contexto de aprendizagem. Como acabou de ser discutido, a aprendizagem prévia tem grande influência na maneira como se dão novas aprendizagens. Em vista disso, as contingências precisam ser arranjadas de maneira sensível às demandas de cada aluno, o que não ocorre na maioria dos contextos de ensino, nos quais o professor determina o que deve ser aprendido por todos os alunos e qual o período em que a aprendizagem deve ocorrer, como se o grupo fosse um bloco homogêneo. Uma boa maneira de se garantir que as contingências sejam adequadas a cada aluno, de modo que a aprendizagem aconteça de maneira mais eficiente, é fazer com que o próprio aluno conduza a sua exposição aos temas propostos pelo programa de ensino, sendo a figura tradicional do professor substituída por um tutor que auxilie o aluno onde e quando ele precisar (Keller, 1968).

Outro ponto fundamental do método é que o conteúdo precisa ser dividido em unidades mínimas de análise. Quando o reforço é contingente a uma sequência muito longa de comportamento, é esperado que os elos finais dessas cadeias sejam mais fortes que os elos iniciais, o que pode ser um problema se os elos iniciais forem fundamentais à emissão do restante da cadeia. Por exemplo, fica bem mais difícil para um aluno dizer com as próprias palavras o que é o condicionamento operante se ele não estiver familiarizado com a noção de comportamento operante. Assim, ao se ensinar uma sequência comportamental muito longa, é preciso criar contingências que façam dela uma "cadeia comportamental", ou seja, é preciso reforçar cada um dos elos da cadeia com a oportunidade de emitir o elo seguinte e assim sucessivamente até a aprendizagem da cadeia completa.

É importante lembrar também que, mesmo em casos em que a "criatividade" precisa estar presente, como nas situações da ocorrência do chamado *insight*, se as partes mais elementares do problema foram adequadamente aprendidas, é mais provável que ocorra a recombinação desses repertórios em uma nova habilidade. Em suma, se é preciso ensinar uma habilidade complexa a um aprendiz, é melhor decompô-la nas partes mais elementares possíveis e gradualmente expor o sujeito a situações mais complexas. Por isso, o método determina que o aluno somente tenha acesso ao material subsequente após ter alcançado 100% de aproveitamento na etapa imediatamente anterior. O objetivo é garantir que o aluno tenha os pré-requisitos comportamentais sobre os quais os repertórios seguintes serão construídos. Além disso, o aluno é livre para solicitar uma avaliação referente a dada etapa apenas quando se julgar apto, o que garante que ele esteja plenamente motivado, reduzindo a chance de contato com contingências aversivas (tanto decorrentes da própria situação de avaliação, como de um eventual fracasso).

Outro aspecto importante de se trabalhar com unidades mínimas é a periodicidade e imediaticidade do reforçamento. Quando o professor está acompanhando um aluno individualmente e este está trabalhando com unidades mínimas, o professor pode avaliar imediatamente o desempenho do aluno e lhe dar um retorno imediato. Isso é algo muito mais eficiente do que a maneira como tradicionalmente o ensino ocorre em escolas e cursos de capacitação em geral, onde um grande volume de conteúdo é ministrado e, após várias semanas de conteúdo acumulado, o aluno é submetido a uma única avaliação geral. Neste caso, se o aluno teve alguma dificuldade no começo da apresentação do conteúdo, essa interferirá na compreensão de todo o resto e o professor só saberá disso quando for tarde demais e esse aluno já tiver meses de prejuízo em seu desempenho. Além disso, mesmo que o desempenho do aluno tenha sido excelente, o afastamento temporal excessivo entre a prova e a consequência não favorecerá o reforçamento das relações comportamentais relevantes.

O Método Keller determina, portanto, um conjunto de diretrizes para que o contexto de ensino seja arranjado de maneira a aproveitar a história prévia de aprendizagem de cada aluno, garantindo o contato do aluno com uma alta quantidade de reforçadores nas situações de ensino e reduzindo sua exposição a situações de fracasso. O método foi amplamente aplicado e estudado nas décadas de 1970 e 1980, tendo sido inclusive considerado um método de ensino mais eficiente do que métodos tradicionais (p. ex., Kulik, Kulik, Bangert-Drowns, 1990). A diminuição do interesse no método na década de 1990 aparentemente não

40 Temas Clássicos da Psicologia sob a Ótica da Análise do Comportamento

tem relação com sua eficácia. Dentre os fatores que parecem ter contribuído estão a dificuldade de se reconhecer a essência do PSI entre os diversos cursos que se inspiraram nele, mas não adotaram todos os seus preceitos; a crença, por parte dos administradores, de que os professores não estão trabalhando se não estiverem ministrando aula; e o fato de que se trata de um método bastante oneroso em termos de disponibilidade do tutor (Eyre, 2007). Ainda assim, de acordo com Eyre (2007), o PSI continua inspirando metodologias de ensino atualmente e parece ter ganhado novo fôlego, com a disponibilidade de computadores e da internet como ferramentas de ensino. A eficácia e a sobrevida de um método de ensino inspirado em princípios oriundos da Análise do Comportamento servem como evidência adicional da relevância de estudos comportamentais aparentemente simples feitos em laboratório.

CONCLUSÕES

Na abertura deste capítulo, definimos aprendizagem como *qualquer mudança duradoura na maneira como os organismos respondem ao ambiente*. Além disso, nosso tratamento subsequente dos processos de aprendizagem enfatizou sempre as mudanças no modo como os organismos respondem a aspectos do seu ambiente, em decorrência de suas histórias de contato com certas regularidades ambientais. Apesar disso, por se tratar de um conceito carregado de conotações diversas, provenientes tanto da linguagem ordinária como do jargão de outras disciplinas, é possível que não tenha ficado evidente nesse tratamento o seu pressuposto fundamental: em uma perspectiva analítico-comportamental, *aprendizagem* e *mudança comportamental* não são vistos como dois processos distintos. A *aprendizagem* não ocorre primeiro e, então, causa a mudança do comportamento. Aprendizagem *é o nome que se dá* à própria modificação da maneira como o organismo responde ao ambiente.

Aqui procuramos abordar de maneira satisfatória uma miríade de conceitos relacionados com o tema Aprendizagem, em um tratamento coerente com os pressupostos do Behaviorismo Radical e baseado em dados produzidos não apenas pela Análise Experimental do Comportamento, mas também por outras tradições da Psicologia Experimental. Dada a magnitude do tema, o tratamento aqui apresentado é inevitavelmente incompleto e preliminar, mas esperamos que tenha proporcionado um primeiro contato informativo e instigante com as contribuições da abordagem comportamental para o estudo da Aprendizagem.

REFERÊNCIAS BIBLIOGRÁFICAS

Albuquerque LC. Definições de regras. In: Guilhardi HJ, Madi MBBP, Queiroz PP, Scoz MC (Orgs.). *Sobre comportamento e cognição:expondo a variabilidade*. Santo André: ARBytes, pp. 132-140, 2001.

Albuquerque LC, Reis AA, Paracampo CCP. Efeitos de uma história de reforço contínuo sobre o seguimento de regras. *Acta Comportamentalia*, 14, 47-75, 2006.

Baron A, Galizio M. Positive and negative reinforcement: should the distinction be preserved? *The Behavior Analyst*, 28, 85-98, 2005.

Baron A, Galizio M. Positive and negative reinforcement: use with care. *The Behavior Analyst*, 29, 141-151, 2006.

Barros RS, Galvão OF, Brino ALF, Goulart PRK, McIlvane WJ. Variáveis de procedimento na pesquisa sobre classes de equivalência: contribuições para o estudo do comportamento simbólico. *Revista Brasileira de Análise do Comportamento*, 1, 15-27, 2005.

Baum WM. *Compreender o Behaviorismo: ciência, comportamento e cultura*. Porto Alegre, RS: ArtMed, 1999. (Original publicado em 1994.)

Biro D, Inoue-Nakamura N, Tonooka R, Yamakoshi G, Sousa C, Matsuzawa T. Cultural innovation and transmission of tool use in wild chimpanzees: evidence from field experiments. *Animal Cognition*, 6, 213-223, 2003.

Carr D, Wilkinson KM, Blackman D, McIlvane WJ. Equivalence classes in individuals with minimal verbal repertoires. *Journal of the Experimental Analysis of Behavior*, 74, 101-114, 2000.

Carrara K. *Behaviorismo radical: crítica e metacrítica*. São Paulo: Editora UNESP, 2005.

Catania CA. *Aprendizagem: comportamento, linguagem e cognição*. Porto Alegre: ArtMed, 1999. (Original publicado em 1998.)

De Rose JC, McIlvane WJ, Dube WV, Galpin VC, Stoddard LT. Emergent simple discrimination established by indirect relation to differential consequences. *Journal of the Experimental Analysis of Behavior*, 50, 1-20, 1988.

DeGrandpre RJ, Bickell WK. Stimulus control and drug dependence. *The Psychological Record*, 43, 651-666, 1993.

Donahoe JW, Palmer DC. *Learning and complex behavior*. Boston: Allyn and Bacon, 1994.

Dougher MJ, Augustson E, Markham MR, Greenway DE, Wulfert E. The transfer of respondent eliciting and extinction functions through stimulus equivalence classes. *Journal of the Experimental analysis of Behavior*, 62, 331-351, 1994.

Epstein R, Kirshnit CE, Lanza RP, Skinner BF. 'Insight' in the pigeon: Antecedents and determinants of an intelligent performance. *Nature*, 308, 61-62, 1984.

Everitt BJ, Robbins TW. Neural systems of reinforcement for drug addiction: from actions to habits to compulsion. *Nature Neuroscience*, 8, 1481-1489, 2005.

Eyre HL. Keller's Personalized System of Instruction: was it a fleeting fancy or is there a revival on the horizon? *The Behavior Analyst Today*, 8, 317-324, 2007. Disponível em: http://findarticles.com/p/articles/mi_6884/is_3_8/ai_n28461022/. Acesso em: 04 out. 2009.

Guerra LGGC. *Princípios de condicionamento à luz da análise neural do estímulo antecedente*. Tese de doutorado não publicada, Universidade de São Paulo, São Paulo, Brasil, 2006.

Harlow HF. The formation of learning sets. *Psychological Review*, 56, 51-65, 1949.

Kastak CR, Schusterman RJ, Kastak D. Equivalence classification by california sea lions using class-specific reinforcers. *Journal of the Experimental Analysis of Behavior*, 76, 131-158, 2001.

Kawamura S. The process of subculture propagation among Japanese macaques. *Primates*, 2, 43-60, 1959.

Keller FS. Good-bye, teacher... *Journal of Applied Behavior Analysis*, 1, 79-89, 1968.

Keller FS, Schoenfeld WN. *Princípios de Psicologia*. São Paulo, SP: EPU, 1974. (Original publicado em 1950.)

Köhler W. *The Mentality of Apes*. Trad. Ella Winter. Mitchan: Penguin Books, 1957. (Original publicado em 1917.)

Kulik CC, Kulik JA, Bangert-Drowns RL. Effectiveness of mastery learning programs: A meta-analysis. *Review of Educational Research*, 60, 265-299, 1990.

McGrew WC. Culture in non-human primates? *Annual Review of Anthropology*, 27, 301-328, 1998.

Michael J. Positive and negative reinforcement: A distinction that is no longer necessary, or a better way to talk about bad things. *Behaviorism*, 3, 33-44, 1975.

Millenson JR. *Princípios de Análise do Comportamento*. Brasília: Coordenada, 1975. (Original publicado em 1967.)

Paracampo CCP, Albuquerque LC, Farias AF, Carvalló BN, Pinto AR. Efeitos de consequências programadas sobre o comportamento de seguir regras. *Interação em Psicologia*, 11, 161-173, 2007.

Pinto AR, Paracampo CCP, Albuquerque LC. Análise do controle por regras em participantes classificados de flexíveis e de inflexíveis. *Acta Comportamentalia*, 14, 171-194, 2006.

Reed P, Morgan TA. Resurgence of response sequences during extinction in rats shows a primacy effect. *Journal of the Experimental Analysis of Behavior*, 86, 307-315, 2006.

Rescorla RA. Associative changes with random CS-US relationships. *Quarterly Journal of Experimental Psychology*, 53B, 258-240, 2000.

Rescorla RA. Pavlovian Conditioning: It's not what you think it is. *American Psychologist*, 43, 151-160, 1988.

Schlinger H, Blakely E. A descriptive taxonomy of environmental operations and its implications for behavior analysis. *The Behavior Analyst*, 17, 43-57, 1994.

Sidman M. *Equivalence Relations and Behavior: A research story*. Boston: Authors Cooperative Publishers, 1994.

Sidman M. Equivalence relations and the reinforcement contingency. *Journal of the Experimental Analysis of Behavior*, 74, 127-146, 2000.

Silva MTA, Gonçalves FL, Garcia-Mijares M. Neural Events in the Reinforcement Contingency. *Behavior Analyst*, 30, 17-30, 2007.

Skinner BF. A fable. *The Analysis of Verbal Behavior*, 6, 1-2, 1988.

Skinner BF. *About behaviorism*. Nova York: Alfred A. Knopf, 1974.

Skinner BF. *Ciência e comportamento humano*. São Paulo: Martins Fontes, 2000. (Original publicado em 1953.)

Skinner BF. Contingências de reforço: uma análise teórica. Trad. R. Moreno. São Paulo: Abril Cultural, 1984. (Original publicado em 1969.)

Skinner BF. 'Superstition' in the pigeon. *Journal of Experimental Psychology*, 38, 168-172, 1948.

Skinner BF. *The behavior of organisms: An experimental analysis*. New York: Appleton-Century, 1938.

Skinner BF. *Verbal Behavior*. New York: Appleton-Century-Crofts, 1957.

Thomas DR, Schmidt EK. Does conditional discrimination learning by pigeons necessarily involve hierarchical relationships? *Journal of the Experimental Analysis of Behavior*, 52, 249-260, 1989.

Thorndike EL. *Animal Intelligence*. New York: Macmillan, 1911. (Original publicado em 1898.)

Todorov JC. A evolução do conceito de operante. *Psicologia: teoria e pesquisa*, 18, 123-127, 2002.

Tourinho EZ. Privacidade, comportamento e o conceito de ambiente interno. In: Banaco RA (Org.). *Sobre comportamento e cognição: aspectos teóricos, metodológicos e de formação em Análise do Comportamento e terapia cognitiva*. Santo André: ESETec., v. 1, pp. 213-225, 2001.

Vaughan JrW. Formation of equivalence sets in pigeons. *Journal of Experimental Psychology: animal behavior processes*, 14, 36-42, 1988.

Wulfert E, Greenway DE, Farkas P, Hayes EC, Douguer MJ. Correlation between self-reported rigidity and rule-governed insensitivity to operant cotingencies. *Journal of the Experimental Analysis of Behavior*, 27, 659-671, 1994.

CAPÍTULO III

PERCEPÇÃO E ATENÇÃO

Viviane Verdu Rico · Paulo Roney Kilpp Goulart · Eliana Isabel de Moraes Hamasaki · Gerson Yukio Tomanari

INTRODUÇÃO

Conforme apresentado nos Capítulos 1 e 2, comportamento é uma relação que se estabelece entre o organismo e seu ambiente, cabendo ao analista do comportamento identificar e estudar os determinantes dessa relação. Um processo analítico como esse se dá tanto de modo geral, identificando princípios comportamentais comuns a todos os organismos vivos, como mais especificamente, levando em conta o contato peculiar que um determinado organismo estabelece com o ambiente na construção de sua história de vida. Na busca por relações entre os organismos e o ambiente, citamos frequentemente "respostas", entendidas como sendo o que o organismo faz (suas ações). "Estímulos" também foram citados, entendidos como sendo os aspectos do mundo com os quais o organismo interage. As interações entre o organismo (respostas) e o ambiente (estímulos) são regidas por contingências (relações funcionais), ou seja, modificações no ambiente são acompanhadas de alterações correspondentes no organismo, e vice-versa.

Por se tratar de um sistema interacionista, um evento ambiental apenas se define como "estímulo" quando exerce influência sobre um organismo, ou seja, quando faz parte de uma contingência. Dentro do universo estimulatório que circunda um organismo, estímulos são os eventos ambientais com os quais o organismo se relaciona de modo diferenciado, podendo atuar como antecedentes e/ou consequentes do responder. Como descrito no Capítulo 2, eventos que antecedem uma relação resposta-consequência podem adquirir função de estímulos discrimina-

tivos e modificar a probabilidade futura de que respostas semelhantes voltem a ocorrer. Ao se tornarem discriminativos, os estímulos demonstram exercer funções reforçadoras condicionadas para as respostas que os produzem (Tomanari, 2000; Wyckoff, 1952). Oportunamente, será analisada a importância das funções discriminativas e reforçadoras dos estímulos para a constituição de um modelo analítico-comportamental da atenção.

Embora o estímulo seja um evento ambiental, nem todos os aspectos do ambiente necessariamente relacionar-se-ão com o comportamento do organismo. Há casos em que as diferenças na maneira como dois organismos reagem ao mesmo evento dependem de fatores que podemos chamar de perceptuais. As particularidades dos sistemas sensoriais de um organismo impõem vieses quanto a que aspectos do ambiente ele é de fato capaz de *perceber*. Quando se planeja um experimento, pode-se manipular uma série de eventos ambientais, mas de nada servirão tais manipulações se o organismo estudado não for biologicamente preparado para perceber tais estímulos. Digamos, por exemplo, que se pretenda ensinar um rato a emitir diferentes respostas (pressionar uma barra, puxar um cordão e saltar uma barreira) na presença de cada um dentre três círculos de cores que pareçam bastante distintas aos nossos olhos. Dependendo da composição espectral de cada um dos círculos, o experimento será um fracasso, pois os ratos, bem como a maioria dos mamíferos não primatas, não são capazes de discriminar a mesma gama de comprimentos de onda que nós discriminamos. Nós, por outro lado, temos uma visão de cores limitada, se comparados com alguns répteis, aves, peixes e insetos. O mesmo vale para outras modalidades sensoriais: não importa o quanto uma pessoa se esforce, ela ainda continuará alheia a alguns sons e odores que prontamente evocam, por exemplo, reações de seu cachorro de estimação. Por tais motivos, o homem vem construindo inúmeros aparelhos que possibilitam o acesso a eventos ambientais que não são naturalmente captados pelos órgãos do sentido. Por exemplo, podemos hoje contar com telescópios, microscópios, radares, câmeras de luz infravermelha, aparelhos de radiografia, tomógrafos etc., isto é, equipamentos que ampliam os alcances da visão humana e, portanto, colocam o observador em contato com eventos que podem se tornar estímulos com funções discriminativas sobre seu comportamento. É dessa maneira que um médico, ao analisar uma tomografia computadorizada, pode encontrar um tecido potencialmente cancerígeno antes que este venha a se tornar um risco para a vida do paciente.

Além disso, mesmo quando perceptualmente capazes de entrar em contato com um determinado aspecto do ambiente, alguns indivíduos podem simplesmente não *atentar* para tal aspecto. Obviamente, características do evento ambiental podem impedir ou dificultar que esse contato ocorra em função de sua saliência, intensidade, discrepância, duração etc. Por exemplo, não raro, encontramos casos em que uma característica óbvia para uma pessoa passa totalmente despercebida por outra, como quando o novo corte de cabelo de uma garota é prontamente notado pela sua melhor amiga apesar de ser absolutamente ignorado pelo namorado. Coerentemente com a definição de "estímulo" comentada anteriormente, poderíamos dizer que o novo corte de cabelo da namorada não foi estímulo para o comportamento do rapaz, tanto quanto um dado som que o cão ouve não é estímulo para o comportamento de seu dono. A diferença é que o rapaz tem todo o aparato fisiológico necessário para ver (ou perceber) o cabelo da namorada, mas, pelo menos naquele momento, este não é um estímulo relevante (ao qual ele esteja atento) de seu ambiente. Portanto, se o corte de cabelo foi marcante a ponto de podermos nos certificar de que estava suficientemente aparente, temos que buscar em outras fontes a compreensão da desatenção do rapaz com sua namorada.

Neste capítulo, veremos o que exatamente significa, sob uma perspectiva analítico-comportamental, dizer que um organismo "percebeu" ou "atentou para" um aspecto do ambiente. Conforme abordado até aqui, a explicação do comportamento na Análise do Comportamento consiste na descrição de relações consistentes que o organismo estabelece com seu ambiente. Descrever, nesse contexto, nada mais é que emitir certas respostas verbais (*i.e.*, falar de uma maneira específica) sob controle de aspectos específicos do ambiente (nesse caso, respostas e estímulos e a relação entre eles).[1] O comportamento verbal do experimentador, guiado pelos dados produzidos pelo seu trabalho e de outros pesquisadores, é modelado e regulado pelas práticas verbais de seus pares, do mesmo modo que o comportamento verbal das pessoas é regulado pela comunidade verbal. Ou seja, uma pessoa fala de determinada maneira a depender de qual é a sua comunidade verbal. Uma pessoa não conversa com seu chefe da mesma maneira que conversa com seus amigos. Igualmente, um pesquisador descreve o mundo de um modo específico para que seja possível "conversar" com outros cientistas, sua principal comunidade verbal. No que diz respeito especificamente aos temas deste capítulo, a principal característica dessa prática verbal é que os analistas do comportamento preferem falar em *perceber* e *atentar*[2], em vez de utilizar os termos "percepção" e "atenção". Essa opção deve-se ao reconhecimento de que esses substantivos podem evocar a noção equivocada de que haveria um fenômeno unitário e independente do comportamento, chamado percepção ou atenção, que modularia a maneira como os organismos interagiriam com o mundo. Para o analista do comportamento, percepção e atenção não se limitariam a um aparato fisiológico que determina como o organismo enxerga o mundo à sua volta. Assim sendo, percepção e atenção devem ser entendidas não como entidades, mas como nomes de *áreas de investigação* interessadas na elucidação dos processos comportamentais envolvidos em uma miríade de situações em que o controle antecedente do comportamento (*i.e.*, pelo estímulo discriminativo) esteja em jogo.

A seguir, veremos em que contextos – ou seja, sob controle de que observações – os analistas do comportamento falam sobre *perceber* e *atentar*.

PERCEBER

Na presença de um carrinho e uma bola, se a criança chuta ambas ao gol, somos tentados a dizer que ela não percebe a diferença entre as funções desses dois objetos. No

---

[1]Sobre comportamento verbal, veja o Capítulo 7.
[2]Ao longo do texto, o leitor encontrará também o termo "prestar atenção". Essa variante será adotada por motivos estilísticos.

entanto, ainda que se comporte indistintamente, a criança brinca com ambos, em vez de comê-los, por exemplo. Por essa razão, dizemos que a criança percebe ambos como brinquedos, ou, ainda, que tais eventos (carrinho e bola) compartilham características do que convencionalmente denominam-se brinquedos. Quando uma pessoa comporta-se diferentemente diante de dois objetos (ou argumento ou relações entre eventos), dizemos que ela é capaz de *perceber a diferença*. Alternativamente, quando essa mesma pessoa comporta-se indistintamente diante de propriedades compartilhadas por dois eventos, dizemos que ela *percebeu a semelhança*.

O que há em comum entre esses diversos usos do verbo *perceber* é que regularidades e/ou diferenças do ambiente podem controlar o comportamento de um indivíduo. O *perceber*, então, diz respeito ao responder (ou não) a certos eventos ambientais. Na visão de Skinner (1974), o que caracteriza a maneira como os organismos percebem (*i.e.*, respondem a) aspectos do ambiente são as contingências de reforço a que foram submetidos ao longo de sua vida. Se tentarmos supor quais contingências levariam pessoas a perceber coisas como iguais ou diferentes (e a perceber, inclusive, as próprias igualdades e diferenças), notaremos que essas contingências poderão ser diferentes e variáveis de indivíduo para indivíduo. Além dessas diferenças na história de vida de cada organismo (ontogênese), há também a influência das particularidades da história da espécie (filogênese) e das práticas culturais naquilo que será ou não percebido, ou em como será percebido.

No dia a dia e em algumas teorias psicológicas de tradição dualista, é costumeiro tratar a percepção como apropriação do mundo por meio dos sentidos, por vezes falando-se, inclusive, de construções por parte da mente (ou, mais recentemente, do cérebro) a partir de representações internas das coisas percebidas. Haveria, então, uma realidade com a qual os organismos somente teriam contato indireto, por meio de suas representações (ou imagens, cópias) mentais. Como o leitor já deve ter notado, na perspectiva da Análise do Comportamento não se supõe uma separação entre o estímulo e as reações do organismo que nos permita falar que ele percebeu um dado estímulo, de modo que, para o analista do comportamento, não faz sentido falar em termos de uma "realidade *a priori*" e de "representações internas da realidade". Somente é possível falar em estímulo como parte de uma relação organismo-ambiente (*i.e.*, comportamento) e, portanto, nunca como um evento independente que se impõe sobre um organismo "percebedor" passivo. De certa maneira, na medida em que diferentes contingências (ontogenéticas, filogenéticas e culturais) refletirão em diferenças no modo como cada organismo relacionar-se-á com o mundo, podemos assumir que cada organismo percebe o mundo de uma maneira peculiar, idiossincrática, subjetiva.

Então, conclui-se que *perceber* diz respeito a entrar em contato com parcelas do ambiente ou de relações consistentes entre parcelas do ambiente, mas sem considerar o organismo como um receptor passivo de estimulação. Isto é, o que é percebido se constrói na história das relações entre o organismo e o seu mundo. Neste sentido, *perceber* é comumente usado como sinônimo de "responder discriminativamente a", de modo que não faz sentido falar em *perceber* sem ser atrelado a uma resposta. Por exemplo, a percepção de cores é a capacidade de responder discriminativamente a (pelo menos alguns) comprimentos de onda diferentes. Qualquer resposta do organismo pode ser a "evidência" dessa capacidade, a qual prescinde de alguma referência a mecanismos internos, cognitivos ou afins, tendo em vista que focamos a relação entre o organismo e o ambiente.

QUADRO 3.1 Resumo dos sistemas perceptuais.

	Sistemas perceptuais		
	Interoceptivo	*Exteroceptivo*	*Proprioceptivo*
Função	Responsável pelo contato do organismo com estimulações corporais viscerais (sensações)	Responsável pelo contato do organismo com estimulações externas	Responsável pelo contato do organismo com estimulações relativas à postura e movimento do corpo
Ação	Capta informação do sistema digestório, circulatório, respiratório etc.	Capta informação do ambiente externo	Capta informação sobre as partes do corpo em relação ao todo corporal e em relação ao espaço que o rodeia
Exemplo	Percepção de fome, sede, alterações na pressão arterial etc.	Percepção de cores, sons, frio, calor etc.	Percepção do equilíbrio ao andar ou se sentar etc.

Os exemplos citados no Quadro 3.1 dizem respeito ao contato com eventos ditos públicos, aqueles que podem afetar o comportamento de mais de um indivíduo e, portanto, são tratados como sendo parte do "mundo externo". Não devemos ignorar, entretanto, que o mundo também é formado por eventos percebidos apenas por um organismo, aquele que se comporta, e têm origem em alterações anatomofisiológicas. Além do sistema exteroceptivo, por meio do qual os organismos respondem aos eventos públicos, Skinner (1974) identificou o sistema interoceptivo, por meio do qual o indivíduo entra em contato com estimulações produzidas pelos tratos digestório, respiratório e circulatório; e o sistema proprioceptivo, responsável pelo contato com estimulações relacionadas com a postura e o movimento do corpo. Tourinho, Teixeira e Maciel (2000) argumentam, entretanto, que, embora sejam necessários para o contato com aspectos do ambiente (que serão denominados estímulos interoceptivo, proprioceptivo ou exteroceptivo, dependendo do sistema envolvido), os sistemas requeridos "não promovem a discriminação de estímulos ambientais internos, papel reservado às contingências de reforçamento dispostas por uma comunidade verbal" (p. 427). Ou seja, a existência de uma fisiologia capaz de detectar alterações anatomofisiológicas não é suficiente para que os indivíduos respondam discriminadamente a essas alterações; são necessárias contingências que propiciem o estabelecimento do comportamento. A maneira como a comunidade verbal ensina o indivíduo o ato de discriminar seus estados fisiológicos será detalhada no Capítulo 6.

Embora o discurso analítico-comportamental faça uso de termos relacionados com a área da Percepção, a investigação dos aspectos fisiológicos e dos mecanismos específicos que participam e influenciam que aspectos do ambiente são capazes de sensibilizar os organismos tem sido considerada, historicamente, uma tarefa exclusiva da fisiologia. Em meados da década de 1990, Donahoe *et al.* (Donahoe, Burgos, Palmer, 1993; Donahoe, Palmer, 1994; Donahoe, Palmer, Burgos, 1997) propuseram que as análises funcionais no nível comportamental fossem suplementadas por análises funcionais feitas no nível microcomportamental (fisiológico). Ainda que, atualmente, a interpretação do comportamento incorpore, com mais frequência, dados acerca da fisiologia e do funcionamento dos organismos envolvidos, os experimentos que produzem esses dados suplementares permanecem da alçada da Fisiologia.

ATENTAR

Há uma diversidade de fatos corriqueiros que caracterizamos comumente como indicativos de atenção. Quando um motorista freia ou desvia o carro diante de uma freada brusca do carro à sua frente, dizemos que ele "prestava atenção" ao trânsito. Quando um ilusionista realiza um truque com sucesso, é possível supor que as pessoas na plateia "atentaram" para outros aspectos deliberadamente chamativos da encenação, enquanto não atentaram para a manipulação crítica que o ilusionista queria que passasse despercebida. Quando um cão ergue as orelhas e vira a cabeça na direção de um som, dizemos que ele está "prestando atenção" ao som. Quando um estudante não tira boas notas, dizemos que ele "não prestou atenção" suficiente às aulas!

O que seria *prestar atenção* na visão analítico-comportamental?

Prestar atenção é um comportamento operante[3], controlado por suas consequências e estímulos antecedentes (Dinsmoor, 1985; Skinner, 1968; 1971). Portanto, é definido como uma relação entre o organismo e seu ambiente segundo contingências específicas que o regem. Mais especificamente, *atentar* é um comportamento que coloca o organismo em contato com um estímulo discriminativo, possibilitando, assim, que o comportamento ocorra discriminadamente. Em outras palavras, ao atentar para um estímulo do ambiente, o organismo pode ter a chance de responder de maneira apropriada na sua presença. Por exemplo, diante da aproximação de um acidente logo à frente, se o motorista olhar na direção dos carros parados, a possibilidade de desviar ou frear seu carro aumentará. Dentro de um ambiente muito ruidoso, para que um músico consiga identificar as notas de uma melodia, ele precisa aumentar o volume da música no rádio. Olhar em direção ao acidente e aumentar o volume do rádio são comportamentos que fazem com que o organismo entre em contato com os estímulos relevantes para que

---

[3]Trataremos aqui do *prestar atenção* como comportamento operante e, portanto, fruto de aprendizagem. Certamente, há estímulos que se sobressaem no ambiente por conta da relevância para a espécie. Atentamos para um som alto e estranho, por exemplo, não porque aprendemos ao longo da vida que é um estímulo relevante, mas porque, na história da espécie, esse tipo de estímulo foi estabelecido como relevante sinal de perigo. Nesse caso, olhar na direção desse som é um comportamento reflexo, não um comportamento operante.

um reforçamento ocorra (*i.e.*, o desvio do acidente e o reconhecimento da melodia).[4]

Ao remeter o *prestar atenção* à relação entre o organismo e seu ambiente, a visão analítico-comportamental do *atentar* levanta uma questão muito relevante para o ensino de uma maneira geral. Por essa ótica, não seria mais possível dizer que alguém não aprendeu determinado conteúdo acadêmico porque não prestou atenção, como se fosse uma questão de "vontade" do indivíduo. O aprendizado, pelo contrário, dependeria de um arranjo de contingências que favorecesse o *atentar* do aluno aos estímulos relevantes de determinado conteúdo.

Tecnicamente, o comportamento de *atentar* vem sendo abordado de diferentes maneiras, por vezes complementares. Uma delas se refere à chamada Resposta de Observação (Wyckoff, 1952; 1969). Nos estudos conduzidos por Wyckoff, pombos privados de alimento podiam bicar um disco na câmara experimental e, assim, obter acesso a alimento. Existiam dois momentos diferentes para os pombos: um em que podiam receber comida, outro em que não podiam. Como saber qual dos dois momentos estava em vigor a cada instante? Se o pombo pressionasse um pedal existente na câmara, acendia uma luz verde ou uma luz vermelha (ver esquema na Figura 3.1). Quando aparecia o verde, bicadas no disco podiam levar à comida. Quando vermelho, bicadas nunca levavam à comida. Esse "pisar no pedal" era, portanto, um comportamento que possibilitava ao pombo ter acesso ao estímulo discriminativo (a luz vermelha ou verde) que indicava, naquele momento específico, qual a chance de suas bicadas serem bem-sucedidas. Conforme adiantamos, ao se estabelecer um estímulo discriminativo para uma determinada resposta, esse estímulo passa a exercer funções reforçadoras condicionadas que mantêm, como consequência, a ocorrência de respostas (Dinsmoor, 1983). Em decorrência desse valor reforçador do estímulo discriminativo, respostas que o produzam têm a probabilidade de ocorrência aumentada.

Esse procedimento experimental, chamado de procedimento de resposta de observação, possibilita, portanto, o estudo do *prestar atenção* por meio de uma resposta discreta, manipulável e mensurável, a Resposta de Observação. Muitos estudos envolvendo Resposta de Observação têm sido feitos desde então, aprofundando muitos e diferentes aspectos dessas respostas (Dinsmoor, Bowe, Green, Hanson, 1988; Dinsmoor, Browne, Lawrence, 1972; Dube, McIlvane, 1999; Fantino, Case, 1983; Jenkins, Boakes, 1973; Perone, Baron, 1980; Roper, Zentall, 1999; Shahan, Magee, Dobberstein, 2003; Tomanari, 2001; Tomanari, Machado, Dube, 1998).

Outra maneira de se estudar o *atentar* é por meio da manipulação de relações de controle de estímulos (Dinsmoor, 1995a; 1995b; Johnson, Cumming, 1968; Ray, 1969; Reynolds, 1961; Reynolds, Limpo, 1969; Staddon, 1967). Nos estudos com esse enfoque, busca-se estabelecer relações de controle de estímulos que favoreçam atentar para as propriedades relevantes da tarefa. Em outras palavras, busca-se compreender quais propriedades dos estímulos e da relação entre estímulos levam o indivíduo a atentar para as características que irão permitir que ele se comporte da maneira adequada em determinada situação.

---

[4] Nesse exemplo, o leitor deve notar o fato de que o analista do comportamento não desconsidera absolutamente a existência de componentes neurofisiológicos da percepção e atenção. Todo comportamento tem bases biológicas, as quais, muitas vezes, impõem limites ou vieses relevantes sobre o comportamento. Fundamentalmente, esses aspectos são objeto de estudo da fisiologia, biologia e neurologia.

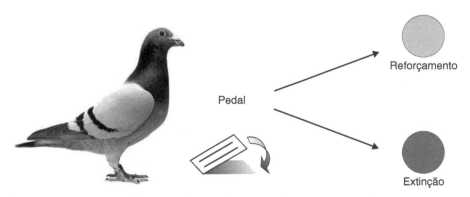

FIGURA 3.1 Esquema ilustrativo do procedimento utilizado por Wyckoff (1952; 1969).

Um dos primeiros trabalhos de Análise do Comportamento a utilizar o termo "atenção" foi o estudo realizado por Reynolds (1961). No Experimento I desse estudo, dois pombos passaram por um treino discriminativo no qual deveriam ou não bicar uma chave a depender dos estímulos apresentados na mesma (Figura 3.2). Quando um triângulo aparecia na chave, desenhado em linha branca sobre um fundo vermelho, bicadas na chave eram reforçadas pelo acesso a alimento. Quando aparecia um círculo na chave, desenhado em linha branca sobre um fundo verde, bicadas nunca eram seguidas de alimento. De acordo com a nomenclatura técnica, a composição de triângulo branco sobre fundo vermelho seria o S^D (estímulo discriminativo) e a composição de círculo branco sobre fundo verde seria o S^Δ (estímulo delta).

Quando o pombo demonstrava um responder discriminado (bicar a chave diante do triângulo em fundo vermelho e não bicar a chave diante do círculo em fundo verde), passava para uma nova fase experimental, uma fase de teste de controle de estímulos, na qual os componentes das figuras (cores e formas) eram apresentados separadamente e nenhuma resposta era reforçada. Agora, quatro figuras eram apresentadas alternadamente na chave de respostas: triângulo branco em fundo preto; círculo branco em fundo preto; fundo vermelho; fundo verde. Como resultado, Reynolds (1961) observou que cada pombo teve seu responder controlado por estímulos discriminativos diferentes. Enquanto um pombo, na fase de teste, bicava mais o estímulo "triângulo", o outro bicava mais o estímulo "fundo vermelho", demonstrando que os pombos poderiam atentar para apenas um dentre os dois aspectos mais salientes da combinação cor/forma utilizada nesse experimento. Foi a essa relação de controle que se estabeleceu entre o estímulo discriminativo e o responder que Reynolds (1961) chamou de *atenção*, sugerindo que um determinado estímulo só exerce controle discriminativo sobre uma resposta caso o organismo atente para ele.

Os resultados de Reynolds (1961) destacaram o fato de que nem todos os aspectos do ambiente no qual determinada resposta é reforçada adquirem controle discriminativo sobre a mesma. Era preciso, portanto, considerar o fato de que nem todos os elementos presentes no ambiente neces-

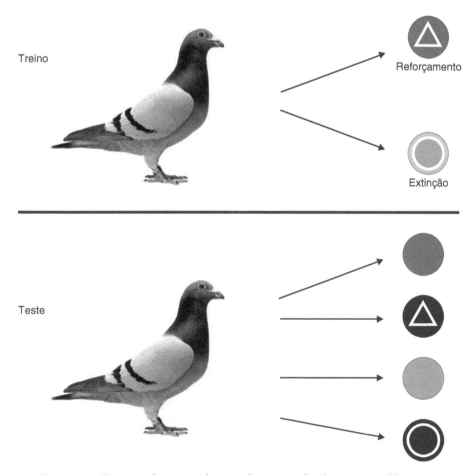

FIGURA 3.2 Esquema ilustrativo do procedimento utilizado por Reynolds (1961).

sariamente farão parte da contingência, pois é possível que apenas parte desses elementos controle o comportamento do organismo. É perfeitamente possível que o organismo atente para apenas parte das propriedades presentes e, a rigor, apenas a propriedade que controla o responder pode ser chamada de estímulo.

O estudo de Reynolds (1961) ilustra uma situação em que os pombos eram bem-sucedidos na tarefa de obter alimento independentemente do aspecto do ambiente a que atentavam – a forma geométrica ou a cor. No entanto, há situações nas quais fazer com que um indivíduo atente para aspectos específicos do estímulo tem enorme importância, por exemplo, no ensino de leitura, conforme será detalhado mais adiante.

A RELAÇÃO ENTRE PERCEBER E ATENTAR

Endemann (2008) realizou um experimento de investigação do rastreamento do olhar de estudantes expostos a treino discriminativo com duas imagens. A direção do olhar dos participantes da pesquisa era monitorada com um equipamento de rastreamento denominado ISCAN®. Diante de duas imagens idênticas em todos os aspectos, a não ser por uma pequena lacuna em um ponto qualquer, o participante devia selecionar a imagem com a lacuna. Primeiramente, os participantes olhavam para todas as partes das imagens até identificarem a diferença entre elas. Assim que a discriminação se estabelecia, o olhar dos participantes passava a se orientar primariamente para a área em que a lacuna se encontrava. Então, a imagem era modificada de modo que a lacuna mudava de local. No início da mudança, os participantes olhavam para a porção da imagem onde anteriormente havia a lacuna, mas, assim que identificavam a nova lacuna, passavam a direcionar o olhar diretamente para ela.

A partir dos resultados do estudo de Endemann (2008), podemos dizer que, ao responder discriminativamente, a pessoa *percebeu* a lacuna ou a diferença entre as duas imagens. Podemos dizer ainda que, tendo percebido a diferença entre os estímulos, a pessoa *atentou* especialmente para a porção relevante das imagens.

Mas o que mantém o organismo atentando para um estímulo específico? No caso do estudo de Endemann (2008), é como se o *atentar* fosse mantido pela identificação de aspectos importantes do mundo, no caso, a diferença entre as imagens. Isso ocorreu, provavelmente,

porque, naquele contexto, *perceber* tais diferenças era relevante para o sucesso na tarefa. Do mesmo modo, pode-se dizer que a resposta de "pisar no pedal" dos pombos de Wyckoff (1952; 1969) era mantida pela visão do disco que indicava qual era o esquema de reforçamento em vigor naquele momento.

É possível notar que as situações a que nos referimos como *perceber* e *atentar* são muito sutilmente diferenciadas, de tal maneira que, muitas vezes, ambos os termos parecem estar sendo usados praticamente como sinônimos. Isso ocorre porque as contingências que envolvem o *perceber* e o *atentar* são entrelaçadas, mutuamente dependentes e compartilham um elemento comum, um estímulo com dupla função. Veja a Figura 3.3, ela traz uma representação esquemática de duas contingências. A contingência principal, desenhada horizontalmente, mostra o estímulo discriminativo, a resposta principal discriminada e sua consequência reforçadora. A segunda contingência, desenhada verticalmente, mostra a Resposta de Observação, que tem, como consequência, a produção do estímulo discriminativo da contingência principal. Ou seja, um mesmo estímulo exerce duas funções distintas no entrelaçamento dessas duas contingências: o estímulo discriminativo da resposta principal é a consequência reforçadora condicionada da resposta de observação (Pessôa, Sério, 2006; Wyckoff, 1952).

Em todo e qualquer comportamento discriminado, é imprescindível que o reforçamento diferencial se dê sob condições em que o organismo mantenha contato sensorial com o estímulo discriminativo. Nas preparações experimentais de laboratório, como aquela realizada por Wyckoff (1952; 1969), a resposta de observação foi tornada discreta e facilmente mensurável. Entretanto, nem sempre isso ocorre, especialmente em condições naturais fora do laboratório.

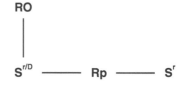

Figura 3.3 Contingência de reforçamento envolvendo a resposta de observação, onde S^r representa a consequência reforçadora, Rp representa a resposta principal e $S^{r/D}$ refere-se ao estímulo discriminativo para essa resposta, que também é estímulo reforçador para a RO (resposta de observação). Note que a contingência de RO está desenhada perpendicularmente à contingência principal de modo a destacar a independência relativa entre ambas, as quais, por definição, não configuram elos de esquema encadeado (Wyckoff, 1952).

Apesar disso, independentemente da clareza com que as respostas de observação possam ser identificadas, é fundamental precisar as contingências que configuram o *atentar* e o *perceber*: quando o enfoque da análise recai sobre o responder principal sob controle discriminativo, normalmente estamos nos referindo ao comportamento de *perceber* do organismo. Por outro lado, quando focamos a análise na resposta de observação, geralmente estamos nos referindo ao comportamento de *prestar atenção* do organismo.

Ainda que inter-relacionados, *perceber* e *atentar* são comportamentos que mantêm entre si um possível grau de independência. Muitas vezes, agimos discriminadamente sem estarmos necessariamente atentos para os estímulos que antecedem nossas ações. Por um lado, ao agir discriminadamente, mostramos que percebemos os eventos do nosso ambiente. Por outro, pois nem sempre identificamos os estímulos discriminativos em ação, mostramos perceber sem necessariamente estarmos prestando atenção. No exemplo já citado de um motorista que freia o carro diante de um acidente, pode-se dizer que, ao ver o acidente (S^D) e frear (Rp), ele "percebeu" a situação. Quando ele fixou o olhar na direção do acidente (RO), pode-se dizer que ele "atentou" a essa situação de perigo. Nesse exemplo, nota-se que falar em *atentar* ou *perceber* depende de qual resposta (RO ou Rp, respectivamente) está sendo focada.

Em suma, é possível falar em atenção e percepção sobre o mesmo conjunto de dados. A diferença está em qual contingência está sendo focalizada na análise. *Perceber* diz respeito a desempenhos diferenciados controlados por diferenças ambientais e a desempenhos semelhantes controlados por ambientes indiferenciados. *Atentar* diz respeito a como o organismo entra em contato com essas diferenças e igualdades. Ambos dizem respeito à relação (idiossincrática) de respostas dos organismos com eventos ambientais, mas, no primeiro caso, fala-se de "o quê" e, no segundo, de "como". Tanto *perceber* como *atentar* sempre dizem respeito à relação do organismo com as coisas e não a quaisquer atributos das coisas ou dos organismos em si. Se um animal é capaz de perceber um objeto e/ou se um objeto atrai sua atenção, a explicação para isso está na conjunção da história da espécie e da história específica de contato daquele animal com objetos semelhantes ou idênticos.

APLICAÇÃO

Como já destacado, há implicações práticas em se entender o *atentar* e o *perceber* como sendo relações comportamentais. Partindo dessa interpretação, pode-se

estudar qual a melhor maneira de organização de estímulos para facilitar o aprendizado no ambiente escolar, tanto do ensino regular quanto do ensino de pessoas com desenvolvimento atípico.[5]

Voltados à relevância de se identificar o controle de estímulos, Dube *et al.* (Dube, McIlvane, 1996; McIlvane, Serna, Dube, Stromer, 2000) apontam para a necessidade de se garantir coerência entre o que se planeja ensinar e o que o indivíduo realmente aprende, elaborando a chamada Teoria de Coerência de Topografias de Controle de Estímulos. As pesquisas baseadas nessa teoria fazem uma série de manipulações experimentais com o intuito de identificar e controlar as variáveis necessárias para que haja uma "coerência" entre as relações de controle de estímulos planejadas pelo experimentador/educador e o responder do sujeito/aluno.

Grande parte dessas pesquisas, como ocorre em outras áreas de pesquisa em Análise do Comportamento, é feita utilizando-se modelos animais. Há diversas razões que justificam o uso de animais nos estudos de comportamentos complexos. A primeira delas se refere à noção de continuidade evolutiva entre as espécies. Embora não se negue a existência de limites (ou vieses) filogenéticos na maneira como diferentes espécies podem se relacionar com o ambiente, de uma perspectiva continuísta, parte-se do princípio de que a complexidade do comportamento humano pode ser entendida como resultado dos mesmos processos simples que guiam o comportamento de outros organismos (ver, p. ex., Baum, 1994/1999; Donahoe, Palmer, 1994). Outra razão que justifica o uso de animais é o controle experimental (Bachrach, 1965/1965). Compreender todas as variáveis relacionadas com determinado comportamento é praticamente impossível quando se estudam apenas seres humanos. Isso porque uma série de variáveis que podem intervir nos resultados de uma pesquisa não pode ser controlada com humanos, dada a multiplicidade de contextos à qual são expostos ao longo da vida. Por exemplo, pode-se controlar a história de vida dos animais, o que é impensável de ser feito com uma

---

[5] O termo "desenvolvimento atípico" é comumente utilizado nos estudos de Análise do Comportamento para designar pessoas com alguma dificuldade de aprendizado decorrente de uma condição biológica. Por exemplo, uma pessoa com trissomia do cromossomo 21 (Síndrome de Down) seria uma pessoa de desenvolvimento atípico, pois essa síndrome geralmente afeta o aprendizado. Já uma pessoa que não aprende um determinado conteúdo escolar porque não aprendeu a ler não é considerada como tendo desenvolvimento atípico, mas sim como tendo uma falta de repertório em decorrência de uma falha ou ausência de ensino adequado.

pessoa. Assim, com as devidas adaptações, a pesquisa com outras espécies pode fornecer subsídios para a compreensão dos processos comportamentais que participam do desenvolvimento do comportamento complexo, livre do viés de variáveis intervenientes que podem surgir em experimentos com humanos.

No caso dos estudos sobre topografias de controle de estímulos, o problema do controle da história experimental dos sujeitos é central. Um grande motivador desses estudos é o ensino de pessoas com desenvolvimento atípico. Pessoas com o desenvolvimento típico já têm uma história pré-experimental que, embora não seja homogênea nem se deva necessariamente a contingências explicitamente arranjadas, lhes dá condições para entender e realizar prontamente as tarefas que envolvam controle de estímulos, mesmo sem terem tido contato prévio com elas no formato adotado nas pesquisas. Para se ter uma ideia mais clara de como a experiência prévia do participante pode influenciar seu desempenho no laboratório, basta pensar um procedimento computadorizado de laboratório como sendo um videogame extremamente fácil. Mesmo sem jamais ter tido contato com aquele "jogo" em particular, participantes humanos com desenvolvimento típico já chegam ao experimento com uma noção geral de que aspectos da tarefa merecem atenção. Já as pessoas com desenvolvimento atípico costumam apresentar grande dificuldade nessas tarefas. Os estudos com animais possibilitam aos pesquisadores entenderem qual o tipo de história pré-experimental que pode ajudar no ensino de certas relações entre estímulos para pessoas com esse tipo de dificuldade. Em outras palavras, nos estudos envolvendo controle de estímulos, o pesquisador tem que garantir as condições para que o sujeito preste atenção aos aspectos relevantes da situação experimental.

Diversos estudos na área de controle de estímulos com animais buscam elucidar quais processos comportamentais relacionados com o desenvolvimento do comportamento simbólico seriam a base da linguagem humana (falada e escrita). Muitos estudos vêm sendo realizados com primatas não humanos no Brasil (para maiores detalhes, ver Barros, Galvão, Brino, Goulart, McIlvane, 2005; Barros, Galvão, McIlvane, 2003; Galvão, Barros, Rocha, Mendonça, Goulart, 2002). Em um estudo recente (Brino, 2007), buscou-se ensinar um macaco-prego a relacionar estímulos arbitrários por meio de uma modificação gradual dos estímulos. Nesse estudo, pode-se observar o desenvolvimento de controle de estímulos por aspectos irrelevantes para a tarefa, ou seja, controle de estímulos diferente daquele planejado pelo experimentador.

A tarefa básica consistia no procedimento conhecido por *matching-to-sample* (emparelhamento ao modelo ou escolha de acordo com o modelo). Nesse procedimento, um primeiro estímulo, chamado estímulo modelo, é apresentado (geralmente na tela de um computador). Quando o sujeito responde a esse estímulo (p. ex., tocando com a mão ou com o *mouse*), dois ou mais estímulos são apresentados simultaneamente. O sujeito deve, então, escolher um desses estímulos com base no modelo anteriormente exibido. Dado um modelo, se a escolha for do estímulo planejado pelo experimentador como correto, a resposta de escolha do sujeito é reforçada (p. ex., por alimento). Se a escolha for de um estímulo incorreto, a tentativa é encerrada e uma nova configuração de tentativa (outro estímulo modelo e outras escolhas) é apresentada. O sujeito passa por várias tentativas sucessivas, até que apresente um desempenho que indique ter aprendido a tarefa. Esse indicativo de aprendizagem é estabelecido segundo critérios do pesquisador para aquela tarefa específica.

No caso do estudo de Brino (2007), o macaco foi primeiramente ensinado a escolher o estímulo que fosse idêntico ao modelo, considerado o tipo mais básico de tarefa de *matching-to-sample*. Na fase seguinte, modificaram-se gradualmente os estímulos do treino anterior, de modo que fossem se transformando em estímulos novos, todos eles diferentes do estímulo modelo. A Figura 3.4 apresenta alguns dos passos de modificação dos estímulos do Conjunto A (usado na fase de escolha do estímulo idêntico) até se tornarem os estímulos do Conjunto B. Ao final do treino, já na ausência de propriedades idênticas entre os estímulos modelo e as escolhas, o sujeito deveria estar correta e consistentemente selecionando as figuras do conjunto B na presença dos modelos A.

O sujeito exposto a este procedimento permaneceu respondendo sem erros durante a maior parte dos passos de modificação dos estímulos de escolha. Entretanto, quando a última parcela da figura original foi retirada (fazendo com que modelo e escolhas fossem totalmente diferentes entre si), observou-se deterioração do desempenho em algumas relações entre estímulos. Ao investigar a razão dessa deterioração, verificou-se que, a despeito de a modificação das figuras de escolha ter sido gradual, o responder do sujeito vinha sendo controlado exclusivamente pelos aspectos remanescentes da figura original. Ou seja, poderíamos dizer que o macaco estava "prestando atenção" apenas às parcelas dos dois estímulos, modelo e escolha, que ainda guardavam alguma identidade entre si, em vez de atentar para a maior parte das figuras.

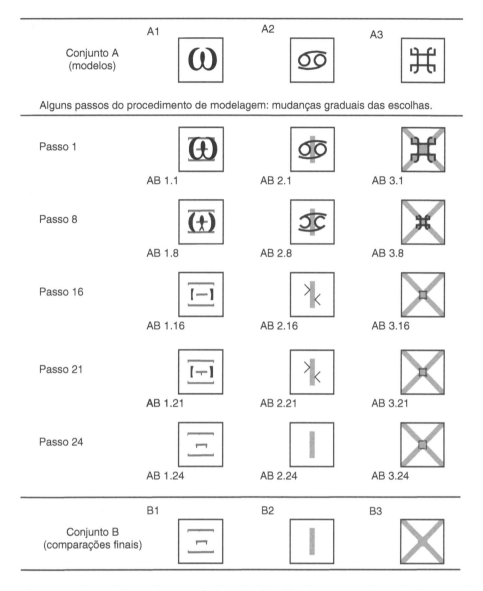

FIGURA 3.4 Resumo dos passos de modelagem de controle de estímulos adotados para um dos animais no estudo de Brino (2007).

Estudos como o de Brino (2007) trazem alguma luz sobre um fenômeno relevante relacionado com o controle de estímulos, a chamada superseletividade ou controle restrito de estímulos. A superseletividade de estímulos é um fenômeno de grande relevância, por ser um problema comum no ensino de pessoas com desenvolvimento atípico, especialmente em casos de autismo (Bailey, 1981; Birnie-Selwyn, Guerin, 1997; Dube, McIlvane, 1999; Stromer, McIlvane, Dube, Mackay, 1993). Trata-se de uma limitação de aprendizagem relacionada com o que poderíamos chamar de uma percepção restrita dos estímulos ambientais ou das características de um determinado estímulo (Lovaas, Koegel, Schreibman, 1979). Nesses casos, o indivíduo pode tanto ficar sob controle de apenas uma parcela relevante do ambiente quanto de uma parcela irrelevante, mas jamais ficará naturalmente sob controle de todos os aspectos relevantes, que proporcionariam um aprendizado adequado.

Digamos, por exemplo, que se queira ensinar uma determinada criança com autismo a ler. Suponhamos o ensino de quatro palavras: "bola", "bebê", "casa" e "copo". Se tal criança apresentar superseletividade de estímulos, poderá ter dificuldades em aprender estas palavras. Caso a criança reconheça palavras apenas pela primeira letra, ela poderá dizer "*b*ola" quando lhe for apresentada a palavra "*b*ebê", e vice-versa. O mesmo ocorreria com "*c*asa" e "*c*opo". O controle restrito poderia ocorrer também pela última letra das palavras, caso em que a criança confundiria "bol*a*" com "cas*a*". Poderia ainda existir controle por uma letra intermediária, como a letra "o" (de "b*o*la" e "c*o*p*o*") ou do tamanho das palavras (respondendo às quatro palavras como se fossem a mesma, já que todas têm quatro letras). Em todos esses casos, a criança estaria sob controle de algum aspecto das palavras (uma letra ou o tamanho da palavra). Tornando a situação mais complexa, esses controles podem se misturar e até mesmo incorporar aspectos adventícios não relacionados diretamente com as palavras. Digamos, por exemplo, que cada palavra tenha sido escrita em um papel colorido: "bola" e "copo" foram escritas em papel amarelo; "bebê" e "casa", em papel azul. A criança poderia ler "bola" ao ser exibida a palavra "copo" porque ambas estão em papéis da mesma cor. Enfim, uma série de controles discriminativos como esses poderia resultar em dificuldades para aprender a ler.

A superseletividade de estímulos é um fenômeno importante de ser estudado e controlado, mas o ensino de pessoas que não têm esse problema, sejam elas com desenvolvimento típico ou atípico, também é de suma importância. Pesquisas relevantes vêm sendo feitas nessa área. Alguns pesquisadores têm, por exemplo, desenvolvido procedimentos para o ensino de matemática (Carmo, Prado, 2004), enquanto outros estudos focalizam o ensino de leitura e escrita. Um bom exemplo desse segundo grupo é relatado por de Souza, de Rose, Hanna, Calcagno e Galvão (2004), que apresentam um projeto de ensino de leitura e escrita desenvolvido por eles ao longo de vários anos. O conjunto geral de pesquisas que integram o projeto investiga métodos de controle de estímulos eficazes no estabelecimento desses repertórios, visando desenvolver procedimentos de ensino de leitura e escrita ainda mais efetivos. Tais pesquisas incluiriam questões como: quais estímulos facilitam o aprendizado da leitura (figuras, palavras ditadas ou palavras escritas)?; que tipo de palavra deve ser ensinada primeiro?; quantas palavras podem ser ensinadas em uma sessão de treino? Os dados obtidos nessas investigações possibilitariam a elaboração de um currículo suplementar para alunos da rede pública de ensino com dificuldades na aprendizagem de leitura em sala de aula, bem como para alunos de classes especiais e adultos analfabetos.

O procedimento de ensino, de modo geral, apresenta tarefas gradativamente mais complexas no computador, até que o aluno tenha desenvolvido um repertório de leitura com compreensão. As sessões de ensino duram entre 20 e 30 min e podem ocorrer até 5 vezes/semana. As tarefas dividem-se em três módulos de ensino. No primeiro módulo, o aluno aprende palavras simples, de duas e três sílabas, compostas sempre por uma consoante e uma vogal (p. ex., "casa", "bola", "banana" etc.). Esse aprendizado se dá por uma série de tarefas que visam estabelecer diferentes controles de estímulos necessários para uma leitura e uma escrita corretas. Ler é emitir sons sob controle de símbolos visuais – nesse caso, discriminações visuais auditivas constituem o processo básico dessa aprendizagem. Escrever, nesse mesmo raciocínio, é emitir respostas motoras (normalmente com os dedos das mãos) sob controle discriminativo de palavras faladas (ditado) ou escritas (cópia). Nesses casos, são estabelecidas discriminações auditivas-visuais e visuais-visuais, respectivamente (ver Figura 3.5). Quando o treino é entre palavra ditada e figura, uma palavra é ditada para o aluno, que deve selecionar na tela do computador uma dentre duas figuras. Quando o aluno estiver relacionando corretamente o som da palavra com sua respectiva figura, passa a aprender a relação entre esse som e a palavra impressa, da mesma maneira (a palavra é ditada e ele tem que selecionar uma dentre duas palavras impressas no computador). Quando essas relações também estiverem bem estabelecidas, o aluno passa por uma fase em que a palavra impressa aparece na

Palavra ditada
e figura

Palavra ditada e
palavra impressa

Cópia da
palavra impressa

FIGURA 3.5 Exemplo de passos de ensino do Módulo 1, descritos por de Souza *et al.* (2004).

tela e ele tem que construir a palavra a partir de letras que aparecem na porção inferior do monitor, copiando a palavra. Por fim, é realizado um teste de leitura das palavras que são apresentadas na tela do computador. Só mediante acerto no teste que o aluno passa para o Módulo 2.

No Módulo 2, palavras novas são ensinadas pela relação palavra ditada/palavra impressa. Nessa tarefa, busca-se colocar o comportamento de escrita do estudante sob controle dos estímulos auditivos (sons das palavras ditadas). Nesse módulo, as palavras ensinadas têm sílabas mais complexas, cujo fonema depende do contexto, como a sílaba "ra", que tem som diferente a depender da posição que ocupa na palavra (p. ex., "rato" ou "vara"). Aprendidas essas palavras, o aluno passa para o Módulo 3, no qual passará a ler livros infantis, começando pelos de palavras e frases mais simples, aumentando-se gradativamente a dificuldade de leitura.

Após 6 meses de ensino da primeira turma de alunos, comparou-se o repertório de leitura dos mesmos com o de alunos que não passaram pelo currículo suplementar. Observou-se que, enquanto os alunos do projeto liam praticamente 100% das palavras ensinadas e cerca de 67% de palavras novas (nunca ensinadas), os alunos que não passaram pelo projeto liam aproximadamente 23% dos dois conjuntos de palavras. Esse é um resultado interessante, que mostra o potencial para o ensino das pesquisas envolvendo controle de estímulos.

CONCLUSÕES

Em muitos aspectos de nossas vidas, os detalhes só se tornam importantes quando as coisas fogem do padrão esperado. Por exemplo, nossas crianças aprendem a se comunicar tão rápida e prontamente que isso chega a nos parecer algo trivial: humanos simplesmente são feitos para falar. É apenas quando nos deparamos com crianças com problemas de desenvolvimento que começa a se evidenciar a miríade de condições e influências que devem estar presentes para que aquele desenvolvimento "trivial" se realize. Em certa medida, é algo parecido, um "desvio da norma", por assim dizer, o que nos leva a pensar em Percepção e Atenção. Como o leitor já deve ter notado, uma característica recorrente nas situações que usamos

como exemplo neste capítulo é uma "falha dos estímulos ambientais em guiar o comportamento, mesmo quando eles são *aparentemente* adequados para tanto" (Donahoe, Palmer, 1994, p. 153, grifos nossos).

É quando o estabelecimento de controle antecedente segue um rumo diferente do esperado – quando um bebê não vira a cabeça na direção de sons produzidos fora do seu campo visual ou quando o rato passa o experimento inteiro farejando um canto da câmara experimental em vez de emitir a resposta planejada pelo experimentador – que o analista do comportamento começa a falar em aspectos perceptuais e atencionais da aprendizagem. Ao longo do presente capítulo, buscamos caracterizar como a Análise do Comportamento trata a Percepção e a Atenção (ainda que esses termos específicos raramente sejam usados): não como processos internos que orientam a ação do organismo, mas como conjuntos de relações comportamentais que dependem das histórias filogenética, ontogenética e cultural dos organismos – e que podem estar ou não de acordo com o padrão esperado (pelo professor, pelo experimentador, pelos pais etc.).

Esperamos ter demonstrado que essa diferença conceitual (processos relacionais em vez de processos internos) não é uma diferença trivial. Sobretudo no âmbito da educação, nossas estratégias de ensino podem ser muito melhor direcionadas se entendermos que o comportamento esperado não ocorreu porque o indivíduo jamais entrou em contato com as contingências esperadas, ou porque contingências alternativas ou incompatíveis estavam em vigor, ou simplesmente porque o organismo não era sensível a alguma parcela do ambiente projetado pelo professor. Os estudos aqui citados são alguns dos exemplos que ilustram como a visão analítico-comportamental do *atentar* e *perceber* pode trazer vantagens para o ensino formal, bem como para o planejamento de contingências relacionadas com outras questões, como os exemplos já citados de comportamento no trânsito. A partir do momento em que o foco se dá sobre os estímulos ambientais que controlam a atenção e percepção dos indivíduos, pode-se buscar planejar as condições mais adequadas de estimulação para a obtenção do comportamento desejado, alcançando-se reais melhorias de diversas questões de relevância social.

REFERÊNCIAS BIBLIOGRÁFICAS

Bachrach AJ. *Introdução à pesquisa psicológica*. São Paulo: E.P.U., 1975. (Originalmente publicado em 1965.)

Bailey SL. Stimulus overselectivity in learning disabled children. *Journal of Applied Behavior Analysis*, 14, 239-248, 1981.

Barros RS, Galvão OF, Brino ALF, Goulart PRK, McIlvane WJ. Variáveis de procedimento na pesquisa sobre classes de estímulos de equivalência: contribuições para o estudo do comportamento simbólico. *Revista Brasileira de Análise do Comportamento*, 1, 15-27, 2005.

Barros RS, Galvão OF, McIlvane WJ. The search for relational learning capacity in Cebus apella: A programmed "educational" approach. In: Soraci SJ, Murata-Soraci K (Eds.). *Visual Information Processing*, Westport: Praeger, pp. 223-245, 2003.

Baum WB. *Compreender o Behaviorismo: ciência, comportamento e cultura*. Porto Alegre: Artmed, 1999. (Originalmente publicado em 1994.)

Birnie-Selwyn B, Guerin B. Teaching children to spell: Decreasing consonant cluster errors by eliminating selective stimulus control. *Journal of Applied Behavior Analysis*, 30, 69-91, 1997.

Brino ALF. *Procedimentos de treino e teste de relações entre estímulos em Cebus apella*. Tese de Doutorado, Programa de Pós-Graduação em Teoria e Pesquisa do Comportamento, Universidade Federal do Pará, Belém, 2007.

Carmo JS, Prado PST. Fundamentos do comportamento matemático: a importância dos pré-requisitos. In: Hübner MM, Marinotti M (Orgs.). *Análise do comportamento para a educação: contribuições recentes*. Santo André, SP: ESETec., pp. 137-157, 2004.

de Souza DG, de Rose JC, Hanna ES, Calcagno S, Galvão OF. Análise comportamental da aprendizagem de leitura e escrita e a construção de um currículo suplementar. In: Hübner MM, Marinotti M (Orgs.). *Análise do comportamento para a educação: contribuições recentes*. Santo André, SP: ESETec., pp. 177-203, 2004.

Dinsmoor JA. Observing and conditioned reinforcement. *The Behavioral and Brain Sciences*, 6, 693-728, 1983.

Dinsmoor JA. Stimulus control: Part I. *The Behavior Analyst*, 18, 51-68, 1995a.

Dinsmoor JA. Stimulus control: Part II. *The Behavior Analyst*, 18, 253-269, 1995b.

Dinsmoor JA. The role of observing and attention in establishing stimulus control. *Journal of the Experimental Analysis of Behavior*, 43(3), 365-381, 1985.

Dinsmoor JA, Bowe CA, Green L, Hanson J. Information on response requirements compared with information on food density as a reinforcer of observing in pigeons. *Journal of the Experimental Analysis of Behavior*, 49, 229-237, 1988.

Dinsmoor JA, Browne MP, Lawrence CE. A test of the negative discriminative stimulus as a reinforcer of observing. *Journal of the Experimental Analysis of Behavior*, 18, 79-85, 1972.

Donahoe JW, Burgos JE, Palmer DC. A selecionist approach to reinforcement. *Journal of the Experimental Analysis of Behavior*, 60, 17-40, 1993.

Donahoe JW, Palmer DC. *Learning and Complex Behavior*. Boston/London: Allyn & Bacon, 1994.

Donahoe JW, Palmer DC, Burgos JE. The unit of selection: What do reinforcers reinforce? *Journal of the Experimental Analysis of Behavior*, 67, 259-273, 1997.

Dube WV, McIlvane WJ. Implications of a stimulus control topography analysis for emergent behavior and stimulus classes. In: Zentall TR, Smeets PM (Eds.). *Stimulus class formation in humans and animals*. Amsterdam: Elsevier, pp. 197-218, 1996.

Dube WV, McIlvane WJ. Reduction of stimulus overselectivity with nonverbal differential observing responses. *Journal of Applied Behavior Analysis*, 32, 25-33, 1999.

Endemann P. *Resposta de observação e movimento dos olhos em uma situação de discriminação simples simultânea*. Dissertação de Mestrado, Instituto de Psicologia, Universidade de São Paulo, São Paulo, Brasil, 2008.

Fantino E, Case DA. Human observing: maintained by stimuli correlated with reinforcement but not extinction. *Journal of the Experimental Analysis of Behavior*, 40, 193-210, 1983.

Galvão OF, Barros RS, Rocha AC, Mendonça MB, Goulart PRK. Escola experimental de primatas. *Estudos de Psicologia*, 7, 361-370, 2002.

Jenkins HM, Boakes RA. Observing stimulus sources that signal food or not food. *Journal of the Experimental Analysis of Behavior*, 20, 197-207, 1973.

Johnson DF, Cumming WW. Some determiners of attention. *Journal of the Experimental Analysis of Behavior*, 11, 157-166, 1968.

Lovaas OI, Koegel RL, Schreibman L. Stimulus overselectivity in autism: A re-view of research. *Psychological Bulletin*, 86, 1236-1254, 1979.

McIlvane WJ, Serna R, Dube W, Stromer R. Stimulus control topography coherence and stimulus equivalence: reconciling test outcomes with theory. In: Leslie J, Blackman, DE (Eds.). *Issues in experimental and applied analyses of human behavior*. Reno: Context Press, pp. 85-101, 2000.

Perone M, Baron A. Reinforcement of human observing behavior by stimulus correlated with extinction or increased effort. *Journal of the Experimental Analysis of Behavior*, 34, 239-261, 1980.

Pessôa CVBB, Sério TMAP. Análise do comportamento de observação. *Revista Brasileira de Análise do Comportamento*, 2, 143-153, 2006.

Ray BA. Selective attention: the effects of combining stimuli which control incompatible behavior. *Journal of the Experimental Analysis of Behavior*, 12, 539-550, 1969.

Reynolds GS. Attention in the pigeon. *Journal of the Experimental Analysis of Behavior*, 4, 203-208, 1961.

Reynolds GS, Limpo AJ. Attention and generalization during a conditional discrimination. *Journal of the Experimental Analysis of Behavior*, 12, 911-916, 1969.

Roper KL, Zentall TR. Observing in pigeons: The effect of reinforcement probability and response cost using a symmetrical choice procedure. *Learning and Motivation*, 30, 201-220, 1999.

Shahan TA, Magee A, Dobberstein A. The resistance to change of observing. *Journal of the Experimental Analysis of Behavior*, 80, 273-293, 2003.

Skinner BF. *The technology of teaching*. New York: Appleton-Century-Crofts, 1968.

Skinner BF. *Beyond freedom and dignity*. New York, NY: Alfred A. Knopf, 1971.

Skinner BF. *About Behaviorism*. New York: Alfred A. Knopf, 1974.

Staddon JER. Attention and temporal discrimination: Factors controlling responding under a cyclic-interval schedule.

Journal of the Experimental Analysis of Behavior, 10, 349-359, 1967.

Stromer R, McIlvane WJ, Dube WV, Mackay HA. Assessing control by elements of complex stimuli in delayed matching to sample. *Journal of the Experimental Analysis of Behavior*, 59, 83-102, 1993.

Tomanari GY. Reforçamento condicionado. *Revista Brasileira de Terapia Comportamental e Cognitiva*, 2(1), 61-77, 2000.

Tomanari GY. Respostas de observação controladas por estímulos sinalizadores de reforçamento e extinção. *Acta Comportamentalia*, 9(2), 119-143, 2001.

Tomanari GY, Machado LMC, Dube W. Pigeon's observing behavior and response-independent food presentation. *Learning and Motivation*, 29, 249-260, 1998.

Tourinho EZ, Teixeira ER, Maciel JM. Fronteiras entre análise do comportamento e fisiologia: Skinner e a temática dos eventos privados. *Psicologia: reflexão e crítica*, 13, 425-434, 2000.

Wyckoff LBJ. The role of observing responses in discrimination learning – Part I. *Psychological Review*, 59, 431-442, 1952.

Wyckoff LBJ. The role of observing responses in discrimination learning. In: Hendry DP (Ed.). *Conditioned Reinforcement*. Homewood, IL: Dorsey Press, pp. 237-260, 1969.

MEMÓRIA

CAPÍTULO IV

Ana Karina Leme Arantes · Érik Luca de Mello · Camila Domeniconi

"(...) Essas lembranças não eram simples; cada imagem visual estava ligada a sensações musculares, térmicas etc. Podia reconstruir todos os sonhos, todos os entressonhos. Duas ou três vezes havia reconstruído um dia inteiro, não havia jamais duvidado, mas cada reconstrução havia requerido um dia inteiro. Disse-me: 'Mais lembranças tenho eu do que todos os homens tiveram desde que o mundo é mundo'. E também: 'Meus sonhos são como a vossa vigília'. E também, até a aurora: 'Minha memória, senhor, é como um depósito de lixo'. Uma circunferência em um quadro-negro, um triângulo retângulo; um losango são formas que podemos intuir plenamente; o mesmo se passava a Ireneo com as tempestuosas crinas de um potro, com uma ponta de gado em uma coxilha, com o fogo mutante e com a cinza inumerável, com as muitas faces de um morto em um grande velório. Não sei quantas estrelas via no céu.

(...) De fato, Funes não apenas recordava cada folha de cada árvore de cada monte, mas também cada uma das vezes que a havia percebido ou imaginado. Resolveu reduzir cada uma de suas jornadas pretéritas a umas setenta mil lembranças, que definiria logo por cifras. Dissuadiram-no duas considerações: a consciência de que a tarefa era interminável, a consciência de que era inútil. Pensou que na hora da morte não haveria acabado ainda de classificar todas as lembranças da infância." (Funes, o memorioso, Jorge Luís Borges.)

Funes é um estranho personagem do imaginário de J. L. Borges, e o que ele faz com maestria exemplifica uma definição de memória como "a habilidade de recordar ou reconhecer experiências anteriores" (Kolb, Wishaw, 2002, p. 490). A memória de Funes era a mais poderosa de todas as capacidades: para ele, a verdade sobre o mundo residia nos detalhes que ele dominava como ninguém. A situação – que poderia parecer ideal aos historiadores – era para ele, na verdade, uma grande limitação. Funes não conseguia raciocinar, uma vez que, segundo o narrador, "pensar é esquecer diferenças, é generalizar, é abstrair". O que faz refletir sobre o estranho fato de que, talvez, esquecer seja tão importante quanto lembrar. Da mesma maneira que esquecimentos excessivos são um problema, caracterizando um indivíduo sem história, o lembrar em excesso em contrapartida também tem seus riscos: a pessoa deixa de fazer o que é necessário no ambiente imediato porque sempre se lembra de algo. Normalmente, o que é lembrado se configura como tarefa urgente, de maneira que a pessoa não consegue concluir tarefas simples. Os comportamentos de lembrar e esquecer em excesso indicam paradoxalmente o quanto tais comportamentos são selecionados[1] e mantidos no repertório das pessoas. Esta característica é, além de um alento, uma confirmação da relação entre lembrar/esquecer e o controle de estímulos.

Memória na Análise do Comportamento é comportamento, e deveria ser estudada a partir da análise das variá-

---

[1]Conforme apresentado ao final da seção "Behaviorismos e as Vicissitudes do Sistema Skinneriano" no Capítulo 1.

veis que controlam e afetam sua probabilidade de emissão. Assim, seria importante trocar o substantivo "memória" por verbos como "lembrar" e "esquecer", e descrever as ações que os verbos denotam diante de situações nas quais as pessoas lembram ou esquecem. Dessa maneira, age-se como analistas do comportamento diante de sua unidade básica de análise, a contingência[2], entendendo a memória como algo dinâmico e diretamente ligado às experiências vividas pela pessoa em seu passado e presente (Catania, 1984; Wixted, 1998).

Wixted (1998) apresenta a noção da análise do comportamento sobre a memória da seguinte maneira:

> "No seu uso comum, a palavra memória se refere a um conjunto de representações mentais de experiências passadas. O estudo da memória, desta forma, é investigar estruturas e processos que estão envolvidos no armazenamento e manipulação destas representações. A noção analítico-comportamental de memória, pelo contrário, não se refere a entidades mentais estáticas, mas ao potencial para manifestar no comportamento os efeitos de experiências passadas. Estudar memória sob este ponto de vista é estudar o comportamento que reflete a apresentação prévia de um estímulo (lembrar) ou a perda de um tipo de controle de estímulos (esquecer) (p. 263)."

Antes de apresentar trabalhos de analistas do comportamento, um exercício importante é entender como o fenômeno da memória vem sendo compreendido pela Psicologia ao longo dos anos. Este será o primeiro passo deste capítulo. Serão apresentados modelos que tentam explicar como a memória funciona. Tais metáforas influenciaram tanto o discurso da Análise do Comportamento como um contraponto de várias posturas científicas (Wixted, 2008), como também a rejeição de Skinner às chamadas explicações mentalistas do comportamento (Strapasson, Carrara, Lopes Júnior, 2007). Em seguida, a seção de uma grande área de estudos em Análise do Comportamento: controle de estímulos. Depois, será apresentada a seção que relaciona memória a aprendizagem; na sequência, problemas de memória e suas distorções, e ainda aplicações dos estudos sobre memória. E, por fim, será retomada, de maneira sucinta, a posição de Skinner a respeito

de memória. Este capítulo pretende, ainda, produzir uma leitura de outras áreas de conhecimento, juntamente com a Análise do Comportamento, a respeito do fenômeno da memória, como maneira de interlocução entre as áreas do conhecimento, sugerida por autores como Chaves e Galvão (2005), Strapasson, Carrara e Lopes Júnior (2007) e Wixted (2008) e praticada nos estudos de Donahoe e Palmer (1994), Mechner (2008), Pontes e Hübner (2008), dentre outros.

ALGUNS MODELOS EXPLICATIVOS DE MEMÓRIA[3]

Tradicionalmente, para estudar o fenômeno da memória, têm-se usado vários tipos de modelos explicativos que pretendem dar conta de todas as variáveis que podem interferir ou mesmo determinar os diversos tipos de comportamentos incluídos na categoria "memória". Segundo Izquierdo (2006), "as memórias" são classificadas de acordo com a função, com a duração e com o conteúdo. Nesta seção, serão apresentados alguns dos principais "modelos e tipos" de memória.

Memória de trabalho

A memória de trabalho é um tipo de memória definida pela sua função. Também conhecida como memória operacional, ela "equivale a um sistema para a manutenção temporária e a manipulação de informações necessárias ao desempenho de uma série de funções cognitivas" (Magila, Xavier, 2000, p. 145). É aquela memória que usamos quando estamos realizando alguma tarefa e que nos possibilita acessar dados, conhecimentos e habilidades já aprendidos. Por exemplo, ao escrever um texto, a pessoa provavelmente usou tanto os conhecimentos adquiridos sobre o tema da memória durante as pesquisas bibliográficas quanto as habilidades de escrever, concatenar ideias e fazer sínteses. É preciso "lembrar" do que foi de escrito para poder formular as próximas palavras e assim por diante.

---

[2]Ver no Capítulo 1 mais detalhes sobre contingência na seção "A Unidade Básica de Análise".

---

[3]Para esta seção, procurou-se apresentar noções de memória com pouca ênfase nos distúrbios, a exemplos das Amnésias, doença de Alzheimer e síndrome de Korsakoff, bem como os efeitos de acidentes traumáticos ou estado de coma. Na literatura consultada, muitos de tais distúrbios aparecem como foco de objeto de estudo, experimentos e elucidação para o que é e como tem sido estudada a memória, o que foge ao objetivo deste capítulo. Para maiores detalhes ver: Izquierdo (2006), Kolb e Wishaw (2002) e Squire e Kandel (2008).

Memórias de curto e de longo prazos e memórias remotas

Na tipologia quanto ao tempo, a literatura apresenta as memórias: de longa, de curta duração e a memória remota. Memória de longa duração são as informações ou habilidades que levam um longo tempo para serem consolidadas, e que permanecerão por mais tempo no repertório do organismo.

Nas primeiras horas após sua aquisição, são lábeis e suscetíveis à interferência por numerosos fatores, desde traumatismos cranianos ou eletrochoques convulsivos, até uma variedade enorme de drogas ou mesmo a ocorrência de outras memórias (Izquierdo, 2006, p. 25).

A memória de curta duração é aquela que dura poucos segundos, o tempo necessário para que as memórias de longa duração se consolidem. Precisar o limite temporal entre as memórias de curta e longa duração parece ser difícil e impreciso, segundo Magila e Xavier (2000). Envolve os mesmos mecanismos que a memória de longa duração, porém com duração e capacidades diferentes (Izquierdo, 2006; Gazzaniga, Heatherton, 2005).

As memórias remotas são aquelas armazenadas por muito tempo na vida, conforme Izquierdo (2006, p. 27).

Um rato é capaz de lembrar, 1 ano depois, que, em um dado compartimento de determinada caixa, recebeu choque elétrico nas patas. Os ratos de laboratório vivem pouco mais de 2 anos. Um ser humano de 70 anos é capaz de lembrar, até com detalhes, episódios importantes de sua infância.

Memórias implícita e explícita

De acordo com o conteúdo, há dois tipos de memória: implícita e explícita. Para falar sobre elas, um breve experimento será descrito.

Em um tipo de tarefa os indivíduos recebem uma relação de palavras para ler, como camisa, botão, carro e barco. Outro grupo de indivíduos lê uma lista com as palavras caneta, maçã, uva e papel. Então, pede-se a todos os indivíduos que definam uma série de palavras, uma das quais é manga. "(...) As pessoas que leram a lista de palavras contendo as partes do vestuário provavelmente darão o significado [de manga] de 'parte do vestuário', enquanto aqueles que leram a segunda lista darão [para manga] o significado de 'fruta'" (Kolb, Wishaw, 2002, p. 495).

Saber relatar o que fez no experimento exemplifica a memória explícita (declarativa) e saber fazer o procedi-

mento (responder aos estímulos programados no experimento) exemplifica a memória implícita (processual). Tal distinção entre implícita e explícita não se restringe à memória de eventos verbais, mas ocorre também em aprendizados motores e visuais. Esta diferença pode ser observada quando pacientes amnésicos passam por experimentos desse tipo. Após a exposição destes pacientes ao procedimento, eles concluem a tarefa como um paciente que não sofre deste distúrbio, contudo, não se recordam de ter feito a tarefa no passado (Izquierdo, 2006; Kolb, Wishaw, 2002).

TEORIAS SOBRE O ESQUECIMENTO

Pergher e Stein (2003) apresentaram uma revisão de teorias pioneiras que buscaram explicar o fenômeno do esquecimento. Existem algumas vantagens no esquecimento, por exemplo, uma vantagem adaptativa, relacionada com a economia cognitiva, ocasionando retenção apenas das informações mais pertinentes para adaptação ao meio (Izquierdo, 2006). Esquecimento, segundo Pergher e Stein (2003), é o fenômeno pelo qual as informações armazenadas na memória deixam de estar disponíveis para utilização. Relacionando apenas causas cognitivas ao esquecimento (diferentes de causas orgânicas ou relacionadas com traumas), os autores apresentam as principais teorias relacionadas com o tema. Resumidamente, segundo esses mesmos autores, as teorias são descritas a seguir.

Estudos de Ebbinghaus

Os estudos de Ebbinghaus (1902, citado por Pergher, Stein, 2003) buscaram explicar o fenômeno do esquecimento usando metodologias empíricas e sistemáticas. Nos primeiros estudos foram usadas sílabas sem sentido, mas depois os dados foram replicados com diversos tipos de estímulos e vários intervalos de retenção diferentes, de alguns minutos até horas. As contribuições mais conhecidas são as curvas do esquecimento (Figura 4.1), as quais mostram que a maior parte do esquecimento do conteúdo aprendido começa apenas alguns instantes após a aprendizagem e aumenta de modo bastante acentuado com a passagem do tempo. Pesquisadores concordam que a contribuição do Ebbinghaus foi bem mais metodológica que teórica e seus experimentos forneceram a base para formulação de outras teorias.

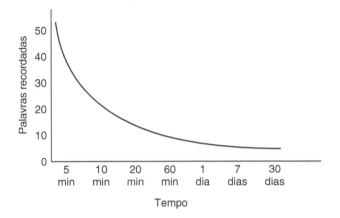

Figura 4.1 Gráfico hipotético de uma curva de esquecimento segundo os dados encontrados por Ebbinghaus.

Teoria de deterioração

Postula que a passagem do tempo por si só é preditora de esquecimento das informações aprendidas. A teoria parece razoável e coerente, mas não teve muita base empírica e sofreu diversas refutações.

Teorias de interferência

Os estudos que investigaram a relação entre memória e os princípios do condicionamento clássico têm demonstrado que uma das fontes de esquecimento frequente é a interferência. A interferência pode ser basicamente de dois tipos: proativa ou retroativa. Na interferência proativa, a aprendizagem inicial pode interferir na memória de alguma outra coisa aprendida posteriormente. Na interferência retroativa, a aprendizagem posterior pode interferir em algo aprendido antes. Esquecimentos causados por ambos os tipos de interferência estão descritos em experimentos sobre condicionamento clássico (Bouton, 1994).

Esquecemos informações em função da influência de novas memórias sobre outras. O esquecimento não se daria pelo efeito da passagem do tempo por si só, mas pela interferência de novas aprendizagens sobre as antigas (interferência retroativa) ou pela interferência das aprendizagens antigas sobre as novas (interferência proativa). Para a teoria clássica da interferência, tanto o efeito da primazia (recordar-se com mais facilidade dos primeiros itens aprendidos em uma lista, por exemplo) quanto de recência (recordar mais de itens aprendidos ao final de uma lista) poderiam ser explicados em termos de interferência entre memórias (retro ou proativas). Tipicamente os resultados de estudos solicitando a livre recuperação de itens em uma lista mostram resultados que podem ser organizados em curvas em formato de "U", ou seja, itens apresentados no início (efeito de primazia) e no final da lista (efeito de recência) são mais lembrados que aqueles apresentados em posição mediana.

Diversas variações desse efeito foram investigadas experimentalmente, com estudos especialmente relacionados com a interferência retroativa. Wright (2007) usou o procedimento de lista de memória serial (*serial list memory*), em que os sujeitos experimentais eram expostos a sequências de pares de estímulos durante o treino e emitiam respostas a uma barra de respostas relatando se os pares são de estímulos "iguais" ou "diferentes". Durante os testes, os sujeitos respondiam aos estímulos, porém sem a dica contextual do "par", ou seja, apenas um dos estímulos era apresentado. O objetivo era fazer com que o sujeito "lembrasse" se determinado estímulo estava na categoria "igual" ou na categoria "diferente". Os resultados foram analisados de acordo com a função da posição serial (*serial position function*, ou SPF), que é uma medida da relação entre as posições do estímulo (no início, meio ou fim da lista treinada) e o intervalo de retenção. A posição da SPF mudou sistematicamente com o intervalo de retenção. Um exemplo típico são os dados apresentados na Figura 4.2, mostrando essas curvas em diferentes espécies, tais como pombos, macacos e humanos. No atraso mais curto (0 segundo), a SPF foi uma "rampa", mostrando uma performance de recência virtualmente genuína. Quando o atraso era aumentado (de 1-30s para os dois tipos de macacos; de 0,5-10s para pombos e de 1-100s para humanos), os efeitos de primazia apareciam, dando à função a característica em forma de "U". Nos atrasos mais longos, o efeito de recência desaparecia e as SPF tinham característica de "queda", mostrando uma performance de primazia. O mesmo padrão qualitativo de mudanças nas SPF ocorreu para todas as espécies, mas houve uma diferente passagem do tempo para variadas espécies. A dissipação do efeito de recência foi atingida dentro de 30s para os macacos, 10s para os pombos e 100s para os humanos. O efeito de primazia começou a aparecer em apenas um ou dois segundos depois do final da apresentação da lista, e foi, de alguma maneira, mais rápido para os macacos *rhesus* e para os pombos do que para os macacos *capuchin* e os humanos. Essas diferentes passagens de tempo para as variadas espécies são diferenças quantitativas. O padrão similar das mudanças da SPF para as diferentes espécies, por outro lado, é uma similaridade qualitativa que mostra o processamento de memória visual simular para estas espécies. Uma das conclusões gerais que o autor apresenta é

60 Temas Clássicos da Psicologia sob a Ótica da Análise do Comportamento

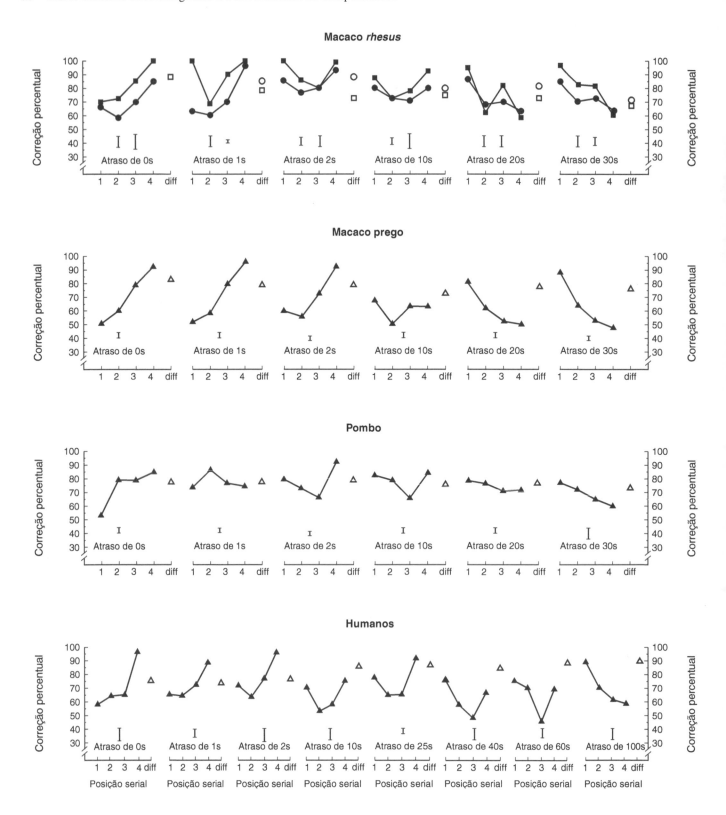

FIGURA 4.2 Comparação entre as SPF de duas espécies de macacos (*rhesus* e *capuchin*), pombos e humanos, segundo os experimentos de Wright (2007). Figura modificada de Wright, 2007.

que "as quatro espécies testadas na lista de tarefas de memória visual com quatro itens apresentam mudanças similares dinâmicas nos efeitos de primazia e recência quando o atraso na retenção aumenta" (Wright, 2007, p. 430).

Ainda assim, as explicações teóricas para esses dois tipos de fenômenos (interferências retroativa e proativa) foram bastante limitadas, mas podem-se destacar duas delas: a *desaprendizagem* e a competição de resposta. A explicação da desaprendizagem envolveria a ideia de que o esquecimento de itens anteriores se dá pela simples ausência de reforçamento para lembrar-se deles, enfraquecendo a relação entre esses estímulos e as respostas correspondentes. A competição de respostas refere-se à apresentação de dois materiais simultâneos no momento da recuperação. Quando uma das informações "vence", a outra não pode ser recuperada.

Falha na recuperação

Outro modelo explicativo para o esquecimento propõe que o material não foi esquecido, mas que simplesmente ele é de difícil acesso. Um efeito experimental oriundo desse processo seria o chamado efeito de reminiscência: a lembrança de informações que anteriormente não podiam ser recordadas. Apesar das controvérsias sobre esse tipo de dado, o fato de pistas contribuírem para a lembrança de algumas informações colabora para a ideia de que elas não estavam perdidas, apenas inacessíveis por inadequação das pistas de recuperação.

Teoria dos esquemas

Bartlett (1932) postulou que os processos de esquecimento se dão em função dos esquemas mentais que as pessoas têm sobre determinados eventos. Esses esquemas constituiriam conceitos mentais genéricos. A utilidade desse constructo teórico para a memória é que a codificação de uma dada situação somente seria possível com o uso de esquemas preexistentes nos quais as informações perceptuais deveriam ser encaixadas e, para haver esse encaixe, essas informações são até mesmo distorcidas ou selecionadas, em um processo ativo no quais informações podem ser completamente apagadas.

Teorias neurológicas

Apesar de não caber no escopo do presente artigo, não se desconsidera o papel do conjunto complexo de reações bioquímicas dos neurônios que ocorrem em várias regiões do cérebro. Tais reações são objeto das ciências que estudam o sistema nervoso, como a fisiologia e as neurociências em geral, a exemplo dos estudos de Kandel, Schwartz e Jessel (1991) sobre memória a partir do sistema nervoso da lesma do mar (*Aplysia*) (Mechner, 2008). Muitos desses estudos analisam a memória como processo neuronal e fisiológico (Chapouthier, 2005), e também as relações diretas com as contingências que produzem padrões comportamentais conhecidos como fobias (Öhman, 2005) e medos (Cammarota, Bevilaqua, Izquierdo, 2005).

VARIÁVEIS QUE CONTROLAM OS COMPORTAMENTOS DE "LEMBRAR" E "ESQUECER": CONTROLE DE ESTÍMULOS

Em uma análise comportamental, probabilidade pode substituir o termo "acessibilidade". As contingências que afetam um organismo não são estocadas por ele. Elas não estão nunca dentro dele; elas simplesmente o modificam. Como resultado, o organismo se comporta de maneiras especiais sob certos tipos especiais de controle de estímulos. Assim, se palavras familiares são mais facilmente relembradas que palavras estranhas, isso ocorre porque elas têm maior probabilidade inicial de evocar respostas devido à história anterior de controle de estímulo já exercido por aquela palavra. Não significa dizer que a palavra tem um modo de estocagem e codificação que possibilita o acesso mais rápido aos vocábulos familiares do que aos não familiares.

De acordo com Donahoe e Palmer (1994), não existe nenhum princípio explicativo especial para a memória. Explicar a memória na Análise do Comportamento, da mesma maneira que explicar atenção e percepção, envolve compreender as relações de controle entre estímulo e ambiente que são selecionadas por meio de reforçamento.[4] Isso ocorre quando, na presença de determinados estímulos, algumas respostas têm maior probabilidade de serem reforçadas. Quando essa relação entre estímulo e resposta é reforçada, diz-se que ela é selecionada. Até aqui o princípio é semelhante para os três processos, memória, atenção e percepção. O que seria de especial interesse para compreensão da memória é que algumas relações entre

---

[4]Veja o Capítulo 3 – "Percepção e Atenção".

estímulos e respostas são selecionadas em momentos anteriores aos da emissão da presente resposta, constituindo o que pode ser chamado de história de reforçamento e influenciando na emissão de respostas no momento presente. No exemplo anterior, a relação entre palavras e respostas foi construída no passado, de tal modo que hoje pode-se dizer que algumas palavras são familiares para a pessoa (como a maioria das palavras de uso corrente na língua portuguesa). Assim, ouvir a palavra "faculdade" é passível de evocar uma série de lembranças (ou respostas encobertas), como lembrar-se do primeiro dia de aula, do professor de uma disciplina específica ou de uma paquera. O mesmo não ocorreria ao ouvir a expressão "granulomatose broncocêntrica". Tal expressão provavelmente não evocaria lembranças para boa parte dos estudantes, exceto para os que cursam áreas de conhecimento que têm como base conceitos bioquímicos. Para melhor entender as ações de lembrar ou esquecer, é importante discutir o conceito de controle de estímulos.

De maneira específica, o estudo do

> "(...) controle de estímulos configurou-se como uma área de pesquisa de extrema relevância científica e social, por suas implicações na compreensão crescente de processos comportamentais complexos, tais como o aprendizado da linguagem, da noção de significado e dos comportamentos simbólicos em geral" (Hübner, 2006, p. 96).

De maneira ampla, analisar o controle de estímulos é uma maneira de olhar para a contingência "evento ambiental – ação do organismo". Como acontecem as relações entre eventos antecedentes e as ações? Ou quanto do que a pessoa faz depende de eventos anteriores, próximos no tempo e no espaço? Quanto dessa relação coloca a pessoa em uma situação parecida com outras situações do seu passado?

É importante esclarecer ao leitor iniciante que, quando se diz que determinados estímulos controlam algumas respostas e não outras, o termo "controle" não tem caráter pejorativo. Segundo Moreira e Medeiros (2007), dizer que o estímulo exerce controle sobre uma resposta é simplesmente dizer que a presença dele torna a ocorrência da resposta mais provável. Por exemplo, é mais provável que você leve um guarda-chuva ao trabalho se estiver chovendo. Diz-se que o estímulo "chuva" controla a resposta de pegar o guarda-chuva porque aumenta a probabilidade dessa resposta. Ou, em outro exemplo, falar, raciocinar e lembrar a respeito de análise do comportamento é mais provável

diante do professor de disciplinas comportamentais. Esse segundo exemplo ficará mais claro a seguir, quando se abordará o tema dos eventos privados.

Já em 1938, em seu primeiro livro – *O comportamento dos organismos* –, Skinner (1938/1991) trata do controle de estímulos. Ali há uma extensa análise de dois tipos de controle: a relação Tipo S e a relação Tipo R. Tipo S diz respeito às relações respondentes nas quais estímulos antecedentes eliciam (provocam) respostas (ou classe de respostas) do organismo, como sol forte (estímulo), que elicia produção de suor (resposta); sabor azedo na boca (estímulo), que elicia o salivar (resposta); dentre muitos outros tipos de relações respondentes. O Tipo R é aquele envolvido nas relações operantes do organismo. É um tipo de relação bastante comum no repertório: após a ação do organismo, consequências são produzidas no ambiente. A depender das consequências, o estímulo terá função de sinalizar a presença do reforço (S^D), ou de sinalizar não reforço (S^{Delta}). O controle de estímulos deste tipo de relação se dá quando aspectos do ambiente, anteriores à ação, sinalizam a probabilidade de determinada resposta produzir uma dada consequência.

> "Em geral, os organismos emitem respostas seletivamente, de acordo com o estado de seus ambientes presentes ou passados. Uma criança aprende a chorar somente quando um dos pais está em casa para reforçar o choro. Um cachorro não pedirá alimento na ausência de um ser humano. Dificilmente pediremos água quando ninguém estiver na sala para ouvir (e então nos reforçar)" (Millenson, 1975/1967, p. 185).

Desse modo, os comportamentos que vão sendo estabelecidos dependem dos estímulos antecedentes e das consequências das ações. A noção de controle – Tipo R – só faz sentido ao se observar a história de interações do organismo com o ambiente (aqui entendida como história de reforçamento).

Conforme Donahoe e Palmer (1994), Pavlov demonstrou que, se outro estímulo fizer parte do pareamento na relação estímulo-resposta, estabelecendo a relação reflexa condicionada, muitos outros comportamentos são aprendidos pelo organismo. Em 1 dia de chuva torrencial, depois de um susto com o clarão e barulho do trovão, a pessoa aprende que, em um futuro breve, um clarão (estímulo condicionado) vem acompanhado de trovão (estímulo incondicionado), que elicia o susto (resposta incondicionada). Se entre as primeiras vezes que se sentiu um susto e as demais a pessoa reagir de maneira diferente, esta resposta diferente é uma resposta condicionada. Logo, neste exemplo simples, podemos dizer que a pessoa aprendeu – comporta-se de maneira nova – após algumas experiências com a relação "clarão + trovão".

Após esse exemplo, talvez possamos entender melhor a colocação de Donahoe e Palmer sobre a semelhança entre os princípios explicativos da memória, da atenção e da percepção. Para que uma pessoa se assuste ao ver o clarão do trovão, ela terá que estar parcialmente sob controle de sua história passada em que o clarão foi emparelhado ao barulho. Esse controle atual exercido por estímulos presentes na história passada do indivíduo é o que vem sendo tradicionalmente conhecido por memória e parece ser o mesmo processo observado nos cães de Pavlov quando salivaram diante dos tons sonoros – anteriormente emparelhados com alimento (Donahoe, Palmer, 1994). Por essa razão, considera-se que os campos da aprendizagem e do que pode ser chamado tradicionalmente de memória estão intensamente inter-relacionados, de acordo com a perspectiva da Análise do Comportamento.

Cabe destacar que nem sempre aprendizagens entre estímulos e respostas são desejadas ou socialmente aceitas. Estudos clínicos demonstram que, na história das pessoas, relações respondentes específicas podem ser selecionadas como nos casos de fobia social (Ayres, 1998; Brito, Duarte, 2004), de transtorno obsessivo-compulsivo (Mello, 2004; Zamignani, 2001), de ansiedade generalizada (Banaco, 2001; Seger, 2001), entre outros problemas de comportamento que têm em sua história de reforçamento pareamentos de estímulos novos com estímulos incondicionados.

É importante destacar que os eventos antecedentes têm propriedades diversas e não há garantias de que o organismo responda sob o controle de uma propriedade específica ou de outra (Catania, 1984). A depender da história de reforçamento diferente em cada relação organismo-ambiente, o controle que um determinado estímulo exerce sobre um organismo pode variar (consequentemente variando a memória sobre determinados eventos).

Contudo, como apresentado até o momento, o leitor pode estar se perguntando "E aquilo que penso e ninguém sabe? E minhas memórias da infância e demais situações, nomes, que lembro e não conto para ninguém, que me acompanham diariamente?".

O que foi exposto é boa parte do caminho para responder às duas perguntas, com a diferença de que as perguntas remetem a fenômenos de acesso pela própria pessoa que lembra. Muitas vezes, "lembrar" e "esquecer" podem ser

comportamentos analisados do ponto de vista de estudo de eventos privados. Como definidos por Skinner, comportamentos privados (ou encobertos) são aqueles que "estão sob controle de estímulos aos quais apenas a pessoa que se comporta tem acesso" (Skinner, 1957/1992, p. 130). O que acontece "dentro" do organismo no intervalo de tempo que se dá entre a aprendizagem de uma resposta e a retomada desse comportamento pode estar sob controle de eventos não observados publicamente. Tourinho (2006) lembra que nessa categoria de eventos podem estar incluídos fenômenos com diferentes graus de complexidade, como, por exemplo, tristeza ou solidão. Alguns estudos empíricos têm sido realizados tentando manipular variáveis em situações controladas em que pessoas emitem respostas de maneira encoberta. Essas respostas são verificadas e aferidas a partir de respostas públicas (que o experimentador possa verificar) correlacionadas com os eventos privados, a exemplo dos estudos de Oliveira (2005); Simonassi, Sanábio e Fróes (1995) e Simonassi, Tourinho e Vasconcelos-Silva (2001). O que há em comum entre os estudos que buscam acessar os eventos privados ou a correspondência entre respostas abertas e encobertas é a influência do ambiente, público ou privado, sobre a emissão de respostas públicas.

MEMÓRIA E APRENDIZAGEM: APRENDER A LEMBRAR

Como citado rapidamente, os campos de pesquisa sobre processos de aprendizagem e memória estão fortemente relacionados. "Aprendizagem pode ser definida como alteração relativamente permanente no comportamento do indivíduo resultante da experiência" (Kimble, 1961, citado por Catania, 1984, p. 3). No nível fisiológico, pode-se dizer que a aprendizagem produz alterações no nosso sistema nervoso devido à ocorrência de determinadas experiências, e essas alterações também podem ser denominadas memória (Carlson, 2002). De qualquer maneira, diz-se, na Análise do Comportamento, que as experiências não são armazenadas: elas mudam o modo de perceber, executar comportamentos, pensar e planejar.

O entendimento dos princípios da aprendizagem de relações entre estímulos e respostas tem aplicações no contexto de laboratório, assim como no clínico, e auxilia na compreensão dos fenômenos da memória. Da mesma maneira que essas relações são aprendidas por emparelhamentos entre os estímulos antecedentes, determinadas respostas e estímulos consequentes (quando você vê o telefone e disca o número de um amigo, ele possivelmente atende), elas podem ser *desaprendidas* ou colocadas em extinção pela retirada do reforçador que mantinha a situação. Se você telefonar seguidas vezes para seu amigo e ele não atender, provavelmente você parará de telefonar. Neste caso, diz-se que seu comportamento foi "colocado em extinção". Brooks e Bouton (1993) discutiram que a extinção fornece uma estimulação ambígua para a pessoa que se comporta. Telefonar para o amigo pode ou não produzir uma determinada consequência, mas existe uma dificuldade em recuperar o condicionamento aprendido durante a extinção.

Em um experimento com ratos, os autores introduziram uma dica discriminativa da situação de extinção a fim de diminuir os efeitos da recuperação espontânea do comportamento anteriormente condicionado. Os ratos foram condicionados a relacionar comida e um tom. Na sequência, o tom foi utilizado sozinho a fim de extinguir as respostas anteriormente instaladas. A última sessão de condicionamento foi precedida por uma dica e a de extinção foi precedida por outra dica, com a mesma duração. Seis dias de intervalo após a extinção, os animais foram testados a responder ao tom e 100% deles recuperaram espontaneamente o desempenho treinado antes da extinção, demonstrando "esquecimento" da relação que havia sido extinta. A fim de testar o efeito da dica sobre a possibilidade de os animais relembrarem a situação de extinção, o teste foi repetido com a apresentação da dica (anteriormente sinalizadora da extinção no treino) logo no início da sessão. A apresentação da dica atenuou os efeitos da recuperação espontânea e diminuiu para 55% a taxa de recuperação do desempenho condicionado antes da extinção. Os dados de laboratório sugerem que a programação de dicas pode auxiliar o terapeuta a fazer com que seu cliente se comporte de acordo com a condição de extinção programada por ele, também em outros contextos.

Um complicador para essa situação é que, com a passagem do tempo, várias dicas externas e internas naturalmente mudam. Se elas mudam e são relevantes para a função discriminativa do estímulo, quanto maior o intervalo, maior a diferença entre o contexto da situação de aprendizagem e a do teste de memória. O modelo sugere que extinção pode ser especialmente prejudicada por mais essa mudança no contexto temporal (Morgan, Riccio, 1998). Uma implicação dessa descoberta, aplicada ao campo clínico, é que terapeutas precisariam construir lembretes ao longo da terapia e depois dela (ou seja, fazer um procedimento de *follow up* para manter o comporta-

mento). No campo das neurociências, também é discutida a necessidade de "deixas de recuperação" para que os conteúdos armazenados possam ser mais prontamente recuperados (Gazzaniga, Heatherton, 2005). Por isso, pode-se explicar por que é muito mais fácil se lembrar da resposta a uma pergunta de múltipla escolha do que a uma pergunta dissertativa: na primeira situação, a deixa de recuperação está contida nas alternativas, o que não acontece na segunda.

Estudos experimentais têm procurado replicar o fenômeno do responder sob controle de um estímulo ausente há poucos segundos utilizando uma tarefa de escolha de acordo com o modelo com atraso (*delayed matching to sample*, ou DMTS). Em tarefas desse tipo, os participantes, diante de um aparato em que são apresentados vários estímulos, precisam selecionar pares de estímulos. Porém, o primeiro estímulo (chamado de estímulo modelo) controla condicionalmente a escolha do segundo (chamado estímulo de comparação). Tradicionalmente, tentativas discretas têm início com a apresentação do estímulo modelo, seguidas de respostas de observação que produzem o desaparecimento do mesmo. O posterior aparecimento dos estímulos de comparação (após um atraso que pode variar de zero a alguns segundos) sinaliza para o participante a necessidade de responder ao estímulo que "faz par" com o modelo. Assim, a emissão de uma resposta correta de selecionar um dos estímulos de comparação depende do controle de um estímulo que não está mais presente no momento da escolha. Em estudos com pombos, por exemplo, uma luz vermelha ou verde é acesa no centro da caixa experimental (esses são os estímulos modelo), essa luz é desligada e, depois de um período de tempo, são apresentadas duas chaves (também iluminadas de verde e vermelho) para que o sujeito responda de acordo com a cor que havia acendido inicialmente, ou seja, condicionalmente ao estímulo modelo. Para Nevin, Davison, Odum e Shahan (2007), o modelo de DMTS é útil principalmente no estudo da memória de trabalho, já que a apresentação do estímulo condicional e a resposta do organismo são separadas por um intervalo de tempo, entendido como um intervalo de retenção.

Algumas variáveis podem influenciar na acurácia do responder na situação de DMTS, como o tempo de intervalo entre a apresentação dos estímulos modelo e comparações, a taxa de reforço total para cada par condicionado e a distribuição dos reforçadores ao longo das tentativas de discriminação condicional. Também a atenção do sujeito aos estímulos apresentados pode ser interrompida pela introdução de eventos distratores ou interferências durante o período de retenção. Assim, o paradigma de DMTS pode servir para operacionalizar experimentalmente tanto o modelo de memória de trabalho quanto a teoria de interferência. Para os autores, a "atenção ao estímulo modelo" e a "retenção" da informação durante o intervalo entre as apresentações dos estímulos devem ser analisadas como comportamentos encobertos em que o sujeito se engaja durante a tentativa, explicando comportamentalmente a memória de trabalho.

O procedimento de escolha de acordo com o modelo (*matching to sample*, ou MTS) tem apresentado grande potencial de aplicação na área educacional, tendo sido usado com êxito em diversos programas de ensino de habilidades de leitura (de Rose, de Souza, Hanna, 1996; Melchiori, de Souza, de Rose, 2000; de Souza, de Rose, Cazati, Huziwara, 2003). Esse potencial ficaria bastante comprometido se os pares condicionados que se formarem permanecerem no repertório dos indivíduos apenas por um curto espaço de tempo. Utilizando o exemplo da leitura (um dos comportamentos que vêm sendo extensamente ensinados por meio do procedimento de emparelhamento com o modelo), uma das alternativas tem sido ensinar para a criança a relação entre a palavra ditada (p. ex., "casa") e a figura correspondente (o desenho de uma casinha); e também entre a palavra ditada e a figura correspondente. Agora imagine se essa aprendizagem permanecesse no repertório da criança apenas por 1 semana após o treino. Existiria alguma vantagem em um ensino deste tipo? Pela importância na manutenção do repertório aprendido, alguns estudiosos vêm realizando experimentos visando identificar algumas variáveis relacionadas com a manutenção de conteúdos aprendidos em tarefas de emparelhamento com o modelo.

Saunders, Wachter e Spradlin (1988) e Spradlin, Saunders e Saunders (1992) desenvolveram estudos importantes sobre a questão da manutenção do responder e seus dados vêm sendo replicados sistematicamente por alguns estudos brasileiros (Aggio, Haydu, Rocha, Omote, Vicente, 2006). Tem sido proposto que classes com maior número de estímulos têm maior probabilidade de serem recordadas com o passar do tempo. No estudo de Saunders, Wachter e Spradlin (1988), os participantes que haviam aprendido classes de oito estímulos recordaram todas as relações, em um teste feito 5 meses após o ensino. A hipótese dos autores para explicar os resultados é de que, se uma relação é desfeita em uma classe com vários estímulos, as relações dentro da classe que se mantiverem intactas servirão de base para

que a relação enfraquecida seja restabelecida. Sendo assim, quanto mais estímulos houver em uma classe, maiores as chances de uma relação enfraquecida ser restabelecida e mantida (Saunders, Wachter, Spradlin, 1998).

Catania (1984) apresenta uma interessante proposta de estudo da memória na perspectiva da Análise do Comportamento, discutindo, como inicialmente indicado, a substituição do substantivo "memória" pelo verbo "lembrar". A substituição dos termos visa embasar uma proposta de estudo direcionada a entender o lembrar como uma resposta operante regida pelas mesmas propriedades de qualquer outro operante, na direção do que tentamos defender ao longo deste capítulo. O autor define o episódio de lembrar como composto por três diferentes momentos: a aprendizagem inicial (durante a qual ocorreria o armazenamento de informações, segundo a perspectiva cognitivista); a passagem do tempo; e, por fim, a oportunidade para recordar (recuperação do material armazenado). Esse modelo descritivo pode ser comparado à metáfora do processamento de informação, classicamente utilizada para explicação da memória. Assim, durante a aprendizagem inicial ocorreria o armazenamento de informações e, havendo uma oportunidade para recordar, deveria existir uma recuperação do conteúdo que foi armazenado. A metáfora refere-se ao processo tal como acontece em um computador:

> "O computador recebe informações por meio do teclado ou do modem, processa-a em software, armazena-a no disco rígido e depois recupera a informação quando requisitado pelo usuário ou por outro programa" (Gazzaniga, Heatherton, 2005, p. 217).

Mesmo utilizando a metáfora difundida pela perspectiva do processamento de informação, o autor dá um passo além, afirmando que explorar os limites dessa metáfora é um dos objetivos de pesquisa sobre memória.

Como qualquer outro comportamento, a Análise do Comportamento propõe que o lembrar pode ser aprendido. Técnicas de repetição e técnicas mnemônicas auxiliariam o organismo na direção de lembrar-se de eventos que ocorreram no passado. Dar sentido a um conjunto de letras isoladas, por exemplo, agrupando-as de modo a conferir valor semântico a elas, é um exemplo de técnica mnemônica que aumenta consideravelmente a probabilidade de a sequência ser lembrada no futuro. Faça o exercício, procure verificar por quanto tempo você consegue se lembrar da seguinte sequência de letras:

C N P Q C A P E S

Se você tem estado envolvido com processos acadêmicos há algum tempo, possivelmente agrupou essas letras em dois conjuntos: CNPQ e CAPES, e sua probabilidade de lembrar-se da sequência de letras no futuro será bem maior que a de um aluno do ensino médio que pode não conhecer as agências citadas. Mesmo não conhecendo as agências, o aluno do ensino médio poderia ter outros repertórios úteis, algumas técnicas mnemônicas como, por exemplo, conferir sentido às letras isoladas, como: "**C**achorro **N**ão **P**ega **Q**uem **C**orre **A**ntes **P**ara **E**ncontrar **S**aída". E aprenderia a sequência da mesma maneira. Agrupar as letras ou dar sentido a cada uma delas é uma maneira de aumentar a probabilidade de se lembrar do conjunto de letras no futuro. O princípio é o mesmo sobre diferentes controles agindo sobre respostas dadas a partir de palavras familiares ou desconhecidas.

Assim como qualquer outro evento, a possibilidade de você se lembrar da sequência de letras após o uso de uma ou outra técnica mnemônica depende da sua história de reforçamento. Todos os indivíduos têm histórias de reforçamentos muito mais significativas com palavras familiares do que com palavras desconhecidas. De acordo com Catania (1984), o que é lembrado não é propriamente o estímulo, mas recordamos do controle que determinado estímulo exerceu sobre uma resposta particular. Dito de outro modo, quanto mais nos lembrarmos da nossa resposta ao estímulo, maiores e mais chances teremos de nos lembrar daqueles estímulos que controlaram respostas de modo diferenciado. Nesse sentido, não existe nenhuma probabilidade de lembrar-se de um evento ou objeto na ausência total de estímulos correlacionados com algumas propriedades do estímulo ou evento a ser lembrado; alguma estimulação ambiental precisa estar disponível e acessível para que as lembranças surjam, mesmo que não tenhamos consciência da presença desses estímulos (Catania, 1984). Por exemplo, pode-se lembrar repetidamente de uma pessoa muito querida mesmo que, propositadamente, não se tenha a vontade de se lembrar. Isso possivelmente ocorreria devido à presença de estímulos sutis, como cheiros e sons ou combinações de ocorrências vividas anteriormente com aquela pessoa.

Por um lado, pode não se ter consciência da presença de deixas do ambiente que fazem lembrar eventos, objetos ou pessoas; por outro lado, essas deixas podem ser explicitamente ensinadas ou provocadas. Aprender um conteúdo em um mesmo ambiente no qual o conteúdo será testado, teoricamente, aumenta a probabilidade de que o conteúdo seja lembrado, uma vez que o ambiente forneceria muitas dicas para a recuperação dos conteúdos. Quando se tenta lembrar a última vez em que um determinado objeto perdido foi visto, procura-se construir pistas para auxiliar o lembrar. A ideia envolve o exercício de restabelecer parte da condição que existia no momento da aprendizagem inicial.

É interessante destacar que diversos teóricos, tanto da área cognitivista, das neurociências e também da Análise do Comportamento, concordam que o conteúdo lembrado não é uma reprodução, mas sim uma reconstrução do conteúdo armazenado. Essa ocorrência, por si só, já seria um limite da metáfora do processamento de informações, uma diferença entre o funcionamento da memória de um computador e o lembrar de humanos e não humanos.

DISTORÇÕES DA MEMÓRIA: OUTRAS VARIÁVEIS QUE INFLUENCIAM OS COMPORTAMENTOS DE "LEMBRAR" E "ESQUECER"

Eventos que ocorrem durante a passagem de tempo que separa a situação original de aprendizagem da situação que evoca a lembrança podem afetar a maneira como a aprendizagem será retomada. Até aqui, ao longo das seções anteriores, foram retomadas diversas variáveis que podem interferir nos comportamentos de "lembrar" e de "esquecer", como, por exemplo, o uso de distratores durante o tempo de recuperação, a quantidade de estímulos condicionados à resposta a ser lembrada etc. Segundo Gazzaniga e Heatherton (2005), nossa memória apresenta inúmeras falhas, entre estas algumas podem ser acopladas em duas categorias: o esquecimento e a distorção. As falhas do tipo "esquecimento" podem incluir: transitoriedade (esquecimento pela passagem do tempo), desatenção (a informação talvez não tenha sido codificada, não permitindo o seu armazenamento) e bloqueio (impossibilidade temporária de lembrar-se de algo já conhecido). Na categoria de "distorções", são incluídas: má distribuição (atribuição de informações às fontes erradas), sugestionabilidade (alteração de memórias devido à obtenção de dados enganosos sobre determinados acontecimentos) e viés (influência de acontecimentos ocorridos no momento presente sobre a memória de eventos ocorridos no passado). Todos esses fenômenos podem ser explicados de uma maneira analítico-comportamental se for possível dizer que variáveis estão controlando a resposta no momento da sua emissão e quais variáveis são responsáveis pelo aprendizado dessa resposta.

Inúmeras pesquisas relacionadas com essas falhas atestam o que parece ser um ponto crucial nos estudos do lembrar: lembrança é uma reconstrução e não uma reprodução. Dentre estes, um dos principais grupos de estudos, e com maior repercussão entre cientistas das áreas sociais aplicadas em geral, é o de Loftus e seus colegas (Loftus, 1975; Loftus, Palmer, 1974). Tais experimentos demonstraram que as distorções do lembrar podem ser produzidas depois do evento a ser lembrado. A metodologia de Loftus consistia em expor os participantes a uma cena inicial em que alguma coisa estava acontecendo, e depois questionar sobre o que eles lembravam da cena. A variável crítica, porém, estava justamente inserida no questionário feito após a cena: havia perguntas com pequenas variações linguísticas entre os grupos experimentais; ou então era perguntado se o participante havia visto objetos que na realidade não estavam nas cenas etc. Loftus e Palmer (1974) questionaram estudantes universitários sobre a velocidade de um carro durante um acidente automobilístico assistido em um videoteipe. Quando questionados sobre a velocidade dos carros que "bateram" *versus* a velocidade dos carros que se "arrebentaram", os estudantes atribuíram sistematicamente mais velocidade quando haviam anteriormente sido expostos à pergunta com o termo "arrebentaram", comparados àqueles que responderam anteriormente à pergunta com a palavra "bateram".

Outro estudo importante feito por Loftus (1975) mostrava, em quatro diferentes experimentos, como a introdução de pressuposições falsas às perguntas feitas sobre o mesmo evento poderia alterar a memória que os participantes tinham sobre o mesmo. No caso do terceiro experimento desta série, universitários assistiram a um filme breve sobre outro acidente automobilístico e responderam a um questionário contendo 10 questões sobre o filme, sendo nove de "recheio" e uma contendo uma pressuposição falsa sobre um objeto que não existia no filme (a pergunta exata era: "A que velocidade estava o carro branco quando passou pelo celeiro na rodovia?"). O celeiro não existia no filme, mas, em um questionário posterior, aplicado com a metade dos participantes 1 semana após assistirem ao filme e responderem ao primeiro questionário, 17% dos participantes disseram ter visto o celeiro, ao passo que apenas 2% dos participantes que responderam ao primeiro questionário sem pressuposição falsa disseram ter visto o celeiro no segundo questionário, atestando que a introdução da pressuposição falsa pode alterar

parcial ou totalmente a memória que o indivíduo tem sobre determinado evento.

Os estudos de Loftus *et al.* têm implicações bastante importantes para a compreensão do funcionamento da memória e ajudaram a atestar o conhecimento, que atualmente é consensual, de que memória não é simplesmente um registro permanente e imutável de eventos, a ser recuperado intacto quando necessário, como um arquivo em um computador, mas um registro maleável das experiências de alguém, sujeito a alterações de acordo com diferentes ocorrências, como a simples passagem do tempo (Morgan, Riccio, 1998). Tais resultados e interpretações causaram polêmica tanto na Psicologia como também em áreas aplicadas, como o Direito e o Judiciário, pois a possibilidade de que relatos sobre lembranças de fatos ocorridos há muitos anos podem não ser necessariamente correspondentes a eles levanta problemas em julgamentos que contam com o testemunho das vítimas, como em casos de abuso infantil (Loftus, 1993; Slater, 2004/2009).

Na década de 1990, os EUA viveram uma epidemia de casos de denúncia de abuso sexual de crianças por seus cuidadores. Esse fenômeno foi analisado por Loftus (1993), que destacou a grande divulgação desses dados na mídia e discutiu uma série de julgamentos nos quais os processos passaram a ocorrer anos depois de transcorridos os fatos. As teorias vigentes naquele momento postulavam que a distância temporal entre os fatos e as denúncias era causada pelo acesso tardio às memórias reprimidas das vítimas ou testemunhas. Loftus questionou fortemente o conceito de memórias reprimidas e mais ainda as condições que ocasionariam esse acesso tardio: esse tipo de evento pode refletir casos de falsas memórias. Ela explica que as falsas memórias podem ser "não intencionalmente" implantadas por terapeutas ou pelos próprios números divulgados pela mídia (como se muitas pessoas se perguntassem "se tanta gente vem passando por isso, será que eu também não passei?"). Segundo a autora, seus experimentos e outros comprovaram que não apenas partes de falsas memórias, mas episódios inteiros, podem ser "implantados", passando a fazer parte do conjunto de memórias de uma pessoa.

COMO MELHORAR A MEMÓRIA: APLICAÇÕES DAS DESCOBERTAS SOBRE "LEMBRAR" E "ESQUECER"

No contexto clínico, muitas vezes pode-se entender o processo terapêutico como tentativa de extinguir condicionamentos aprendidos na história de cada cliente, que controlam de maneira não desejada comportamentos atuais. O processo de extinção é uma das maneiras de se aprender novas relações entre estímulos e respostas. Quando exposto à extinção, o cliente passa pela experiência de produzir determinada consequência apenas depois de algumas respostas, mas não de todas. Por exemplo, um cliente com dificuldades em estabelecer vínculos afetivos pode ter aprendido, em suas experiências, o emparelhamento entre pessoas queridas e sofrimento (ou seja, ele pode ter sido punido ou abandonado em diferentes e consecutivas situações afetivas no passado). Esse condicionamento pode ter sido tão eficiente que, ao aumentar a intimidade com alguém no presente, sendo amigos, namorados ou parentes, o cliente se sente ansioso e passa a evitar a proximidade com essa pessoa. Na terapia, o profissional possivelmente tentará extinguir o condicionamento em vigor por meio de tarefas dadas ao cliente, para que ele aprenda outros tipos de condicionamento. Ele possivelmente não punirá seu cliente e muito provavelmente conversará com ele sobre situações sociais reforçadoras, buscando encorajá-lo a manter a intimidade com pessoas próximas (Morgan, Riccio, 1998).

Portanto, durante a extinção, o cliente aprende alguma coisa nova sobre o estímulo condicionado, de tal modo que a presença do estímulo passa a ser um discriminativo ambíguo. Ou seja, passam a existir duas conexões possíveis com a presença de pessoas próximas e o desempenho do cliente dependerá de qual conexão foi mais fortalecida. O problema da situação de extinção (a aprendizagem mais nova) é que a inibição do responder parece ser mais simples no contexto apropriado, uma vez que ele favorece a formação de controle de estímulo mais forte. Fora dele, o *link* inibidor da resposta dificilmente é ativado e uma recuperação do responder inicial pode ocorrer (Morgan, Riccio, 1998). O condicionamento anterior não se perde com a experiência de extinção e o responder de acordo com ele não é impedido.

Além da aplicação em procedimentos terapêuticos, os experimentos sobre "lembrar" e "esquecer" têm aplicações, principalmente, na área da gerontologia. Na literatura sobre envelhecimento, são encontrados vários estudos correlacionando o avanço da idade com perdas na capacidade de memorização. Em *Viva bem a velhice*, Skinner e Vaughan (1983/1985) citam o esquecimento como o sintoma mais óbvio do enfraquecimento nos órgãos dos sentidos decorrente da idade. Em estudos experimentais, muitas são as dificuldades na obtenção de dados conclusivos envolvendo

delineamentos de grupo a fim de comparar desempenhos em tarefas de memória de indivíduos mais velhos e mais novos. Indivíduos com mais idade podem apresentar maior variabilidade nos resultados e ter também mais dificuldade em se adaptar aos procedimentos de laboratório. Suas dificuldades podem refletir erroneamente uma perda cognitiva, constituindo, na verdade, problemas transitórios com o procedimento (Baron, Surdy, 1990).

O paradigma do reconhecimento contínuo tem características que o tornam compatível com o estudo de sujeito único, sendo, portanto, bastante apropriado para o entendimento da memória no idoso. Nos experimentos que utilizam este procedimento, os sujeitos veem uma lista de estímulos apresentados um de cada vez e devem responder se reconhecem o estímulo como já apresentado anteriormente ("velho") ou não ("novo"). Os resultados provocam uma análise de detecção de sinal, uma vez que os estímulos devem ser reconhecidos como repetidos ("velhos"), apesar da distração causada pelos estímulos novos. Esse é um tipo importante de dado na área da memória: medidas sobre a capacidade de reconhecer sinais previamente apresentados no meio de outros sinais novos (Wixted, 1998). Para alguns pesquisadores, falhas em relatar estímulos como velhos não são oriundas de déficits de memória, mas da própria relutância em relatar esse tipo de ocorrência. Isso pode ocorrer devido à história aversiva prévia de fazer falsos relatos ou a maior lentidão em mudar o tipo de resposta, exagerando o número de respostas "velho", mesmo para estímulos novos. O experimento de Baron e Surdy (1990) visou esclarecer alguns desses vieses utilizando o procedimento de reconhecimento contínuo, comparando grupos de idosos com grupos de adultos jovens. Como resultado, foi observado que:

- A acurácia na tarefa de reconhecimento diminuiu com aumento da idade, especialmente com o crescimento do intervalo de retenção
- O reconhecimento diminuiu para todos quando comparado aos desempenhos em palavras e sentenças com sentido ou códigos alfanuméricos (questão da familiaridade, apontada tantas outras vezes em outros estudos)
- A prática com a tarefa levou a melhora na habilidade de reconhecimento, especialmente entre os mais velhos, reduzindo, inclusive, a diferença entre as idades, acentuada no início do estudo.

Os autores concluíram que, apesar das diferenças iniciais encontradas nos desempenhos dos participantes idosos quando comparados aos mais jovens, essa diferença praticamente foi anulada com o efeito do treino. Assim, a habilidade de memorizar pode ser passível de treinamento como qualquer outra habilidade. O que leva a acreditar que a metodologia empregada nos estudos também precisa ser cuidadosamente examinada para não atribuir ao fator "perdas cognitivas" variáveis como dificuldades com o procedimento.

Além da idade, sabe-se que algumas demências senis ocasionam perdas de memória. Bueno, Bertolucci, Oliveira e Abrisqueta-Gomes (2008) testaram o uso de algumas técnicas mnemônicas como possíveis facilitadoras de desempenho em tarefas de lembrar itens de uma lista em pacientes com Alzheimer em estágio médio ou moderado, e também em idosos sem demência diagnosticada. Para aumentar a probabilidade de os participantes se lembrarem de itens que ocupavam posição mediana na lista, foram utilizadas técnicas como a repetição de algumas palavras e a combinação semântica entre elas. Por exemplo, em algumas listas foram utilizadas, na posição mediana, as palavras leite, queijo e manteiga. Após a leitura das listas pelo experimentador, era solicitado aos participantes que falassem o maior número possível de palavras que conseguiam se lembrar. Nos três grupos de participantes (um grupo sem demência e dois grupos com Alzheimer em diferentes estágios), o número de recordações dos itens das listas foi significativamente maior quando estas foram organizadas de modo a conter combinações semânticas entre elas. O efeito foi maior nas listas que continham itens repetidos e relacionados, seguido de listas apenas com itens relacionados e, por fim, itens repetidos também produziam efeito no aumento do número de recordações quando comparados à lista controle, mas menos que as listas com itens relacionados. No caso das listas que continham ambas as dicas, o desempenho dos grupos de idosos e de idosos com Alzheimer moderado ao lembrar-se de itens na posição mediana (na qual as dicas estavam inseridas) foi praticamente igual ao desempenho na recuperação de itens mais recentes. As curvas de desempenho de todos os participantes também parecem não refletir o efeito de primazia, mostrando que o mesmo pode ser reduzido com a idade de modo ainda mais acentuado nos casos de Alzheimer (o que refletiria prejuízo na memória a longo prazo). O estudo tem implicações importantes para o planejamento de programas de reabilitação neuropsicológica para pacientes com Alzheimer, uma vez que os autores obtiveram dados comprovando capacidade considerável de recuperação de conteúdo quando foram utilizadas técnicas mnemônicas apropriadas.

Considerando o caráter degenerativo da doença de Alzheimer e retomando a noção de memória trazida pela Análise do Comportamento, alguns estudiosos propuseram as chamadas "próteses da memória" como técnicas a fim de manter algumas habilidades sociais e comunicativas de pacientes com perdas cognitivas. Por exemplo, Bourgeois (1990) investigou o papel das próteses de memória como facilitadoras das habilidades comunicativas em mulheres com Alzheimer. Os cuidadores dos idosos foram os mediadores da intervenção e auxiliaram na construção de pastas contendo uma série de dicas (como fotos e palavras-chave relacionadas com três diferentes tópicos: minha vida, meu dia, eu mesma) para conversação com pares. Os resultados mostraram que três participantes aumentaram consideravelmente as habilidades comunicativas, cometendo menos discrepâncias e distorções no relato. Os resultados obtidos durante o tratamento foram mantidos após a retirada do mesmo. Os resultados da autora corroboram estudos anteriores (Hanley, 1981; Hanley, Lusty, 1984) e ilustram que o treino de controle por estímulos adequados pode auxiliar na recordação de qualquer tipo de conteúdo, mesmo para pacientes comprometidos cognitivamente. Esse estudo fornece o tipo de evidência de como é possível ensinar a lembrar.

Skinner e Vaughan (1983/1985) afirmaram que: *"É melhor considerar a memória simplesmente como o processo de criar, da melhor forma possível, uma situação em que possamos nos lembrar com mais facilidade"* (p. 46). Foram propostas metodologias simples para, como descrito no estudo de Bourgeois (1990), ensinar idosos a lembrar de diferentes itens envolvidos com sua adaptabilidade ao cotidiano, como se lembrar de nomes próprios, de compromissos ou maneiras de fazer determinadas coisas. Por exemplo, se você precisa se lembrar de tomar um remédio em horário predeterminado, pode simplesmente colocar o frasco em um lugar em que necessariamente precisará estar naquele horário, como perto da escova de dentes, se o período for matutino ou noturno. Propõe também o uso sistemático de lembretes, agendas, calendários e despertadores. Toda essa tecnologia pressupõe um indivíduo controlando seu ambiente, programando contingências necessárias para trazer ao seu presente partes do seu ambiente passado e aumentando as probabilidades de responder adequadamente a ele, como nas próteses descritas por Bourgeois.

Também nos campos da psicologia jurídica e forense, o estudo da memória tem se mostrado importante, e aplicações destas descobertas têm sido feitas, principalmente, no que diz respeito à investigação da fidedignidade de relatos de testemunhas, vítimas e acusados de crimes. Quando um réu é arguido perante juízes, promotores ou advogados, as colocações de quem responde são parte importante no processo e na sentença, especialmente em situações em que crianças ou adolescentes podem fazer parte de algum processo jurídico. Contudo, nesta área há alguns complicadores técnicos e heurísticos. Pessotti (2008), citando Ricoeur (1988), diz que o eu autobiográfico é uma edição do que a pessoa vive, e não uma narrativa fiel dos acontecimentos, e que, quando se narra o que se vive, é selecionada apenas parte da experiência vivida, e não sua totalidade. Quando a experiência é de natureza violenta, de humilhação ou outra maneira de coerção, narrar ou lembrar-se do que ocorreu fica mais complexo, eventualmente impreciso, por mais que existam modos de acesso aos eventos vividos. Em tribunais, onde vítimas são inquiridas, há todo um trabalho – ainda não consensual por profissionais do sistema legal e da psicologia – a respeito do como e onde questionar crianças e adolescentes sobre violências por eles sofridas. O Movimento do Depoimento Sem Dano[5], implantado na 2ª Vara da Infância e da Juventude de Porto Alegre, em maio de 2003 no Brasil, é um exercício de poupar as vítimas da inquirição nos formatos tradicionais nos quais elas ficam em público, eventualmente diante do agressor, para narrarem como foram violentadas (Cezar, 2007). O "depoimento sem dano" é um procedimento no qual a criança, em situação de vítima ou testemunha jurídica, é inquirida por um profissional habilitado (psicólogo, normalmente). Em muitos casos, este procedimento ocorre em sala especial, devidamente equipada (Câmara de Gesel – com vidro unidirecional – ou com equipamentos de gravação de áudio e câmeras de vídeo), de maneira que o juiz e demais atores de uma sessão de julgamento ouçam o relato da criança e assistam-no, porém esta não os vê, ficando na sala somente com o profissional arguidor (Cezar, 2007; Dias, 2008). Com este procedimento, pode-se dizer que os profissionais estão, no exercício jurídico, tentando fazer com que crianças lembrem-se do que ocorreu no momento de agressão vivida, interferindo o mínimo possível na retomada destas memórias. Como visto na seção sobre distorções da memória, estudos têm sido replicados comprovando que as memórias podem ser alteradas por introdução de palavras com diferentes relacionamentos semânticos ou pressuposições falsas. Por esta

razão, pensar sobre a maneira de acessar com interferências mínimas o relato verbal de testemunhas é uma importante tarefa aplicada relacionada com memória.

MEMÓRIA NA ANÁLISE DO COMPORTAMENTO: DE VOLTA ÀS IDEIAS DE SKINNER

Com base no que até aqui foi exposto, fica claro entender a posição de Skinner em algumas passagens ao longo de sua obra. Skinner aponta que "memorizar simplesmente significa fazer o que devemos fazer para assegurar que possamos nos comportar novamente como estamos nos comportando agora" (Skinner, 1989/1991, p. 30). Nesse sentido, dizer que algo foi memorizado significa dizer que o comportamento foi colocado sob controle de determinados estímulos que, com alguma probabilidade, irão controlar as respostas da mesma classe em situações futuras. Se as contingências de reforçamento modificam nossa maneira de responder aos estímulos presentes no ambiente, também serão responsáveis pelas mudanças que ocorrerão no futuro, quando retomarmos o comportamento – o que seria descrito como lembrar. Para isso, usam-se várias estratégias de controle de estímulos, como, por exemplo, colocar a resposta em questão sob controle de vários estímulos do ambiente, tornando a recuperação mais provável no futuro (Skinner, 1953/2003). Também tendemos a produzir estímulos que, presentes no ambiente atual, aumentam a probabilidade de determinadas respostas, que podem ser chamadas de lembranças. Por exemplo:

> "Por várias razões, sugeridas por termos tais como 'memorando', 'lembrança' e 'memorial', as pessoas fizeram cópias do mundo que as cerca, bem como registros do que ocorreu nesse mundo, e os armazenaram para o futuro. (…) A prática levou, sem dúvida, à elaboração de uma metáfora cognitiva anterior de muitos séculos à formulação de qualquer sistema psicológico em que se diz estarem as experiências armazenadas na memória, para serem recuperadas ou recordadas e usadas com vistas a um comportamento mais eficaz em uma situação atual" (Skinner, 1974/1978, p. 108).

Também o comportamento de recordar, ou de buscar uma informação armazenada na memória, foi operacionalizado pela Análise do Comportamento, de modo que

---

[5]Para saber mais sobre esse procedimento de testemunho, veja a página http://www.crprj.org.br.

pudesse ser compreendido como arranjo de contingências ambientais. Para Skinner:

> "Procurar alguma coisa é comportar-se de maneiras que foram reforçadas quando se achou alguma coisa. (...) O que faz uma pessoa para achar um item em uma caixa de objetos (...) ou nas prateleiras de um armazém? Como se faz para achar uma palavra em uma página (...)? O investigador experimentado move-se de um lado para outro, separa as coisas e movimenta os olhos de forma a aumentar as probabilidades de vir a encontrar o que procura e diminuir as de não a encontrar, e age assim por causa das contingências passadas" (Skinner, 1953/2003, p. 143).

CONSIDERAÇÕES FINAIS

Este capítulo procurou demonstrar a relação de interlocução entre as áreas de Análise do Comportamento, Fisiologia e a Neurociência, destacando a visão da primeira delas para o entendimento da memória. Skinner (1938/1991; 1989/1991) deixou claro que, apesar das as três áreas serem campos distintos de conhecimento, podem ser complementares no entendimento do comportamento humano e que o diálogo entre elas deve ser visto como positivo para a ciência psicológica.

O mote deste capítulo foi a memória e pode-se concluir que muito do que ocorre na experiência presente (p. ex., a discriminação dos estímulos que aumentam a probabilidade de reforçamento) pode facilitar aprendizagens futuras. Essa seria uma das importâncias adaptativas do comportamento de lembrar, e também da funcionalidade do comportamento de esquecer. Apesar da dificuldade em discutir memória no campo da Análise do Comportamento, devido principalmente ao fato de o termo ter uma conotação mentalista, ratifica-se a importância do diálogo entre áreas, destacando que as propostas de estudo apresentadas pretendem dar conta do fenômeno e fornecer suficiente embasamento teórico para a realização de mais investigações empíricas.

REFERÊNCIAS BIBLIOGRÁFICAS

Aggio NM, Haydu VB, Rocha MM, Omote LC, Vicente P. *Efeito do tamanho das redes relacionais na manutenção da aprendizagem: implicações educacionais.* Trabalho apresentado no II Congresso Internacional de Psicologia e VII Semana de Psicologia da UEM, Maringá, PR, 2005.

Ayres JJB. Fear conditioning and avoidance. In: Donohue WO (Org.). *Learning and behavior therapy.* Boston: Allyn & Bacon, pp. 122-145, 1998.

Banaco RA. Alternativas não aversivas para o tratamento de problemas de ansiedade. In: Marinho ML, Caballo VE (Orgs.). *Psicologia clínica e da saúde.* Londrina: Atualidade Acadêmica, pp. 197-212, 2001.

Baron A, Surdy TM. Recognition memory in older adults: adjustment to changing contingencies. *Journal of Experimental Analysis of Behavior,* 54, 201-212, 1990.

Bartlett FC. *Rembering: A study in experimental and social psychology.* Cambridge: Cambridge University Press, 1932.

Borges JL. *Funes, o memorioso. Ficções.* São Paulo: Companhia das Letras, 1944.

Bourgeois MS. Enhancing conversation skills in patients with Alzheimer's disease using a prosthetic memory aid. *Journal of Applied Behavior Analysis,* 23, 29-42, 1990.

Bouton ME. Conditioning, remembering, and forgetting. *Journal of Experimental Psychology: Animal Behavior Processes,* 20, 219–231, 1994.

Britto IAS, Duarte AMM. Transtorno de pânico e agorafobia: um estudo de caso. *Revista Brasileira de Terapia Comportamental e Cognitiva,* 6, 165-172, 2004.

Brooks DC, Bouton ME. A retrieval cue for extinction attenuates response recovery (renewal) caused by a return to the conditioning context. *Journal of Experimental Psychology: Animal Behaviour Processes,* 20, 366–379, 1993.

Bueno OFA, Bertolucci PHF, Oliveira MGM, Abrisqueta-Gomes J. Effects of semantic relations repetition of words, and list length in word list recall of Alzheimer's patients. *Arquivos de Neuropsiquiatria,* 66, 312-317, 2008.

Cammarota M, Bevilaqua LRM, Izquierdo I. Learning twice is different from learning once and from learning more. *Neuroscience,* 132, 273-279, 2005.

Carlson NR. *Fisiologia do comportamento.* São Paulo: Manole, 2002.

Catania AC. *Learning (second edition).* Englewood Cliffs: Prentice-Hall, 1984.

Cezar JAD. *Depoimento sem dano: uma alternativa para inquirir crianças e adolescentes nos processos judiciais.* Porto Alegre: Livraria do Advogado, 2007.

Chapouthier G. Registros evolutivos. *Viver Mente & Cérebro,* Especial Memória, pp. 8-13, 2005, Edição Especial. Disponível em: http:www.vivermentecerebro.com.br. Acesso em: 24 ago. 2008.

Chaves ES, Galvão OF. O Behaviorismo Radical e a interdisciplinariedade: possibilidades de uma nova síntese? *Psicologia: Reflexão e Crítica*, 18, 308-314, 2005.

de Rose JCC, de Souza DG, Hanna ES. Teaching reading and spelling: Exclusion and stimulus equivalence. *Journal of Applied Behavior Analysis*, 29, 451-469, 1996.

de Souza DG, de Rose JC, Cazati T, Huziwara EM. *Generalização recombinativa na aquisição de leitura*. Trabalho apresentado na XXXIII Reunião Anual de Psicologia da Sociedade Brasileira de Psicologia, 2003.

Dias MB. *Incesto e alienação parental: Realidades que a justiça insiste em não ver*. Brasília: Instituto Brasileiro de Direito de Família e Editora Revista dos Tribunais, 2008.

Donahoe JD, Palmer DC. *Learning and complex behavior*. Boston: Allyn and Bacon, 1994.

Gazzaniga MS, Heatherton TF. *Ciência psicológica: mente, cérebro e comportamento*. Porto Alegre: ArtMed, 2005.

Hanley IG. The use of signposts and active training to modify ward disorientation in elderly patients. *Journal of Behavior Therapy and Experimental Psychiatry*, 12, 241-247, 1981.

Hanley IG, Lusty K. Memory AIDS in reality orientation: a single-case study. *Behavior Research Therapy*, 22, 709-712, 1986.

Hübner MMC. Controle de estímulos e relações de equivalência. *Revista Brasileira de Terapia Comportamental e Cognitiva*, 8, 95-102, 2006.

Izquierdo I. *Memória*. Porto Alegre: ArtMed, 2006.

Kandel ER, Schwartz JH, Jessell TM. *Principles of neural science*. Norwalk: Appleton and Lange, 1991.

Kolb B, Wishaw IQ. *Neurociência do comportamento*. São Paulo: Manole, 2002.

Loftus EF. Leading questions and the eyewitness report. *Cognitive Psychology*, 7, 560-572, 1975.

Loftus EF. The reality of repressed memories. *American Psychologist*, 48, 518-537, 1993.

Loftus EF, Palmer JP. Reconstruction of automobile destruction: An example of the interaction between language and memory. *Journal of Verbal Learning: verbal behavior*, 13, 585-589, 1974.

Magila MC, Xavier GF. Interação entre sistemas e processos de memória em humanos. *Temas em Psicologia*, 8, 143-154, 2000.

Mechner F. An invitation to behavior analysts: Review of "In search of memory: the emergence of a new science of mind" by Eric R. Kandel. *Journal of the Experimental Analysis of Behavior*, 90, 235-248, 2008.

Melchiori LE, de Souza DG, de Rose JCC. Reading, equivalence, and recombination of units: A replication with students with different learning histories. *Journal of Applied Behavior Analysis*, 33, 97-100, 2000.

Mello EL. Análise das contingências de um caso clínico de transtorno obsessivo-compulsivo. In: Cruvinel AC, Dias ALF, Cillo EN (Orgs.). *Ciência do comportamento: conhecer e avançar*. São Paulo: Esetec, vol. 4, pp. 97-116, 2004.

Millenson JR. *Princípios de análise do comportamento*. Brasília: Coordenada, 1975. (Originalmente publicado em 1967.)

Morgan RE, Riccio DC. Memory retrieval processes. In: O'Donohue W (Org.). *Learning and Behavior Therapy*. Boston: Allyn & Bacon, pp. 464-482, 1998.

Moreira MB, Medeiros CA. *Princípios básicos de análise do comportamento*. Porto Alegre: Artmed, 2007.

Nevin JA, Davison M, Odum AL, Shahan TA. A theory of attending, remembering, and reinforcement in delayed matching to sample. *Journal of the Experimental Analysis of Behavior*, 88, 285-317, 2007.

Öhman A. The role of the amygdala in human fear: automatic detection of threat. *Psychoneuroendocrinology*, 30, 953-958, 2005.

Oliveira BFL. *Efeito de contingências programadas na construção de descrições de contingências: uma replicação de Simonassi, Tourinho e Silva (2001) e Alves (2003)*. Dissertação de mestrado. Programa de Estudos Pós-Graduados em Psicologia Experimental: Análise do Comportamento. Pontifícia Universidade Católica de São Paulo, 2005.

Pergher GK, Stein LM. Compreendendo o esquecimento: teorias clássicas e seus fundamentos experimentais. *Psicologia USP*, 14, 2003. Disponível em: http://www.scielo.br/scielo.php?script=sci_arttext&pid=S0103-65642003000100008&lng=en&nrm=iso&tlng=pt. Acesso em: 03 dez. 2008.

Pessotti I. *Sobre o conceito de Eu*. Trabalho apresentado no XXVII Encontro Associação Brasileira de Psicoterapia e Medicina Comportamental, Campinas, SP, 2008.

Pontes LMM, Hübner MMC. A reabilitação neuropsicológica sob a ótica da psicologia comportamental. *Revista de Psiquiatria Clínica*, 35, 6-12, 2008.

Saunders RR, Wachter J, Spradlin JE. Establishing auditory stimulus control over an eight-member equivalence class via conditional discrimination procedure. *Journal of the Experimental Analysis of Behavior*, 49, 95-115, 1988.

Seger L. O estresse e seus efeitos no profissional, na equipe e no paciente odontológico. In: Marinho ML, Caballo VE (Orgs.). *Psicologia clínica e da saúde*. Londrina: Atualidade Acadêmica, pp. 213-223, 2001.

Simonassi LE, Sanábio ET, Fróes A. Contingências e regras: considerações sobre comportamentos conscientes. *Estudos*, 22, 189-199, 1995.

Simonassi LE, Tourinho EZ, Vasconcelos-Silva A. Comportamento privado: acessibilidade e relação com comportamento público. *Psicologia: reflexão e crítica*, 14, 133-142, 2001.

Skinner BF. *Ciência e comportamento humano*. São Paulo: Martins Fontes, 2003. (Publicado originalmente em 1953.)

Skinner BF. *Questões recentes na análise comportamental*. São Paulo: Papirus, 1991. (Publicado originalmente em 1989.)

Skinner BF. *Sobre o behaviorismo*. São Paulo: Cultrix, 1978. (Publicado originalmente em 1974.)

Skinner BF. *The behavior of organisms: An experimental analysis.* New York: Appleton-Century, 1991. (Originalmente publicado em 1938.)

Skinner BF. *Verbal behavior.* Massachusets: Prentice-Hall, 1992. (Publicado originalmente em 1957.)

Skinner BF. *The behavior of organisms.* Massachusetts: Acton, 1991. (Publicado originalmente em 1938.)

Skinner BF, Vaughan ME. *Viva bem a velhice: aprendendo a programar sua vida.* São Paulo: Summus, 1985. (Publicado originalmente em 1983.)

Slater L. *Mente e cérebro: dez experiências impressionantes sobre o comportamento humano.* Rio de Janeiro: Ediouro, 2009. (Publicado originalmente em 2004.)

Spradlin JE, Saunders KJ, Saunders RR. The stability of equivalence classes. In: Hayes SC, Hayes LJ (Eds.). *Understanding verbal relations: the second and third international institute on verbal relations.* Reno: Context, pp. 29-42, 1992.

Strapasson BA, Carrara K, Lopes Júnior J. Consequências da interpretação funcional de termos psicológicos. *Revista Brasi-*

leira de Terapia Comportamental e Cognitiva, 9, 227-239, 2007.

Tourinho EZ. Private stimuli, responses, and private events: conceptual remarks. *The Behavior Analyst,* 29, 13-31, 2006.

Wixted JT. Remenbering and forgetting. In: Lattal KA, Perone M (Eds.). *Handbook of research methods in human operant behavior.* New York: Plenum Press, pp. 263-289, 1998.

Wixted JT. JEAB and the skinnerian interpretation of behavior. *Journal of the Experimental Analysis of Behavior,* 89, 137-139, 2008.

Wright AA. An experimental analysis of memory processing. *Journal of the Experimental Analysis of Behavior,* 88, 405-433, 2007.

Zamignani DR. Uma tentativa de entendimento do comportamento obsessivo-compulsivo: algumas variáveis negligenciadas. In: Wielenska RC (Org.). *Sobre comportamento e cognição: expondo a variabilidade.* São Paulo: Esetec, vol. 6, pp. 248-255, 2001.

Capítulo V

MOTIVAÇÃO

Luciana Verneque · Márcio Borges Moreira · Elenice S. Hanna

Um tema clássico, recorrente e importante no estudo do comportamento é a *motivação*. Livros-textos, como Introdução à Psicologia (Atkinson *et al.*, 2002) e Psicologia do Desenvolvimento (Biaggio, 1983), dentre outros, dedicam pelo menos um capítulo para a apresentação do assunto. A leitura desse material e o uso cotidiano do termo mostram a diversidade de significados que o termo "motivação" possui. O trabalho do psicólogo depende, em grande parte, da compreensão desse conceito, dado que, para entender, analisar, planejar intervenções e promover mudanças, é necessário identificar os "motivos" que levam uma pessoa a se comportar de determinada maneira.

A utilização técnica do termo "motivação" na Psicologia é diversificada e ampla. No livro clássico *Motivation*, Mook (1996) afirma que "o estudo da motivação é a busca de princípios que nos ajudem a entender *por que pessoas e animais iniciam, escolhem ou persistem em ações específicas em circunstâncias específicas*" (p. 4). De acordo com o autor, o estudo da motivação envolve questões sobre *causas de ações específicas*. Falar em "causas", no caso da Psicologia, não simplifica a dificuldade com o termo, e sim remete a complexidade de origens históricas, já mencionadas no Capítulo 1 deste livro.

No *Dicionário de Psicologia* de Reber (1985), o conceito *motivação* é apresentado como de difícil definição e relacionado com processos intervenientes ou estados internos do organismo que o impelem ou *impulsionam* ("*drives*") para a ação, indicando causalidade da ação. Todorov e Moreira (2005) fazem uma análise da utilização do termo, mostrando um uso amplo, diversificado e confuso. Parte da confusão e amplitude do uso do termo "motivação"

pode estar relacionada com a diversidade de objetos de estudo da Psicologia.

Como objeto de estudo da Psicologia encontramos a consciência, o inconsciente, a psiquê, a cognição, os processos e as representações mentais e o comportamento, para citar alguns. A leitura inicial sobre esses diferentes temas pode, a princípio, indicar que a Psicologia é composta por diferentes áreas de conhecimento. O esforço que envolve essa árdua tarefa de unificação tem sido feito por poucos. Uma proposta promissora é apresentada por Todorov (1989), explorando e expandindo a proposta de Harzem e Miles (1978) de que a Psicologia deve ser definida como o estudo de interações entre organismos vivos e seu ambiente (interno e externo). Mas, em geral, as diferentes "psicologias" são apresentadas com objetos de estudo diferentes, que refletem as diferenças nas abordagens ou nos sistemas psicológicos. Nesse contexto, falar sobre motivação leva-nos à pergunta: "motivação relativa a qual objeto de estudo?". Suponha que estejamos falando de fobias ou medo extremado irracional. Nesse caso, investigar as representações mentais, o inconsciente ou o comportamento para discutir os motivos da fobia, sem um referencial comum que relacionasse os três processos, daria início a três usos e teorias diferentes sobre motivação.

O trecho a seguir, extraído do livro introdutório clássico de análise do comportamento de Millenson (1967/1975), ilustra tanto a importância quanto a dificuldade de se falar em motivação na Psicologia.

A motivação do comportamento é geralmente interpretada como o conjunto de determinantes ou *causas* do comportamento, mas deve ter ficado claro, nos capítulos anteriores, que a elaboração das causas do comportamento é o campo de toda a Psicologia. Desde os reflexos até a solução de problemas complexos, um objetivo unificador da ciência tem sido uma elaboração experimental das causas ou "leis" do comportamento. O tópico "Motivação", se é que devemos distingui-lo dos procedimentos e processos dos capítulos anteriores, deve compreender as causas do comportamento até aqui negligenciadas, ou deve oferecer fenômenos novos para análise (Millenson, 1967/1975, p. 337).

O autor argumenta que falar de motivação é falar das causas do comportamento, e falar de causas do comportamento é o campo da própria Psicologia. Neste sentido, não haveria necessidade de um tópico especial chamado Motivação nos livros de Psicologia. No entanto, Millenson (1967/1975) também chama a atenção para o fato de que Motivação pode fazer referência a um conjunto específico de causas ou determinantes do comportamento.

Este capítulo apresenta brevemente a proposta de diferentes autores sobre o conceito de motivação e sobre o uso desse termo na Psicologia e no cotidiano, com um detalhamento maior para a proposta da análise do comportamento.

DIFERENTES USOS DO CONCEITO "MOTIVAÇÃO" NA PSICOLOGIA

Segundo Todorov e Moreira (2005), "motivação, assim como aprendizagem, é um termo largamente usado em compêndios de psicologia e, como aprendizagem, é usado em diferentes contextos com diferentes significados" (p. 120). O uso do conceito de motivação, tanto na linguagem cotidiana quanto em contextos mais técnicos ou específicos, é feito das mais diferentes maneiras, assumindo muitas vezes lógicas bastante distintas.

Uso disposicional (tendência a agir de certa maneira)

Na comunicação cotidiana, utilizamos a palavra "motivação" em diversas situações e com certa desenvoltura, e podemos dizer que entendemos esse conceito, isto é, a comunicação funciona. Por exemplo, às vezes afirmarmos que uma pessoa aprovada no vestibular conseguiu esse feito *porque estava motivada* para os estudos. Quando fazemos esse tipo de afirmação, sugerimos que a causa de passar no vestibular é a *motivação para estudar*, mas,

na verdade, explicamos pouco ou nada sobre as ações do estudante e seu êxito. Afirmar que alguém está motivado para estudar não é a explicação do comportamento, e sim a indicação de uma *disposição* ou tendência de agir de determinadas maneiras, como: estudar 4 h consecutivas por dia, ler materiais básicos e complementares sugeridos, assistir a aulas, conversar com colegas sobre matérias de provas, ler algumas revistas relacionadas etc. Conceitos que indicam disposições ou tendências de agir de determinadas maneiras são chamados por Ryle (1949) de *conceitos disposicionais* e não implicam a especificação de causas de ações. Vejamos os motivos.

O filósofo da linguagem Gilbert Ryle (1949) argumenta que muitos dos conceitos psicológicos utilizados para explicar o comportamento das pessoas descrevem disposições (conceitos disposicionais) e não ocorrências (algo que acontece). Segundo Ryle, a lógica do uso de conceitos disposicionais, como explicação da ação, é diferente da lógica de explicações (causas) em termos de ocorrências. Assim podemos resumir essa diferença: explicações causais são do tipo se A então B; já explicações disposicionais são do tipo se A então *tendência* a ocorrer B.

Um exemplo típico de conceito disposicional é a *vaidade*. Dizer que alguém é vaidoso é equivalente a dizer que esta pessoa tem a tendência de agir de determinadas maneiras em determinadas ocasiões. Dizer, portanto, que alguém é vaidoso apenas nos dá informações sobre a *probabilidade* de essa pessoa agir de certas maneiras, mas não nos informa nada sobre as causas dessas ações. A lógica do uso desse conceito é a mesma do conceito de *fumante*, por exemplo. Dizer que alguém é fumante apenas informa que determinada pessoa compra cigarros, traga cigarros, compra isqueiros etc., mas não nos diz sobre as causas desse comportamento. Há, no entanto, uma diferença crítica entre esses dois conceitos (fumante e vaidoso): no primeiro exemplo, há um número restrito de casos, de comportamentos (fumar; acender um isqueiro e comprar cigarros) que circunscrevem a lista de ocorrências que se constituem como um caso (um comportamento) pertencente ao conceito; já no segundo exemplo (vaidade) o número de coisas que o indivíduo dito vaidoso tende a fazer é praticamente ilimitado. Também não é necessário, na lógica do uso de conceitos disposicionais, verificar a ocorrência de todos os casos que fazem parte do conceito. Por exemplo, *ficar com raiva ao ver outra pessoa sendo muito elogiada* não é uma ocorrência necessária para se dizer que alguém é vaidoso, mas poderia ser considerada uma "característica" de alguém que chamaríamos de vaidoso.

Conceitos disposicionais, portanto, não especificam a causa de uma ação. O conceito de motivação parece ser usado, em alguns casos, de acordo com a lógica de conceitos disposicionais, tanto na linguagem cotidiana quanto na linguagem técnica da Psicologia. Tal uso deve ser examinado com cuidado, visto que o conceito de motivação muitas vezes é empregado para explicar por que as pessoas fazem o que fazem.

Dizer, por exemplo, que Pedro é bem-sucedido no trabalho *porque* é um rapaz motivado (ou que tem muita motivação para o trabalho) não é apontar a causa do sucesso de Pedro, mas apontar que Pedro tem uma tendência para agir de determinadas maneiras no trabalho, tais como fazer hora extra sem reclamar e sem receber por isso, não desistir facilmente frente a problemas; realizar tarefas além da sua obrigação, realizar bem tarefas na ausência do chefe etc. Neste caso, dizer que Pedro é motivado não explica por que ele é bem-sucedido (ou por que faz as coisas que o levaram a ser bem-sucedido), ou por que trabalha tanto, ou por que trabalha do modo como trabalha. Dizer, neste exemplo, que Pedro é motivado para o trabalho apenas nos traz informações sobre a tendência de Pedro agir de certas maneiras.

Função adverbial (fazer duas coisas *vs.* fazer de certa maneira)

Certos conceitos psicológicos como inteligência, atenção, obediência, entre outros, têm uma *função adverbial*, isto é, não representam algo que o indivíduo faz, mas qualificam o que o indivíduo faz, o modo como ele age (Ryle, 1949; Oliveira-Castro, Oliveira-Castro, 2001). Esse parece ser também um dos usos do conceito de motivação. Tomemos como exemplo um jogo de futebol. Em uma determinada partida, tanto o Jogador 1 como o Jogador 2 correm, chutam a gol, fazem passes para os outros jogadores, driblam, "roubam" bolas dos adversários e gritam o nome dos colegas pedindo a bola. O Jogador 1, no entanto, realiza todas essas atividades de maneira mais vigorosa, mais intensa, e com maior frequência, destacando-se na partida aos olhos de quem a assiste. Não seria nenhum espanto se no dia seguinte ao jogo, durante o "cafezinho no trabalho", o comentário geral entre os colegas que foram expectadores da partida no dia anterior fosse: "O Jogador 1 estava muito mais motivado que o Jogador 2 na partida (*por isso* jogou melhor que os colegas)".

Neste caso, diz-se que o conceito tem função adverbial por qualificar uma ação. Fazer *com motivação* não é fazer duas coisas (jogar e "estar motivado"), mas sim fazer de determinada maneira; como prestar atenção ou fazer pensando no que está fazendo não é fazer duas coisas diferentes, mas fazer uma mesma coisa de maneiras diferentes (Ryle, 1949). Vejamos outro exemplo: estudar *motivado* ou estudar *desmotivado*. Note que nos dois casos o mesmo comportamento pode ser identificado, estudar. O qualificador sugere uma maneira característica de estudar. A palavra *motivado* poderia ser substituída por *animado*. Assim, se estudo animado/motivado, estudo mais de 4 h consecutivas por dia, leio não apenas os materiais básicos e complementares sugeridos, assisto às aulas, converso com colegas mais sobre as matérias da escola do que sobre outros assuntos, leio muitas revistas relacionadas com matéria. Isso não significa que estou fazendo duas coisas: estou estudando; e estou motivado. Significa, sim, que estou *estudando de certa maneira.*

O uso como substantivo (como nome). Com frequência, a motivação significa, no vocabulário psicológico, o estado interno que inicia uma ação. Dizemos que alguém comeu porque estava com fome, gritou porque estava com medo etc. Mudanças em estados internos, como por exemplo os chamados de medo ou fome, não são condições nem necessárias nem suficientes para que alguém grite ou coma. Em diversas ocasiões, tomamos um sorvete mesmo depois de ter almoçado, mostrando a possibilidade de a ação ocorrer na ausência do estado interno. Em outras situações, podemos não gritar no cinema, mesmo com medo ao assistir um filme de terror, mostrando que o estado interno não é suficiente para que a ação ocorra. A motivação identificada como um estado interno que causa a ação está sujeita às mesmas críticas e limitações que sofre a utilização de outros eventos internos como causas, descritas por Skinner (1953/2000) e resumidas no Capítulo 1.

No tocante ao uso do conceito de motivação na linguagem técnica, esse tipo de uso parece o mais inapropriado. Isso se dá, sobretudo, pela sobreposição com conceitos aparentados, como impulso, energia, força, motivo e vontade, entre outros. Em uma análise mais cuidadosa, este uso do conceito de motivação causa claros absurdos lógicos ou ampliam tanto o uso do conceito que este perde sua utilidade (no sentido de diferenciar certos fenômenos de outros). A seguir são apresentados alguns exemplos desse tipo de uso encontrados em livros técnicos de Psicologia e Administração, e alguns exemplos escritos por alunos no seu primeiro dia de aula do terceiro semestre do curso de Psicologia (em sua primeira aula sobre Motivação). Atente para as semelhanças entre as definições de autores clássicos e as definições feitas pelos alunos (note como muito do que está nos livros não avança nossa compreensão sobre motivação em relação ao senso comum).

Nos livros:
- "Um motivo é uma necessidade ou desejo acoplado com a intenção de atingir um objetivo apropriado" (Krench, Crutchfield, 1959, p. 272)
- "A propriedade básica dos motivos é a energização do comportamento" (Kimble, Garmezy, 1963, p. 405)
- "O energizador do comportamento" (Lewis, 1963, p. 560)
- "A psicologia tende a limitar a palavra motivação (...) aos fatores envolvidos em processos de energia, e a incluir outros fatores na determinação do comportamento" (Cofer, 1972, p. 2)
- "A motivação é encarada como uma espécie de força interna que emerge, regula e sustenta todas as nossas ações mais importantes" (Vernon, 1973, p. 11)
- "O estudo da motivação é a investigação das influências sobre a ativação, força e direção do comportamento" (Arkes, Garske, 1977, p. 3)
- "Sempre que sentimos um desejo ou necessidade de algo, estamos em um estado de motivação. Motivação é um sentimento interno – é um impulso que alguém tem de fazer alguma coisa" (Rogers, Ludington, Graham, 1997, p. 2).

Dos alunos:
- "Ao meu modo de observar e entender as coisas, motivação é uma força interna que leva uma pessoa fazer algo (...)"
- "A motivação está ligada ao interesse, à iniciativa, a uma vontade de querer fazer (...)"
- "A motivação é algo que nos impulsiona a fazer alguma coisa, suprir uma necessidade"
- "Motivação é algo que estimula o indivíduo a agir de determinada forma, a razão, o motivo que leva uma pessoa a emitir determinado comportamento"
- "(...) motivação é uma força interna que nos leva a fazer determinadas coisas em determinadas situações".

Nesses exemplos, é possível substituir os termos "força interna", "energia", "impulso", "motivo" e "desejo" uns pelos outros infinitas vezes, e ainda assim os exemplos continuarão inteligíveis, entretanto carentes de signifi-

cado. Todorov e Moreira (2005, p. 124) forneceram um exemplo de como é fácil criar uma "confusão" conceitual utilizando o conceito de motivação dessa maneira, fazendo mero "joguinho" de palavras:
- "Um motivo é um desejo ardente que impulsiona o ser à ação"
- "A motivação está intrinsecamente relacionada com os desejos e impulsos humanos"
- "Os impulsos estão intrinsecamente relacionados com a motivação e os desejos humanos"
- "Motivação pode ser entendida como um motivo que leva o indivíduo à ação"
- "Motivação é uma força que aciona e direciona o comportamento"
- "Motivação é uma energia que aciona e direciona o comportamento"
- "Impulso é uma energia que aciona e direciona o comportamento"
- "Desejo é uma energia que aciona, motiva e direciona o comportamento".

Além disso, a reificação do conceito (*i. e.*, considerar algo abstrato como coisa material) provoca a necessidade de se estabelecer onde ele ocorre, onde ele está. Isso se reflete na extensa literatura sobre motivação intrínseca *versus* motivação extrínseca. A necessidade de tal distinção simplesmente dissolve-se ao se abandonar o uso do conceito de motivação como coisa, como causa, em termos de ocorrências (pelo menos nos casos apresentados anteriormente). O trecho a seguir mostra um tipo de confusão comum causada pelo estabelecimento de tal distinção (intrínseca *vs.* motivação extrínseca):

"Se, no início do século, o desafio era descobrir aquilo que se deveria *fazer para motivar as pessoas*, mais recentemente tal preocupação muda de sentido. Passa-se a perceber que *cada um já traz, de alguma forma, dentro de si, suas próprias motivações*. Aquilo que mais interessa, então, é encontrar e adotar recursos organizacionais capazes de *não sufocar as forças motivacionais inerentes às próprias pessoas* (...) (p. 23). (...) *não existe o pequeno gênio da motivação que transforma cada um de nós em trabalhador zeloso ou nos condena a ser o pior dos preguiçosos*. Em realidade, a desmotivação não é nenhum defeito de uma geração, nem uma qualidade pessoal, pois ela está ligada a situações específicas" (Bergamini, 1997, p. 27, grifos nossos).

Note, nesse trecho, que um mesmo autor, em um mesmo livro, confunde-se ao usar o conceito de motivação, como *algo* que causa o comportamento, que está dentro do indivíduo e o impele a agir, e que ora está "de fora", ora está "dentro" do indivíduo. A confusão surge porque não há como explicar os comportamentos das pessoas, de modo coerente, sem fazer referência às situações pelas quais as pessoas passam. O mesmo tipo de raciocínio pode ser aplicado a conceitos como impulso, instinto, vontade, desejo etc.

É importante lembrar, entretanto, que *não estamos dizendo* aqui que as pessoas são organismos "desprovidos" de vontades e desejos, por exemplo. Estamos dizendo que usar esses conceitos como *causas* de outros comportamentos não parece uma explicação razoável. Na verdade, o exercício da Psicologia requer que o profissional seja capaz de explicar a razão de alguém fazer alguma coisa e a razão de essa pessoa querer fazê-lo. Essas explicações, quando se chega à raiz do problema, estarão sempre na *história de interações* dessa pessoa com seu mundo, sobretudo na história de interações com outras pessoas.

Alguns usos comuns do conceito de motivação, portanto, têm valor descritivo de tendências de comportamentos que podem estar ocorrendo ou de maneiras específicas de se comportar, mas a motivação *per se*, nesse sentido, nada adiciona à compreensão do comportamento. Por exemplo, se você é um psicólogo escolar e se depara com dois alunos com desempenhos escolares bastante diferentes (um estuda bastante e o outro não estuda quase nada), não será de grande utilidade explicar as diferenças entre esses alunos apenas dizendo: "um está motivado para o estudo e o outro não".

Esse tipo de explicação, além disso, pode confundir o ouvinte (p. ex., o professor, ou os pais) sobre o evento descrito, levando-o a acreditar que esta é uma explicação do comportamento do estudante e cessando a sua curiosidade (*i. e.*, talvez o professor ou os pais não busquem explicações que ajudem a resolver o problema). O psicólogo deve estar atento a esses usos na linguagem cotidiana e, ao mesmo tempo, para evitar uma comunicação com ambiguidades, o melhor seria abolir esses usos na linguagem técnica da Psicologia. Usar, portanto, a motivação *per se* – *está motivado para* ou *não está motivado para* – para explicar a ação não nos ajuda muito a entender por que as pessoas agem ou deixam de agir de determinadas maneiras.

Já que para os analistas do comportamento essas maneiras de se usar o conceito de motivação não são muito úteis para explicar o comportamento, que alternativas eles propõem? A seguir procuraremos mostrar o que a análise do comportamento adiciona às explicações do comportamento e se aspectos motivacionais são considerados separadamente de outros determinantes do comportamento.

A MOTIVAÇÃO DO COMPORTAMENTO E A ANÁLISE DO COMPORTAMENTO

Uma mudança que pode ser identificada no modo como o tema *motivação* é tratado dentro da análise do comportamento está no foco dirigido ao comportamento. Fala-se da motivação em relação ao comportamento e não ao indivíduo. A mesma pessoa pode estar altamente motivada para tocar um instrumento, mas não para ler um livro ou jogar videogame. São raras as ocorrências de mudança geral do comportamento que justificariam falar em mudança do indivíduo, em vez de mudanças comportamentais. Uma pessoa deprimida pode ser descrita como uma pessoa desmotivada ou desinteressada de tudo. O mais frequente, entretanto, é que mudanças ocorram em certos comportamentos e sob determinadas situações.

Na Análise do Comportamento, considera-se que quase toda a ação, senão toda, é multideterminada. Isso quer dizer que, para explicarmos as ações das pessoas, mesmo as mais simples, quase sempre encontraremos um "conjunto de causas", um conjunto de fatores cuja ocorrência explica a ação em questão.

A explicitação da multideterminação do comportamento é também geral e importante para compreender a motivação do ponto de vista da análise comportamental. Com o aumento do conhecimento psicológico advindo do laboratório e a descrição de processos comportamentais básicos, fica claro o papel conjunto da história individual, da contingência presente e da interação desses fatores na "causação" do comportamento.

Suponha que uma determinada resposta de agredir (comportamento agressivo) tenha alta probabilidade de ocorrer, como morder e bater nos colegas de sala. O leigo afirma apenas que há motivação para a agressão em algumas crianças. A história de aprendizagem, entretanto, pode ser suficiente para explicar respostas agressivas em determinado contexto. Quando, por exemplo, morder o colega é seguido pelo sucesso na interação social (ficar com o brinquedo disputado), são grandes as chances de que ocorra agressão em situações similares futuras. A presença de modelos agressivos na vida da criança e instruções fornecidas por adultos para a criança agredir o colega também podem ser responsáveis pela aprendizagem de comportamentos dessa classe. Se a agressão produzia no passado o adiamento ou término de situações *desagradáveis*, essa contingência pode explicar a frequência de comportamentos agressivos correntes. Nos exemplos citados, a ocorrência da agressão e a afirmação de que há motivação para essa ação podem ser explicadas por processos bem conhecidos de aprendizagem, a saber, reforçamento positivo, modelação, controle instrucional e reforçamento negativo, respectivamente. Ao identificar os processos de aprendizagem responsáveis pelo fortalecimento e pela manutenção do comportamento, a explicação por *motivação* é esvaziada e enganosa.

Uma análise sobre a motivação do estudante apresentada por Skinner (1968/1975) ilustra a variedade de aspectos que podem ser considerados para compreender diferenças comportamentais, muitas vezes interpretadas como fruto de motivação ou de sua ausência. As diferenças individuais nos estudantes são muitas vezes atribuídas a diferenças no desejo de aprender, no impulso interior para o saber, no apetite inquisitivo e na curiosidade mental. Aceitar qualquer uma dessas inferências implicaria também aceitar que se pode fazer muito pouco ou nada para mudar o comportamento do estudante *preguiçoso*. A alternativa que resta para quem pretende produzir mudanças é olhar para os comportamentos e as condições sob as quais eles ocorrem. Ao fazer essa análise, Skinner menciona fatores das contingências da escola que, ao serem modificados, poderiam alterar o engajamento dos estudantes nas atividades acadêmicas ou a motivação para o estudo.

As consequências finais para estudar são, em geral, ganhar dinheiro (a partir de um bom emprego), ter oportunidades de ampliar o próprio repertório (adquirir novas habilidades), reduzir a dúvida, insegurança e ansiedade (ao aprender maneiras de resolver problemas) e aumentar o prestígio dentro de um grupo. Essas vantagens, Skinner salienta, são tardias e acontecem depois que a educação ocorreu. Sendo assim, não funcionam como reforçadores ou seu efeito é fraco e raramente "motiva" o comportamento do estudante. A programação de consequências imediatas pelos professores tem, historicamente, sido marcada pela predominância de controle aversivo, e as consequências naturais do ensino podem ser ineficientes e de difícil manejo dentro do contexto escolar. Aquele aluno que não estuda ou não aprende perde privilégios, é ridicularizado e ameaçado perante os colegas, recebe notas baixas ou tem que realizar tarefas adicionais. Estudar para evitar estimulação aversiva é uma contingência que pode funcionar para vários alunos, produzindo consequências de comportamentos imediatas quando as contingências naturais estão distantes temporalmente, mas não ensina o aluno a gostar de estudar. Sendo assim, são poucas as chances de o comportamento ser mantido quando a estimulação aversiva cessa. Algumas escolas programam também consequências positivas mais imediatas, como prêmios, medalhas, certificado de honra ao mérito etc. Essas consequências tendem a ser mais eficazes por não produzirem os subprodutos emocionais da estimulação aversiva, mas dificilmente esses reforçadores estarão presentes fora da escola. Consequências imediatas que sejam produto do próprio comportamento de estudar, dificuldades progressivas e no ritmo do aluno podem, sim, estabelecer o comportamento de estudar, isto é, *motivar* o comportamento de estudar.

Os aspectos mencionados são certamente importantes para entendermos o comportamento, mas será que se referem a variáveis (fatores) motivacionais? Motivação é geralmente relacionada com alguns termos, tais como desejo, interesse, vontade e, portanto, refere-se às operações que modulam as propriedades reforçadoras das consequências do comportamento. Esse é um aspecto central na concepção de motivação em análise do comportamento. Como destacado por Millenson (1967/1975), a busca das causas do comportamento é o próprio campo da Psicologia. Mas haverá um subconjunto específico de causas que podemos agrupar sob o rótulo de motivação? Para a análise do comportamento, a resposta a essa pergunta é sim, e esse subconjunto refere-se às operações que estabelecem a efetividade da consequência.

Como dito anteriormente, Millenson (1967/1975) argumenta que falar de motivação é falar das causas do comportamento, e falar de causas do comportamento é o campo da própria Psicologia. Millenson também chama a atenção para o fato de que Motivação pode fazer referência a um *conjunto específico de causas ou determinantes do comportamento*. A Figura 5.1 representa a ideia de que, para explicarmos um determinado comportamento, para apontarmos suas causas, devemos olhar para, pelo menos, três "grupos de causas": história de aprendizagem, contingências atuais e motivação.

Apenas como exemplo, imagine a seguinte situação: um rato está na caixa de condicionamento operante e pressiona a barra apenas quando uma luz sobre a barra está acesa. Ao pressionar a barra, uma gota de água é apresentada ao rato. Para explicarmos esse simples comportamento, precisamos apontar uma série de fatores, uma série de *determinantes* do comportamento.

FIGURA 5.1 Diagrama de "conjuntos de causas" do comportamento.

Contingência atual: sabemos que na presença da luz o animal pressiona a barra, mas na ausência da luz, não (ver Figura 5.2). Sabemos também que, ao pressionar a barra na presença da luz, uma gota de água é apresentada ao animal. Temos, então, a especificação da contingência de três termos, ou tríplice contingência: $S^D - R \rightarrow S^R$, isto é, na presença do estímulo discriminativo "Luz acesa" (S^D), a ocorrência de resposta de pressão à barra (R) produz a apresentação do reforço "Água" (S^R). Por enquanto, sabemos apenas quando o rato emite o comportamento e o que acontece depois. Mas por que ele pressiona a barra afinal? E por que o faz apenas quando a luz está acesa?

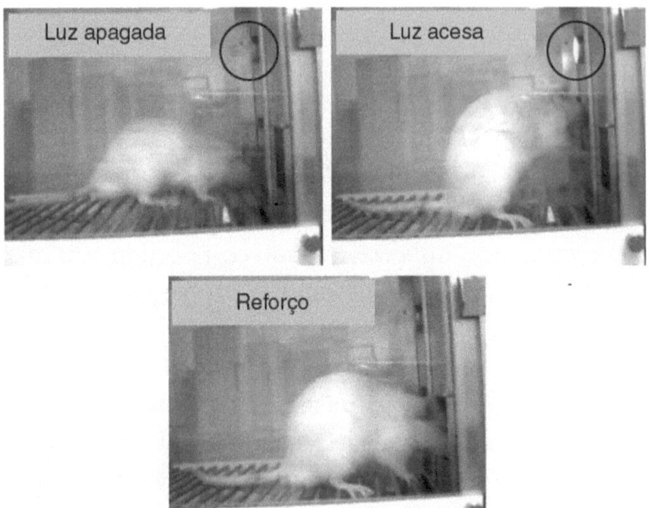

Para respondermos a essas perguntas, devemos olhar para a história de aprendizagem.

- *História de aprendizagem*: se pudéssemos "voltar o filme da vida do ratinho", poderíamos ver que ele:
  o Passou pelo procedimento de *treino ao bebedouro*, experiência de vida que o ensinou que, ao ouvir o som do mecanismo do bebedouro, ele poderia se aproximar do mesmo e encontrar água
  o Passou por uma situação de reforço diferencial por aproximações sucessivas do comportamento de pressionar a barra (*modelagem*), na qual respostas próximas da pressão à barra eram reforçadas e respostas distantes não eram, até que ele, finalmente, pressionou a barra (ver Figura 5.3)
  o O animal passou por um *treino discriminativo*, no qual respostas de pressionar a barra eram reforçadas quando a luz estava acesa e eram colocadas em extinção (i. e., não eram reforçadas) quando a luz estava apagada.

Agora sabemos explicar por que o ratinho pressiona a barra e o faz somente quando a luz da caixa está acesa. No entanto, ainda falta uma parte da explicação. Você consegue imaginar qual?

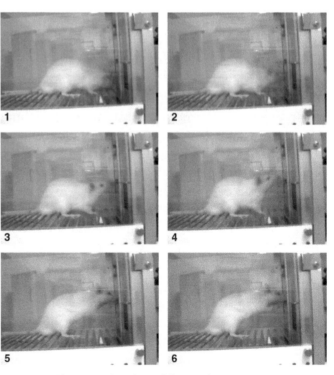

FIGURA 5.2 Ilustração de um comportamento operante discriminado, aprendido por meio de treino discriminativo. Na presença de luz, o animal pressiona a barra. Na ausência de luz, ele não a pressiona.

FIGURA 5.3 Ilustração de reforço diferencial por aproximações sucessivas do comportamento de pressionar a barra (modelagem).

- *Motivação (operações estabelecedoras):* há um detalhe fundamental sem o qual o rato não pressionaria a barra com ou sem luz, o treino ao bebedouro não teria funcionado, assim como a modelagem e o treino discriminativo não teriam tido resultado: em todos esses momentos o animal estava privado de água por 24 h. Segundo a análise do comportamento, dentre todas as "causas" ou explicações para o comportamento do animal, apenas esta última pertenceria ao conjunto de causas que denominamos motivação. Nesse sentido, quando falamos de motivação, estamos falando de operações que estabelecem a efetividade de uma contingência. Essas operações são chamadas de *operações de privação e saciação* ou de *operações estabelecedoras* (estabelecem o valor reforçador de uma contingência). Note que parte da explicação remete à aprendizagem e parte remete à motivação. O problema da distinção aprendizagem/motivação na explicação do comportamento é abordado por Miguel (2000) da seguinte maneira:

> "Em linguagem comum, muitos dos problemas ditos psicológicos podem ser divididos em problemas de aprendizagem ou de motivação. É comum falarmos na diferença entre o 'saber' e o 'querer' quando nos referimos a aprendizagem e motivação, respectivamente. Na análise do comportamento, problemas de motivação vêm sendo explicados a partir do conceito de 'reforçamento' (Michael, 1993a). O problema do 'querer' (não querer fazer algo) muitas vezes tem suas raízes na falta de reforçamento disponível para que o comportamento ocorra. Entretanto, o conceito de reforçamento não dá conta de explicar todos os problemas relacionados com a motivação. Muitas vezes o problema não está na falta de consequências para o comportamento, mas na ineficácia de tais consequências" (Miguel, 2000, p. 259).

No trecho citado, Miguel (2000) aborda a distinção aprendizagem/motivação de uma maneira bastante simples: quando falamos de aprendizagem estamos falando de "saber fazer" e quando falamos de motivação estamos falando de "querer fazer". O "saber fazer" refere-se à história de aprendizagem do indivíduo. Com relação ao "querer fazer", em grande parte, estamos falando da motivação, de operações estabelecedoras. No entanto, o "querer fazer" não está restrito somente às variáveis motivacionais (operações estabelecedoras). Como coloca Miguel, o "problema do 'querer' (não querer fazer algo) muitas vezes tem suas raízes na falta de reforçamento disponível para que o comportamento ocorra" (p. 259). Neste caso, falta de reforçamento, estamos falando de história de aprendizagem. Um exemplo bastante simples disso ocorre quando desligamos o bebedouro da caixa operante enquanto o rato está pressionando a barra (extinção do comportamento de pressionar a barra): o animal já sabia pressionar a barra (já que estava pressionando); quando ele não recebe mais reforço por esse comportamento, ele, depois de algum tempo, irá parar de pressionar (o leigo diria que o rato simplesmente não quer mais pressionar a barra ou que não está mais com sede).

Poderíamos, ainda, fazer pelo menos mais dois adendos ao problema do "querer" relacionado com o reforçamento. Miguel (2000) fala da falta de reforçamento, mas, além da falta de reforçamento, a maneira como o reforçamento acontece tem efeitos no "querer", efeitos "motivacionais". Um rato, privado de água por 24 h, em um esquema de reforçamento de razão variável, pressionará a barra várias vezes por minuto, quase sem pausas pós-reforço; já um rato privado de água por 24 h, em um esquema de intervalo fixo, pressionará a barra poucas vezes por minuto e ficará longos períodos de tempo (após o reforço) sem pressionar a barra. Além disso, se há muito reforço para um determinado comportamento e pouco para outro, o indivíduo irá "querer" emitir mais o comportamento que produz mais reforço.

Retornando às operações estabelecedoras, existe um ditado popular que diz: "Você pode levar o cavalo até a fonte, mas não pode obrigá-lo a beber". Quem inventou esse ditado certamente não havia ouvido falar de operações estabelecedoras. Quando falamos em obrigar alguém (ou algum animal) a fazer alguma coisa, estamos falando em fazer "contra a vontade", fazer sem querer fazer. Poderíamos fazer o cavalo "querer beber" a água, sem "obrigá-lo", simplesmente privando-o de água por algum tempo antes de o levarmos à fonte.

A identificação do termo "motivação" com determinadas operações ambientais específicas que estabelecem o valor de eventos ambientais para um indivíduo, diferenciando de princípios de aprendizagem bem estabelecidos, como reforçamento e modelação, foi realizada por teóricos da análise experimental do comportamento. Vamos examinar melhor essas operações a partir de agora.

OPERAÇÕES ESTABELECEDORAS

Keller e Schoenfeld (1950/1966) talvez tenham sido os primeiros autores a usar o termo "operações estabelecedoras", falando de operações de privação e operações de saciação. Operações estabelecedoras (privação e saciação) são operações (eventos) que estabelecem, ou modulam, o valor de um determinado estímulo como reforçador. Se você acabou de beber água (operação estabelecedora – saciação), a probabilidade de você emitir comportamentos que produzam água torna-se baixa; se você está há muito tempo sem beber água (operação estabelecedora – privação), a probabilidade de você emitir comportamentos que produzam água torna-se alta; se você acabou de comer uma comida muito salgada, a probabilidade de você emitir comportamentos que produzem água torna-se alta; se você está há muito tempo sem ver um amigo (operação estabelecedora), as probabilidades de você ligar para esse amigo, de visitá-lo, tornam-se altas, e assim por diante.

A ideia por trás das operações estabelecedoras, da sua função motivacional, é de que os estímulos não têm *per se*, ou o tempo todo, valor reforçador. A apresentação de água, por exemplo, após o rato pressionar a barra só terá valor reforçador, isto é, só aumentará a probabilidade de o rato pressionar a barra novamente se o rato estiver privado de água. Às vezes, um simples "Oi!" ou uma ligação telefônica faz uma enorme diferença na vida de uma pessoa e tem pouca importância para outra. Poderíamos imaginar que é mais provável que o "Oi!" seja mais importante para quem vive quase o tempo todo sozinho, sem amigos, do que para alguém que está o tempo todo em contato com outras pessoas.

Além das operações de privação e saciação, há, ainda, um terceiro tipo de operação estabelecedora: a estimulação aversiva. Se você, por exemplo, está em um ambiente muito quente, a temperatura alta aumentará a probabilidade de você emitir comportamentos que eliminem ou reduzam o calor; se uma pessoa que achamos muito chata se aproxima de nós, a probabilidade de emitirmos comportamentos que nos mantenham longe dessa pessoa aumenta. As operações estabelecedoras (saciação, privação e estimulação aversiva) compartilham quatro funções. Em uma tentativa de deixar claras as características distintivas das operações estabelecedoras, Michael listou, em 1993, quatro efeitos comuns a elas:

- Efeito estabelecedor do reforço: uma OE aumenta, momentaneamente, a efetividade reforçadora/punidora de um estímulo
- Efeito evocativo/supressivo direto da OE sobre o comportamento: uma OE pode evocar ou suprimir respostas que tenham sido, no passado, seguidas pelos reforçadores ou punidores por ela estabelecidos
- Efeito da OE sobre a efetividade evocativa/supressiva do estímulo discriminativo: uma operação estabelecedora pode alterar a efetividade de estímulos discriminativos ao alterar a efetividade do estímulo relacionado com os reforçadores/punidores por ela estabelecidos
- Efeito da OE sobre o reforçamento/punição condicionado: aumento da efetividade reforçadora/punidora de estímulos condicionados cuja efetividade como tal depende dos reforçadores/punidores estabelecidos pela operação em questão (Ravagnani, Sério, 2006, p. 127).

Alguns dos efeitos apontados nesse trecho podem parecer, a princípio, muito semelhantes, mas se os examinarmos com cuidado perceberemos as diferenças entre eles (ver Figura 5.4). O primeiro efeito (estabelecimento do valor reforçador de um estímulo) diz respeito ao terceiro termo da contingência tríplice ($S^D - R \rightarrow S^R$). Como dissemos, os estímulos não são *per se* reforçadores ou são reforçadores o tempo todo. Para que consigamos aumentar a probabilidade de um rato pressionar uma barra apresentando-lhe água como consequência do comportamento de pressionar a barra, é necessário estabelecer o valor reforçador da água privando o animal de água.

O segundo efeito, evocativo ou supressivo da operação estabelecedora, refere-se ao simples aumento na probabilidade de ocorrência de qualquer resposta que no passado tem produzido o estímulo reforçador em questão ($S^D - R \rightarrow S^R$). No exemplo citado, quando um rato é privado de água, ele

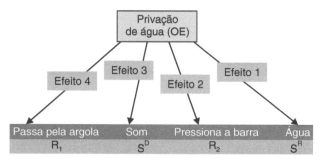

FIGURA 5.4 Ilustração dos quatro efeitos da operação estabelecedora (OE) em uma cadeia comportamental.

começará a emitir qualquer resposta que no passado tenha produzido água.

O terceiro efeito (efeito evocativo ou supressivo do S^D) diz respeito ao primeiro termo da tríplice contingência: o estímulo discriminativo. O S^D pode ser definido como um estímulo que aumenta a probabilidade de um comportamento ocorrer (pois sinaliza a presença do reforço caso o comportamento seja emitido); esse é o efeito evocativo do S^D. Na presença de um S^D específico, um comportamento específico aumenta de probabilidade porque, no passado, emitir esse comportamento na presença do S^D foi seguido de reforçamento. No caso do rato que pressiona a barra apenas na presença de uma luz acesa (S^D), caso não esteja privado de água, a luz não terá efeito evocativo do comportamento de pressionar a barra.

O quarto efeito (sobre o reforçamento/punição condicionada) talvez seja o mais complicado para se entender, pois envolve a noção de cadeia de repostas e de reforço condicionado:

> "Dada a seguinte cadeia comportamental '*passa pela argola → som → pressiona a barra → água*', a privação de água (OE) aumenta a efetividade do som como uma forma de reforçamento condicionado e aumenta a frequência de passar pela argola porque o som foi consistentemente relacionado com a apresentação de água (para a resposta de pressão à barra). Analisando o exemplo anterior, temos que a privação (OE): aumenta a efetividade reforçadora da água; aumenta a frequência de pressões a barra, pois no passado tal comportamento resultou em obtenção de água; aumenta a efetividade evocativa do som; aumenta a efetividade do som como reforçador condicionado – assim o som passaria a aumentar a frequência de qualquer comportamento que o tenha precedido (no caso, passar pela argola)" (Miguel, 2000, p. 260).

No exemplo apresentado por Miguel (2000), o quarto item mencionado indica que o efeito da OE (privação de água), em uma cadeia comportamental, estende-se para os reforçadores condicionados.

Note que os quatro efeitos característicos das OE referem-se aos efeitos evocativos das OE (aumento da probabilidade de o comportamento ocorrer), aos efeitos supressivos (diminuição da probabilidade de o comportamento o ocorrer), como também ao estabelecimento das funções reforçadoras e punitivas dos estímulos. Isso quer dizer que as OE podem tanto aumentar quanto diminuir a probabilidade de o comportamento ocorrer, isto é, podem tanto aumentar a motivação quanto diminuí-la.

TAXONOMIA DAS OPERAÇÕES ESTABELECEDORAS

Em 1982, Michael inicia a apresentação de uma proposta de análise comportamental de fenômenos motivacionais a partir de variáveis ambientais, que é aperfeiçoada em trabalhos subsequentes (Michael, 1988; 1993; 2000). Sua proposta, embora tenha semelhanças com propostas anteriores da área, inclusive com a nomenclatura de Keller e Schoenfeld (1950/1966), contribui significativamente para um refinamento conceitual, especialmente ao incluir a análise de variáveis motivacionais aprendidas.

Para Michael, qualquer operação ambiental que tenha o efeito de estabelecer, momentaneamente, uma determinada consequência como reforçador efetivo e de alterar a probabilidade da classe de comportamentos que produziram essa consequência no passado, é considerada uma operação estabelecedora. Assim, privação, saciação e estimulação aversiva são operações que têm duas características definidoras: o efeito modulador momentâneo do valor da consequência e o efeito evocativo de respostas correlacionadas no passado com a consequência que possui seu valor alterado. Privação de água é uma *operação estabelecedora* por aumentar o valor reforçador da água e evocar comportamentos que produziram água no passado. Assim, *operações estabelecedoras* são operações correlacionadas com fenômenos normalmente nomeados de motivação.

Michael classifica as *operações estabelecedoras* como *incondicionadas* e *condicionadas* (Figura 5.5). As *operações estabelecedoras incondicionadas* são operações ambientais que afetam o valor das consequências a partir de uma *história filogenética* (são inatas). De acordo com Michael (2004), há para todos os organismos (reino animal) certos eventos, certas operações, que alteram o valor reforçador de certos estímulos já desde o seu nascimento. Os tipos de operações e os tipos de estímulos variam entre as espécies (Michael, 2004). Algumas dessas operações são bastante simples e comuns em diferentes espécies. Por exemplo, privar alguém, ou algum animal, de comida aumentará momentaneamente o valor reforçador de comida para aquela pessoa ou animal. Mudanças de temperatura (muito frio ou muito calor) tornam mais provável que liguemos um ar-condicionado ou busquemos um casaco. Para alguns animais, mudanças hormonais relacionadas com compor-

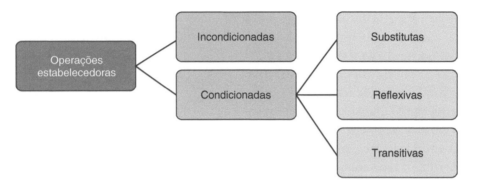

FIGURA 5.5 Classificação das operações estabelecedoras.

tamentos sexuais são disparadas pela simples passagem do tempo. Em muitas espécies, estimulações dolorosas aumentam as chances de o indivíduo que sente dor emitir comportamentos que eliminam ou diminuem a dor; a estimulação dolorosa também aumenta as chances de ocorrerem comportamentos agressivos (Ulrich, Azrin, 1962).

Michael (2004) aponta também que o mesmo raciocínio de estimulação dolorosa (ou simplesmente dor) pode ser estendido às emoções, ou seja, certas emoções podem funcionar como operações estabelecedoras incondicionadas. Essa noção foi apresentada por Skinner (1953/2000):

"Quando o homem da rua diz que alguém está com medo, ou zangado, ou amando, geralmente está falando de predisposições para agir de certas maneiras. O homem 'zangado' mostra uma alta probabilidade de lutar, insultar, ou de algum modo infligir danos, e uma pequena probabilidade de auxiliar, favorecer, confortar ou amar. Alguém 'que ama' mostra uma grande tendência para auxiliar, favorecer, estar com e cuidar de, e uma pequena inclinação para ofender de qualquer maneira. No 'medo', o homem tende a reduzir ou evitar contato com estímulos específicos – correndo, escondendo-se ou cobrindo olhos e ouvidos; ao mesmo tempo, tem menor probabilidade de avançar contra esses estímulos ou para o território desconhecido" (p. 178).

Dois pontos devem ser destacados. O primeiro deles refere-se ao fato de que Skinner (1953/2000) está se referindo às emoções como operações (ou estados) que tornam um indivíduo mais predisposto a emitir determinados comportamentos, isto é, emoções aumentam a probabilidade de certos comportamentos ocorrerem. Isso é diferente de dizer que a emoção está causando o comportamento. A emoção aqui então aparece apenas como mais uma variável envolvida na explicação do comportamento, neste caso, pertencendo ao grupo das variáveis motivacionais, das operações estabelecedoras.

O segundo ponto, destacado por Michael (2004), refere-se ao fato de que, em boa parte das vezes, quando falamos de operações estabelecedoras incondicionadas, estamos falando do aspecto motivacional inato, mas quase sempre a motivação é relativa a um comportamento aprendido. Por exemplo, quando ficamos muito tempo sem comer, a probabilidade de emitirmos comportamentos que produzem comida aumenta. No entanto, os comportamentos que produzem comida para diferentes culturas, ou para diferentes pessoas de uma mesma cultura, variam bastante e estão relacionados com a história de aprendizagem de cada pessoa e com as características de sua cultura.

As operações estabelecedoras incondicionadas, como dito anteriormente, referem-se a eventos que funcionam como operações motivacionais de maneira geral para membros de uma mesma espécie. No entanto, há certos eventos que têm função motivacional para alguns membros de uma mesma espécie e para outros não. Falamos nesses casos das *operações estabelecedoras condicionadas*. As operações estabelecedoras condicionadas são operações ambientais que afetam o valor das consequências a partir de uma *história ontogenética*, isto é, da história de reforçamento e punição de um indivíduo ao longo de sua vida. Por exemplo, estar com o cigarro na mão torna um isqueiro algo importante (altera momentaneamente o valor reforçador do isqueiro) e evoca comportamentos de pedir fogo, por exemplo (efeito evocativo), para indivíduos fumantes, mas não para indivíduos não fumantes.

Michael (1993) também fez uma subdivisão das operações estabelecedoras condicionadas: OEC substitutas (OEC-S), OEC reflexivas (OEC-R) e OEC transitivas (OEC-T).

Operação estabelecedora condicionada substituta

A operação estabelecedora condicionada substituta consiste em emparelhar, sistematicamente, um estímulo neutro a uma OE (incondicionada ou condicionada). Após o procedimento, é esperado que apenas a apresentação do estímulo anteriormente neutro seja suficiente para alterar o valor da consequência que a OE original influenciava. Se a palavra "delicioso", por exemplo, é sistematicamente emparelhada com a operação estabelecedora de privação de chocolate, a apresentação da palavra poderá ser suficiente para alterar o valor reforçador do alimento (ver Figura 5.6). Seria equivalente a dizer que, mesmo sem privação de chocolate, haverá respostas de busca do alimento na presença da palavra. Um exemplo de pesquisa que demostra o estabelecimento de OEC-S é descrito por Michael (2004, p. 145):

"No primeiro experimento deste tipo, Calvin Bicknell e Sperling (1953) colocaram ratos em uma caixa com listras por 30 min por dia durante 24 dias. Durante esse treino, um grupo foi colocado na caixa privado de comida por 22 h, e outro grupo privado de água por apenas uma hora. Após o treino, os ratos de ambos os grupos puderam comer dentro da caixa com listras após uma privação de comida de 11,5 h. Os ratos com história de 22 h de privação comeram significativamente mais que os ratos do grupo com história de privação de uma hora."

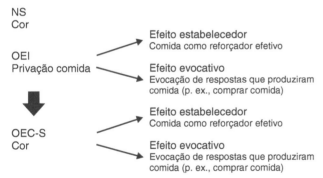

FIGURA 5.6 Esquema da operação estabelecedora condicionada substituta (OEC-S). O emparelhamento entre o Estímulo Neutro (cor) e a Operação Estabelecedora Incondicionada de privação de comida (OEI) produz o estabelecimento da OEC-S, com funções semelhantes à OEI original.

Operação estabelecedora condicionada reflexiva

A OEC-R consiste em uma situação que estabelece sua própria retirada como uma consequência efetiva. Imagine uma pessoa que esteja devendo dinheiro a muitos credores. Um cobrador é uma situação aversiva para o devedor, caso ele não tenha meios para quitar suas dívidas. O cobrador é uma operação estabelecedora condicionada reflexiva, que estabelece sua própria retirada como reforçador efetivo (*i. e.*, afastamento do cobrador) para o devedor. A presença do cobrador pode estar fortemente relacionada com a apresentação do comportamento de fuga/esquiva pelo devedor. A presença do cobrador estabelece momentaneamente sua retirada como efetiva (efeito estabelecedor) e evoca respostas que no passado a produziram, como fugir (efeito evocativo). Na ausência do cobrador, a consequência *afastamento do cobrador* não tem efetividade e a resposta de fuga não ocorre.[1] Tecnicamente, no procedimento tradicional de esquiva sinalizada, um som, anteriormente emparelhado com choque, adquire as funções de Operação Estabelecedora Condicionada Reflexiva. Estabelece sua própria retirada/atraso como reforçador efetivo e evoca respostas de fuga/esquiva (p. ex., pressionar uma barra) (Figura 5.7).

Operação estabelecedora condicionada transitiva

A operação estabelecedora condicionada transitiva é considerada um evento ambiental condicionado (*i. e.*, aprendido) que altera a efetividade reforçadora de uma consequência condicionada a partir de uma história ontogenética (*i. e.*, história de vida do indivíduo).

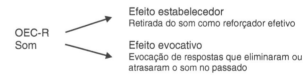

FIGURA 5.7 Esquema da Operação Estabelecedora Condicionada Reflexiva (OEC-R). Um som que tenha sido emparelhado com um choque estabelece sua própria retirada como efetiva e evoca respostas que no passado produziram tal retirada.

---

[1] Michael discute que a presença/ausência do evento (e.g. cobrador) não está correlacionada diferencialmente com a disponibilidade da consequência, o que caracterizaria um estímulo discriminativo, e sim correlacionada com a efetividade diferencial da consequência. "Presença do cobrador" indica afastamento do cobrador como consequência efetiva e "ausência do cobrador" indica afastamento do cobrador como consequência inefetiva. O aprofundamento da discussão sobre diferenciação do Estímulo Discriminativo e da Operação Estabelecedora foge ao escopo do presente texto.

Na análise do comportamento, a alteração da efetividade reforçadora de um reforçador condicionado pela alteração de um reforçador incondicionado é conhecida. Assim, ao ficarmos sem comer por um longo período, além de alterar o valor do reforçador incondicionado *comida*, reforçadores condicionados que adquiriram seu poder reforçador a partir de um emparelhamento com a comida também terão a sua efetividade alterada. Com privação de comida, reforçadores como restaurantes ou lanchonetes terão seu valor reforçador aumentado e respostas no passado que produziram tais eventos terão maiores chances de ocorrer (p. ex., dirigir até o local).

No caso da OEC-T, a efetividade de reforçadores condicionados é alterada a partir de um estímulo antecedente condicional, sem manipulação de operações incondicionadas. Por exemplo, se precisarmos falar em casa, a mensagem (*i. e.*, *prompt*) do telefone público "Coloque o cartão" seria um estímulo discriminativo para a resposta de colocar o cartão telefônico, e a mensagem "Utilize outro terminal" seria um estímulo delta para a resposta. A presença/ausência da mensagem "Coloque o cartão" sinaliza a disponibilidade diferencial da consequência, a frequência de falar em casa é maior na presença da mensagem do que na sua ausência (Figura 5.8).

Na situação descrita, a mensagem "coloque o cartão", além de discriminativa para a resposta de colocar o cartão, altera o valor reforçador do reforçador positivo cartão telefônico (efeito estabelecedor) e evoca respostas que no passado produziram cartão, como procurar o cartão na bolsa.

A presença/ausência da mensagem sinaliza quando a efetividade momentânea do cartão telefônico foi alterada. É possível que na presença de "Coloque o cartão" procuremos o cartão e, na ausência dessa mensagem, não procuremos. Assim, a simples presença/ausência da mensagem altera o valor reforçador do cartão telefônico, sem a manipulação de consequências incondicionadas (Figura 5.9).

A proposta de Michael (1982, 1988, 2000) constitui um avanço ao incluir, no conjunto das variáveis motivacionais, as OE condicionadas. Embora ela ainda se caracterize como

FIGURA 5.8 Esquema da função discriminativa da mensagem do telefone público. A resposta colocar o cartão é seguida pelo reforçador positivo falar em casa na presença da mensagem coloque o cartão, mas não na sua ausência (*i. e.*, "Utilize outro terminal").

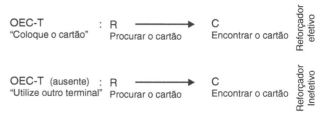

FIGURA 5.9 Esquema da função *motivacional* da mensagem do telefone público. A presença e ausência da mensagem no telefone público "coloque o cartão" indica quando o reforçador cartão telefônico estará efetivo e inefetivo, respectivamente.

uma proposta predominantemente teórica, que aguarda confirmação empírica, parece valer bastante a pena considerá-la com cuidado. Grande parte do comportamento cotidiano constitui-se de longas cadeias comportamentais e com a predominância de reforçadores condicionados. Além disso, como apontam Cunha e Isidro-Marinho (2005), "carências afetivas (atenção, sexo, reconhecimento social, prestígio, popularidade, entre outras), carências de bens de consumo (roupas, automóveis, imóveis, entre outros), carências de lazer e diversão são situações que exercem papel de operações estabelecedoras" (p. 41).

Hoje, sabemos muito sobre os efeitos de consequências reforçadoras condicionadas sobre o comportamento, mas ainda sabemos pouco sobre como determinadas consequências, determinados eventos ambientais tornam-se reforçadores para o comportamento de uma pessoa.

CONCLUSÃO

Vimos neste capítulo que a utilização do termo "motivação" como explicação do comportamento é inadequada – torna-se vazia se entendemos que a Psicologia, como um todo, busca explicações para o comportamento. Diversos usos do termo podem ser parcimoniosamente substituídos por processos de aprendizagem (p. ex., reforçamento positivo, esquemas de reforçamento). Entender motivação por operações que modulam o valor reforçador/punitivo das consequências do comportamento parece uma alternativa viável que justifica o seu estudo como um conjunto de fenômenos separado de tantos outros que também são importantes para explicar e, quando necessário, alterar comportamentos.

A delimitação de motivação como operações ambientais que alteram o valor de consequências e evocam respostas não é recente e parece importante para o desenvolvimento da análise do comportamento. As propostas dos analistas do comportamento têm semelhanças, especialmente no foco em variáveis ambientais e na rejeição de ficções explanatórias como *drive* e impulso. A proposta de Michael (1982, 1988, 1993, 2000) refina conceitualmente propostas anteriores, resgatando uma linguagem que define os fenômenos funcionalmente (por seus efeitos ambientais). Michael também acrescenta à sua análise a alteração momentânea do valor de reforçadores condicionados, sem a alteração do valor do reforçador incondicionado original.

É comum ouvirmos certas expressões, como "você tem que querer...", "ele não tem força de vontade...", "se você não desejar de verdade, não conseguirá", entre outras do gênero. Do ponto de vista da Análise do Comportamento, essas são expressões inócuas e ineficazes no uso profissional. A habilidade de analisar funcionalmente o comportamento requer o domínio de conhecimentos e técnicas necessárias para ajudar as pessoas a "terem vontade", a motivá-las quando necessário.

REFERÊNCIAS BIBLIOGRÁFICAS

Arkes HR, Garske JP. *Psychological theories of motivation.* Monterey: Brooks/Cole, 1977.

Atkinson RL, Atkinson RC, Smith EE, Bem DJ, Nolen-Hoeksema S. *Introdução à Psicologia de Hilgard.* São Paulo: Artmed, 2002. (Trabalho original publicado em 2000.)

Bergamini CW. *Motivação nas organizações.* São Paulo: Atlas, 1997.

Biaggio AMB. *Psicologia do Desenvolvimento.* Rio de Janeiro: Vozes, 1983.

Cofer CN. *Motivation and Emotion.* Glenview: Scott, Foresman and Company, 1972.

Cunha RN, Isidro-Marinho G. Operações estabelecedoras: um conceito de motivação. In: Abreu-Rodrigues J, Ribeiro MR (Orgs.). *Análise do comportamento: pesquisa, teoria e aplicação.* São Paulo: Artmed, pp. 27-44, 2005.

Harzem P, Miles TR. *Conceptual issues in operant psychology.* Chichester: Wiley, 1978.

Keller FS, Schoenfeld WN. *Princípios de Psicologia.* Tradução Bori CM, Azzi R. São Paulo: Herder, 1966. (Trabalho original publicado em 1950.)

Kimble GA, Garmezy N. *Principles of general psychology.* 2 ed., New York: The Ronald Press, 1963.

Krench D, Crutchfield RS. *Elements of psychology.* New York: Alfred A. Knopf, 1959.

Lewis DJ. *Scientific Principles of psychology.* Englewood Cliffs: Prentice-Hall, 1963.

Michael J. *Concepts and principles of behavior analysis* (Revised Edition), 2004.

Michael J. Distinguishing between discriminative and motivational functions of stimuli. *Journal of Experimental Analysis of Behavior,* 37, 149-155, 1982.

Michael J. Establishing operations. *The Behavior Analyst,* 16 (2), 191-206, 1993.

Michael J. Establishing operations and the mand. *The Analysis of Verbal Behavior,* 6, 3-9, 1988.

Michael J. Implications and refinements of the establishing operation concept. *Journal of Applied Behavior Analysis,* 33, 401-410, 2000.

Michael J. *Concepts and principles of behavior analysis* (Revised Edition.) Kalamazoo MI. Society for the Advancement of Behavior Analysis, 2004.

Miguel CF. O conceito de Operação Estabelecedora na Análise do Comportamento. *Psicologia: teoria e pesquisa,* 16, 259-267, 2000.

Millenson JR. *Princípios de análise do comportamento.* Tradução Souza AA, Rezende D. Brasília: Coordenada, 1975. (Trabalho original publicado em 1967.)

Mook DG. *Motivation: the organization of action.* 2ª ed. New York: Norton, 1996.

Oliveira-Castro JM, Oliveira-Castro KM. A função adverbial de "inteligência": definições e usos em psicologia. *Psicologia: teoria e pesquisa,* 17, 257-264, 2001.

Ravagnani LV, Sério TMP. Uma proposta de método para estabelecer um estímulo auditivo como uma operação estabelecedora condicionada transitiva. *Revista Brasileira de Terapia Comportamental e Cognitiva,* 8, 126-144, 2006.

Reber AS. *Dictionary of Psychology.* London: Penguin Books, 1985.

Rogers S, Ludington J, Graham S. *Motivation & learning: a teacher's guide to building excitement for learning & igniting the drive for quality.* 3ª ed. Evergreen: Peak Learning Systems, 1997.

Ryle G. *The concept of mind.* London: Hutchinson, 1949.

Skinner BF. *Ciência e Comportamento Humano.* Tradução Todorov JC, Azzi R. São Paulo: Martins Fontes, 2000. (Trabalho original publicado em 1953.)

Skinner BF. *Tecnologia de Ensino.* Tradução Azzi R. São Paulo: EDUSP, 1975. (Trabalho original publicado em 1968.)

Todorov JC. A psicologia como estudo de interações. *Psicologia: teoria e pesquisa,* 5, 25-347, 1989.

Todorov JC, Moreira MB. O conceito de motivação na psicologia. *Revista Brasileira de Terapia Comportamental e Cognitiva,* 7, 119-132, 2005.

Ulrich RE, Azrin NH. Reflexive fighting in response to aversive stimulation. *Journal of the Experimental Analysis of Behavior,* 5, 511-520, 1962.

Vernon MD. *Motivação humana.* Tradução Lucchetti LC. Petrópolis: Vozes, 1973. (Trabalho originalmente publicado em 1969.)

SENTIMENTOS

Viviane Verdu Rico · Raquel Melo Golfeto · Eliana Isabel de Moraes Hamasaki

O relato dos sentimentos em nossa cultura é algo de grande relevância. Por sermos uma espécie social, é importante que saibamos como o outro se sente em relação ao que dizemos e fazemos. A demonstração dos sentimentos possibilita saber qual é a melhor maneira de agir perante o outro, de modo que obtenhamos a reação desejada. Se um rapaz quer, por exemplo, conquistar o afeto de determinada moça, deve agir com a intenção de causar sentimentos de alegria e bem-estar. Se, por outro lado, esse mesmo rapaz não gostou de determinado comportamento de um colega de trabalho, ele deve expressar esse descontentamento dizendo que ficou triste ou com raiva, para evitar que essa mesma situação volte a se repetir. No entanto, há algumas situações nas quais só conseguimos obter o que desejamos se o outro não souber o que sentimos realmente. Um bom exemplo seria o de um jogo de cartas, no qual a expressão de sentimentos pode dar a dica ao adversário de quais cartas o jogador tem na mão.

Os sentimentos são tratados diferentemente nas variadas teorias psicológicas. Neste capítulo apresentaremos a concepção do Behaviorismo Radical a respeito dos sentimentos e a detalharemos sob diferentes aspectos: o papel dos sentimentos no comportamento operante; como as contingências podem afetar o que sentimos; como se aprende a relatar sentimentos.

A NATUREZA DOS SENTIMENTOS E SUA RELAÇÃO COM O COMPORTAMENTO

O posicionamento do Behaviorismo Radical a respeito dos sentimentos se fortaleceu quando Skinner expôs, de modo contundente, como o analista do comportamento deveria compreender aquilo que é sentido por nós (Skinner, 1945/1961). Tal concepção apresenta 2 pontos em especial que divergem das concepções tradicionais sobre os sentimentos. O primeiro refere-se à natureza do que é sentido e o segundo, à relação entre os sentimentos e o comportamento.

Conforme apresentado no Capítulo 1, o Behaviorismo Radical adota uma visão monista e fisicalista. O que um organismo faz, pensa ou sente tem uma mesma natureza material, física. Para o behaviorista radical, fazer, pensar e sentir são ações do organismo que ocorrem sob condições ambientais específicas. Portanto, o analista do comportamento não concebe os sentimentos como fenômenos mentais, de natureza diferente do comportamento, mas sim como manifestações físicas do organismo, como "ações sensoriais" (Skinner, 1989/1991). Tais manifestações, entretanto, surgem de maneira privada, ou seja, são acessíveis apenas à pessoa que sente, já que ocorrem sob a pele do indivíduo (Skinner, 1945/1961; 1969; 1974; 1989/1991). Vejamos o exemplo anterior do rapaz apaixonado. Ao avistar a jovem desejada, ele experimenta uma série de reações corporais que aprendeu a denominar paixão (o coração bate mais forte, as pernas estremecem, sente um "friozinho" na barriga, não consegue pensar com clareza etc.). É provável que o rapaz apresente alguma reação observável por outrem que indique que está apaixonado (p. ex., certa expressão facial ou um suspiro diante da moça), mas todas as sensações corporais são acessíveis apenas a ele mesmo, isto é, são eventos privados ou encobertos.

Tendo em vista que eventos públicos e privados se diferenciam apenas quanto ao acesso, eles são igualmente passíveis de serem estudados e, consequentemente, fazem parte dos fenômenos escolhidos pelos analistas do comportamento como parte de seu escopo de investigação científica e atuação clínica. Eventos públicos e privados, portanto, são estímulos e respostas, regidos pelas mesmas leis (Skinner, 1945/1961; 1953/1967; 1974; 1989/1991).

Mas como os nossos sentimentos se relacionam ao nosso comportamento?

Geralmente, costumamos pensar que os sentimentos controlam nosso comportamento. Dizemos que alguém bateu o telefone porque estava com raiva; que foi ao cinema porque gosta de filmes; que se isolou dos amigos porque estava triste etc. Tal visão se mostra presente nas teorias mais tradicionais da Psicologia (Tourinho, 1997). O Behaviorismo Radical, entretanto, questiona essa ideia.

Segundo Skinner (1953/1967, 1974, 1989/1991), os sentimentos não explicam por que nos comportamos da maneira como nos comportamos. Pensemos no exemplo da pessoa que "bateu o telefone porque estava com raiva". Pela visão tradicional, a raiva seria a causa do comportamento de bater o telefone. Digamos que alguém quisesse fazer com que aquela pessoa não batesse mais o telefone. Nesse caso, teria que agir sobre a causa desse comportamento. Se a causa fosse a raiva, teria que fazer com que o indivíduo em questão não sentisse raiva. Como se fazer isso? Como se modifica um sentimento? Eu consigo "alterá-lo diretamente"?

Para o analista do comportamento, a resposta a essa questão seria que não se pode alterar os sentimentos diretamente. Sentimentos são produtos de contingências. Exemplificando, algo pode ter acontecido durante a conversa ao telefone, o que causou o sentimento de raiva e o ato de bater o telefone. Note, aqui, que foi exatamente o mesmo evento ambiental que provocou tanto um quanto o outro. No caso, a pessoa do outro lado da linha pode ter dito algo que provocou o sentimento e o comportamento de bater o telefone. Assim, uma maneira de evitar a raiva e esse comportamento seria tentar não repetir o que foi dito, ou seja, a causa do comportamento de bater o telefone não foi a raiva sentida por quem bateu o telefone e sim um evento ambiental que causou também um sentimento de raiva.

Sob essa perspectiva, a visão behaviorista sobre o papel dos sentimentos no comportamento pode apresentar, pelo menos, uma vantagem em comparação com a visão tradicional. Skinner destaca que as abordagens tradicionais em Psicologia obscurecem as verdadeiras causas do comportamento ao buscar uma explicação interna, sustentada por um falso senso causal baseado nos sentimentos e na introspecção (1974). Desta maneira, quando não se identificam corretamente as causas do comportamento, é pouco provável que se consiga alterá-lo. Entretanto, ao entender que há variáveis ambientais envolvidas na produção de sentimentos e comportamento, o analista do comportamento tentará identificar tais variáveis e modificá-las para obter mudanças reais naquele indivíduo.

Vejamos outro exemplo, muito comum em situação terapêutica: um caso de depressão. O cliente, encaminhado pelo psiquiatra, chega ao consultório relatando sentimentos de tristeza profunda, perda de apetite, desânimo, desinteresse pela vida etc. Se o terapeuta considerar que a "tristeza profunda" é a causa da depressão, terá que eliminar essa causa. E como fará isso? Se o terapeuta não tiver clareza de que há eventos ambientais que provocam esses sentimentos e ações do indivíduo com eles relacionadas, pode-se perder muito tempo de terapia sem necessariamente resolver o problema da depressão. Pode acontecer de os sintomas da depressão serem reduzidos ou eliminados com intervenção farmacológica, mas, se as causas ambientais não forem consideradas, haverá maior probabilidade de o cliente sofrer uma recaída após o final do tratamento (Dimidjian *et al.*, 2006; Jacobson, Hollon, 1996). Grosso modo, pode-se dizer que o uso de medicação é uma maneira de "agir diretamente sobre o sentimento", mas o fato de, geralmente, o problema retornar após a suspensão da medicação fortalece a visão de que o sentimento não é a causa da depressão. Modificar as contingências das quais comportamentos e sentimentos são função proporciona não só a melhora da depressão, mas também da qualidade de vida do cliente e, consequentemente, reduz a probabilidade de uma recaída.

Se as causas do nosso comportamento não são os sentimentos, porque costumamos lhes atribuir esse papel? Segundo Skinner (1953/1967; 1974; 1989/1991), há duas explicações principais que contribuem para que confundamos o que sentimos com a causa de nossos comportamentos. A primeira delas é que o os sentimentos surgem praticamente "ao mesmo tempo" que o comportamento. É comum, quando eventos são contíguos, passarmos a estabelecer uma relação entre eles, mesmo que tal relação não seja causal.

Outra razão para tomarmos os sentimentos como causa do comportamento é que, muitas vezes, não identificamos os eventos ambientais antecedentes daquele comportamento. Isso pode ocorrer porque não aprendemos a atentar para os estímulos relevantes do ambiente ou porque a situação antecedente é tão complexa que se torna difícil ter clareza das variáveis que afetam o comportamento em questão. Retomemos o exemplo do cliente que chega à terapia relatando um sentimento de tristeza profunda, considerando tal sentimento o único responsável por seu quadro depressivo. O terapeuta analítico-comportamental irá buscar as variáveis ambientais relacionadas com o quadro, norteado pela pergunta: "O que, no ambiente, provoca e mantém o sofrimento do cliente?"

Essa pergunta não é nada fácil de responder, já que estamos falando de um organismo em constante interação com seu ambiente e, portanto, em constante mudança. Já dissemos que a causa do comportamento está na relação entre o organismo que se comporta e os eventos ambientais (antecedentes e consequentes). O problema é que esse organismo é produto de uma história complexa (filogenética, ontogenética e cultural), a qual temos um acesso parcial por meio do relato verbal. No exemplo dado, muitas variáveis podem estar relacionadas com o quadro depressivo do cliente. O analista do comportamento irá identificar essas variáveis perguntando sobre as situações nas quais os sentimentos e comportamentos descritos acontecem e sobre outros comportamentos do cliente nessas situações. O que aconteceu imediatamente antes de ele se sentir profundamente triste e desanimado? O que ele fez naquela situação? Quais as consequências dessa ação? Há consequências produzidas no ambiente quando o cliente se mostra triste para as pessoas que convivem com ele? Essas são algumas das perguntas que o terapeuta analítico-comportamental tentará esclarecer no processo terapêutico. É comum, entretanto, que o terapeuta precise ensinar o cliente a observar e descrever melhor os eventos ambientais e seus comportamentos, e, na medida em que vai aprendendo a fazê-lo, vão se esclarecendo as variáveis sobre as quais cliente e terapeuta devem atuar. Os casos de depressão geralmente envolvem uma rede complexa de eventos, tais como: contexto aversivo no qual o cliente está inserido (família, trabalho, perda de pessoa próxima etc.); alta frequência de comportamentos que produzem ou prolongam o sofrimento; baixa frequência de comportamentos que produzam reforçadores positivos etc. Ao identificar as variáveis relevantes (via análise funcional), o terapeuta proporá mudanças comportamentais que alterem o ambiente do cliente. Alterando o ambiente, altera-se também o organismo que se comporta, de modo que, com o passar do tempo, os sentimentos de profunda tristeza podem deixar de existir, dando lugar a um sentimento de alegria, por exemplo.

Além da complexidade das variáveis causais, há outra importante razão pela qual não sabemos descrever os eventos ambientais que antecederam o nosso comportamento e o sentimento que o acompanha. Isso ocorre basicamente por uma questão cultural. A nossa comunidade não costuma nos ensinar a olhar para os estímulos que antecedem nossos estados emocionais. Pelo contrário, desde que aprendemos a nos comunicar, somos ensinados a atribuir a causalidade das nossas ações aos nossos sentimentos. Quando uma criança chora sem parar, a mãe provavelmente irá perguntar a ela: "Por que está chorando? Está triste?", atribuindo à tristeza a causa do choro, e não a algum evento do ambiente. Quando uma jovem apresenta-se sempre sorrindo e de bom humor após começar um namoro, fatalmente alguém irá dizer que ela se comporta daquele jeito por estar apaixonada. Dificilmente alguém se preocupará em detalhar quais eventos (no caso, o que o namorado faz ou diz) produzem o sentimento de felicidade e os comportamentos que os acompanham. Após anos passando por esse aprendizado, não é de se espantar que muitas vezes ignoremos por completo os antecedentes ambientais dos nossos comportamentos e sentimentos.

Como já esclarecemos, a visão behaviorista radical diverge das visões tradicionais no que se refere à relação entre sentimentos e comportamento, afirmando que atribuir a causa do comportamento ao sentimento não permitiria investigar que aspectos são responsáveis pelos problemas humanos (Skinner, 1974). Por outro lado, Skinner (1953/1967; 1957/1978; 1974; 1989/1991) considera importante o estudo tanto das alterações fisiológicas que ocorrem quando sentimos algo quanto das relações comportamentais relacionadas com os sentimentos. De acordo com este autor, caberia à Fisiologia o papel de entender o que está acontecendo com o organismo quando está se comportando, e à Psicologia entender as relações comportamentais. A Fisiologia ajuda a entender o organismo estudando as reações corporais, como a sudorese, a taquicardia, a resposta galvânica da pele, a dilatação da pupila etc. Todo comportamento é acompanhando por uma série de alterações orgânicas como essas, sendo que muitas delas são imperceptíveis à pessoa que se comporta, mas podem ser verificadas em exames fisiológicos. Muitas dessas alterações consistentemente acompanham os nossos sentimentos, embora não se consiga diferenciar certos sentimentos apenas pelas reações fisiológicas (p. ex., medo e ansiedade apresentam as mesmas reações). Vale salientar, entretanto, que os dados obtidos pela Fisiologia são complementares aos dados da Psicologia, sem invalidar as leis gerais de uma ciência do comportamento (Skinner, 1974). O analista do comportamento ainda seria o responsável por estudar as "histórias genética e pessoal responsáveis pelas condições corporais que o fisiologista descobrirá" (Skinner, 1989/1991, p. 8).

O QUE SÃO OS SENTIMENTOS E COMO APRENDEMOS A PRESTAR ATENÇÃO A ELES?

Até o momento, falamos sobre a natureza dos sentimentos e esclarecemos que eles não são causadores do comportamento. No entanto, o que são os sentimentos, afinal de contas? Qual é a relação deles com o comportamento observado no indivíduo? Como aprendemos a observar e relatar nossos sentimentos?

Para o behaviorismo radical, os sentimentos são respostas eliciadas correlatas de nossos comportamentos (lembrando que comportamento é a relação entre organismo e ambiente, e não apenas a resposta, como foi descrito nos Capítulos 1 e 2), produzidos, portanto, pelos mesmos eventos ambientais que produziram a resposta observada publicamente. Voltemos àquele exemplo da pessoa que bateu o telefone e manifestou raiva. A fala da pessoa do outro lado da linha é o evento ambiental que produziu uma série de respostas daquele indivíduo. Parte dessas respostas pode ser observada por qualquer pessoa facilmente, como a tensão dos músculos da face, o movimento do corpo ao bater o telefone etc. Essas respostas são classificadas como eventos públicos, por serem acessíveis a outras pessoas. Outras respostas, entretanto, não estão diretamente acessíveis a nós, pois ocorrem dentro do corpo do indivíduo, como a mudança na frequência cardíaca, a sensação de dor no estômago etc. Essas respostas são classificadas como eventos privados (ou encobertos), por serem diretamente acessíveis apenas à pessoa que se comporta. Denominamos raiva um determinado conjunto desses eventos privados e públicos.

Embora os sentimentos não sejam causadores do nosso comportamento, não precisando, portanto, ser manipulados para que mudanças comportamentais ocorram, eles são comportamentos respondentes, devendo, portanto, ser estudados em alguma medida pelo analista do comportamento (Skinner, 1987). O estudioso do comportamento não irá se debruçar sobre os aspectos fisiológicos dos sentimentos, como dito anteriormente, mas há outros aspectos que merecem a sua atenção. Neste capítulo falaremos de dois desses aspectos: a história de condicionamento respon-

dente relacionada com a produção de sentimentos e o modo como aprendemos a relatar o que sentimos. Cada um desses aspectos será analisado separadamente a seguir.

História de condicionamento envolvendo sentimentos

Já deixamos claro que os sentimentos são respostas fisiológicas eliciadas por eventos ambientais. Quando nascemos, carregamos conosco alguns reflexos, originários da história da nossa espécie, em virtude de seu valor de sobrevivência. Por exemplo, sons altos e repentinos comumente eliciam a resposta reflexa de fuga, taquicardia, sudorese etc. Isso porque esse tipo de som foi estabelecido na história da espécie como sendo um sinal de perigo. Dentre essas respostas reflexas estão algumas relacionadas com emoções básicas, como o medo, a raiva e a alegria. Como já descrito no Capítulo 2, essas respostas são chamadas de reflexos incondicionados, pois não dependem de um condicionamento durante a vida do indivíduo. Ao longo de nossa vida, entretanto, vários eventos ambientais constantemente ocorrem pareados aos estímulos incondicionados, de modo que passam, também, a eliciar as mesmas respostas reflexas, não necessariamente com a mesma intensidade. Tais estímulos passam a ter, portanto, a função de estímulos eliciadores condicionados, porque sua relação com a resposta reflexa não é inata, e sim aprendida.

O condicionamento respondente é muito comum em nossos sentimentos (Baum, 1994/1999). Digamos, por exemplo, que uma criança frequentemente ouça sua mãe gritar diante de uma aranha. Certamente o grito da mãe (som alto que sinaliza perigo) elicia uma série de respostas relacionadas com o medo na criança. Com os constantes pareamentos entre os gritos da mãe e a presença desse inseto, é muito provável que as respostas de medo passem a ser também eliciadas não só por aranhas, mas também por outros estímulos que sequer estavam no ambiente, mas que apresentam alguma propriedade em comum com uma aranha (o que implicaria a generalização de estímulos, também discutida no Capítulo 2). Eis a base dos casos de fobias específicas, relativamente frequentes nos consultórios de Psicologia.[1]

---

[1] É importante apontar que nem todo caso de fobia decorre apenas de pareamentos respondentes. Há casos em que as respostas relacionadas com a fobia são operantes. Por exemplo, uma pessoa com fobia de locais fechados (elevador, taxi, ônibus etc.) pode apresentar as respostas diante de pessoas específicas, com a função de obter atenção. Neste caso, o tratamento não se limita a extinguir relações respondentes entre estímulos e respostas.

A maneira como reagimos a eventos do ambiente, ou melhor, o sentimento concomitante a cada evento ambiental que nos afeta não foi aprendido apenas por condicionamento reflexo. Novos pareamentos entre eventos ambientais e sentimentos decorrem de nossa história de condicionamento operante. Nascemos com maior sensibilidade a uma série de eventos ambientais (reforçadores e punidores) em decorrência da história da nossa espécie. Esses estímulos também podem ser eliciadores incondicionados de respostas emocionais. Como, na contingência operante, estímulos reforçadores e punidores surgem diante de determinado estímulo discriminativo, tais estímulos podem se tornar também eliciadores condicionados das respostas emocionais que antes eram produzidas apenas pelos estímulos reforçadores ou punidores. Essas relações complexas entre contingências operantes e respondentes são descritas pelo "Princípio unificado do reforço", apresentado no Capítulo 2 (consultar também Darwich, Tourinho, 2005).

Será mais fácil compreender a descrição anterior por meio de exemplos. O primeiro é o de uma criança que coloca o dedo na tomada e recebe um choque. O choque é um estímulo eliciador incondicionado de algumas respostas relacionadas com a dor (contração muscular, choro etc.) e com o sentimento de medo (taquicardia, sudorese etc.). Como a consequência da resposta operante "colocar o dedo na tomada" é aversiva, torna-se menos provável que a criança volte a emitir essa resposta no futuro. É possível, ainda, que a tomada, que foi estímulo discriminativo para a resposta de "colocar o dedo na tomada", passe a eliciar as mesmas respostas emocionais que o choque, por se tratar de um estímulo presente durante a contingência respondente incondicionada.

Pensemos agora em um exemplo envolvendo contingências de reforço positivo. Quem nunca passou a ler as obras de um determinado autor ou a ouvir os CD de uma determinada banda para agradar uma pessoa querida? Nesses momentos, chegamos a sentir felicidade por encontrar o tal livro ou CD em uma loja. Nesse caso, o sentimento pode não estar relacionado com as características do livro ou com o tipo de música do CD, mas sim com o fato de que, em nossa história, falar sobre esses objetos com a pessoa amada consistentemente produz consequências reforçadoras (elogios, conversas, atenção etc.). Embora os exemplos descritos aqui sejam de situações mais simples, eles podem nos ajudar a compreender casos mais complexos que, para alguns, parecem incompreensíveis. Um bom exemplo seria relacionado com o comportamento sexual humano. Todos nós já ouvimos falar das diversas maneiras pelas quais as pessoas sentem prazer sexual: fetiches, fantasias, sadomasoquismo etc. Por mais estranho que alguns padrões possam parecer, eles podem ser explicados, ao menos em parte, por uma análise das contingências comportamentais presentes ao longo da vida sexual do indivíduo. No fim das contas, aprender a ter prazer com determinadas situações não é muito diferente de aprender a gostar de um determinado gênero musical ou de determinada comida, ao menos no que se refere aos processos comportamentais envolvidos.

Sentimentos: como relatá-los

Como citado no início do capítulo, é importante sabermos como o outro se sente em relação ao que dizemos e fazemos, pois tais informações possibilitam um melhor relacionamento com as pessoas. Mas, se o que uma pessoa sente é uma estimulação privada, à qual não temos acesso direto, como podemos saber de seus sentimentos? Embora algumas vezes um sentimento seja demonstrado por algum comportamento público, como um sorriso ou um choro, por exemplo, dificilmente esses comportamentos são suficientes para sabermos o que se passa dentro da pele de uma pessoa. Um choro pode significar tanto dor quanto raiva, frustração, angústia, medo, e, para algumas pessoas, alegria. Por conta disso, nossa sociedade passou a utilizar outra fonte de informação sobre o que se passa dentro do outro: o relato verbal (Skinner, 1974).

Falar sobre os sentimentos é comportamento verbal, sob controle operante (Skinner, 1987). Desde o momento em que começamos a falar, somos ensinados a descrever o mundo à nossa volta. Esse tipo de aprendizado é fácil, pois se refere a eventos públicos, ou seja, acessíveis a todas as pessoas. Por exemplo, a mãe de uma criança aponta para um brinquedo e diz "dado", e esta palavra é repetida pelo filho. Em outro momento, a criança diz "dado" e a mãe pega o dado para ela. Esse tipo de situação se repete com uma série de objetos e situações. Mas como se ensina uma criança a descrever os eventos privados, já que não temos acesso direto a eles? Skinner (1945/1961; 1957/1978) sugere que há, no mínimo, quatro maneiras pelas quais a nossa comunidade verbal pode produzir comportamento verbal sob controle de eventos privados, ou seja, o relato dos próprios sentimentos e pensamentos.

Uma maneira de se ensinar a relatar um evento privado seria modelar este relato a partir de uma resposta pública comumente produzida (de maneira reflexa) por um estímulo exclusivamente privado. Por exemplo, quando uma criança pequena franze o rosto ao mesmo tempo que coloca as mãos sobre a barriga, sua mãe pergunta: "Sua barriga está doendo?" e oferece um remédio específico ao filho. Essa "dor de barriga" foi inferida a partir das respostas colaterais da criança à sensação de dor. Tais respostas são reflexas e, por isso, não precisam ser ensinadas a um indivíduo com desenvolvimento típico. Porém, nada garante que haja uma correspondência precisa entre seu relato verbal, baseado em uma inferência da mãe, e o que a criança sente. Consideremos que, desta vez, a criança sentia dor na barriga e que o remédio fez essa dor cessar. Se esse tipo de situação se repetir algumas vezes, em determinado momento, diante de uma dor semelhante, a criança poderá dizer "Minha barriga dói!". Novamente a mãe lhe dará o remédio, que levará ao alívio da dor. Nesse segundo momento, a sensação de dor já poderá ter adquirido uma função de estímulo discriminativo para a criança, o que equivaleria a dizer que ela aprendeu a relacionar aquelas sensações a um comportamento específico, no caso a resposta verbal de dizer "Minha barriga dói!". Essa "relação" se estabeleceu porque esta fala foi sendo constantemente apresentada pela mãe diante da dor, seguida pela medicação e o alívio da mesma. Em outras palavras, estabeleceu-se uma contingência de reforço na qual dizer "Minha barriga dói!" quando sente dor é recompensado pelo alívio da dor. Assim, o estímulo "dor na barriga" passou a ser estímulo eliciador para a reposta de colocar a mão na barriga e franzir o rosto (comportamentos reflexos) e também estímulo discriminativo para a resposta operante verbal de dizer "Minha barriga dói!".

Outra maneira de ensinar o relato de um evento privado, semelhante à primeira, é modelar este repertório a partir de um evento público antecedente. Podemos ensinar uma criança a dizer "Está doendo!" sempre que ela cortar a pele de alguma maneira, por exemplo. Esse ensino acontece de modo semelhante ao descrito anteriormente: ao cortar um dedo ou ralar o joelho, a criança tem uma série de respostas privadas, dentre elas a dor. Nesse caso, a mãe não precisa ver o filho chorar para concluir que ele se machucou. Ela vê o corte e pergunta "Está doendo?". A criança, então, diz que sim e recebe os cuidados da mãe. Em pouco tempo, esta criança estará relacionando o machucado na pele e as sensações por ele provocadas com a resposta verbal "Está doendo!". Assim, o corte e as sensações privadas que o acompanham passam a ser estímulos discriminativos para falar sobre a dor e receber os cuidados da mãe. Assim como na situação anterior, nesta também não há garantias de que o relato ensinado tenha correspondência precisa com

o que foi inferido. A mãe não tem acesso às sensações de seu filho, de modo que o que ela chama de dor não necessariamente equivale ao que ele sente e está aprendendo a denominar "dor". Além disso, a maneira como a mãe da criança foi ensinada a descrever sua própria dor é que determinará como ela ensinará o filho a descrever o que sente. Digamos que esta mãe fosse do tipo que só fala sobre "dor" quando o filho chora, dizendo algo como "Não foi nada!" em outras situações. Provavelmente, seu filho aprenderá a relatar apenas estímulos mais intensos como sendo dolorosos para receber os cuidados necessários. Caso a criança esteja privada de atenção, por outro lado, pode aprender a chorar após um pequeno tropeço, conseguindo a atenção e os cuidados da mãe, sem necessariamente estar sentindo muita dor. Como se trata de um evento privado, apenas uma sistemática observação do comportamento da criança e de sua interação com a mãe poderia dizer qual a função do choro, mas ninguém poderia dizer se ela sentiu ou não dor.

Outra maneira de descrição de eventos privados é recorrer ao uso de metáforas em vez de recorrer aos eventos privados em si. Como isso pode ser feito? Ensinando a pessoa a emitir relatos verbais a partir de propriedades comuns entre um estímulo público e o estímulo privado. Quando aprendemos a dizer "Meu estômago está embrulhado", estamos falando de um evento privado, fazendo uso de uma propriedade típica de um evento público (no caso, o embrulho). Esse aprendizado se dá de maneira semelhante aos exemplos que acabamos de descrever.

A quarta possibilidade descrita por Skinner (1957/1978), pouco usada em nossa cultura, é aprendermos a relatar o que sentimos sem necessariamente termos que nos remeter aos nomes dos sentimentos. Uma maneira de relatar o que sentimos é descrevendo a situação que, em geral, provoca a condição sentida ou ainda simplesmente descrevendo possíveis ações. Por exemplo, em vez de dizer "Corri porque fiquei com medo", a pessoa poderia dizer: "Eu saí correndo quando vi o assaltante". Desse modo, aprenderíamos a descrever ou relatar nossos comportamentos e as possíveis variáveis responsáveis por eles. Nesses casos, os comportamentos descritos (e não os sentimentos) tornam-se estímulos discriminativos para a emissão da resposta de relatar. Esse tipo de relato traz a vantagem de que, ao descrever os prováveis eventos causais do comportamento, torna-se mais provável a atuação sobre o mesmo em caso de necessidade de modificação desse padrão. Na verdade, grande parte do trabalho do analista do comportamento dentro da situação clínica refere-se ao ensino dessa habilidade ao cliente, colocando o comportamento dele sob controle discriminativo das variáveis das quais seu comportamento é função.

Independente de como uma pessoa aprendeu a falar dos seus sentimentos, dizer o que está sentindo nem sempre é suficiente para que o outro saiba o que ela realmente sente. Isso acontece justamente porque a palavra usada por uma pessoa para designar seu sentimento foi aprendida a partir da inferência de outra pessoa, que, além de não ter acesso ao que era sentido, tem uma história de treino específica de relatar sentimentos. Além disso, muitas vezes a diferença entre certos sentimentos é tão sutil que se torna difícil ser compreendido pelo outro. Por exemplo, o que diferencia tristeza de angústia ou frustração? Essas diferenças sutis são as mesmas para cada pessoa? As próprias palavras utilizadas para nomear os sentimentos foram criadas, segundo Skinner (1989/1991), como metáforas. Ao falarmos de agonia, estamos geralmente descrevendo uma forte dor. O significado original dessa palavra é "esforço ou luta corpo a corpo". Provavelmente esse nome foi dado àquele sentimento devido à semelhança entre ele e as sensações decorrentes de um grande esforço ou de uma luta.

Como a maneira pela qual uma pessoa relata seus sentimentos depende desses diversos fatores citados, o analista do comportamento não se preocupa com o nome que a pessoa dá ao que sente, mas sim com os eventos relacionados com o sentimento descrito. Um analista do comportamento não irá se preocupar se o que o cliente chama de angústia é o mesmo que ele mesmo aprendeu a denominar angústia, ou é algo mais parecido com o que ele denomina tristeza ou frustração. Para o analista do comportamento, os nomes dados aos sentimentos não são essenciais para a análise e, por isso, ele buscará identificar variáveis ambientais relacionadas com tais sentimentos. É a compreensão da função dos comportamentos do cliente que torna possível ao analista do comportamento atuar sobre o ambiente de modo a reduzir, eliminar ou ensinar o cliente a eliminar o sofrimento.

POR QUE O QUE EU SINTO É DIFERENTE DO QUE O OUTRO SENTE?

Agora que foi descrito como aprendemos a relatar nossos sentimentos, não é mais tão difícil entendermos por que, às vezes, é tão complicado fazer com que o outro entenda o que se passa em nosso interior. É pouco provável que o que uma pessoa chama de amor, por exemplo, seja exatamente a mesma coisa que outra pessoa denomina amor. O mesmo vale para os outros sentimentos e, mais ainda, para as causas dos mesmos. Quantas vezes tentamos, sem muito sucesso, fazer com que o outro compreenda as razões pelas quais estamos tristes com algo que esse outro fez? Isso pode acontecer mesmo quando sabemos dizer com certa exatidão as causas do sentimento. Por que, então, a outra pessoa não nos entende? Certamente, há uma explicação para isso.

Já apontamos neste capítulo que boa parte dos eventos ambientais que eliciam as respostas emocionais o fazem a partir de uma história de condicionamento. Cada pessoa tem uma história única de condicionamento respondente e operante diferente das demais pessoas. Isso implica que eventos ambientais diferentes produzem determinado sentimento em indivíduos diferentes. Enquanto uma pessoa sente muita raiva porque o namorado se atrasou 15 minutos para o jantar, outra pessoa pode não se incomodar. Enquanto alguém se sente contente com a proximidade de seu aniversário, outra pessoa fica extremamente triste por estar ficando mais velha. Querer que o outro compreenda nossos sentimentos é o mesmo que exigir que ele conheça toda a nossa história de condicionamento, as quais nem nós mesmos conhecemos completamente. É claro que certo grau de compreensão nesse sentido sempre existe, mas sempre haverá divergências em decorrência das diferentes histórias pessoais. Isso não invalida, entretanto, a importância de relatarmos nossos sentimentos, pois, mesmo sendo imprecisa, a descrição do que sentimos dá indícios importantes para a identificação das variáveis responsáveis por nosso comportamento (Skinner, 1974).

DESCRIÇÃO DE ALGUNS SENTIMENTOS SOB A PERSPECTIVA BEHAVIORISTA RADICAL

Como já mencionado, para compreendermos o que sentimos é necessário investigar as variáveis das quais o comportamento relacionado com o sentimento é função. Alguns sentimentos podem ser identificados ou descritos a partir de classes de respostas (Baum, 1994/1999; Catania, 1998/1999). Quando alguém grita e sai correndo, por exemplo, dizemos com certa convicção que essa pessoa está com medo de algo. Entretanto, é importante ressaltar que um sentimento não deve ser reduzido a uma única classe de respostas ou a apenas um conjunto de operações (Skinner,

1953/1967). Uma mesma pessoa pode ficar paralisada diante de um assalto, mas grita e sai correndo diante de uma cobra. Embora as classes de respostas apresentadas em cada situação tenham sido diferentes, ambas as situações produziram o sentimento de medo nesta pessoa. Entretanto, é provável que este sentimento tenha ocorrido de modo e intensidade diferentes em cada caso.

Feitas essas importantes ressalvas, poderemos agora descrever algumas relações comportamentais que normalmente produzem sentimentos mais comuns. A intenção aqui não é oferecer descrições rígidas, pois, conforme destacado, são muitas as variáveis relacionadas com a produção e com o relato verbal dos sentimentos. As descrições apresentadas a seguir são simplificações do fenômeno, cuja função é exemplificar como é possível analisar diferentes sentimentos sob a perspectiva analítico-comportamental.

Alegria

O sentimento de alegria costuma surgir em situações nas quais, no passado, as respostas produziram reforçadores positivos com alta probabilidade (Baum, 1994/1999). Sentimos alegria ao conversarmos com aquele amigo bem-humorado, porque em nossa história conversar com ele produziu boas histórias, piadas etc. Ficamos felizes ao encontrarmos um livro que nos foi recomendado, pois, no passado, ler livros recomendados por outra pessoa foi reforçado por boas histórias ou ainda pela oportunidade de conversar sobre o livro com alguém. O torcedor fica alegre ao ver seu time ganhar o Campeonato Brasileiro porque, no passado, a vitória no Campeonato foi o tema de diversas interações reforçadoras com amigos ou colegas de trabalho. A namorada fica alegre ao receber um buquê de rosas vermelhas no Dia dos Namorados, pois receber rosas está pareado em sua história de vida com outros reforçadores, como atenção, carinho etc. Todos esses exemplos têm em comum uma história de pareamento entre as respostas fisiológicas comumente denominadas alegria e estímulos eliciadores condicionados (a presença do amigo, um livro, a vitória no campeonato e o buquê de flores).

Tristeza

O sentimento de tristeza geralmente se relaciona com o término de reforçadores (Catania, 1998/1999), ou seja, uma determinada fonte de reforço deixa de sê-lo. Quando o brinquedo preferido de uma criança quebra, ela fica triste porque não poderá mais brincar com ele. A perda de um ente querido provoca tristeza, já que não poderemos mais ter as interações sociais reforçadoras que tínhamos com aquela pessoa. Quando um relacionamento amoroso termina, ficamos tristes porque perdemos o acesso aos reforçadores (presentes, elogios, atenção, afeto etc.) produzidos pela outra pessoa. Quando nosso time é eliminado do campeonato, nos entristecemos, pois não temos mais jogos para assistir ou comentários para fazer com os colegas.

Há casos em que a vida de uma pessoa tem possibilidades tão restritas de reforçamento que uma tristeza profunda se instala. Geralmente as pessoas com quadro de depressão se encaixam nesse perfil.

Raiva

O sentimento de raiva surge na presença de estimulação aversiva, geralmente produzida por outra pessoa (Catania, 1998/1999), ou quando somos privados de um evento reforçador positivo (punição negativa). Um adolescente fica com raiva quando é posto de castigo e não pode ir a uma festa. Ficamos com raiva se alguém nos diz uma palavra grosseira ou ainda se somos agredidos fisicamente. Como ocorre com todos os sentimentos, é na história de vida de uma pessoa que iremos encontrar a explicação sobre quais eventos lhe causam o sentimento de raiva. Digamos, por exemplo, que um determinado colega de trabalho sempre trate você mal, respondendo a perguntas de maneira grosseira ou fazendo piadas a seu respeito. Com o passar do tempo, a mera presença desse colega no ambiente pode passar a eliciar o sentimento de raiva que antes era produzido apenas pelas suas ações. Esse mesmo colega, no entanto, pode provocar sentimentos diferentes em outras pessoas, que tiveram uma história de interação com ele diferente da sua.

Frustração

A frustração pode ser considerada um caso especial de raiva que acontece em ocasiões em que um comportamento habitualmente reforçado deixa de sê-lo (Catania, 1998/1999; Skinner, 1953/1967). Vejamos o exemplo de um aluno que sempre estuda para as provas, tirando notas altas. Se, por alguma razão, ele obtiver uma nota mediana, certamente ficará frustrado. O empregado que sempre recebeu aumento a cada 6 meses fica frustrado quando esse aumento não lhe é dado como previsto. A jovem que sempre recebia presentes do namorado no aniversário de namoro fica frustrada quando ele, porventura, esquece a data.

É importante ressaltar que, a depender do valor reforçador do estímulo ou até mesmo do contexto, a não ocorrência do reforço pode provocar raiva e não apenas frustração. No caso do aluno que estudou para a prova, mas tirou uma nota mediana, poderia ocorrer um sentimento de raiva se a razão da nota mais baixa for o fato de o professor ter elaborado questões sobre temas não abordados, ou abordados superficialmente, em sala de aula.

Ansiedade

A ansiedade, em geral, é sentida em uma situação que sinaliza a apresentação iminente de um estímulo aversivo (Baum, 1994/1999; Catania, 1998/1999). Ao longo de nossa vida, esse estímulo aversivo foi constantemente apresentado em determinado contexto, de modo que, diante de um contexto semelhante, nosso organismo se prepara para a sua ocorrência. Isso acontece, por exemplo, quando chegamos ao consultório do dentista e nos sentimos ansiosos mesmo que o ambiente esteja tranquilo e silencioso. Podemos ficar ansiosos também em uma situação de paquera, na qual há possibilidade de sermos rejeitados pela outra pessoa. Há casos em que a ansiedade é tamanha que a pessoa pode "paralisar" diante de determinada situação. Os autores citados e Skinner (1941) realizaram um estudo com ratos que demonstrou uma queda generalizada na emissão de respostas diante de um som que sinalizava a possível apresentação de um choque. Os casos clínicos que envolvem os chamados transtornos de ansiedade (transtorno do pânico, agorafobia etc.) são um exemplo de como determinados estímulos condicionados podem eliciar um sentimento intenso de ansiedade, ao ponto de a pessoa paralisar ou até mesmo desmaiar diante dele.

Medo

Diferentemente da ansiedade, o medo ocorre quando o estímulo aversivo está realmente presente no ambiente. Sente-se medo na presença de um rato, durante um assalto, em uma briga, em uma situação nova na qual não sabemos como devemos nos comportar etc.

Vergonha e culpa

A culpa e a vergonha são sentimentos comumente causados diante da apresentação de uma estimulação aversiva ou da retirada de um estímulo reforçador feita por outra pessoa. A comunidade da qual o indivíduo faz parte tem um conjunto de normas que determinam que comportamentos são ou não aceitáveis. Quando uma pessoa se comporta de maneira diferente do estabelecido socialmente como sendo a maneira correta, geralmente tem como consequência a perda de reforçadores e/ou a apresentação de estímulos aversivos. Aliado a este processo, está toda uma história de condicionamento que ensina o indivíduo a se perceber como o único responsável por seus atos. Por conta disso, sempre que ele se comportar de uma maneira julgada inadequada, ele sente culpa ou vergonha, em vez de avaliar as contingências determinantes de seu comportamento e a pertinência daquelas regras.

Tomemos o exemplo de um filho que desobedeceu ao pai e foi a uma festa. O pai irá dizer que ele o desrespeitou, agiu de maneira inadequada e, provavelmente, irá discutir (estimulação aversiva) ou deixará de falar e dar atenção ao filho (remoção de reforçadores). É muito provável que este filho sinta vergonha e culpa por ter desobedecido ao pai e que não volte a fazê-lo tão cedo. Outro exemplo seria do cidadão que recebe uma multa de um policial por ter parado sobre a faixa de pedestres. Não importa a razão pela qual ele parou sobre a faixa; ele pode ter tido que frear bruscamente, quando o sinal ainda estava verde, para deixar passar uma criança que corria pela rua, por exemplo. No entanto, ele receberá a multa de qualquer maneira e poderá se sentir envergonhado por isso.

Amor

Geralmente dizemos que amamos algo ou alguém que nos proporciona uma variedade de reforçadores ou reforços de alta intensidade. Amamos aquele namorado que sempre nos diz elogios e nos enche de presentes e momentos alegres. Amamos aquele cachorro de estimação que sempre nos dá atenção e carinho. É claro que os reforçadores para cada pessoa irão variar de acordo com sua história. Sobre esse sentimento tão declarado em músicas e poesias, sugerimos a leitura do livro *Questões recentes na análise comportamental*, de Skinner (1991), que trata, dentre outras questões, dos três tipos de amor: ágape, eros e philia.

Poderíamos tentar operacionalizar outros sentimentos, mas isso ultrapassaria muito o objetivo deste capítulo. Importa agora dizer que, embora essas descrições das relações comportamentais que produzem cada sentimento costumem ser corretas, não são descrições precisas. Como foi dito algumas vezes ao longo deste texto, o modo como relatamos sentimentos é sempre impreciso, pois aprendemos a fazê-lo pelo ponto de vista de outra pessoa. Além disso, as diferentes histórias individuais produzem diferentes controles do comportamento e dos sentimentos.

SENTIMENTOS: PESQUISA E APLICAÇÃO

Banaco (1999) destaca que, embora a área de estudos de modelos experimentais possa ser pouco conhecida ou pouco interessante aos terapeutas comportamentais, é nessa área que inevitavelmente encontramos material relevante para entendermos as respostas verbais dos clientes acerca de seus eventos privados e, consequentemente – e em última instância –, estes próprios.

Estudos variados sob diferentes referenciais (p. ex., de Rose, 1997; Engelmann, 1978) têm apontado, inclusive, um problema crucial para a investigação dos sentimentos que se refere ao meio pelo qual temos acesso a eles: o relato verbal. Ao assumirmos que a comunidade verbal à qual o indivíduo pertence exerce influências críticas na aprendizagem tanto da identificação dos eventos privados como de suas descrições, nossa conduta como cientistas do comportamento deve ser a de investigar as contingências que produzem os sentimentos e o falar sobre eles.

O terapeuta tem um papel importante nesse sentido. É ele quem coloca o cliente em contato com seus sentimentos e com a expressão pública e privada dos mesmos. Isso porque, quando um cliente procura terapia, o faz por estar experimentando determinados sentimentos. Porém, frequentemente, o cliente não sabe descrever acuradamente (às vezes, nem para si mesmo) o que sente e por que sente. O terapeuta precisa, portanto, modelar repertórios tanto de identificação como de descrição das variáveis das quais tais sentimentos (e comportamentos correlatos) são função. O cliente tornar-se-á apto a modificar seu comportamento ou ampliar seu repertório (Meyer, 1997/2001).

Catania, Matthews e Shimoff (1990) acrescentam, ainda, que a modelagem do comportamento verbal é uma técnica efetiva para a mudança de comportamento ou ampliação de repertório, porque é mais fácil mudar o comportamento de alguém modelando aquilo que ele diz do que modelando aquilo que ele faz. Essa premissa é baseada no que já se conhece na Análise do Comportamento acerca da distinção entre comportamento modelado pelas contingências e comportamento governado verbalmente (ou comportamento governado por regras). Para maiores detalhes sobre o tema, ver os Capítulos 2 e 7.

Silva e Banaco (2000) destacam os desafios e controvérsias, dentro da própria análise do comportamento, em relação à maneira pela qual os eventos privados vêm sendo tratados. De um lado, há autores que admitem a importância de se perguntar ou levar o cliente a falar, na sessão terapêutica, sobre os eventos privados (Banaco, 1999; Brandão, 2000; Delitti, Meyer, 1995) e, de outro, há ainda quem defenda que o destaque a aspectos relacionados com os eventos privados (dentre eles, os sentimentos), como estratégia para se conseguir informações sobre o cliente ou para o desenvolvimento de seu autoconhecimento, não passa de um equívoco (Guedes, 1993). Silva e Banaco (2000) sugerem que tais controvérsias ou desafios metodológicos são produtos da escassez de investigações na área. Neste caso, seriam necessárias mais pesquisas, e a própria sessão terapêutica, como um contexto de interações complexas, poderia servir a este propósito, por propiciar material de investigação sobre as variáveis de controle no estabelecimento e na manutenção do repertório verbal de um cliente.

Silva e Banaco (2000) conduziram um estudo no qual investigaram, na sessão terapêutica, os efeitos do reforçamento sobre relatos de eventos privados, e/ou relatos de relações entre eventos privados e variáveis externas e relatos de relações entre eventos ambientais e respostas públicas do cliente. A investigação contou com a participação de uma mulher de 38 anos, com curso superior, mãe de dois filhos, em início do processo de terapia; e de uma psicóloga, terapeuta comportamental, com mais de 3 anos de experiência na área, que recebeu instruções e treinamento sobre o procedimento experimental. Este procedimento era dividido em quatro fases, com número de sessões predefinido, e deveria ser adotado pela terapeuta durante o período da investigação (11 sessões de 50 min. cada, registradas em áudio e vídeo pela própria terapeuta). Posteriormente, a interação entre a terapeuta e a cliente foi analisada por meio dos registros audiovisuais.

A Fase I foi a chamada Linha de Base, na qual nenhuma manipulação experimental era realizada, visando identificar o repertório inicial da cliente e observar como ocorria a sua interação com a terapeuta. Essa fase consistiu de duas sessões. As seguintes consistiram de manipulações experimentais específicas, durante três sessões cada uma. Na Fase II, foi programado o reforçamento de relatos de eventos privados, ou seja, a terapeuta deveria apresentar reforço (p. ex., dando atenção ou fazendo um elogio à descrição) sempre que a cliente descrevesse algum evento privado, mesmo que de maneira pouco clara. Assim, a terapeuta estaria ensinando a cliente a ficar sob controle de seus eventos privados, ou seja, a observá-los. Na Fase III, a terapeuta deveria reforçar relatos da cliente sobre relações entre eventos privados e variáveis externas. Agora, a cliente não só teria aprendido a observar seus eventos privados, como também poderia relacioná-los com eventos ambientais. Na Fase IV, a terapeuta deveria reforçar relatos de relações entre eventos ambientais e respostas abertas. Deste modo, a cliente estaria aprendendo a descrever as variáveis das quais seu comportamento (e sentimento) era função.

O conjunto geral dos dados indicou, em primeiro lugar, que o comportamento verbal é sensível ao reforçamento em uma situação clínica, já que as verbalizações da cliente foram se modificando a cada mudança de fase do experimento. Além disso, esse estudo mostrou ser possível ensinar a cliente a responder (relatar) ao seu próprio comportamento como sendo produto de relações ambientais. Como análise adicional, os autores propõem uma metodologia de análise da interação terapeuta-cliente no contexto clínico, com ênfase na modelagem do comportamento verbal do cliente.

Um estudo bastante interessante, por ter produzido evidência empírica indireta às proposições skinnerianas acerca da origem social do relato dos sentimentos, foi conduzido por Garcia-Serpa, Meyer e Del Prette (2003). O relato dos sentimentos é considerado importante no desenvolvimento inicial de uma criança. Nesse estudo, as autoras investigavam se seria possível observar a influência da comunidade verbal sobre o repertório de relatar sentimentos em crianças entre 4 e 5 anos de idade. Investigaram ainda se havia diferenças na aprendizagem desses relatos em função do tipo de sentimento.

Participaram desse estudo 72 meninos, sendo 43 deles com 4 anos de idade e 29 com 5 anos, alunos regularmente matriculados em uma pré-escola municipal de uma cidade no interior do estado de São Paulo. A pesquisa consistiu em duas etapas. Na primeira, as crianças assistiam a um comercial de 8 min. que continha situações envolvendo a expressão de sentimentos de uma personagem da mesma faixa etária dos participantes. Na etapa seguinte, era realizada uma entrevista com cada criança, na qual, primeiro, perguntava-se à criança se, nas cenas do comercial, ocorreram situações em que a personagem se sentiu com medo, contente, triste e com raiva. Sempre que a resposta da criança fosse afirmativa, era perguntado a ela quando ou por que a personagem do filme se sentiu daquele modo.

Os resultados da pesquisa indicaram que o sentimento mais facilmente identificado pelas crianças foi o de "alegria" (identificado por mais de 80% dos participantes). O grupo de meninos com 5 anos de idade apresentou um desempenho ligeiramente maior que o do grupo de 4 anos. No grupo de meninos de 4 anos, o sentimento de "medo" foi o segundo melhor identificado (acima de 60% dos participantes) e com um desempenho ligeiramente melhor do que o outro grupo. O sentimento de "tristeza" foi o segundo melhor identificado entre os meninos de 5 anos, ao passo que menos de 50% dos meninos de 4 anos conseguiram identificar este sentimento. Por fim, o sentimento de "raiva" foi o mais difícil de reconhecer e descrever, pois menos de 20% dos meninos de 5 anos e menos de 50% dos meninos de 4 anos conseguiram fazê-los. As autoras creditam tal resultado (aparente dificuldade das crianças na identificação do sentimento de raiva) como produto de práticas sociais nas quais se reprime a expressão de tal sentimento, o que resultaria na dificuldade de reconhecê-lo tanto no(s) outro(s) como em si mesmo. A conclusão geral deste estudo foi de que há um efeito cumulativo da experiência tanto na identificação como na descrição de sentimentos, uma vez que o desempenho dos meninos mais velhos foi superior ao desempenho dos meninos mais novos.

Um conjunto de estudos que vem sendo conduzido por Tomanari *et al.*, dos quais se destaca o realizado por Chippari, Tomanari, Hamasaki, Coelho e Murata (2004), tem destacado a relação entre a consequência obtida pelo uso de determinado pronome ou tempo verbal em uma tarefa de construção de frases e o relato, realizado imediatamente após a tarefa, dos sentimentos dos participantes tanto em relação à tarefa como a seu próprio desempenho. Os participantes desse estudo foram divididos em dois grupos. Um grupo ganhava pontos sempre que usasse determinado pronome ou tempo verbal na construção das frases. Já os participantes do outro grupo iniciavam a tarefa já com certa quantidade de pontos que deveria ser mantida por eles, de modo que, ao usarem o pronome ou o tempo verbal correto, não perdiam pontos. Quando questionados sobre o que sentiram durante a tarefa, os participantes do grupo que ganhava pontos frequentemente avaliavam a tarefa mais positivamente do que os participantes que tinham que evitar perder pontos. Esses dados são interessantes, pois não só indicam que os sentimentos são produtos das contingências, como ainda sinalizam quais contingências podem ser responsáveis por sentimentos positivos e negativos. É claro que estamos falando de uma situação específica, que necessitaria de maiores investigações, mas que certamente indica os caminhos para essas novas pesquisas.

Há muito ainda a ser investigado sobre as contingências relacionadas com os sentimentos e seus relatos.

Neste capítulo, pretendeu-se introduzir o leitor à visão do analista do comportamento a respeito dos sentimentos, além de descrever alguns avanços obtidos por pesquisas nessa área.

REFERÊNCIAS BIBLIOGRÁFICAS

Banaco RA. O acesso a eventos encobertos na prática clínica: um fim ou um meio? *Revista Brasileira de Terapia Comportamental e Cognitiva*, 1, 135-142, 1999.

Baum WM. *Compreender o Behaviorismo: ciência, comportamento e cultura*. Porto Alegre: ArtMed, 1999. (Originalmente publicado em 1994.)

Brandão MZS. Os sentimentos na interação terapeuta-cliente como recurso para a análise clínica. In: Kerbauy RR (Org.), *Sobre comportamento e cognição*. Santo André, SP: ESETec, v. 5, pp. 222-228, 2000.

Catania AC. *Aprendizagem: comportamento, linguagem e cognição*. Porto Alegre: ArtMed, 1999. (Originalmente publicado em 1998.)

Catania AC, Matthews BA, Shimoff EH. Properties of rule-governed behavior and their implications. In: Blackman DE, Lejeune H (Orgs.). *Behaviour analysis in theory and practice*. Hillsdale, NJ: Erlbaun, pp. 215-230, 1990.

Chippari M, Tomanari GY, Hamasaki EIM, Coelho IL, Murata CA. As opiniões/sentimentos de universitários em relação a tarefas consequenciadas positivamente e negativamente. *Anais da XXIV Reunião Anual de Psicologia – Sociedade Brasileira de Psicologia (SBP)*, Ribeirão Preto, SP, 2004.

Darwich RA, Tourinho EZ. Respostas emocionais à luz do modo causal de seleção por consequências. *Revista Brasileira de Terapia Comportamental e Cognitiva*, 7, 107-118, 2005.

de Rose JCC. O relato verbal segundo a perspectiva da análise do comportamento: contribuições conceituais e experimentais. In: Banaco RA (Org.). *Sobre comportamento e cognição*. Santo André, SP: ARBytes, v. 1, pp. 148-163, 1997.

Delitti M, Meyer SB. O uso de encobertos na prática clínica da terapia comportamental. In: Rangé B (Org.). *Psicoterapia comportamental e cognitiva de transtornos psiquiátricos*. Campinas, SP: Editorial Psy, pp. 269-274, 1995.

Dimidjian S, Hollon SD, Dobson KS, Schmaling KB, Kohlenberg RJ, Addis ME, Gallop R, McGlinchey JB, Markley DK, Gollan JK, Atkins DC, Dunner DL, Jacobson NS. Randomized trial of behavioral activation, cognitive therapy, and antidepressant medication in the acute treatment of adults with major depression. *Journal of Consulting and Clinical Psychology*, 74(4), 658-670, 2006.

Engelmann A. *Os estados subjetivos: uma tentativa de classificação de seus relatos verbais*. São Paulo: Ática, 1978.

Estes WK, Skinner BF. Some quantitative properties of anxiety. *Journal of Experimental Psychology*, 29, 390-400, 1941.

Garcia-Serpa FA, Meyer SB, Del Prette ZAP. Origem social do relato de sentimentos: evidência empírica indireta. *Revista Brasileira de Terapia Comportamental e Cognitiva*, 5, 21-29, 2003.

Guedes ML. Equívocos da terapia comportamental. *Temas em Psicologia*, 1(2), 81-85, 1993.

Jacobson NS, Hollon SD. Cognitive–behavior therapy *versus* pharmacotherapy: now that the jury's returned its verdict, it's time to present the rest of the evidence. *Journal of Consulting and Clinical Psychology*, 64(1), 74-80, 1996.

Meyer SB. Sentimentos e emoções no processo clínico. In: Delitti M (Org.). *Sobre comportamento e cognição*. Santo André, SP: ESETec, v. 2, pp. 181-187, 2001. (Originalmente publicado em 1997.)

Silva AS, Banaco RA. Investigação dos efeitos do reforçamento, na sessão terapêutica, sobre três classes de respostas verbais do cliente. *Revista Brasileira de Terapia Comportamental e Cognitiva*, 2, 123-136, 2000.

Skinner BF. The operational analysis of psychological terms. In: Skinner BF. *Cumulative record*. New York, NY: Appleton-Century-Crofts, pp. 272-286, 1961. (Originalmente publicado em 1945.)

Skinner BF. *Ciência e comportamento humano*. Brasília: Editora da Universidade de Brasília, 1967. (Originalmente publicado em 1953.)

Skinner BF. *Contingencies of reinforcement: a theoretical analysis*. New York: Appleton-Century-Crofts, 1969.

Skinner BF. *About behaviorism*. New York, NY: Alfred A. Knopf, 1974.

Skinner BF. *Comportamento Verbal*. São Paulo: Cultrix, 1978. (Originalmente publicado em 1957.)

Skinner BF. Why we are not acting to save the world. In: Skinner BF. *Upon further reflection*. Englewood Cliffs, NJ: Prentice-Hall, pp. 1-14, 1987.

Skinner BF. *Questões recentes na análise comportamental*. Campinas, SP: Papyrus, 1991. (Originalmente publicado em 1989.)

Tourinho EM. Eventos privados em uma ciência do comportamento. In: Banaco R (Org.). *Sobre o comportamento e cognição*. Santo André, SP: ARBytes, v. 1, pp. 174-187, 1997.

CAPÍTULO VII

LINGUAGEM

Maria Martha Costa Hübner · Elizeu Borloti · Paola Almeida · Adriana Cunha Cruvinel

"Nenhuma consideração sobre comportamento humano estará completa se não incluir a atividade verbal do homem. É a forma de comportamento mais elevada e valiosa; mais que nenhuma outra o distingue dos animais inferiores; e nela estão entesouradas a herança cultural da filosofia, da ciência, da arte e da tecnologia, e, a partir dela, efetua-se a transmissão desse conhecimento acumulado de geração a geração. Na realidade foi o comportamento verbal que tornou esse conhecimento possível" (Keller, Schoenfeld, 1950, p. 393).

Qualquer teoria que se proponha a explicar o comportamento humano terá a linguagem como o seu principal desafio e interesse, tanto pela importância quanto pela complexidade deste fenômeno. A ciência proposta por B. F. Skinner, conhecida como Análise do Comportamento, aceitou esse desafio produzindo uma importante obra, o livro *Verbal Behavior* (Skinner, 1957). Atualmente, estudos enfocando múltiplos aspectos desse tema, por exemplo, gramática e sintaxe (Palmer, 1998), significado e compreensão na escuta (Lowenkron, 2004), música (Hübner, 2007), fonética (Yoo, Bennett, 2000), literatura (Grant, 2005), pensamento e cognição (Lana, 2002) e discurso (Borloti, Iglesias, Dalvi, Silva, 2008), podem ser encontrados no corpo de conhecimentos produzidos nessa ciência. Este capítulo tem o objetivo de apresentar a proposta behaviorista radical para o estudo da linguagem, tendo como referência a proposta skinneriana para tal e expor dados de investigações experimentais acerca do comportamento verbal.

O texto divide-se de acordo com as duas direções dos avanços do conhecimento sobre relações verbais na Análise do Comportamento. A primeira trata de definições conceituais acerca dos chamados operantes verbais, incluindo as extensões e as fusões, e apresenta estudos que investigam procedimentos específicos para o desenvolvimento de alguns desses repertórios. A segunda refere-se a limites e possibilidades de controle do comportamento verbal sobre o não verbal, atendo-se, especificamente, para as implicações do estabelecimento de repertórios verbalmente controlados, ou o chamado comportamento governado por regras.

PRESSUPOSTOS DA PROPOSTA BEHAVIORISTA RADICAL PARA O ESTUDO DA LINGUAGEM

Como ciência, a Análise do Comportamento tem por objetivos a previsão, o controle e a interpretação do fenômeno comportamental. A filosofia dessa ciência é o Behaviorismo Radical, assim definido por chegar à raiz dos determinantes do comportamento humano. Essa raiz está firmemente sustentada no monismo, no contextualismo e na análise funcional (Owen, 2003).

A Análise do Comportamento é monista por afirmar que tudo o que fazemos é comportamento (mesmo aquilo que não sabemos que fazemos); e tudo isso que fazemos tem uma única natureza, não importa se o comportamento é verbal/simbólico, complexo, privado, consciente ou não. É contextualista por afirmar que o significado de qualquer comportamento está nas condições históricas e atuais que o determinam; e a análise funcional arremata a interpretação do comportamento por defini-lo como uma relação com outros eventos antecedentes e consequentes em um contexto sócio-histórico específico.

Concebendo o comportamento como produto relacional entre o organismo e o contexto ambiental, o Behaviorismo Radical não restringe, entretanto, a noção de ambiente àqueles eventos públicos observáveis que entram de maneira mais óbvia na relação comportamental; ele amplia esta noção, definindo o ambiente como todo evento externo à ação que se analisa. Portanto, ambiente é todo e qualquer evento, esteja "dentro" ou "fora" do sujeito (Matos, 1991), que entra na relação que define o comportamento, compondo os fatos da história do indivíduo e que dão sentido a sua ação (e são sentidos como parte do contexto atual). Monismo e contextualismo funcional se mesclam ao antimentalismo e ao antipositivismo lógico: o próprio comportamento é o objeto de estudo (ele não é o indício ou a manifestação de outra coisa, como, por exemplo, quando se afirma que "a fala é a manifestação da mente do sujeito") e ser observável consensualmente não é o critério de sua verdade factual e, consequentemente, de sua legitimidade como objeto de estudo.

Baseado em tais pressupostos, e aderido ao evolucionismo, Skinner (1981, 1974) propõe, então, um Modelo de Seleção pelas Consequências para explicar o comportamento humano, tal como apresentado no Capítulo I deste livro. Segundo ele, todo comportamento é produto de três histórias indissociáveis da interação organismo-ambiente: a história filogenética, a ontogenética e a cultural. Trata-se de um modelo explicativo selecionista (e, portanto, não mecanicista) no qual o ambiente, conforme definido antes, é selecionador (e, portanto, não iniciador) de comportamentos; e unificador das múltiplas dimensões da determinação humana, condensadas no adjetivo "biopsicossocial" dado ao humano.

A história filogenética marca a herança da espécie a partir das contingências de sobrevivência que selecionam a forma e a função do corpo humano. A ontogenética é responsável pela construção dos comportamentos ao longo da história de aprendizagem desse corpo, tornando-o uma pessoa única. A história cultural amplia, concomitantemente, essa construção em práticas grupais entre os membros de uma cultura, transmitidas por favorecerem a sobrevivência do grupo.

Nesses níveis de seleção, comportamentos operam sobre o ambiente e são selecionados pelas consequências dessa operação. Essa maneira de seleção é tão fundamental que define o comportamento como *operante*: o comportamento operante modifica o mundo e, ao mesmo tempo, é modificado pelo mundo que ele modificou.

No caso da evolução da linguagem, Skinner (1986) explicou como esse processo dinâmico e bilateral pode ter ocorrido na interação entre os comportamentos de um falante (A) e os comportamentos de um ouvinte (B), quando os de A teriam operado consequências sobre os de B que, por sua vez, retroagiram sobre os de A. A interação operante que ele ilustrou foi um episódio de pesca entre A e B. Se quem recolhe a rede é B, e A está em uma posição em que pode ver melhor os peixes, A pode fazer qualquer coisa quando um peixe entra na rede. Se essa "qualquer coisa" que A faça for um som vocal indiferenciado que exercer função sobre B operando a consequência "rede puxada", provavelmente este som será selecionado e diferenciado por sua consequência. Os elementos indissociáveis do Modelo de Seleção pelas Consequências estão nesse episódio: filogênese (pois há controle pela suscetibilidade ao reforçamento alimentar e social), ontogênese (pois ambos aprendem as regras da interação) e cultura (pois há o que se chama de cooperação; a vocalização selecionada passa a ser um tipo de código, compartilhado por favorecer boas pescarias e, consequentemente, a manutenção do grupo). Possivelmente, o comportamento verbal-vocal tenha evoluído do verbal-gestual. A função do som indiferenciado poderia ter sido a de um gesto manual indiferenciado; entretanto, o som fora selecionado pela velocidade com que alcançou o ouvinte e pela consistência de reprodução para as práticas de ensino de membros do grupo (Place, 2000; Borloti, 2005).

PROPOSTA COMPORTAMENTAL PARA O ESTUDO DA LINGUAGEM

Com o Modelo de Seleção pelas Consequências e o arcabouço filosófico avançado do Behaviorismo Radical, a Análise do Comportamento se "liberou" das amarras e dos limites positivistas lógicos do Behaviorismo Metodológico de Watson, que se atinha ao observável por consenso e era dualista. "Inventando alguns termos novos", Skinner (1957) apresentou uma proposta pragmática para o estudo da linguagem. Esse fenômeno, considerado complexo, tipicamente humano e tradicionalmente discutido como manifestação de atividades internas do organismo (em geral, mais comportamentos privados a serem explicados, tais como pensamento, raciocínio, capacidade de simbolização etc.), passou a ser discutido por Skinner como mais uma maneira de comportamento em várias modalidades (p. ex., vocal ou motora).

A proposta de Skinner emergiu nos anos 1930 e é justo apontar o que vinha ocorrendo antes disso, uma vez que, nessa década e na anterior, as propostas behavioristas para o estudo da linguagem prepararam o terreno para que o livro de Skinner sobre comportamento verbal (Skinner, 1957) fertilizasse, reafirmando, ampliando ou contradizendo algumas delas (Powell, Still, 1979).

A psicologia da linguagem de Watson para o estudo da linguagem era baseada no reflexo condicionado e não dava importância à questão do significado. Skinner extrapolou a análise do comportamento verbal em termos do reflexo e preservou de Watson o objetivo de estudar o comportamento verbal por si mesmo. Manteve a oposição ao Mentalismo, a adesão ao Evolucionismo, a defesa do Determinismo e do método experimental e, assim, postulou sua concepção do significado.

Foi nesse contexto histórico que, em seu livro *Verbal Behavior*, Skinner (1957) propôs, então, a substituição do termo "linguagem" por comportamento verbal, por entender inadequado o primeiro termo, pois é geral, chama atenção para a "língua" e está comprometido com a "doutrina da expressão das ideias", que diz que a alocução deve ser explicada pelas ideias nela expressas. "Significado", "informação" ou "conhecimento" são sucessores modernos dessa doutrina e, segundo o autor, sempre supõem uma "estrutura interna" que explicaria a alocução. Para Skinner, o termo "comportamento verbal" é, tecnicamente, mais preciso e inclui todas os tipos de comunicação (vocais ou motoras), não importando se o produto criado for auditivo (como na fala, no código morse ou música), gráfico (como na escrita alfabético-fonética ou na partitura musical), cinestésico (Braille) ou em movimento (como nos gestos corporais ou faciais ou na língua de sinais). A comunicação sugere que, tais como quaisquer outros comportamentos, os verbais resultam da interação contínua entre o organismo e o ambiente. No caso, o ambiente é especial, chamado ambiente verbal, e inclui necessariamente o ouvinte.

Com a publicação do *Verbal Behavior*, Skinner apresenta sua proposta funcional para a análise do comportamento verbal, alertando, entretanto, que a obra constituiu-se em um exercício de interpretação, por não apresentar dados experimentais. Tal alerta procedeu, pois, no âmbito de sua ciência, "a disposição para lidar com os fatos", com o empírico; mesmo quando eles são opostos ao que se deseja, é uma das características do que o autor considera como uma atitude científica respeitável (Skinner, 1953). Entretanto, esse exercício de interpretação das variáveis controladoras do comportamento verbal foi respaldado pelos estudos experimentais do comportamento dos organismos, realizados por ele desde 1938, a partir dos quais os princípios básicos comportamentais foram descobertos, dentre eles o de reforçamento.

Skinner incluiu na obra todos os temas possíveis no estudo da linguagem. Produziu um livro denso e difícil (Day, 1980), considerado uma obra para ser estudada e não apenas lida (Osgood, 1958). Para romper a barreira da sua linguagem, autores brasileiros publicaram vários trabalhos didáticos ou introdutórios sobre o conteúdo do livro (Ribeiro, 2004; Borloti, 2004; Barros, 2003; Borloti, 2003; Matos, 1991; Hübner, 1997; Hübner, Miguel, Michael, 2005).

Seja pela linguagem nova, seja pelo modo como ela foi apresentada pelo seu autor, o livro levou mais de 20 anos para ser publicado e os impactos da sua análise no desenvolvimento da pesquisa experimental não foram imediatos. Demorou mais alguns anos para que seu exercício de interpretação pudesse passar para o corpo de investigação principal da ciência de Skinner: a Análise Experimental do Comportamento. Entretanto, isso tem mudado, ainda que lentamente.

Para se ter uma ideia, no início dos anos 1980 apenas 4% dos trabalhos citando o *Verbal Behavior* eram de estudos empíricos; desses, apenas 2,2% eram experimentais (básicos e/ou aplicados) (Sundberg, Partington, 1982). Dezoito anos depois, o emprego de conceitos técnicos do livro, sem necessariamente citá-lo, tornou-o a segunda obra mais referenciada nos periódicos *Journal of the Experimental Analysis of Behavior, The Psychological Record, The Analysis of Verbal Behavior* e *The Experimental Analysis of Human Behavior Bulletin*, conforme a análise de citações conduzida por Critchfield, Buskist, Crockett, Sherburne e Keel (2000).

Recentemente, Dymond, O'Hora, Whelan e O'Donovan (2006) realizaram uma análise bibliométrica de 1.093 citações do *Verbal Behavior* e encontraram 13,7% de pesquisas empíricas referenciando-o, sendo 4% experimentais aplicadas e 1,4% experimental básica. Portanto, mesmo tendo quase triplicado a produção experimental, a afirmação de Catania (1988), em uma edição especial do periódico *The Analysis of Verbal Behavior*, de que há "muito comportamento verbal sobre comportamento verbal", continua válida: 80% dos artigos analisados pelos autores não são empíricos. A despeito disso, nesses seus 50 anos de publicação, *Verbal Behavior* pode ser considerado um sucesso imenso, pois engendrou um debate sobre a natureza da linguagem humana dentro de várias disciplinas" (Dymond *et al.*, 2006, p. 84).

OPERANTES VERBAIS: UM VOCABULÁRIO COMPORTAMENTAL ÚNICO

As propriedades complexas do comportamento verbal exigem um tratamento especial desse fenômeno. Entretanto, para Skinner (1957), sua natureza não o distingue essencialmente dos comportamentos não verbais. A diferença entre comportamentos não verbais e verbais é que, enquanto os primeiros produzem consequências de um modo mecânico e direto, os segundos produzem consequências de um modo sociocultural e indireto, ao afetarem um ouvinte (outra pessoa ou a própria) que, em seguida, por ser especialmente treinado como tal, medeia a relação entre o comportamento verbal e suas consequências.

A proposta do autor para explicar a produção verbal nesse contexto requer descrever as variáveis ambientais que controlam o comportamento verbal, a partir da especificação:
- Da condição em que a resposta verbal ocorre
- Da própria resposta
- Da consequência do responder. Segundo Skinner, modalidades verbais diferentes, por exemplo, vocal (fala) ou motora (escrita, gesto, música) e topografias diferentes ou iguais, como *mangueira* [árvore] e *Mangueira* [escola de samba], assumem diferentes funções nessas relações contextuais entre antecedentes, respostas e consequentes.

Relações verbais podem ser identificadas a partir da especificação dessas variáveis, caracterizando operantes verbais distintos cujo significado está na contingência que determina a relação e na história de falantes e ouvintes com ela. Condições em que a resposta verbal ocorre incluem eventos com funções motivacionais (operações estabelecedoras), discriminativas/evocativas; consequências do responder incluem reforçadores, em geral intermitentes e generalizados (p. ex., "aprovação" ou "atenção" do ouvinte), mas, em alguns casos, específicos (p. ex., a coisa que se pede a alguém). A presença de um ouvinte é condição *sine qua non* para a emergência das funções de antecedentes e de consequentes; e o próprio ouvinte adquire função evocativa para um tipo de operante.

Os operantes verbais definidos por Skinner (1957), em uma visão ampla, podem ser reunidos em dois grandes conjuntos: operantes de primeira ordem (Ecoico, Ditado, Cópia, Textual, Tato, Mando, Intraverbal) e operantes de segunda ordem (Autoclíticos). Os de primeira ordem podem ser redivididos em outros dois grandes subconjuntos:
- Aqueles cujo controle advém de uma relação formal entre a resposta e a condição antecedente, com ou sem similaridade entre formas, mas com correspondência entre suas partes, que Skinner denominou "ponto a ponto"
- Aqueles cujo controle advém de uma relação temática entre a resposta e a condição antecedente e, portanto, sem similaridade/correspondência.

Relações verbais formais

No primeiro subconjunto de primeira ordem estão os operantes Ecoico, Ditado, Cópia e Textual. Uma relação entre formas sempre existe nesse subconjunto, porém a similaridade somente é possível quando os "meios" em que resposta e estímulo ocorrem são similares, por exemplo, ondas sonoras (como na resposta falada e no estímulo ouvido) ou superfícies (como na resposta escrita e no estímulo lido). A correspondência é dada por uma relação pontual entre partes da resposta e do estímulo, possível pelo "meio" similar. Essa correspondência é o ponto central de estudo da Linguística estrutural e, em geral, é o que se busca nos processos de ensino-aprendizagem que definem a alfabetização, especificamente o operante denominado textual (Passos, 2003), como será visto adiante.

Na relação *Ecoico*, uma resposta vocal é controlada por um estímulo antecedente verbal auditivo. Como exemplo, temos o caso de uma criança dizer "mamãe" imediatamente após a mãe dizer "mamãe". Note-se que partes da resposta e do estímulo antecedente mantêm similaridade formal acústica e, portanto, correspondência ponto a ponto. Um primeiro procedimento experimental a demonstrar o controle ecoico foi o de Boe e Winokur (1978). Os autores verificaram que a frequência de emissão de uma dada palavra nas respostas de mulheres a questões sobre emancipação feminina dependia de essa deterinada palavra estar contida nas questões propostas para elas responderem.

Na relação verbal *Ditado*, uma resposta verbal motora-escrita é controlada pelo estímulo antecedente verbal-auditivo, produto do comportamento verbal-vocal de alguém. Um aluno escrever CASA após o professor ter dito "casa" é um exemplo do operante em questão. Novamente, partes tanto da resposta quanto do estímulo antecedente apresentam correspondência ponto a ponto, mas não similaridade entre as formas (que, nesse caso, são motora-escrita e auditiva).

Na relação *Cópia*, o estímulo antecedente verbal é visual (o produto do comportamento verbal motor-escrito prévio de alguém) e a resposta verbal é motora-escrita. Escrever LÁPIS diante dessa palavra escrita em uma lousa é ilustração desse operante verbal e, como no Ecoico, em uma similaridade formal (só que gráfica), pontos do estímulo mantêm correspondência com pontos da resposta.

Na relação *Textual*, o estímulo antecedente verbal é visual (também produto do comportamento verbal motor-escrito prévio de alguém) e a resposta verbal é vocal, a de ler (leitura decodificada) o estímulo. Dizer "lápis" diante do estímulo visual LÁPIS é comportamento textual, pois mostra correspondência ponto a ponto (gráfica-acústica). A leitura com compreensão pode ser considerada uma fusão de relações verbais, e será discutida adiante na seção sobre fusões verbais.

Vê-se, então, que Ecoico e Cópia têm similaridade formal; Ditado e Textual, não. Michael (1982) renomeou as primeiras de *Dúplices*, pela completa e coincidente identidade ponto a ponto entre estímulo e resposta, uma propriedade duplicativa que a similaridade lhes atribui; e as demais de *Códices*, pela ausência dessa propriedade e pela presença de uma propriedade codificativa dada pela correspondência. Portanto, todas essas relações formais têm correspondência ponto a ponto entre partes do estímulo e da resposta, como "duplicações" ou "códigos", e são mantidas por reforçamento, no caso, generalizado, tal como analisado por Skinner (1957). Em geral, o reforço generalizado é, inicialmente, educacional (informal ou sistemático) e se mantém em operação durante a vida do falante de modo automático (sem necessidade explícita do reforço generalizado do tipo "aprovação" por parte do ouvinte); o falante simplesmente "sabe" que duplicou ou codificou o estímulo da maneira certa em cada relação formal (assim, p. ex., o comportamento Textual do leitor nesse exato momento é mantido por reforço generalizado automático cuja função foi adquirida provavelmente no ensino fundamental).

Relações verbais temáticas

No outro subconjunto de operantes de primeira ordem, o controle principal advém de uma relação temática entre a condição antecedente e a resposta verbal; a resposta está sob controle de estímulos verbais ou não verbais com funções discriminativas (evocativas ou seletivas) ou de operações de estímulo com funções motivacionais. Assim, objetos, palavras, pessoas e condições fazem parte de um "tema" que controla comportamentos verbais. Ao contrário das relações formais, as relações temáticas não mostram similaridade de forma (e, portanto, correspondência ponto a ponto) entre o estímulo e a resposta.

Na relação *Tato*, por exemplo, as respostas verbais, que podem ser vocais (fala) ou motoras (escrita ou gesto), são controladas por condições antecedentes não verbais com função discriminativa, podendo ser objetos, eventos (externos ou internos) ou propriedades desses objetos e eventos. Dizer "chuva" diante do fenômeno da natureza que se convencionou chamar assim é uma relação Tato. Skinner evitou associar o Tato à noção de "referente". Segundo ele, "referente" enfatiza o objeto (e não dá conta de relações que envolvem estímulos não verbais, que não são "objetos" típicos), já o termo "Tato" enfatiza a relação de controle, independente de o objeto ter ou não um "referente" convencional.

Uma parte considerável das páginas do livro clássico de Skinner (1957) é dedicada à descrição desse operante, devido à sua importância e frequência no comportamento, uma vez que trata de relações entre o falante e o mundo não verbal: seu ambiente externo e interno (emoções), comportamentos e todas as suas propriedades (cor, forma, temperatura etc.). Por sua estreita relação com os estímulos antecedentes (objetos, eventos ou propriedades desses objetos e eventos), as respostas verbais de Tato, inicialmente, são importantes mais para os ouvintes (p. ex., para que os pais saibam que a criança faz contato com o mundo: vê, sente etc.). Por isso, formam uma ampla porção do repertório verbal de uma pessoa. Tatos são sempre inicialmente condicionados de maneira arbitrária, em relações estímulo-resposta convencionais ou não, mantidos por reforçamento generalizado e educacional (p. ex., "aprovação"). Posteriormente, eles se mantêm no repertório adulto por reforçamento generalizado automático.

Mando, por sua vez, envolve respostas vocais ou motoras controladas por antecedentes não verbais com função motivacional, a partir de estados de privação ou estimulação aversiva (as chamadas operações estabelecedoras). As condições antecedentes estabelecem o valor reforçador da consequência a ser obtida (reforço positivo) ou eliminada (reforço negativo) pela mediação do ouvinte do Mando. Dizer "água, por favor", após um período de privação da mesma, e diante de um ouvinte (com alta probabilidade de trazer um copo de água), é uma resposta Mando.

A relação Mando foi empiricamente demonstrada no artigo de Michael (1988), que descreve a manipulação de operações estabelecedoras controlando Mandos específicos, oferecendo, por exemplo, a uma criança a tarefa de fazer uma sopa instantânea tendo todos os itens presentes (pó preparado, prato, água fervendo), exceto uma colher. Recentemente, um artigo aplicado (Sundberg, Loeb, Hale, Eigenheer, 2002) mostrou que é possível instalar no repertório de crianças autistas Mandos do tipo "questão para busca de informação" (p. ex., Onde...? Quem...?, Qual...?), um repertório, em geral, ausente no repertório verbal dessas crianças. Os autores ensinaram o Mando "Onde...?" criando uma operação estabelecedora para um item que faltava para a execução completa de uma tarefa. Uma vez que o mando foi adquirido, uma operação estabelecedora foi criada para o controle de um outro Mando – "Quem...?" –, aumentando o valor reforçador da pessoa que mediaria a aquisição do item que faltava. Os dados dos autores mostram como Mandos são previstos e controlados conforme Skinner descreveu e que os repertórios instalados nas crianças foram generalizados para itens e pessoas do ambiente natural, quando as crianças tinham necessidade de coisas ou de informações.

Certamente a aprendizagem do Mando facilita muito a educação de crianças, pois, ao contrário do Tato, o Mando beneficia o falante ao informar ao ouvinte sobre o que se passa com ele (falante). Skinner acrescenta que no operante Mando as consequências são especificadas, diretamente ou não, pela resposta emitida: o que reforça um Mando é essa consequência característica; no exemplo, a água ingerida. Se fosse funcional evitar a provável punição por parte do ouvinte caso se pedisse água repetidamente, o falante, então, dissimularia a função de Mando com um *Mando Disfarçado*. "Você pode me dar um copo de água?" e "Você se incomodaria...?" são exemplos desses disfarces.

Observe que no Mando, assim como no Tato, não há qualquer similaridade de forma entre a resposta e o estímulo antecedente (a operação estabelecedora) e, portanto, não se pode falar de correspondência ponto a ponto. O controle pode ser visto como temático: estar privado de água "serve de tema" para a emissão de operantes específicos.

Também pertencente a esse conjunto de operantes em que o controle é temático está o operante *Intraverbal*, cuja relação de controle está entre cadeias de respostas verbais (vocais ou motoras) e estímulos verbais (vocais ou visuais) produzidos pelo comportamento de outra pessoa ou do próprio falante (na cadeia produzida pelo falante, respostas que precedem têm função de estímulo para as que se seguem, como na fala continuada). Dizer "Tudo bem" diante da pergunta "como vai?" é um exemplo do operante Intraverbal, bem como escrever QUATRO ou dizer "quatro" diante da expressão dita (ou escrita) "dois mais dois".

Em um experimento muito citado, Chase, Johnson e Sulzer-Azoroff (1985) demonstraram os controles da relação intraverbal, sugerindo três categorias para o modo como o controle temático-conceitual opera a relação: *Definição* (p. ex., aquilo que o leitor pensar falar sob controle da pergunta "O que é psicologia?"), *Exemplificação* (o pensar sob controle de "Dê um exemplo de uma teoria psicológica") e *Identificação de Exemplo* (o pensar sob controle de "Dentre as seguintes alternativas – Watson, Descartes, Skinner –, responda qual é o autor monista).

Do mesmo modo que no Tato, relações intraverbais são arbitrárias (convencionais ou não), inicialmente mantidas por reforço generalizado-educacional que se mantém como generalizado-automático. O modo como a cadeia verbal foi condicionada possibilita outra divisão (Vargas, 1986): o *Informal* ("Como vai? – "Tudo bem", porque aprendido no cotidiano), o *Formal* ("Dois mais dois" – "Quatro", porque aprendido em ensino sistemático) e o *Idiossincrático* (um encadeamento particular a um falante, como as cadeias de termos mais falados por um professor ou das palavras mais frequentemente associadas em uma obra poética ou em um discurso político).

Ainda nesse subconjunto de operantes sob controle temático está a relação verbal *Audiência*, um tipo de operante verbal diferente dos demais por ser um grupo de respostas (vocais ou motoras) funcionalmente unificado. A relação de controle Audiência advém de propriedades do ouvinte, que adquiriram funções discriminativas evocativas desse grupo específico de respostas (Fonai, Sério, 2007). Assim, ouvintes selecionam tópicos ou temas (ou gestos) de conversas. Diferentes ouvintes controlam diferentes subgrupos de Audiências a partir das suas funções discriminativas-seletivas, tanto do conteúdo quanto da maneira de apresentá-los aos ouvintes.

Todas essas relações, formais e temáticas, criam a base das tarefas de ensino especial ou regular (do nível fundamental ao superior), o que atesta a sua importância prática, pois a instalação dos operantes verbais no repertório de estudantes é o objetivo básico de qualquer método educacional, não importa a filosofia subjacente. Uma vez que a análise pragmática de Skinner facilita o alcance desse objetivo, Johnson e Chase (1981) listaram os operantes que se quer alcançar em tarefas educacionais para que o estudante:

- Diga exatamente o que foi dito (Ecoico)
- Diga o que foi escrito (Textual)
- Escreva o que foi escrito (Cópia)
- Escreva o que foi dito (Ditado)
- Defina um termo lido ou dito (Intraverbal Definição)
- Identifique descrições lidas ou ditas (Intraverbal Identificação de Exemplo)
- Dê exemplos originais (Intraverbal Exemplificação)
- Descreva eventos ambientais que acontecem (Tato)
- Categorize, com um termo, um grupo de eventos ambientais que ocorrem (Tato)
- Combine e recombine todas essas tarefas citadas antes estendendo ou fundindo seus controles (ver adiante a seção sobre extensões e fusões verbais).

A segunda ordem de operantes: os autoclíticos

Talvez o leitor se pergunte: o que o Behaviorismo Radical tem a dizer sobre fatos linguísticos tais como aspas, risadas nervosas, pontuações, artigos, pronomes, prefixos, voz ativa/passiva, gênero, número e assim por diante? Na taxonomia skinneriana, esses fatos são, em geral, uma segunda ordem de relações verbais, denominada *Autoclítico*. Essa ordem informa a complexidade do comportamento verbal em processos tradicionalmente chamados de "gramática" ou "tom". Entretanto, formas verbais que poderiam ser chamadas de gramaticais, às vezes, são enganosas em suas funções: nem sempre uma forma (p. ex., o "pronome oblíquo" *lhes*) serve a uma função autoclítica. No entanto, a gramática serve como um ponto de partida para a análise da função dessas formas verbais.

Autoclíticos têm funções "centrais na abordagem do comportamento verbal" (Catania, 1980, p. 175). Seu destaque pode ser inferido na etimologia da palavra, que, segundo Epting e Critchfield (2006), é a junção de *autos* (eu) e *klit* (inclinar-se sobre) e descrevem o que é requinte na linguagem; sua principal função é modificar e precisar (ou "lapidar") o efeito das relações verbais primárias sobre o ouvinte. Em palavras diretas, o operante Autoclítico é o "falar sobre o falar"; é o falante inclinando-se sobre seus próprios operantes verbais, compondo, criando, inventando, dirigindo, avaliando, organizando, selecionando e produzindo respostas mais precisas sob controle das respostas primárias, das propriedades dessas ou das condições que as controlam.

Dependentes daquilo sobre o qual se inclinam (ou seja, do próprio comportamento verbal), os Autoclíticos não podem ocorrer sozinhos: eles são concorrentes e dependentes das relações verbais de primeira ordem.

"Concorrência e dependência foram propriedades que levaram Skinner (1957) a nomear de autoclíticas essas relações: o termo diz respeito ao fato de o falante ficar sob controle de algum aspecto do seu próprio comportamento a partir das condições que o controlam em uma relação verbal de primeira ordem e isso evocar respostas verbais adicionais ou de segunda ordem. Assim, elas podem ser compreendidas como respostas verbais sobre respostas verbais primárias, tornando mais efetivas as funções primárias" (Borloti, Fonseca, Charpinel, Lira, 2009, p. 82).

A análise funcional dos Autoclíticos possibilita agrupá-los em duas grandes categorias: autoclíticos "de tato" e autoclíticos "de mando", de acordo com a origem dos controles atuando sobre elas: se das respostas verbais e seus controles ou se do ouvinte. As aspas servem para diferenciar essas relações das de Tato e de Mando.

Os primeiros "tateiam": as propriedades da resposta primária e/ou as condições sob as quais ela ocorre. O "tato" das propriedades da resposta primária torna possível ao falante discriminar que tipo funcional ela é (se Mando, Tato etc.), que força tem e/ou como é sua emissão; o "tato" das suas condições controladoras possibilita a discriminação da emissão ou probabilidade de emissão da resposta, da sua excentricidade ou banalidade, da relação dela com outras coisas que se diz ou com aspectos do contexto que controla o que se diz.

Os segundos, autoclíticos "de mando", estão sob controle de uma operação com função motivacional estabelecida pelo ouvinte; "mandam" uma ação específica ao ouvinte para que esse: emita um novo comportamento verbal; pare de se comportar; ou mude a direção ou tendência do seu comportamento em relação à resposta primária emitida pelo falante.

Percebe-se que em todos os operantes verbais até aqui descritos há o que Skinner denomina "episódio verbal", a interação entre falante e ouvinte. Os operantes primários ocorrem nessa interação com a função de afetar o ouvinte a mediar o reforçamento; nos autoclíticos, essa interação aprimora as funções primárias. A interação entre um falante e um ouvinte em um meio verbal especialmente construído pela cultura destaca-se como uma característica diferenciadora do operante verbal em relação aos demais: o reforçamento é sempre mediado pelo ouvinte, alguém que pertence à mesma comunidade verbal que o falante, tendo sido treinado para emitir respostas funcionais ao comportamento verbal do falante. Essa mediação no reforçamento requer, portanto, que o falante e o ouvinte compartilhem a comunidade verbal.

CONTROLES VERBAIS COMPLEXOS

"O comportamento verbal pode libertar-se mais facilmente do controle de estímulo porque, pela sua própria natureza, não requer apoio: nenhum estímulo precisa estar presente para dirigi-lo ou formar importantes elos em cadeias de respostas" (Skinner, 1957, p. 47).

Essa afirmação talvez aponte o principal aspecto do fenômeno verbal que tem sustentado as formulações tradicionais acerca da linguagem, pois possibilita, em um olhar desatento, atribuir uma autonomia ao falante, ou uma "geração espontânea" da produção verbal. Entretanto, as teorias tradicionais ignoram que, para um falante alcançar esse nível, seu repertório foi aprimorado por relações verbais envolvendo incontáveis estímulos não verbais ou verbais do mundo físico (interno ou externo) e social, sem falar em suas múltiplas propriedades.

Estímulos são compostos de mais de uma propriedade que, por isso, podem ser apenas abstraídas, pois não existem isoladas na natureza. Para Skinner (1957, p. 109), a *Abstração* é uma relação verbal "peculiar", porque dependente de uma relação de Tato, já que, em uma contingência não verbal, uma propriedade, como cor ou tamanho, é sempre *de* um estímulo, nunca é separada dele. Aprende-se a tatear propriedades *sempre* integradas formando estímulos; é impossível a comunidade verbal ensinar o tato de uma propriedade separada; apenas da propriedade abstraída.

Além disso, "O controle de estímulo não é, assim, tão preciso" (Skinner, 1957, p. 91). Estímulos "puros" controlando Mandos ou Tatos *Puros* ou *Objetivos*, como mostrados de um modo "perfeito" até agora, são raros. Quando o controle advém de mais de um estímulo ou de mais de uma propriedade de estímulo (ou quando diferentes relações de controle advêm de um mesmo estímulo), diz-se que ele é um controle múltiplo. Skinner salientou que tal fato é responsável pela maior dificuldade de classificação dos operantes verbais no cotidiano, pois traduz todas as sutilezas do contexto amplo. Essa dificuldade é inexorável, pois, no contexto cotidiano, "o controle de estímulo nunca é perfeito" (Skinner, 1957, p. 147). "Um reforçamento genuinamente generalizado é raro (…) e a pura objetividade, nesse sentido, provavelmente nunca será alcançada" (p. 83).

Como visto, uma mesma forma verbal pode ter funções diferentes e, consequentemente, significar algo diferente, a depender desses controles. O comportamento do ouvinte pode estar sob controle de outros estímulos que não aqueles que controlam o comportamento do falante, e vice-versa, caracterizando o inusitado (como nos trocadilhos) e o artístico (como na poesia), o humor (Hübner, Miguel, Michael, 2005) e as ambiguidades (como nas "charadinhas", "indiretas", atos falhos, lapsos verbais e sonhos). Situações como o falar com mortos, objetos, plantas, animais, deuses ou "o nada" também tornam complexa a tarefa analítico-funcional dos operantes verbais. Tudo isso mostra as especificidades da linguagem humana que a tornam um dos comportamentos mais desafiadores e interessantes para estudo. Dentre essas especificidades, destacam-se as extensões e fusões de algumas relações verbais, que denunciam a "imperfeição eterna" do controle de estímulo com a qual o analista do comportamento deve lidar no estudo da linguagem.

Extensões

Em geral, os estímulos antecedentes dos contextos de controle verbal são compostos de várias propriedades. Por exemplo, no espectro do seu controle, o estímulo não verbal *sol* pode controlar o Tato "sol" e, ao mesmo tempo, outros Tatos de outros estímulos não verbais, a partir de quaisquer propriedades compartilhadas: calor, cor, posição, função (em relação aos planetas ou seres vivos), hierarquia ou tamanho (no Sistema Solar), e assim por diante.

Transposições de controles foram denominadas extensões verbais, por Skinner. São processos que surgem a partir da probabilidade de controle de um comportamento do falante por uma (ou mais de uma) propriedade (incluindo propriedades do ouvinte) que fez parte do contexto passado do processo de condicionamento do comportamento do falante estímulo antigo, e que tem seu controle estendido para propriedades de um estímulo antecedente presente estímulo novo. Propriedades que se estendem de operações estabelecedoras e ouvintes passados resultam em funções de extensão no Mando; e as que se estendem de estímulos antecedentes não verbais resultam em extensões no Tato.

As extensões do Mando, segundo Skinner (1957, p. 46), ocorrem quando o controle de estímulo induz semelhanças entre situações presentes e passadas, chegando a controlar o Mando: na possibilidade acidental de reforçamento ou na impossibilidade de reforçamento. Em geral, nessas duas condições, o falante não percebe os aspectos "irracionais" do seu comportamento, já que seus "ouvintes" são inusitados (porque ausentes, mortos, inanimados, inexistentes, platônicos ou místicos).

Na primeira condição, o exemplo mais comum é o jogador "mandando" números aos dados; trata-se de uma relação denominada *Mando Supersticioso*, pois o reforço pode advir ao acaso, gerando uma ilusão da mediação do "ouvinte".

Essa ilusão é maior na segunda condição e controla o chamado *Mando Mágico*, pois o reforço não pode advir, apesar da crença no "ouvinte". Mandos Mágicos são altamente generalizados: a partir do sucesso anterior em mandar ouvintes, o falante passa a mandar "para o nada". Exemplos de Mando Mágico estão tipificados em "palavras mágicas" ("Faça-se a luz!").

As extensões do Tato podem acontecer quando: um novo estímulo não verbal antecedente, ao ser tateado, compartilha uma (ou mais) propriedade com um velho estímulo não verbal que adquiriu controle sobre Tatos do repertório do falante; quando um outro estímulo velho acompanhar o novo; ou quando uma propriedade de um estímulo velho se relacionar com uma propriedade do novo, só que de um modo distante ou irrelevante.

Uma dessas ocorrências é o *Tato Genérico*: um novo tipo de estímulo é tateado como o velho (p. ex., chamar um novo tipo de cadeira de cadeira). Portanto, nela, há coincidência entre as contingências de reforço contendo o novo e o velho estímulo; ainda, a propriedade compartilhada é importante para o ouvinte, dando utilidade prática à extensão, sempre tida como correta. Por isso, segundo Skinner, os estímulos de controle da extensão genérica são, em geral, "objetos" definidos como uma classe de

estímulos cujos membros têm uma mesma propriedade colateral (ou seja, paralela):

> "A extensão genérica respeita a prática reforçadora original, a qual persiste imutável na comunidade verbal, ainda que o alcance dos estímulos possa ser estendido na medida em que mais e mais casos com novas propriedades colaterais são reforçados" (p. 95).

No *Tato Metafórico*, ao contrário do Genérico, a contingência de reforço "contendo o novo estímulo" difere da convencional "contendo o velho". É essa diferença que traz a extensão Metafórica ao repertório verbal: uma propriedade adventícia (ou "que veio de fora") adquire controle sobre a extensão do Tato. A propriedade adventícia que controla a extensão Metafórica não tem a mesma utilidade que a propriedade colateral da extensão genérica. Entretanto, a utilidade das metáforas é tornar possível distinguir a propriedade do contexto convencional no contexto novo e aumentar a eficácia do comportamento verbal ao provocar compreensão e/ou emoção no ouvinte, a exemplo da poesia e literatura. Quando Romeu diz à Julieta "Você é o sol", do ponto de vista da contingência original, a metáfora é incorreta ("Você é o sol" é literalmente incorreto porque Julieta não é o sol), mas é aceitável pela sua importância. Somente as práticas verbais das comunidades podem apontar essa importância em metáforas idiossincráticas: apenas para Romeu Julieta é o sol e é na história de vida de Romeu que serão encontrados os possíveis controles dessa extensão metafórica. Skinner (1957) lançou uma hipótese: uma resposta emocional pode ter controlado a extensão metafórica de Romeu.

Outros tipos de extensões do Tato são a metonímia (como em "Comi três pratos"), o solecismo (p. ex., chamar de "recíprocas" coisas semelhantes), a nomeação e a distorção. No *Tato Metonímico*, "um estímulo [contíguo ou acompanhante] adquire controle sobre a resposta porque frequentemente acompanha o estímulo sobre o qual o reforçamento é normalmente contingente" (Skinner, 1957, p. 99-100). No *Tato Solecista* há um desvio da sintaxe ortodoxa, um "vício de linguagem": uma semelhança longínqua ou irrelevante entre uma propriedade do novo e do velho estímulo obtém controle sobre a resposta. Ambos são respostas incorretas, mas aceitáveis e úteis para a comunidade. No *Tato Nomeação* o controle do tato de propriedades anteriormente tateadas se estendem para propriedades de novos objetos aos quais se deve atribuir um nome pela primeira vez. Os "apelidos" são, segundo Skinner, bons exemplos dessas extensões do Tato. Por fim, o *Tato Distorcido* ocorre na mentira, no exagero ou na invenção. É um tipo de extensão porque o controle de um Tato que recebera reforços especiais em uma situação antiga se estende para uma situação nova em que esse controle está ausente. Como um equivalente do Mando Mágico, que dispensa o ouvinte, o Tato Distorcido dispensa o fato.

O CONTROLE PELA AUDIÊNCIA

Muitas vezes o comportamento verbal ocorre na presença de um ouvinte que tende a prover consequências reforçadoras contingentes ao comportamento do falante. No caso do humor, piadas, por exemplo, são emitidas com mais frequência, caso exista uma história de reforçamento para sua emissão na presença de determinado(s) ouvinte(s). O ouvinte é, portanto, parte essencial do episódio verbal, não só por funcionar como fonte de reforçamento, mas também por fazer parte da situação na qual o comportamento verbal é observado e reforçado. Assim, o ouvinte funciona também como um estímulo discriminativo, já que sua presença esteve correlacionada com maior probabilidade de reforçamento para o comportamento verbal do falante. Skinner (1957) distingue as funções reforçadoras e discriminativas do ouvinte, referindo-se à segunda como o controle pela "audiência" (p. 172).

Assim, a audiência funciona como um estímulo discriminativo, ou seja, como parte de uma ocasião para que o comportamento verbal seja reforçado, portanto, controlando a força ou probabilidade de emissão da resposta. Diferentemente de estímulos discriminativos responsáveis pelo controle de operantes verbais elementares como ecoicos, tatos e intraverbais, a audiência está correlacionada com maior probabilidade de reforçamento para um grupo específico de respostas (Skinner, 1957, p. 173). Audiências diferentes controlam subgrupos diferentes de respostas. Um primeiro exemplo de Skinner é o de um indivíduo bilíngue, cuja probabilidade de emissão de respostas em uma língua aumenta na presença de uma audiência que se comunica em tal língua.

Uma das funções da audiência é a seleção do conteúdo e forma do comportamento verbal, ou seja, o tópico a ser apresentado e a maneira de se fazê-lo. Certas comunidades podem modelar e tornar alta a probabilidade de metáforas, trocadilhos e piadas. A comunidade brasileira pode ser um bom exemplo disso. O riso, por exemplo, é uma das consequências reforçadoras que aumentam a probabilidade de ocorrência do episódio verbal subsequente de alguém contar uma piada (Hübner, Miguel e Michael, 2005).

Controle múltiplo

Além das extensões discutidas anteriormente, os operantes verbais estão sujeitos a uma recombinação a partir de controles múltiplos. Skinner (1957) apresenta dois tipos de controle múltiplo. O primeiro tratamento de controle múltiplo ou causação múltipla aparece quando se discute o controle exercido pela audiência como um estímulo discriminativo. Um segundo tipo de controle múltiplo aparece quando operantes verbais estabelecidos separadamente combinam-se em uma ocasião específica. As fusões ou recombinações suavizam, duplicam, triplicam ou intensificam funções primárias em alguns operadores verbais. Na obra de Skinner, há menção a duas formas de fusão: contendo mais de uma relação verbal com uma função (p. ex., no Tato apropriado, quando um nome "cai bem" ao portador; e contendo mais de uma relação verbal com funções diferentes (p. ex., no Tato impuro, que combina o controle de Mando e de Tato). Evidências de controle múltiplo aparecem em amostras da linguagem falada, como em trocadilhos e piadas.

Trocadilhos e piadas são exemplos de controle múltiplo na medida em que: a força de determinada resposta é função de mais de uma variável, ou seja, um tipo de controle múltiplo convergente; uma única variável em geral afeta mais de uma resposta, ou seja, um tipo de controle múltiplo divergente. No caso de a força de uma determinada resposta ser função de mais de uma variável (controle convergente), tem-se o seguinte exemplo, extraído de Hübner, Miguel e Michael (2005): a emissão da palavra *"Manga"*, que pode ser evocada como um tato na presença da fruta ou na presença da parte de uma camisa. Veja que a palavra "manga" poderia fazer parte de um trocadilho, caso a fruta e a parte da camisa estivessem presentes ao mesmo tempo no momento da ocorrência da resposta. É quando variáveis controladoras da mesma resposta acontecem ao mesmo tempo que o trocadilho pode ser identificado.

No segundo tipo de controle múltiplo apresentado por Skinner, uma única variável em geral afeta mais de uma resposta (controle divergente). Skinner dá o exemplo do animal "cão", que pode evocar a resposta "cachorro" ou "cão", ou "au-au", em se tratando de crianças pequenas. Assim, um mesmo animal (o cão) evoca múltiplas respostas

O conceito de controle múltiplo no comportamento verbal reitera a ideia da complexidade do fenômeno em questão. Embora visto e concebido como comportamento, a concepção comportamental de linguagem está longe de transformá-la em um fenômeno simplificado. O avanço

110 Temas Clássicos da Psicologia sob a Ótica da Análise do Comportamento

de Skinner em relação à abordagem tradicional não está em simplificar o fenômeno, mas em trazer sua complexidade para um modelo científico que o torna passível de estudos experimentais e, consequentemente, aberto a discussões e refutações; do ponto de vista prático, define-a de um modo tal que as contingências para o seu ensino estão claramente definidas e só requerem o arranjo de contingências adequadas para que ela emerja.

CONTROLE VERBAL SOBRE O COMPORTAMENTO NÃO VERBAL: O COMPORTAMENTO VERBALMENTE CONTROLADO OU COMPORTAMENTO GOVERNADO POR REGRAS

Uma outra linha de desenvolvimento de pesquisas que surgiu na Análise do Comportamento em relação ao comportamento verbal foi o arranjo experimental de situações em que se pudesse medir o efeito do comportamento verbal sobre comportamentos não verbais com ele relacionados.

Produzir mudanças no comportamento humano a partir da apresentação de um antecedente verbal é um resultado esperado de práticas terapêuticas e educacionais sustentadas em nossa cultura. Em grande parte, a prática clínica pode ser interpretada como uma tentativa de instalar ou alterar comportamentos não verbais relevantes a partir de conversas entre cliente e terapeuta (Salzinger, 2003); e atividades educacionais estão, muitas vezes, fundamentadas no controle por instrução (Ayllon, Azrin, 1964; Catania, Matthews, Schimoff, 1982). Ainda que esperado, no entanto, nem sempre o controle de respostas verbais sobre não verbais pode ser observado, quer em condições cotidianas, quer sem situações experimentais.

Estudos iniciais sobre o tema apresentaram uma posição bastante otimista acerca deste controle. Para Catania, Mattews e Schimoff (1982), o controle verbal sobre respostas não verbais[1] seria forte o suficiente para evitar

mudanças comportamentais, mesmo quando as contingências para respostas não verbais fossem alteradas. Em seu estudo, Catania, Mattews e Schimoff (1982) avaliaram o efeito de respostas verbais (que os autores chamaram de "palpites") modeladas ou instruídas sobre respostas não verbais. Estudantes universitários tinham a tarefa de pressionar alternadamente dois botões: um que previa um esquema de reforçamento em razão randômica (RR20) e o outro, em esquema de intervalo variável (RI10). Quando o tempo em vigor dos esquemas se encerrava, o experimentador solicitava que os participantes descrevessem o que teriam que fazer para ganhar pontos em cada um dos botões. Tais descrições (os "palpites") passavam por manipulações experimentais. Para um grupo de participantes, os palpites foram modelados, no sentido de atribuir pontos às descrições que se aproximavam daqueles selecionados pelo experimentador; para outro grupo, os palpites foram instruídos, condição em que os participantes teriam que escrever o que o experimentador instruía; enquanto para um terceiro grupo os palpites não eram diferenciados, e os participantes recebiam sempre o mesmo número de pontos, independente do conteúdo de suas verbalizações. Em diferentes momentos do estudo, no entanto, foram criadas condições em que os palpites modelados ou instruídos eram incoerentes com as contingências em vigor. Em outras palavras, as descrições verbais modeladas ou instruídas não eram compatíveis com as contingências não verbais programadas. Assim, se os participantes ficassem sob controle das mesmas, perderiam pontos, ou arcariam com um custo maior de resposta para obtenção dos pontos.

Os dados apresentados indicam que os participantes submetidos à condição de "palpites modelados" tiveram seus desempenhos durante a tarefa não verbal alterados na direção especificada pelas descrições verbais, mesmo quando essas estavam em desacordo com as contingências não verbais apresentadas. Analistas experimentais do comportamento passaram, então, a investigar tal fenômeno, conhecido pelo termo "insensibilidade às contingências". Ainda que fosse uma expressão pontual, que se referia aos resultados do grupo de palpites modelados (Catania *et al.*, 1982), o termo parecia indicar que o comportamento verbalmente controlado seria menos sensível às consequências que produz, o que, *stricto sensu*, o descaracterizaria como um comportamento operante. Evitando aceitar prematuramente tal interpretação, pesquisadores da área desenvolveram replicações sistemáticas desse estudo,

---

[1] Os estudos empíricos que se propõem a investigar estas relações inscrevem-se também na área que foi conhecida como "comportamento governado por regras". Concebe-se regra como um estímulo discriminativo verbal que descreve contingências e como "comportamento governado por regras" respostas evocadas por tais estímulos verbais. Catania (2003), entretanto, apresenta críticas a este conceito, porque ora é definido em termos estruturais, ora funcionais, e, insatisfeito com essa variabilidade no uso, propõe a expressão "comportamentos controlados verbalmente".

testando a validade de resultados encontrados e colocando sua generalidade em foco.

Torgrud e Holborn (1990) e Amorim e Andery (2002) pertencem a esse grupo de pesquisadores. Nas replicações sistemáticas dos estudos de Catania *et al.* (1982), um novo e importante controle experimental foi, então, introduzido: a instalação do controle discriminativo sobre as respostas não verbais, antes da solicitação ou apresentação das descrições verbais. Isso porque Torgrud e Holborn (1990) apontaram que as diferenciações das respostas não verbais pelos esquemas RR20 e RI10, durante a tarefa proposta por Catania *et al.* (1982), não havia sido demonstrada antes da introdução dos controles verbais. Apontaram também a dificuldade que humanos revelam em distinguir esses dois tipos de esquemas. Assim, Torgrud e Holburn (1990) estudaram respostas não verbais mantidas por esquemas DRL e DRH (reforçamento diferencial de baixas e altas taxas, respectivamente) e demonstraram, em linha de base, a diferenciação de respostas não verbais mantidas pelos dois esquemas. Apenas a partir dessa demonstração introduziram as variáveis verbais. Os resultados encontrados demonstram que, em condições experimentais em que os controles discriminativos não verbais estão bem estabelecidos, os controles verbais não afetam o responder não verbal. Por outro lado, em condições experimentais em que foi introduzida uma diminuição do controle discriminativo, o controle do verbal sobre o não verbal ocorreu, mas de modo transitório. Em outras palavras, o operante verbal ficou sob o controle de suas contingências específicas, bem como o comportamento não verbal com ele relacionado.

Amorim e Andery (2002) avançam nessa análise, demonstrando que as relações empíricas entre comportamento verbal e não verbal podem ocorrer de modo biunívoco: se respostas verbais são modeladas especificamente para cada situação não verbal, e se as contingências não verbais se mantêm confusas, sem claro controle discriminativo, o verbal controla o não verbal. Se ocorrer o oposto, e contingências não verbais forem instaladas com forte controle discriminativo e as descrições verbais com ela relacionadas permanecerem difusas, indiferenciadas, a direção é oposta: o comportamento não verbal altera o verbal. Em outras palavras, estas relações dependem das contingências estabelecidas para cada operante.

Monteles, Paracampo e Albuquerque (2006) apresentam também dados que possibilitam discutir as condições em que se deve esperar o controle verbal sobre o não verbal. Retomando uma série de estudos anteriores, os autores afirmam que tal controle depende não do efeito isolado de uma variável, mas de um conjunto delas, dentre as quais: o controle estabelecido pelas contingências antes da introdução da regra; o esquema de reforçamento apresentado para seguir o comportamento sob controle das contingências; a história de reforçamento social para o comportamento de seguir regras; a história de variação comportamental anterior à introdução da regra, entre outros. Para investigar a extensão do efeito de duas destas variáveis, os autores conduziram um estudo em que planejaram a competição entre o controle por variáveis sociais e pela história de reforço pelas contingências, sobre o comportamento de seguir regras. Participaram do estudo 18 crianças de 7 a 9 anos, frequentadoras de uma escola particular. Durante o estudo, uma tarefa de emparelhamento de estímulos era proposta aos participantes a partir da disposição de três cartões: dois contendo figuras iguais e conhecidas das crianças, e um contendo uma figura diferente. As crianças deveriam, então, apontar para os cartões apresentados em uma sequência específica, a depender do acendimento de uma de duas luzes, de cor vermelha ou amarela.

Três condições experimentais foram programadas. Cada condição era composta por quatro fases. Na Fase 1, uma instrução mínima era apresentada, sendo solicitado que a criança descobrisse qual filho deveria ser tocado quando a luz acesa fosse vermelha e qual deveria ser tocado diante da luz amarela. Na Fase 2, uma instrução correspondente com as contingências planejadas era apresentada. Nas Fases 3 e 4 ocorria a mudança não sinalizada das contingências programadas.

As crianças que participaram da Condição 1 não recebiam, durante a Fase 1, nenhum reforço diferencial por suas respostas. Já as crianças das Condições 2 e 3 eram reforçadas (com fichas trocáveis por brinquedos) quando emitiam respostas de apontar para a comparação diferente, diante da luz vermelha, e para o comparação igual, diante da luz amarela.

Ao início da Fase 2, nas três diferentes condições, uma instrução correspondente com as novas contingências de reforço era apresentada, sendo todos os participantes informados que deveriam tocar o estímulo comparação igual ao modelo diante da luz vermelha, e o comparação diferente diante da luz amarela.

O início da Fase 3 era marcado pela mudança não sinalizada das contingências em vigor, para as três diferentes condições. Nesse caso, os participantes deveriam apontar para o estímulo comparação diferente diante da luz vermelha, e ao estímulo igual diante da luz amarela. Apenas na Condição 3, no entanto, respostas dos participantes em acordo com a instrução recebida na fase anterior eram seguidas pela produção de reforço social, ou elogios ("muito bem") por parte do experimentador.

Durante a Fase 4, uma nova reversão não sinalizada das contingências era programada, devendo os participantes tocar o estímulo igual diante da luz vermelha e diferente diante da luz amarela.

Os resultados descritos foram discutidos por Monteles, Paracampo e Albuquerque (2006) como indicativos de que o estabelecimento inicial de um desempenho via controle instrucional (participantes da Condição 1) diminui a probabilidade de mudanças no desempenho, diante de mudanças não sinalizadas nas contingências (Fase 3 e 4). Por outro lado, quando este desempenho é estabelecido a partir do reforçamento contínuo antes da introdução da regra (participantes da Condição 2), torna-se menos provável o seguimento de regras discrepantes, e mais provável o controle pelas novas contingências em vigor. Essa última afirmação tende a ser relativizada, no entanto, pelos resultados produzidos na Condição 3. Nesse caso, nota-se que o estabelecimento do comportamento via reforçamento contínuo, antes da introdução de uma regra, não foi suficiente para impedir a manutenção do seguimento de regras discrepantes, quando esse comportamento foi seguido por consequências sociais. tal resultado foi discutido como evidência de que a manutenção do seguimento de regras depende da imposição de um conjunto de variáveis, e não do efeito isolado de uma delas. Ainda que, na Fase 3, os participantes tivessem entrado em contato com as contingências discrepantes, perdendo a oportunidade de ganhar fichas ao comportarem-se de acordo com a regra, o seguimento de regras foi mantido, muito provavelmente em função das consequências sociais programadas. O estudo descrito parece, então, sugerir que, "quando o seguimento de regras, sob algumas condições, mostra-se pouco adaptativo a mudanças em algumas contingências, ele pode estar sendo bastante adaptativo a contingências sociais" (Monteles, Paracampo, Albuquerque, 2006).

Estudos que investigam as condições em que comportamentos não verbais podem ficar sob controle verbal importam, justamente, por conta da utilidade do comportamento governado verbalmente para a sobrevivência do grupo e de seus membros particulares: a sociedade descreve regras aos cidadãos como estratégias para garantir o comportamento adequado, tanto em condições em que as consequências são a longo prazo aversivas quanto naquelas condições em que é necessário amenizar ou compensar a distância do reforçamento positivo ou a proximidade do reforçador negativo.

Segundo Braam e Mallot (1990), seria, no entanto, previsível esperar que, em algumas ocasiões, o comportamento não ficasse sob controle verbal, como quando reforçamento atrasado para respostas compatíveis com uma instrução fosse programado, por exemplo. Nesse contexto, que aproxima investigação empírica dos comportamentos controlados verbalmente com o contexto de aplicação, tem-se o estudo intitulado *I will do it when the snow melts* ("Vou fazer quando a neve derreter"), que investiga experimentalmente os graus diferentes de controle verbal a depender da completude ou especificação de contingências descritas por regras.

Estudando crianças em situações naturais de brincadeira, Braam e Mallot (1990) investigaram o controle de diferentes respostas verbais apresentadas às crianças. Em uma das condições, o experimentador simplesmente solicita à criança que fizesse algo (recolher um brinquedo ou montar um quebra-cabeça), sem especificar qualquer consequência diferencial para resposta de cooperação da criança. Em outra condição, esta solicitação era acompanhada da descrição de um reforçador positivo imediato e um prazo para realização da tarefa. Na terceira condição, as solicitações do experimentador especificavam as respostas esperadas das crianças e o atraso de uma semana no recebimento do reforço por completar a tarefa. Na quarta condição, as respostas esperadas das crianças, o atraso para recebimento do reforço e o prazo para completar as tarefas eram apresentados pelo experimentador.

O estudo possibilitou concluir que as regras mais seguidas (obedecidas, no caso) foram aquelas em que o prazo foi estipulado e o reforçador anunciado, mesmo quando o atraso do reforço era anunciado. Dentre as possíveis interpretações para estes resultados está o efeito do operante verbal autoclítico, apresentado por Skinner, em sua épica obra de 1957.

O autoclítico, como já apresentado, é uma parte do comportamento verbal que altera a parte seguinte deste comportamento. Os autoclíticos seriam os operantes verbais que indicam o falante como aquele que organiza a sua fala, a sua escrita, selecionando, direcionando, relacionando. Ele não é um mero "expectador" de seu comportamento verbal (*bystander*, como afirmou Skinner, 1957), mas um "construtor" e organizador de relações entre os operantes verbais. Na análise das possíveis funções do operante autoclítico, Skinner aponta a possibilidade de aumentar a precisão sobre o comportamento do ouvinte.

Se entendermos os prazos especificados nas regras do estudo de Braam e Mallott (1990) como operantes verbais autoclíticos, os resultados que indicam a superioridade do seguimento de regras quando elas especificavam prazos podem dar suporte empírico à interpretação Skinneriana. isso ocorre ao sugerir que se pode facilitar o controle das respostas verbais sobre não verbais, mesmo em condições pouco prováveis, a depender da "construção" da resposta verbal ou, tecnicamente dizendo, da inclusão de autoclíticos que favoreçam mudanças sobre o comportamento do ouvinte.

Nessa mesma direção, de verificar os aspectos das respostas verbais que podem aumentar a probabilidade de respostas não verbais a elas referentes, têm-se ainda alguns estudos conduzidos no Laboratório de Estudos de Operantes Verbais, da Universidade de São Paulo.

Matos (2001) sugere ser necessário mudar antes a regra, quando se pretende alterar o comportamento governado por regras. A partir dessa afirmação, estudos foram conduzidos com o objetivo de alterar falas que anunciavam contingências aversivas sobre um importante operante para o ser humano, o comportamento de ler, e avaliar, então, se diante de novas falas sobre esta atividade a resposta de ler tornar-se-ia mais provável.

Coerentemente com a análise de comportamento verbal de Skinner, a consciência é dada pelo outro, pela cultura e, portanto, pelo comportamento verbal. Se há possibilidade de estabelecer relações de controle verbal sobre o não verbal relevante a partir de inclusões de autoclíticos (Braam, Malott, 1990), poderíamos ver a "consciência" sobre a importância da leitura emergir, a partir da modelagem de respostas verbais pró-leitura e, pelas relações já encontradas na literatura, ver o comportamento não verbal relevante emergir e ser naturalmente reforçado.

Em um delineamento de pré e pós-teste, repetido interparticipantes, seis crianças da quarta série do Ensino Fundamental (hoje quinto ano) foram observadas em linha de base quanto à frequência do comportamento de ler, em uma situação filmada e gravada (Hübner, Dias, 2003).

Em seguida, essas crianças eram submetidas, uma a uma, a um procedimento de episódio verbal contínuo em que o experimentador reforçava diferencialmente falas favoráveis ao ler, descritas como tatos acompanhados por autoclíticos qualificadores positivos.

Após sessões de reforçamento, melhor seria dizer "consequenciação" diferencial de falas, as crianças eram novamente observadas quanto à frequência do comportamento de ler, sendo avaliado o tempo despedido com leitura, para cada participante.

Das seis crianças que participaram do estudo, cinco aumentaram o tempo dedicado à leitura após este procedimento, avaliado em quatro situações de pós-teste (Hübner, Faleiros, Almeida, 2006).

Uma replicação sistemática desse estudo foi realizada por Cazati (2007). Controles experimentais foram refinados e os operantes verbais "Pró-leitura" foram selecionados em um programa de computador. Verificou-se que, após o reforçamento diferencial de escolhas de frases com autoclíticos favoráveis a ler, todas as crianças aumentaram o tempo de leitura quando comparado com o tempo observado em linha de base.

Tais estudos, embora no âmbito de pesquisas básicas que visam investigar as relações empíricas entre o comportamento verbal e o não verbal, buscam, em última análise, um "atalho" motivacional para os jovens leitores que já sabem ler, mas pouco o fazem.

A ênfase na manipulação de estímulos antecedentes verbais e a verificação de seu controle sobre a resposta que o segue é apenas indicador de que estamos investigando controles verbais, comportamentos governados verbalmente.

A consequência reforçadora, entretanto, é essencial, porque estamos diante de operantes. Por mais preciso que seja o controle verbal, por maior grau de especificação que ele envolva, sem a consequência reforçadora a resposta controlada verbalmente se extinguirá. Como afirma Skinner (1957), os três termos da contingência são essenciais. O efeito da consequência não é mágico, assim como não o é o efeito do antecedente. Tanto na pesquisa, no nível empírico, como no nível conceitual, o conceito de contingência de três termos é uma unidade essencial.

REFERÊNCIAS BIBLIOGRÁFICAS

Amorin C, Andery MAPA. Quando esperar (ou não) pela correspondência entre comportamento verbal e comportamento não verbal. In: Guilhardi HJ, Madi MBBP, Queiroz PP, Scoz MC (Org.). *Sobre o comportamento e cognição: contribuições para a construção da teoria do comportamento*. Santo André: ESETec, pp. 37-48, 2002.

Barros RS. Uma introdução ao comportamento verbal. *Revista Brasileira de Terapia Comportamental e Cognitiva, 5,* 73-82, 2003.

Boe R, Winokur S. A procedure for studying echoic control in verbal behavior. Journal of the Experimental Analysis of Behavior, 30, 213-217, 1978.

Borloti EB. As relações verbais elementares e o processo autoclítico. *Revista Brasileira de Terapia Comportamental e Cognitiva, 6,* 221-236, 2004.

Borloti EB. Etologia, behaviorismo e comportamento verbal. In: Garcia A, Tokumaru RS, Borloti EB. *Etologia – uma perspectiva histórica e tendências contemporâneas.* Vitória: Multiplicidade, 2005.

Borloti EB, Iglesias A, Dalvi CM, Silva DM. Análise comportamental do discurso: fundamentos e método. *Psicologia: teoria e pesquisa, 24,* 101-110, 2008.

Braam C, Mallot RW. "I'll do it when the snow melts": The effects of deadlines and delayed outcomes on rule-governed behavior in preschool children. *The Analysis of Verbal Behavior, 8,* 67-76, 1990.

Catania CA. *Aprendizagem: comportamento, linguagem e cognição.* Porto Alegre: ArtMed, 1999.

Catania AC. Autoclitic processes and the structure of behavior. *Behaviorism, 8,* 151-194, 1980.

Catania AC. Verbal governance, verbal shaping and attention to verbal stimuli. In: Lattal KA, Chase PN. *Behavior theory and philosophy.* New York: Kluwer Academic, 2003.

Catania AC, Matthews BA, Schimoff E. Instructed *versus* shaped human verbal behavior: interaction with non-verbal responding. *Journal of the Experimental Analysis of Behavior, 38,* 233-248, 1982.

Cazati T, Hübner MMC. Efeito do reforçamento diferencial de resposta verbal referente à leitura sobre a duração da resposta de ler. *Revista Brasileira de Terapia Comportamental e Cognitiva, 9,* 307-316, 2007.

Chase PN, Johnson KR, Sulzer-Azaroff B. Verbal relations within instructions: Are there subclasses of the intraverbal? *Journal of the Experimental Analysis of Behavior, 43,* 301-313, 1985.

Critchfield TS, Buskist W, Saville B, Crockett J, Sherburne T, Keel K. Works most frequently cited in the experimental analysis of human behavior. *The Behavior Analyst, 23,* 255-266, 2000.

Day W. Some comments on the book Verbal Behavior. *Behaviorism, 8,* 165-173, 1980.

Dias FC, Hübner MMC. Comportamento verbal e não verbal: efeitos do reforçamento de tactos com autoclíticos referentes ao ler sobre o tempo dispendido com leitura. In: Sadi HM, Castro NMS (Orgs.). *Ciência do comportamento – conhecer e avançar .* Santo André: Esetec, pp. 163-173, 2003.

Dymond S, O'Hora D, Whelan R, O'Donovan A. Citation analysis of Skinner's Verbal Behavior: 1984-2004. *The Behavior Analyst, 29,* 75-88, 2006.

Epting LK, Critchfield TS. Self-editing: on the relation between behavioral and psycholinguistic approaches. *The Behavior Analyst, 29,* 211-234, 2006.

Fonai ACV, Sério TMAP. O conceito de audiência e os múltiplos controles do comportamento verbal. *Revista Brasileira de Terapia Comportamental e Cognitiva, 9,* 349-360, 2007.

Grant LK. The secrets of scheherazade: toward a functional analysis of imaginative literature. *The Analysis of Verbal Behavior, 21,* 181-190, 2005.

Hübner MMC. O que é comportamento verbal. In: Banaco RA (Org.). *Sobre o comportamento e cognição: aspectos teóricos, metodológicos e de formação em análise do comportamento e terapia cognitiva.* Santo André: Arbytes, pp. 135-137, 1997.

Hübner MMC. Sentimentos e comportamento verbal [conferência]. *I Encontro Paranaense de Análise de Comportamento,* 2007.

Hübner MMC, Almeida PE, Faleiros PB. Relações entre comportamento verbal e não verbal: ilustrações a partir de situações empíricas. *Sobre comportamento e cognição, 18,* 191-219, 2006.

Hübner MMC, Miguel CF & Michael J. Controle múltiplo no comportamento verbal: Humor brasileiro e operantes relacionados. *Revista Brasileira de Análise do Comportamento, 1(1),* 7–14. http://dx.doi. org/10.18542/rebac.v1i1.673, 2015.

Johnson KR, Chase PN. Behavior analysis in instructional design: a functional typology of verbal tasks. *The Behavior Analyst, 4,* 103-121, 1981.

Keller FS, Schoenfeld WN. *Princípios de psicologia.* São Paulo: E.P.U., 1973. (Originalmente publicado em 1950.)

Lana RE. The behavior analytic approach to language and thought. *Journal of Mind and Behavior, 23,* 31-49, 2002.

Lodhi S, Greer RD. The speaker as listener. *Journal of the Experimental Analysis of Behavior, 51,* 353-359, 1989.

Lowenkron B. Meaning: a verbal behavior account. *The Analysis of Verbal Behavior, 20,* 77-97, 2004.

Matos MA. As categorias formais de comportamento verbal de Skinner. In: Matos MA, Souza DG, Gorayeb R, Otero VRL (Orgs.). *Anais da XXI Reunião Anual de Psicologia.* Ribeirão Preto: SPRP, pp. 333-341, 1991.

Matos MA. Comportamento governado por regras. *Revista Brasileira de Terapia Comportamental e Cognitiva, 3,* 51-66, 2001.

Michael J. Establishing operations and the mand. *The Analysis of Verbal Behavior, 6,* 3-9, 1988.

Michael J. Skinner's elementary verbal relations: some new categories. *The Analysis of Verbal Behavior, 1,* 1-3, 1982.

Monteles KMC, Paracampo CCP, Albuquerque LC. Efeitos de uma história de reforço contínuo e de consequências sociais sobre o seguir regras. *Psicologia: Reflexão e Crítica, 19,* 1-16, 2006.

Osgood CE. Review of Verbal Behavior. *Contemporary Psychology, 3,* 209-212, 1958.

Owen JL. A retrospective on behavioral approaches to human language: And some promising new developments. *American Communication Journal, 5*(3) 2003. Disponível em: http://www.acjournal.org/holdings/vol5/iss3/articles/owen.pdf. Acesso em: 15 jul. 2009.

Palmer DC. The speaker as listener: the interpretation of structural regularities in verbal behavior. *The Analysis of Verbal Behavior, 15*, 3-16, 1998.

Place UT. The role of the hand in the evolution of language. Psycology, *11*. UK: Princeton, 2000.

Powell RP, Still AW. Behaviorism and the psychology of language: an historical reassessment. *Behaviorism, 7,* 71-89, 1979.

Ribeiro AF. O que é o comportamento verbal. In: Costa CE, Luzia JC, Sant'Anna HHN (Orgs.). *Primeiros passos em análise do comportamento e cognição,*. Santo André, SP: Esetec, v. 2, pp. 67-76, 2004.

Silverman K, Anderson SR, Marshall AM, Baer DM. Establishing and generalizing audience control of new language repertoires. *Analysis and Intervention in Developmental Disabilities, 6,* 21-40, 1986.

Skinner BF. *About behaviorism.* New York: Alfred A. Knopf, 1974.

Skinner BF. *Contingencies of reinforcement: a theoretical analysis.* Prentice Hall Inc. Englewood Cliffs. New Jersey, 1969.

Skinner BF. *Science and Human Behavior.* New York: Macmillan, 1953.

Skinner BF. Selection by consequences. *Science, 213,* 501-504, 1981.

Skinner BF. The evolution of verbal behavior. *Journal of the Experimental Analysis of Behavior, 45,* 115-122, 1986.

Skinner BF. *Verbal Behavior.* Massachusets: Copley Publishing Group, 1992. (Originalmente publicado em 1957.)

Spradlin JE, Rosenberg S. Complexity of adult verbal behaviour in a dyadic situation with retarded children. *Journal of Abnormal and Social Psychology, 68,* 694-698, 1964.

Sundberg ML, Loeb M, Hale L, Eigenheer P. Contriving establishing operations to teach mands for information. *The Analysis of Verbal Behavior, 18,* 14-28, 2002.

Sundberg ML, Partington JW. Skinner's Verbal behavior: a reference list. *The Analysis of Verbal Behavior, 1,* 9-10, 1982.

Torgrud LJ, Holborn S. The effects of verbal performance descriptions on non-verbal operants responding. *Journal of the Experimental Analysis of behavior, 54,* 273-291, 1990.

Vargas EA. Intraverbal behavior. In: Chase PN, Parrot LJ (Eds.). *Psychological aspects of language.* Springfield, IL: Charles Thomas, pp. 128-151, 1986.

Yoo S, Bennett GM. Effects of stimulus-stimulus paring procedure on conditioning vocal sounds as reinforces. *The Analysis of Verbal Behavior, 17,* 75-88, 2000.

Capítulo VIII

Pensamento e Criatividade

Carmen Sílvia Motta Bandini · Paulo Elias Gotardelo Audebert Delage

Pensar é uma das principais características atribuídas aos seres humanos. Desde pequenos, aprendemos que somos seres pensantes e, assim, aprendemos que somos capazes de raciocinar, tomar decisões e resolver problemas. Essas características são alguns dos motivos pelos quais podemos ser considerados diferentes dos demais animais.

Tal modo de qualificar a espécie humana já se tornou corriqueira e é plenamente utilizada pelo senso comum. A verdade é que você pode duvidar da correção de seu pensamento, desconfiando de que seu raciocínio possa não ter sido correto ou que você não tomou a decisão mais acertada; contudo, você provavelmente não duvida de que pensa.

O que é importante sabermos é que essa certeza de que somos seres pensantes, aparentemente inquestionável, faz parte de uma história de argumentos construída ao longo da história da Filosofia e também da Psicologia. Na Grécia Antiga, Platão considerou que deveria existir um mundo das ideias diferente de um mundo das coisas. As ideias existiriam para além dos indivíduos que nelas pensassem. Assim, quando um indivíduo pensasse, estaria acessando o mundo das ideias por meio de sua mente. No entanto, tais ideias ou conteúdos mentais seriam independentes da realidade da mente humana. Em decorrência, já naquela época, pensar poderia ser uma característica humana, contudo o conteúdo do pensamento, as ideias, transcenderiam o mundo material.

Séculos mais tarde, um dos mais importantes e influentes filósofos da era moderna, René Descartes, encaminhou novamente a questão no sentido de que existem diferentes realidades no mundo. Descartes formulou seu célebre argumento "Penso, logo existo" como a afirmação da existência de uma alma humana diferente da matéria que constitui o corpo, o que ficou conhecido como *dualismo de substâncias*. Assim, a realidade do pensamento ou da razão seria diferente da realidade da matéria extensa e perecível.

Talvez venham dessa corrente de argumentos as visões, também muito comuns para nós, de que *pensar em algo* deve ser compreendido como diferente da atividade de *fazer algo* ou de que *pensar em algo* é, na maior parte das vezes, condição para o *fazer algo*. Não nos parece minimamente estranho que nosso vocabulário institua corriqueiramente uma oposição entre pensamento e ação ou que coloque o pensamento como pré-condição de uma ação. Assim, o pensamento aparece para nós como um processo mental por meio do qual os indivíduos podem representar e compreender suas experiências e que possibilita a ação desse indivíduo sobre o mundo. Sob tais pontos de vista, pensar é comumente compreendido como a internalização de uma experiência qualquer, como ato de imaginação, criação, reflexão, meditação ou de formação de ideias, ou mesmo como um pré-requisito para que uma ação aconteça. Dessa maneira, pensar é comumente uma atividade oposta à atividade de executar uma ação e, em alguns casos, é a atividade que torna possível a execução de tal ação no futuro. Por exemplo, se estamos deitados no sofá de nossa sala e nos perguntam o que estamos fazendo, é possível que respondamos: "Não estou fazendo nada! Estou apenas pensando"; ou "Estou apenas pensando no que farei mais tarde". Pensar é, então, algo que acontece em nossa mente, ou, como se diz frequentemente hoje em dia, em nosso cérebro, e que, diferente de comportar-se no sentido de realizar uma tarefa, faz com que o indivíduo aja sobre o mundo.

A relação entre pensamento e cérebro é também algo que nos parece bem claro. Sempre que dizemos a alguém que estamos pensando, costumamos nos referir a algo que está em nossa cabeça, em nosso cérebro. Você certamente não costuma dizer que suas ideias estão localizadas no seu pé ou no seu estômago. É fato para o senso comum que elas devam estar acontecendo no seu cérebro.

Esse modo de o senso comum conceber o pensamento como fruto de algo que acontece no cérebro, ou mesmo como algo que esteja localizado dentro dele, tem suas razões. Depois de se instituir o dualismo de substâncias, apresentado anteriormente, a filosofia e a própria ciência ganharam um problema que ainda não teve uma solução definitiva: se a alma ou a mente seriam diferentes do corpo, como poderíamos fazer o elo entre essas duas coisas distintas? Mais precisamente, de que material seria esse elo: mental ou corpóreo? Esse problema é denominado *problema ontológico*, porque diz respeito ao fato de não se saber o que podemos afirmar como existente realmente no mundo, se apenas substâncias mentais, se substâncias materiais ou se ambas.

No entanto, você deve estar se perguntando o que isso tem a ver com o fato de que minhas ideias estão no cérebro. Absolutamente tudo. Com o passar do tempo, colocado o problema ontológico, muitos filósofos tentaram resolver essa questão. Kant, Lebniz, dentre outros filósofos de grande nome na história, tentaram propor modelos que pudessem contornar o problema ou que discordavam da maneira como Descartes postulou a diferença entre corpo e mente/pensamento. Contudo, foi com o avanço da Neurociência que teorias que falavam sobre pensamento e cérebro ganharam força. Cientistas passaram a inferir que, na verdade, mente e cérebro deveriam ser considerados como sendo a mesma coisa, na tentativa de dissolver o problema de uma vez. Para eles, os conteúdos mentais que formam nosso pensamento nada mais seriam do que a atividade cerebral. Esse tipo de concepção ficou conhecido como *monismo*, em contraposição ao termo *dualismo*, e teve seus fundamentos principalmente no avanço das técnicas de neuroimagem, as quais possibilitam um estudo bastante objetivo da atividade cerebral.

Com o desenvolvimento de todas essas maneiras de acesso ao que acontece em nosso cérebro, atualmente sabemos quais as áreas dele que estão em funcionamento quando pensamos em alguma coisa. É comum, então, explicarmos nossos pensamentos de acordo com as neuro-

transmissões que acontecem em nosso cérebro. Nesse sentido, as noções do senso comum não deixam de ser influenciadas por todo esse desdobramento filosófico-científico que permeia a história humana há muito tempo.

No âmbito da Psicologia, talvez as explicações mais comuns ou mais conhecidas sejam as da Psicologia Cognitiva. Nessa vertente da Psicologia, as explicações contemplam a ideia de uma relação forte entre mente e cérebro, na qual o pensamento deve ser visto como atividade cognitiva distanciada da ação concreta. Isso significa dizer que o pensamento é visto como atividade cognitiva que tem sua base cerebral e que pode ser estudada de modo objetivo.

Em manuais importantes de introdução à Psicologia Cognitiva, como de Eysenck e Keane (2007), por exemplo, o tema *pensamento* foi abordado sob a perspectiva de 4 tópicos que descrevem atividades cognitivas realizadas pelo homem:

- Resolução de problemas
- Criatividade e descoberta
- Julgamento e tomada de decisão
- Raciocínio.

Sendo assim, a opinião desses psicólogos, pelo menos em grande medida, não parece divergir da opinião do senso comum, uma vez que costumamos dizer que estamos pensando quando executamos alguns desses itens.

Contudo, como um leitor atento e que vem acompanhando os capítulos anteriores deste livro, você deve estar questionando se um behaviorista radical compreende o pensamento da mesma maneira que está exposto no parágrafo anterior. Na verdade, você já deve estar esperando que não e se questionando sobre como um behaviorista radical abordará esse campo, para nós tão comum, explicando o pensamento dentro de uma visão operante de comportamento. Isso porque a maior parte dos conceitos behavioristas apresentados neste livro desconstrói as noções tradicionais. Assim, essa "desconstrução" ou, para nós, essa "reconstrução", do modo como podemos abordar o problema, foi certamente uma das características mais marcantes dos capítulos anteriores e, decerto, você deve imaginar não ser diferente para esse tema.

Na verdade, você tem razão! Neste capítulo, vamos falar sobre o pensamento dentro da visão behaviorista radical e certamente a visão predominante será questionada e repensada. Nossa pergunta principal será: como podemos compreender o pensamento dentro de uma explicação operante? Vamos, então, percorrer as críticas formuladas por Skinner em relação às abordagens tradicionais e depois mergulhar na explicação do pensamento via abordagem behaviorista.

Além disso, este capítulo terá a função de demonstrar como dois princípios propostos pelos manuais de Psicologia Cognitiva como definidores do ato de pensar, a saber, Criatividade e Resolução de Problemas, podem ser compreendidos dentro de uma análise funcional behaviorista. Espera-se, assim, demonstrar que, quando um behaviorista questiona determinado conceito mentalista, ele não nega os fatos relacionados com esse conceito, mas sim a explicação que é dada a eles.

QUAL É O PROBLEMA COM AS ABORDAGENS TRADICIONAIS DO ESTUDO DO PENSAMENTO?

O problema com o conceito de mente e com a equivalência mente-cérebro

Para identificarmos quais são os problemas apontados por um behaviorista radical quando o assunto é o estudo tradicional do pensamento, precisamos compreender, em primeiro lugar, o que um behaviorista radical entende por mente. Isso porque, como dissemos até aqui, a ideia de pensamento está fortemente associada à ideia de mente, logo precisamos esclarecer exatamente de que tipo de conceitos estamos tratando.

Como você acompanhou nos capítulos anteriores, o Behaviorismo Radical de Skinner não lida com o conceito de mente de um ponto de vista tradicional. Sem nenhum pudor de impugnar um conceito tão conhecido como esse, Skinner considerou que a mente foi uma invenção humana. Um dos argumentos mais comuns do autor nesse sentido é o de que a mente foi inventada em analogia ao que se passa no ambiente físico do próprio indivíduo. Com isso, Skinner quis dizer que o nosso ambiente externo foi deslocado para o nosso interior, transformando-se em "experiência", "propósito", "atos de vontade", "ideias", "crenças" e "formação de conceitos" em uma operação que é mais comum do que se imagina. Para entendermos essa questão, vejamos um exemplo fornecido pelo próprio Skinner (1977/1978). Para ele, o clássico experimento de Pavlov realizado com cachorros, e que deu origem ao conceito de condicionamento reflexo, é interpretado pelas teorias mentalistas por meio da suposição de que o cachorro associou o som do sino com a comida. Por esse motivo, o animal passou a salivar quando ouvia o sino tocar, como se estivesse diante da própria comida. Entretanto, questiona Skinner, quem de fato associou o sino e a comida: o

cachorro ou Pavlov? Para Skinner, foi Pavlov quem dispôs o ambiente desse jeito e, portanto, associou o som do sino à apresentação da comida. O que pôde ser observado foi apenas que o cachorro passou também a salivar diante do sino. Dizer que o cachorro fez tal associação, em uma visão skinneriana, não explicaria, de maneira alguma, como o animal passou a salivar diante do sino, porque as associações deveriam ser também explicadas. Para Skinner, na melhor das hipóteses, supor uma associação entre o sino e o alimento como um processo cognitivo ou mental realizado pelo cachorro traria apenas uma descrição de algum processo envolvido na nova resposta do cachorro, mas não seria uma verdadeira explicação para este novo comportamento. Nessas condições, Skinner argumentou que as associações estão localizadas no mundo, e não dentro do organismo como processos cognitivos. Para o autor, nós apenas respondemos de modo diferente diante de novas contingências, e a explicação para tal fato deve ser buscada nesta relação entre o ambiente e o organismo.

Outro problema encontrado por Skinner (1953/1965; 1968/2003a; 1974/1976) em relação ao conceito de mente e ao estudo do pensamento é que, para as teorias por ele denominadas mentalistas, na maior parte dos casos, uma atividade mental é vista como um tipo de captura do mundo. Os dados sensoriais seriam armazenados em nós, na forma de imagens capazes de representar o mundo real. Depois de armazenados, os processos cognitivos ou mentais poderiam manipulá-las, procurando por elas em um arquivo mental, fazendo com que nos lembrássemos de um determinado fato ao rever a cópia correspondente "arquivada". Contudo, Skinner (1968/2003a) considera que a metáfora do armazenamento trouxe mais problemas a serem resolvidos que explicações acerca dos fatos. Perguntas como: "Onde ficariam nossas lembranças enquanto não são utilizadas?" e "Como se daria a organização dessas ideias?" são difíceis de serem respondidas. Nesse sentido, na opinião behaviorista, usar o conceito de mente atrelado a este tipo de metáforas seria, no mínimo, um equívoco.

O que acontece, então, é que, de modo geral, os discursos que se utilizam da mente para explicar fenômenos, dentre eles o pensamento, acabam provocando dois tipos de problemas cruciais: a mente passa a ser considerada um local e, algumas vezes, substância; e os estados por ela criados, desde que produzidos internamente pelo indivíduo, passam a ser inescrutáveis e, sendo assim, escapam a um método que conserve a objetividade exigida pelas ciências naturais. No primeiro caso, mantendo a mente como local e, em alguns casos, substância, desembocamos no problema do dualismo, tratado rapidamente no início deste capítulo: como pode ser explicado o vínculo entre os processos mentais e os físicos? Como já dito, as teorias cognitivistas atuais, na tentativa de driblar esse problema, substituíram a mente pelo cérebro. Contudo, para o Behaviorismo Skinneriano, utilizar o cérebro no lugar de uma mente, para evitar tais problemas, não pode ser uma boa saída. Teorias que explicam o pensamento ou qualquer outro tipo de comportamento humano utilizando as mudanças encontradas pela Fisiologia no funcionamento do sistema nervoso incorrem em um grave equívoco para o Behaviorista. Isso porque elas observam o sistema nervoso enquanto o organismo se comporta para explicar por que ele se comporta. Por esse motivo, diz Skinner, "todos estes estados do sistema nervoso são teorias no sentido em que eles não são expressos nos mesmos termos e não poderiam ser confirmados com os mesmos métodos de observação sobre os fatos pelos quais eles são ditos ser os responsáveis" (Skinner, 1950/1999, p. 69). Em outras palavras, supor que o comportamento ocorre devido a substratos fisiológicos é reduzi-lo a entidades menores que são objeto de outra ciência, no caso a Fisiologia. Não estamos com isso querendo dizer que Skinner desconsidere os eventos neurais que acontecem no organismo ou que o autor despreze os avanços da Fisiologia. A ideia de Skinner é a de que pode haver colaboração entre Fisiologia e uma Ciência do Comportamento; contudo, não poderá existir redução da segunda à primeira, visto que os eventos neurais também estão relacionados com os eventos ambientais: "Afirmações do sistema nervoso já não são necessariamente inferidas ou imaginadas. (...) Uma ciência do sistema nervoso baseada na observação direta, e não na inferência, finalmente descreverá os estados e eventos neurais que precedem formas de comportamento", mas a sequência de eventos fisiológicos descritos terminará por "nos levar de volta a eventos fora do sistema nervoso e, finalmente, para fora do organismo" (Skinner, 1953/1965, p. 28). Em outras palavras, para Skinner, o cérebro sozinho nunca poderia explicar como os comportamentos ocorrem na medida em que, mesmo que a fisiologia explicasse as bases físico-químicas do comportamento, ainda assim a ação do ambiente deveria ser levada sempre em consideração, tendo em vista que o conteúdo armazenado no cérebro dependeria de nossa experiência do mundo (Skinner 1953/1965).

No segundo caso, a criação de estados inescrutáveis, Skinner (1974/1976) afirma que tais teorias ficaram fadadas a apenas descreverem os fenômenos, não conseguindo explicá-los. Mais que isso, elas ficaram obrigadas a utilizar o método introspectivo de análise dos "fatos psicológicos", o que, para Skinner, revelaria muito pouco do que a Psicologia deveria saber. Isso porque, segundo Skinner (1977/1978), o sistema nervoso disponível nos seres humanos evoluiu apenas para outros propósitos que não incluem a observação de estados internos. Como consequência, ele não poderia atingir as atividades psicológicas de fato, caso essas existissem. O máximo que nosso sistema nervoso pode fazer é observar os resultados, ou seja, no caso do pensamento, por exemplo, não seria possível que o sistema nervoso pudesse observar mais que comportamentos perceptuais e motores. Vemos, portanto, os resultados dos processos, e não os processos em si mesmos. Sendo assim, podemos observar o uso de um termo abstrato, mas não o processo de abstração.

Skinner (1974/1976) considerou, então, que o que acontece nas teorias tradicionais mentalistas ao tratarem dos campos do pensar é que, ao falarem sobre o interno, deixaram de observar as características do ambiente exterior que estão envolvidas nestes comportamentos. Ao tratar das estruturas internas, deixaram de tratar, por exemplo, das oportunidades que uma criança que está começando a falar tem de aprender a sua língua materna quando ouve frases e palavras ditas pelos outros membros de sua comunidade. Assim, para Skinner (1968/2003a), o fato do pensar ter se tornado uma atividade cognitiva obscura resultou, infelizmente, na falta de verificação de como o pensar ocorre. Nas palavras de Skinner, pouquíssimos pensadores examinaram seu próprio comportamento de pensar, tornando-se muito fácil, ao longo da história, atribuir os grandes "pensamentos" à existência de uma mente criativa ou a *insights* desprovidos de causas analisáveis.

O problema da relação pensamento/ comportamento encoberto ou comportamento verbal

Além dos problemas levantados pelos behavioristas em relação ao estudo do pensamento, quando este vem atrelado aos conceitos de mente ou cérebro, existem alguns outros problemas oriundos da concepção muito usual de que o pensamento deve ser concebido como qualquer comportamento encoberto e/ou como comportamento verbal.[1] Vejamos por quê.[2]

No caso da equivalência do pensamento com emissão de comportamento encoberto, Skinner (1953/1965; 1957; 1968/2003b; 1974/1976; 1977/1978) salienta que a inacessibilidade a algumas formas de comportamento dificulta sua compreensão. Contudo, apesar de os comportamentos encobertos trazerem problemas particulares à sua análise, disso não decorre que sejam problemas peculiares à análise do pensamento (Skinner, 1953/1965). Isso porque os comportamentos podem tornar-se encobertos desde que as contingências assim o mantenham. Por exemplo, o reforço pode ser automático ou derivado da eficácia do comportamento posterior emitido de maneira aberta (Skinner, 1968/2003a). Vejamos um exemplo fornecido pelo autor ao explicar o que acontece quando um indivíduo tem uma "ideia repentina", como quando um matemático deixa de trabalhar sobre um problema que não consegue resolver e após um tempo a resposta surge inesperadamente. Geralmente, esse tipo de emissão de comportamento é tido como fruto do funcionamento de processos interiores ao indivíduo. Isso porque fica fácil imaginar que o matemático continuou trabalhando "inconscientemente" e, por esse motivo, a solução pôde aparecer enquanto ele fazia outra coisa. Para Skinner, entretanto, não é necessário que se suponha a existência de qualquer atividade inconsciente. O que deve ter acontecido nesse caso é que, ao "ir fazer outra coisa", o matemático mudou de ambiente e as variáveis que interferiram contra a emissão da resposta podem ter sido enfraquecidas, assim como variáveis suplementares podem ter se fortalecido. Como consequência, a resposta pôde, finalmente, ser emitida (Skinner, 1953/1965, pp. 252-253).

Já em relação à equivalência pensar/comportamento verbal, Skinner (1957) argumenta que, na maior parte das vezes, o comportamento encoberto que ocorre no pensar é de fato verbal. O falante pode agir como seu próprio ouvinte e, assim, pode resolver problemas ao responder a perguntas feitas por si mesmo sobre as possíveis soluções ou a perguntar-se sobre se conhece problemas daquele tipo etc. Contudo, essa característica do comportamento verbal não precisa ser entendida, necessariamente, como fruto de

processo subjacente ao pensamento. Dentro da visão evolucionista na qual se baseia o Behaviorismo Skinneriano, a característica de um ouvinte como sendo o próprio falante é resultado simplesmente da evolução do comportamento verbal e dela não deriva, em hipótese alguma, a necessidade de explicação por meio dos comportamentos e processos relacionados com o pensamento, visto que o comportamento do ouvinte não precisa ser necessariamente verbal.

O que acontece, segundo o behaviorista radical, é que, na evolução do comportamento verbal, certas contingências passaram a afetar o comportamento do indivíduo sozinho e, sendo assim, ele pôde responder ao seu próprio comportamento escrito, às suas próprias ordens ou ao seu próprio comportamento ecoico. Isso significa dizer que o falante e o ouvinte passaram a ser o mesmo sujeito, que pode, desse modo, passar a "falar consigo mesmo". Esse passo na evolução do comportamento humano talvez seja uma das fontes dos dois equívocos mencionados: para interpretar e explicar as ocasiões em que o indivíduo respondia ao seu próprio comportamento verbal, as teorias cognitivistas ou mentalistas passaram a tratá-las como "pensamento", principalmente nos casos em que o comportamento não podia ser identificado por outros, ou seja, quando a resposta era emitida de maneira encoberta. Como consequência, juntamente com os ganhos dessa nova característica do comportamento verbal, veio também a confusão de que comportamento encoberto é algo diferente do comportamento aberto e que, por isso, deve ter um *status* diferente ou superior.

O que acontece, todavia, é que existem importantes variáveis determinando se uma resposta será aberta ou não. O que existe não é comportamento encoberto ou aberto, e sim relações de controle que mudam a probabilidade e a força das respostas (Skinner, 1957). Analisar pensamento como fala subvocal é um grande erro, segundo Skinner, pois é possível, por exemplo, que alguém, ao falar em público, esteja "pensando em outra coisa". Certamente, esse "pensar em outra coisa" não pode ser fala encoberta, e sim, apenas, comportamento encoberto.

Diante de tudo isso, podemos chegar a uma conclusão inicial sobre como o Behaviorismo Radical compreende o pensamento. No entender de Skinner (1957), a maneira mais simples de conceber o pensamento é interpretando-o como comportamento, ou seja, com o *pensar* grafado como verbo. Nesses moldes, pensar pode ser aberto ou encoberto, verbal ou não verbal. Para o autor, não há nada no comportamento encoberto que mostre que este seja mais efetivo que o comportamento aberto e, mais que

---

[1] O próprio Behaviorismo fez isso, segundo Skinner (1974/1976), quando Watson arriscou supor que todo pensamento deveria ser analisado como fala subvocal, ou seja, como comportamento verbal encoberto.

[2] Os assuntos comportamento encoberto e comportamento verbal foram abordados neste livro. Para maiores informações sobre como definir e analisar estes comportamentos, ver Capítulos 6 e 7, respectivamente.

isso, todo comportamento encoberto é ensinado, primeiramente, de maneira aberta. O pensar, então, deve ser entendido não como fruto de causas indeterminadas e precursor de uma ação, apenas porque, em grande parte das vezes, pode não ser visível a outros indivíduos, mas sim como mais uma maneira de comportamento a ser compreendida. Se o pensar pode ser encoberto e se há obstáculos enfrentados na análise do comportamento encoberto, estes podem ser enfrentados se as contingências puderem fazer com que as respostas sejam manifestas. Se a professora, por exemplo, apenas reforça a resposta final e aberta do aluno porque os comportamentos precursores desta resposta são emitidos de modo oculto, e, portanto, não são visíveis, ela pode ultrapassar esta dificuldade ao ensinar seus alunos a emitirem manifestamente todos os comportamentos desejados, ou seja, todas as respostas precursoras da solução de um problema, pedindo, por exemplo, para o aluno "raciocinar" em voz alta ou para colocar no papel todos os passos que levam à solução.

O pensar deve ser considerado, assim, fruto das variáveis de controle. Estudar o pensamento humano nada mais é que estudar o comportamento humano.

Na contramão, então, das teorias tradicionais, o behaviorista radical realiza uma operação de transformação do que chamamos *pensamento* em *pensar*. Essa, no entanto, não deve ser apenas uma transformação de nomenclatura, em que no lugar do substantivo passa-se a se utilizar o verbo. Na verdade, o behaviorista está preocupado em realizar uma análise de comportamentos e não de um conceito, construto teórico ou atividade mental ou cognitiva. Então, como isso pode ser feito? Como o pensamento pode ser analisado dentro do modelo operante de explicação behaviorista?

O PENSAMENTO NA TEORIA BEHAVIORISTA RADICAL

Uma primeira resposta para as perguntas feitas anteriormente pode ser obtida quando passamos a entender que o behaviorista busca compreender as respostas emitidas pelo indivíduo procurando as variáveis das quais tais respostas podem ser função. O pensar como comportamento passa, assim, a ser um objeto de análise que dispõe das mesmas características de qualquer outro comportamento e passa a ser perfeitamente passível de ser estudado pela ciência do comportamento.

Nesse sentido, para Skinner (1974/1976), o pensar é comportamento humano e a história do pensamento deve ser entendida como a história do comportamento humano, porque é a história do que as pessoas disseram e fizeram. O que fizeram os que conceberam o pensar como uma função mental, na visão skinneriana, foi manter a ideia dualista ou a má formulação da questão, tornando-a, assim, insolúvel.

Sob essa perspectiva, Skinner costuma argumentar sobre o tema *pensar* de uma maneira bastante peculiar. Isso porque, na maior parte das ocasiões em que debate o assunto, Skinner costuma iniciar a discussão partindo de como o pensamento costuma ser abordado na linguagem corrente, a fim de identificar os tipos de ações ou comportamentos que costumam ser entendidos pela comunidade verbal como pensamento. Em outras palavras, Skinner costuma verificar quais são os controles das respostas verbais emitidas pelos indivíduos quando esses afirmam estarem pensando ou afirmam estarem falando sobre o pensamento. Com tal análise, o autor procura mostrar quais dessas formas podem ser identificadas de modo relevante com o comportamento de pensar e, a partir daí, mostra para cada um dos casos, quais as variáveis das quais tais comportamentos são uma função. Sendo assim, na obra skinneriana inúmeros exemplos do que é comumente compreendido como pensamento são analisados. Por exemplo, o autor apontou diversas maneiras de como o pensar é utilizado na fala comum. Em primeiro lugar, podemos identificar o pensar com comportar-se apenas, dizendo que alguém pensa verbalmente, não verbalmente, matematicamente, musicalmente, politicamente, socialmente, e assim por diante, nos baseando no modo como aquela pessoa age ou nos comportamentos comuns daquela pessoa. Uma segunda maneira de compreendermos o pensar é identificando-o com comportar-se em relação a um estímulo, "pensando" que está chovendo ao ser molhado por um esguicho de água, por exemplo. Além disso, podemos analisar o pensar como algum processo comportamental, como aprender, abstrair ou discriminar (Skinner, 1968/2003a, pp. 119-120). Por fim, pensar pode ser simplesmente "agir fracamente" no sentido de que emitir o autoclítico "eu penso" é diferente de emitir o autoclítico "eu sei" (Skinner, 1974/1976, p. 114). Para Skinner (1968/2003a; 1974/1976), pensar em nenhum desses casos parece exigir uma explicação que necessite de qualquer técnica especial de manipulação de variáveis e não há qualquer dificuldade, dentro de uma análise operante, de se instalar ou explicar qualquer um destes repertórios. Isso porque tais comportamentos são simples e, nessas publicações do autor, procedimentos para instalar repertório de discriminação ou abstração, por exemplo, já haviam sido exaustivamente descritos. Como salientaram Andery e Sério (2002), o pensar, nesses casos, acaba não se relacionando com o significado comum que é dado à palavra "pensamento".

Contudo, outras maneiras tradicionalmente identificadas com o pensar precisam ser analisadas, porque têm uma característica muito mais próxima do que comumente se entende por pensamento (Andery, Sério, 2002). Essas outras maneiras referem-se a uma série de comportamentos composta por respostas preliminares, também denominadas comportamentos precorrentes, e respostas finais. As respostas preliminares ou precorrentes são respostas que melhoram a eficiência do comportamento posterior ao aumentarem a chance de reforço (Skinner, 1968/2003a). Exemplificando, para que um problema seja resolvido, é necessário que muitas respostas preliminares sejam emitidas, antes que a resposta final possa ser encontrada. Nessas ocasiões, muito do que é tido como pensar se passa de maneira encoberta, daí a preocupação de Skinner em tentar mostrar que, mesmo assim, podem ser identificadas as variáveis responsáveis pelo comportamento, o qual pode ser observável se as contingências forem programadas para tal. Analisaremos a seguir estes comportamentos, utilizando o exemplo mais recorrente na sua obra: a resolução de problemas. Com essa análise, pretendemos cobrir também grande parte dos comportamentos que fazem parte dos manuais de Psicologia Cognitiva que constituem o pensamento (resolução de problemas; criatividade e descoberta; julgamento e tomada de decisão e raciocínio), além de encaminhar nossa discussão ao comportamento criativo pelo ponto de vista da filosofia Behaviorista Radical.

Atentar como comportamento precorrente

Para Skinner (1968/2003a; 1974/1976), comportamento precorrente de *atentar* pode ser entendido como um comportamento importante para uma análise do pensar. Muito da atenção é costumeiramente entendido como parte do pensar. Se o indivíduo se encontra diante de um problema, ou seja, de uma situação em que não há resposta disponível, ele se comporta melhorando sua chance de reforço emitindo respostas preliminares, que mudam o ambiente e facilitam a emissão da resposta que lhe falta. Assim, os organismos atentam para os estímulos do ambiente, externo ou interno, para responder a eles de modo mais eficaz, melhorando, assim, as chances de reforço.

Contudo, o que pode ser entendido como atentar para algum estímulo? A análise do atentar abre caminho para um ponto importante da análise skinneriana, o qual nos remete à análise de um campo comumente tratado na Psicologia: o campo das sensações.[3] Se Skinner repudia qualquer visão mentalista de estudo do comportamento humano, deve, então, explicar como o organismo atenta para um determinado estímulo, sem o uso de qualquer evento cognitivo em meio a sua explicação. Dito de outra maneira, deve explicar do que está tratando quando diz que um organismo atenta a um dado estado de coisas e responde a ele de alguma maneira sem apelar para conceitos que impliquem armazenagem de representações ou estabelecimento de cópias internas dos objetos do mundo, as sensações.

O atentar, em alguns casos, pode ser fruto de nossa dotação genética, quando, por exemplo, olhamos em direção ao local no qual um barulho alto foi produzido. No entanto, o atentar pode ser também resultado das contingências de reforço e são estes os casos que mais nos interessam neste texto.

Nas ocasiões em que o atentar é fruto das contingências de reforço, o processo principal verificado é a discriminação. Segundo Skinner (1953/1965), em geral, as variáveis envolvidas neste tipo de comportamento precorrente não são óbvias, porém podem ser identificadas. Os estímulos se tornam "interessantes" na medida em que respostas emitidas em sua presença são reforçadas. Assim, as leituras frequentes de textos espalhados pelo metrô ou pontos de ônibus, por exemplo, tornam-se reforçadoras porque a comunidade verbal estabelece reforçadores condicionados a elas ou porque o indivíduo pode ser reforçado por passar a ter acesso a um produto ou a serviços. Ler o mapa da estação do metrô pode ser reforçador se o indivíduo conseguir pegar o trem correto e, assim, chegar ao seu destino etc.

Algumas direções importantes para a compreensão do atentar em uma perspectiva skinneriana podem ser dadas por estudos sobre a atenção. Skinner (1953/1965, pp. 122-123) relata que um pombo foi consequenciado ao bicar um disco somente quando uma luz colocada sobre aquele objeto estivesse piscando. O animal aprendeu rapidamente não somente a bicar o disco na presença da luz, mas também a olhar para a lâmpada antes de bicá-lo. O comportamento de olhar para a lâmpada pode ser expli-

---

[3]Este assunto foi debatido detalhadamente no Capítulo 3 deste livro.

cado em termos de reforço condicionado, pois olhá-la era reforçado quando a luz piscava. Depois de estabelecido o bicar diante da luz piscando, foi disposta uma série de luzes na gaiola de modo que qualquer uma delas pudesse ser a luz a piscar como um estímulo discriminativo. O pombo, então, passou a olhar para todas as luzes em um vaivém com a cabeça até uma delas ser acesa. Quando o pombo estava olhando em outra direção que não a da luz que acendia, ele podia vê-la com parte do campo visual e imediatamente voltava-se para ela. A luz, nesse caso, "captava a atenção" do pombo, no sentido de que o animal agora procurava por ela para responder ao disco e obter, assim, a comida. Esse experimento mostra que o comportamento precorrente de atentar pode ser ensinado. O pombo não somente aprendeu a atentar para a lâmpada que acendia, mas também aprendeu a comportar-se de maneira a procurar por ela. Como comportamento precorrente, o atentar, nesse caso, melhorava as chances de reforço do animal, que agora podia responder ao disco de maneira eficaz.

Assim, quando o objetivo é ensinar a pensar, Skinner (1968/2003a) salienta que o atentar, como comportamento precorrente, deve fazer parte de uma série de comportamentos. No caso de uma sala de aula, por exemplo, é necessário que os alunos sejam ensinados a responder apenas a características especiais do ambiente, a fim de que a aprendizagem seja mais efetiva. Se o aluno "dispensa sua atenção" aos estímulos corretos, ele poderá, assim como o pombo de nosso exemplo, melhorar as suas chances de reforço. Então, se um professor deseja, de algum modo, ensinar seus alunos a pensar, o primeiro caminho a ser percorrido é ensiná-los a atentar para os estímulos relevantes.

Podem ser identificados dois estágios distintos quando analisamos o atentar: atentar para determinado estado de coisas e responder a esse estado de coisas de alguma maneira. O reforço como consequência no segundo estágio fortalece o primeiro estágio (Skinner, 1968/2003a, p. 122). Vejamos um exemplo simples: um indivíduo está em um quarto escuro e deve acender a luz do cômodo. Apertar o interruptor da luz seria a resposta que solucionaria o problema. Entretanto, procurar por um interruptor deve ser uma resposta condicionada: o indivíduo deve ter sido exposto a contingências anteriores, quando acender um interruptor pôde ter sido reforçado pelo aparecimento de luz, da mesma maneira que o pombo de nosso exemplo anterior foi reforçado com as pelotas de comida por bicar o disco diante de uma luz piscando. Assim, o atentar para

determinado estado de coisas é mais do que uma simples resposta de sensoriar o ambiente, ou seja, de responder a estímulos por meio de receptores dos sentidos.

Visto assim, quando o atentar ocorre, ele muda em algum sentido o ambiente do indivíduo. Então, identifica-se uma importante noção no Behaviorismo Radical, a saber, a de que o ambiente não é físico para Skinner em um sentido realista do termo: o ambiente muda de acordo com a história de reforço do indivíduo, ou seja, de acordo com as contingências. Se o comportamento de apertar um interruptor foi reforçado anteriormente, logo, o interruptor pode passar a ser um estímulo discriminativo na situação de escuridão. Caso contrário, poderíamos sensoriá-lo, mas não responder a ele de maneira alguma, e, neste sentido, a luz do cômodo continuaria provavelmente apagada.

Diante de toda essa análise, podemos incrementar a relação do comportamento precorrente atentar e o pensar: o atentar funciona como um precorrente importante quando o assunto é pensar, porque muda o ambiente do indivíduo. O aluno que pode atentar para os estímulos corretos muda seu ambiente de modo a responder a ele de maneira eficaz. Em um exemplo dado por Skinner (1968/2003a), se o aluno deve calcular a área de um paralelogramo, é importante que ele possa ver que a protuberância de um dos lados completa a reentrância do outro lado. Quando ele atenta para os estímulos dessa maneira, o paralelogramo pode ser agora visto como um retângulo e sua área pode ser calculada (pp. 136-137).[4]

O problema central é que o comportamento precorrente pode ser, e na maioria das vezes acaba sendo, um comportamento encoberto e, por não ser óbvio para o observador ou para o professor, acaba sendo negligenciado. Em uma atividade de resolução de problemas, por exemplo, a consequência reforçadora é dada apenas quando a resposta aberta acontece. Em geral, tal resposta aberta já é a resposta final, que resolve o problema. Ignoram-se, assim, as respostas precorrentes, como o atentar para determinados estímulos, que foram necessárias para a emissão do comportamento de solução. O que parece ser importante frisar é que, para Skinner (1968/2003a; 1974/1976), o comportamento permanece encoberto apenas se as contingências assim o mantiverem, ou seja, com consequências

---

[4]O aluno resolveria o problema do retângulo considerando-se que ele tenha uma história de reforço e, assim, saiba o que é um retângulo e como calcular sua área.

arranjadas os comportamentos encobertos podem voltar a ter a forma aberta.

Decidir como comportamento precorrente

Decidir uma questão também pode ser um comportamento entendido como parte do pensar, principalmente se identificarmos o pensar com situações de resolução de problemas. Há situações em que é necessário emitir uma resposta em direção a um determinado curso de ação, tendo mais de um curso como possível, ou seja, quando duas ou mais respostas podem ser, aparentemente, possíveis. Uma tarefa como essa não se resume em apenas emitirmos uma das respostas possíveis, mas sim em optarmos por uma delas.

Para Skinner (1953/1965), o decidir também pode ser considerado um comportamento precorrente: o indivíduo manipula variáveis do ambiente atual aumentando as possibilidades de ser reforçado. A "indecisão", por exemplo, pode ser fortemente aversiva caso comportamentos relacionados com os vários cursos de ação disponíveis tomem grande parte do tempo do indivíduo. Qualquer resposta que elimine tal situação aversiva pode ser reforçadora. Assim, a comunidade reforça determinados comportamentos relacionados com optar por cursos de ação distintos. A questão é que não é necessário postularmos variáveis cognitivas ou o uso de "liberdade de escolha" para que uma decisão aconteça. Apenas devemos compreender que o decidir é parte de um repertório estabelecido por meio de condicionamento operante.

Eliminar a indecisão ou ser reforçado pela comunidade por ser alguém "decidido" não parecem, entretanto, ser variáveis que podem manter o comportamento de decisão. Skinner (1953/1965) concorda que estes são reforçadores deficientes, por serem remotos e por terem uma conexão não muito clara com a resposta final. Contudo, o autor alerta que o comportamento de decisão deve ter surgido recentemente na história da evolução, visto que, aparentemente, nenhuma outra espécie parece ter qualquer comportamento desse nível. De fato, até pessoas podem não ter esse comportamento disponível. Assim, o que pode ser considerado é que, quando presente, o comportamento de decisão deve ser fruto dos reforços arranjados pela comunidade verbal. Obviamente, contingências acidentais podem produzir respostas desse tipo, mas o comportamento deve ser, na maior parte dos casos, ensinado. É a comunidade que ensina o indivíduo a parar e pensar, a buscar variáveis suplementares que facilitem

a decisão. Por exemplo, no caso de quem não consegue decidir em qual cidade passará as férias, é a comunidade que o ensina a buscar informações sobre os locais de viagem, sobre as condições das estradas, sobre o custo total do empreendimento etc.

PENSAR COMO RESOLVER PROBLEMAS E SUA RELAÇÃO COM A CRIATIVIDADE

Não é raro que o chamado senso comum atribua a habilidade de resolver problemas novos a uma capacidade intelectual e/ou racional do sujeito exposto a tal tipo de situação. É comum que se diga que animais que resolvem problemas sejam mais inteligentes do que animais que não os resolvem, mesmo que se trate de animais pertencentes a uma mesma espécie. Em suma, é corrente a concepção de que a gênese da resolução de um problema está na capacidade de um organismo *pensar* sobre o que deve ser feito em determinada situação e, a partir dessa racionalização, chegar a um resultado positivo.

Apesar de ter sido dito no parágrafo anterior que essa é uma concepção caracteristicamente leiga, ela encontra respaldo em autores considerados clássicos na história da Psicologia, tais como Wolfgang Köhler, cujo trabalho *The Mentality of Apes* (Köhler, 1917/1957) ainda hoje repercute no modo como alguns manuais de Psicologia apresentam os processos de aprendizagem e discutem a capacidade de resolução de problemas e sua relação com os comportamentos considerados inteligentes.

Segundo Köhler (1917/1957), haveria certos tipos de comportamentos complexos que não poderiam ser entendidos a partir da aprendizagem direta do tipo "estímulo-resposta", uma vez que, para resolvê-los, o sujeito precisava antes emitir respostas que muitas vezes o afastavam do objetivo final. Segundo Köhler, isso seria evidência de que o animal *entendia* que, fazendo aquilo, conseguiria resolver o problema. Este autor defendia, portanto, que, em situações em que uma rota direta e óbvia de acesso a um objetivo estivesse bloqueada, o organismo estaria diante de uma situação-problema, cuja solução somente seria possível após a "apreensão visual da tarefa como um todo" e sua consequente compreensão pelo sujeito, fruto de um processo que ele denominou *insight* (Köhler, 1917/1957).

Considerando que um dos critérios para se classificar um comportamento como inteligente é o fato de ele precisar ser um comportamento criativo em vez de uma repetição de uma tarefa conhecida (Oliveira-Castro, Oliveira-Castro, 2001), as discussões sobre resolução de problemas no modelo de Köhler são fundamentais em uma discussão sobre "o Pensamento". O objetivo desta sessão é, portanto, tentar demonstrar que realmente existem situações em que um organismo pode solucionar problemas para os quais ele não foi diretamente treinado, mas que, ao contrário da concepção leiga e de autores como Köhler, para o behaviorista esta capacidade não é fruto de um processo de racionalização, mas sim decorrente de arranjos ambientais apropriados.

Um primeiro passo neste processo de compreensão do comportamento de resolver problemas é definir de maneira clara e objetiva o que seria uma situação-problema. Conforme definida por Skinner (1953/1965), e corroborada por autores influentes na área, como Millenson (1967/1975) e Donahoe e Palmer (1994), trata-se de uma situação em que uma resposta, com alguma probabilidade de emissão por alguma razão, não pode ser emitida. Ou seja, é uma situação em que foi estabelecida uma relação prévia entre uma resposta e um reforço, mas que, por algum(ns) motivo(s), não é possível ao organismo envolvido emitir a resposta final que produzirá este reforço antes de emitir uma(s) resposta(s) que torne(m) esta resposta final possível. É importante ainda salientar que, para que tal tipo de situação seja considerado um problema, é necessário que o organismo em questão não tenha em seu histórico comportamental nenhum tipo de treino direto nas respostas preliminares que torne possível a emissão da resposta final, caso contrário seria um episódio de encadeamento de respostas e não de resolução de problemas (Millenson, 1967/1975).

Observem que a definição dada contempla a definição de problema apresentada por Köhler (1917/1957), uma vez que mantém a concepção de problema como uma situação em que "uma rota direta e óbvia a um objetivo esteja bloqueada", além de respeitar a necessidade do ineditismo de uma situação para que esta seja considerada um problema. Este ineditismo é apontado como fundamental por Köhler para afirmar que haveria diferenças substanciais entre a emissão de uma resposta-solução e uma resposta operante[5] condicionada. Apesar de tais definições corro-

borarem a definição de problema deste autor, elas tornam dispensável a sua conclusão de que os processos envolvidos na resolução do problema seriam de natureza racional. Em síntese, o fato de existirem problemas que um organismo não é capaz de resolver em um primeiro momento, e que ele soluciona posteriormente sem nenhum tipo de treino direto adicional, não implica necessariamente que essa solução surja como fruto de um processo de raciocínio.

Um ponto central desse argumento é o fato de que "ausência de treino *direto*" é diferente de "ausência de *qualquer* treino". Para que uma situação seja considerada um problema, é fundamental que o organismo não tenha nenhum tipo de treino *direto* na situação em questão, mas isso não implica que ele precise ser totalmente ingênuo com relação aos elementos presentes na situação.

Um importante trabalho a apresentar esse argumento foi publicado por Birch (1945). Naquela ocasião, o autor chamou a atenção para o fato de que Köhler (1917/1957) não tinha o menor controle sobre a história de vida dos sujeitos usados por ele. Nesse mesmo estudo foi apresentado um experimento no qual seis chimpanzés[6] foram submetidos a uma situação-problema, mas, diferentemente do trabalho de Köhler, tiveram seu histórico comportamental manipulado durante o experimento.

Na referida situação-problema, um pedaço de fruta foi posto fora do alcance dos animais[7] e foram dadas a eles varetas de madeira em formato de "T", que poderiam facilmente ser utilizadas para alcançar o objetivo em questão. Dos seis animais, apenas dois foram capazes de resolver o problema, sendo que um deles já tinha histórico de uso de varetas e o outro, de modo aparentemente casual, esbarrou na fruta, colocando-a mais perto dele.

Terminada essa sessão de linha de base, o experimentador devolveu os animais a suas gaiolas-viveiro juntamente com diversas varetas retas, que permaneceram na jaula dos animais por três dias. Nesse período, foram observados diversos usos das ferramentas feitos pelos chimpanzés, como empilhar cascas de frutas ou atacar outros animais. Transcorridos esses três dias, os animais foram novamente submetidos à situação-problema e, então, todos eles prontamente resolveram o problema, usando as varetas para alcançar a fruta.

Com esse experimento, Birch (1945) demonstrou que a capacidade de resolução de um problema não é fruto

---

[5]Apesar de os principais trabalhos de Köhler sobre este tema terem sido escritos antes que o termo "operante" fosse usado para descrever um tipo específico de comportamento, os trabalhos deste autor nasceram de críticas aos trabalhos de Thorndike, que, hoje sabemos, tratavam sobre comportamentos operantes.

[6]Os mesmos animais usados por Köhler (1917/1957).
[7]Cada um dos animais foi testado separadamente.

de um processo de natureza racional, já que os animais só puderam resolver o problema após terem passado por uma história de familiarização com elementos da tarefa, ainda que não tenha sido um treino direto de solução do problema. Caso a solução do problema fosse fruto de algum tipo de elaboração cognitiva do animal, a mesma deveria ter ocorrido já na primeira exposição ao problema, e não apenas após o treino indireto ter sido realizado.

Apesar da relevância do estudo de Birch (1945) em demonstrar essa importância da história prévia para a capacidade de resolver problemas, esse trabalho não manipulou o modo *como* essa história pode favorecer ou prejudicar a resolução de um problema. Essa lacuna só começou a ser preenchida aproximadamente 40 anos depois, nos estudos realizados pelo Columba Simulation Project (Epstein, 1981).

Dentre uma série de estudos realizados por esse grupo de pesquisas, estão os trabalhos de Robert Epstein e colaboradores sobre interconexão de repertórios comportamentais em situações de resolução de problemas (Epstein; Kirshnit; Lanza, Rubin, 1984; Epstein, 1985 e Epstein, 1987). A proposta de Epstein *et al.* (1984) era submeter pombos a situações-problema similares às propostas por Köhler (1917/1957) aos seus chimpanzés, tendo o cuidado, nesse caso, de treinar os pombos em habilidades que os primatas de Köhler presumivelmente deveriam ter adquirido antes de terem sido submetidos aos problemas propostos por esse autor.

O experimento escolhido por Epstein *et al.* (1984) para essa replicação foi um dos problemas de Köhler (1917/1957), em que este experimentador colocava um dos animais em uma jaula com um pedaço de banana preso ao teto e fora do alcance direto do chimpanzé. Dentro da jaula era deixada uma (ou, em alguns casos, mais de uma) caixa de madeira que o sujeito poderia transportar para debaixo da fruta e alcançá-la desse modo. Em sua descrição dos resultados, Köhler afirmou que após um momento inicial o sujeito apresentou certa confusão, andando de um lado para outro e tentando alcançar a fruta diretamente do chão por algumas[8] vezes, mas que depois disto ele subitamente parou diante da caixa e passou a empurrá-la em direção ao objetivo, parando de empurrar apenas quando esta estava em um ponto próximo do objetivo. Com a caixa próxima ao ponto onde o alimento estava pendurado, o chimpanzé pôde subir na caixa e apanhar a fruta.

Para replicar esse experimento, Epstein *et al.* (1984) treinaram pombos em dois repertórios distintos: empurrar uma caixa em direção a um *spot* projetado nas paredes de uma câmara experimental; e subir em uma caixa e bicar uma peça de plástico. Os animais eram ainda submetidos a uma terceira situação na qual a peça ficava fora do alcance do animal e nenhuma caixa estava presente, sendo que nessa ocasião nenhuma resposta era reforçada. Essas últimas sessões, chamadas de extinção das respostas de força bruta, tinham como objetivo eliminar respostas de alcançar diretamente a peça por meio de saltos e voos.

Foram definidos 5 grupos experimentais: um que passaria por todas as etapas (GE); 3 que não passariam por uma das etapas descritas acima e um que passaria pelo treino de empurrar, sem que houvesse um *spot* presente (CG 1, 2, 3 e 4).

Uma vez treinados nas habilidades programadas para seus grupos, os animais foram expostos à situação de teste. Nessa ocasião, a peça de plástico foi pendurada fora do alcance do sujeito e a caixa de papelão deixada disponível em um dos cantos, de modo que poderia ser livremente empurrada até sob a peça, servindo de plataforma e tornando possível que a peça fosse bicada, acionando o comedouro.

Os sujeitos que haviam passado por todas as etapas resolveram rapidamente a tarefa: inicialmente eles apresentaram um padrão chamado de "confusão", olhando da caixa para a peça e da peça para a caixa. Depois, os sujeitos se dirigiram para a peça, que tentavam alcançar se esticando. Como isso não foi eficaz, voltaram-se para a caixa e passaram a empurrá-la diretamente para a réplica, muitas vezes até mesmo corrigindo a posição da caixa. Após chegarem com a caixa em um ponto aproximadamente abaixo da peça, eles prontamente paravam de empurrar, subiam na caixa e bicavam a peça.

Nos outros grupos, os únicos sujeitos que resolveram o problema no tempo estabelecido pelos experimentadores foram os que só não haviam passado pelas sessões de extinção das respostas de força bruta. Ao serem colocados na situação experimental, esses animais, primeiro, apresentaram uma série de respostas de alcançar diretamente a peça de plástico (o que não era reforçado), e só então se voltaram para a caixa, empurrando-a até a peça e resolvendo o problema. Os sujeitos que haviam aprendido apenas uma das duas habilidades necessárias não foram capazes de resolver a tarefa. Os animais que não aprenderam a empurrar a caixa de maneira dirigida (sob controle discriminativo do *spot*) igualmente falharam no teste e empurraram a caixa a esmo.

---

[8]O autor não informou o número exato de tentativas emitidas pelo sujeito ao longo da sessão.

Após ter produzido resultados tão similares aos de Köhler, mas mantendo o controle das habilidades que os animais bem-sucedidos tinham antes da situação de teste, foi possível a Epstein *et al.* (1984) analisarem esse tipo de situação, identificando cada um dos processos comportamentais envolvidos.

Em primeiro lugar, o comportamento inicial interpretado como sinal de perplexidade seria, na verdade, o resultado da competição de dois repertórios (empurrar ou subir), o que durou até que as respostas em relação à peça desaparecessem em função da recente história de extinção das respostas de "força bruta" orientadas à peça. Isso fica claro a partir dos resultados do grupo que não passou pelas sessões de extinção, cujo padrão de respostas de alcançar diretamente a peça se manteve por muito mais tempo.

Quando as respostas de alcançar a peça deixaram de ocorrer, iniciou-se um processo conhecido como "ressurgência" (Epstein, Skinner, 1980), o que fez com que a resposta concorrente (empurrar a caixa) passasse a ser a resposta mais provável, o que teria dado início às respostas de empurrar a caixa.

As respostas de empurrar teriam sido direcionadas à peça de plástico em função de um processo comportamental proposto originalmente por Bruner, Goodnow, Austin, (1956) denominado Generalização Funcional, segundo o qual se dois ou mais estímulos têm alguma função em comum (p. ex., como a função de Estímulo Reforçador [SR] + Estímulo Aversivo [Sav]), é possível que haja um intercâmbio de outras funções específicas de cada um dos estímulos e que não eram originalmente comuns aos dois (como, p. ex., a função de SD para respostas distintas).

Por fim, os animais teriam parado de empurrar no local certo devido a um fenômeno conhecido como "encadeamento automático", o que implica dizer que eles emitiram uma resposta (empurrar a caixa em direção à peça) que acabou criando um estímulo (caixa sob a peça) que controlaria uma outra resposta (subir na caixa). Uma vez em cima da caixa, bicar a "peça" era a resposta mais provável de ocorrer devido ao histórico de reforçamento dessa situação.

Assim, aqueles resultados encontrados por Köhler (1917/1957) podem ser considerados exemplos relevantes de resolução criativa de problemas, mas a explicação para esses resultados não precisa ser necessariamente de ordem mental, como propunha esse autor, mas sim entendida a partir da história experimental de seus sujeitos (para maiores detalhes, ver Delage, 2006).

Recentemente, foram realizados experimentos no Brasil que procuraram replicar os experimentos de Epstein *et al.* (1984) utilizando ratos em vez de pombos (Delage, 2006; Tobias, 2006; Ferreira, 2008). Os resultados desses experimentos mostraram resultados parcialmente positivos, demonstrando a generalidade do princípio da recombinação de repertórios para esta outra espécie, ainda que o padrão de respostas durante a resolução tenha sido diferente daquele descrito por Köhler (1917/1957) e Epstein *et al.* (1984).

Vale a pena ressaltar que existem ainda outras abordagens analítico-comportamentais para o fenômeno da criatividade, como a variabilidade aprendida (Pryor, Haag, O'Reilly, 1969; Hunziker, 2006), mas que fugiriam ao escopo principal deste capítulo. Contudo, é importante mencionar que, mesmo fora do contexto de resolução de problemas, o fenômeno da criatividade pode ser explicado sem que seja necessário fazer menção a um pensamento iniciador.

CONCLUSÃO

Com base no que foi apresentado, podem-se extrair algumas conclusões. Em primeiro lugar, fica demonstrado que, quando o Behaviorismo Radical nega a existência do pensamento como uma entidade causal, passando a tratá-lo como comportamento, ele não nega os fatos normalmente atribuídos a esse tipo de processo, mas sim se preocupa em redefini-lo de uma maneira mais objetiva. Assim, parece que uma análise behaviorista do tema tem a função importante de se desvencilhar das relações entre pensamento e mente e pensamento como processo cognitivo encoberto ou exclusivamente verbal, e passa a tratar do *pensar* comportamento operante, fruto de contingências específicas e identificáveis.

Os relatos de experimentos aqui descritos possibilitam verificar que o estudo do pensamento, como um comportamento encoberto ou aberto, verbal ou não verbal, nada tem a ver com o estudo de *insights* ou processos inconscientes. Sendo assim, podemos questionar ou invalidar a ideia corriqueira de que o pensar seria um processo superior que não pode ser tratado por uma proposta behaviorista de estudo do comportamento humano.

REFERÊNCIAS BIBLIOGRÁFICAS

Andery MA, Sério TM. O pensamento é uma categoria no sistema skinneriano? *Arquivos Brasileiros de Psicologia, 3*, 54, 274-283, 2002.

Birch HG. The relation of previous experience to insightful problem-solving. *Journal of Comparative Psychology, 38*, 367 a 383, 1945.

Bruner JS, Goodnow JJ, Austin GA. *A Study of Thinking.* New York: Wiley, 1956.

Delage PEGA. *Investigações sobre o papel da generalização funcional em uma situação de resolução de problemas ("insigh") em Rattus norvegicus.* Dissertação de Mestrado. Belém, Pará: Universidade Federal do Pará, Programa de Pós-Graduação em Teoria e Pesquisa do Comportamento, 2006.

Donahoe JW, Palmer DC. *Learning and Complex Behavior.* Boston/London: Allyn and Bacon, 1994.

Epstein R. On pigeons and people: A preliminary look at the Columban Simulation Project. *The Behavior Analyst, 4*(1), 43-55, 1981.

Epstein R. The spontaneous interconnection of three repertoires. *The Psychological Record, 35*, 131-141, 1985.

Epstein R. The spontaneous interconnection of four repertoires of behavior in a pigeon (*columba livia*). *Journal of Comparative Psychology, 101*(2), 197-201, 1987.

Epstein R, Kirshnit C, Lanza R, Rubin L. "Insight" in the pigeon: antecedents and determinants of an intelligent performance. *Nature, 308*, 61-62, 1984.

Epstein R, Skinner BF. Resurgence of responding after the cessation of response-independent reinforcement. *Proceedings of the National Academy of Sciences, U.S.A., 77*, 6251-6253, 1980.

Eysenk MW, Keane MT. *Manual de Psicologia Cognitiva.* Porto Alegre: Artmed, 2007.

Ferreira JS. Comportamentos novos originados a partir da interconexão de repertórios previamente treinados: uma replicação de Epstein, Kirshnit, Lanza e Rubin, 1984. Dissertação de Mestrado. São Paulo: Pontifícia Universidade Católica, Programa de Pós-Graduação em Psicologia Experimental: Análise do Comportamento, 2008.

Hunziker MHL. Comportamento criativo e análise do comportamento I: variabilidade comportamental. In: Guilhardi HJ, Aguirre NC (Orgs.). *Sobre comportamento e cognição.* Santo André, SP: ESETec, v. 18, pp. 156-165, 2006.

Köhler W. *The mentality of apes.* Mitchan: Penguin Books, 1957. (Originalmente publicado em 1917.)

Millenson JR. *Princípios de análise do comportamento.* Brasília: Coordenada, 1975. (Originalmente publicado em 1967.)

Oliveira-Castro JM, Oliveira-Castro KM. A função adverbial de "inteligência": definições e usos em Psicologia. *Psicologia: teoria & pesquisa, 17*, 257-264, 2001.

Pryor KW, Haag R, O´Reilly J. The creative porpoise: Training for novel behavior. *Journal of the Experimental Analysis of Behavior, 12*, 653-661, 1969.

Skinner BF. *About behaviorism.* New York: Vintage Books, 1976. (Originalmente publicado em 1974.)

Skinner BF. Are theories of learning necessary? In: Skinner BF. *Cumulative record: a selection of papers.* New York: Appleton-Century-Crofts, pp. 69-100, 1999. (Originalmente publicado em 1950.)

Skinner BF. *Science and human behavior.* New York: Macmillan, 1965. (Originalmente publicado em 1953.)

Skinner BF. Teaching thinking. In: Skinner BF. *The technology of teaching.* Cambridge: B. F. Skinner Foundation, pp. 115-144, 2003a. (Originalmente publicado em 1968.)

Skinner BF. The creative student. In: Skinner BF. *The technology of teaching.* Cambridge: B. F. Skinner Foundation, pp. 169-184, 2003b. (Originalmente publicado em 1968.)

Skinner BF. *Verbal behavior.* New York: Appleton-Century-Crofts, 1957.

Skinner BF. Why I am not a cognitive psychologist. In: Skinner BF. *Reflections on Behaviorism and Society.* Englewood Cliffs: Prentice Hall, pp. 97-112, 1978. (Originalmente publicado em 1977.)

Tobias GKS. *É possível gerar resolução súbita de problema (insight) em Rattus norvegicus ensinando os pré-requisitos comportamentais?* Dissertação de Mestrado. Belém, Pará: Universidade Federal do Pará, Programa de Pós-Graduação em Teoria e Pesquisa do Comportamento, 2006.

CAPÍTULO IX

DESENVOLVIMENTO HUMANO

Maria Stella Coutinho de Alcantara Gil · Thaís Porlan de Oliveira · Naiara Minto de Sousa

Os autores que propuseram uma análise comportamental ou uma abordagem comportamental do desenvolvimento convergem ao considerar que, ao longo do desenvolvimento humano, à medida que o bebê interage com seu ambiente físico e social, o repertório comportamental é estabelecido, mantido ou modificado pelas relações únicas entre a criança e o ambiente, incluindo neste último as variáveis contextuais e culturais (Bijou, 1961, 1995; Novak, Peláez, 2004; Rosales-Ruiz, Baer, 1997; Schlinger, 1992; Souza, Pontes, 2007). Os autores concordam também que, para uma análise comportamental do desenvolvimento humano, são pouco informativas as concepções tradicionais segundo as quais mudanças progressivas ao longo do tempo fixam características topográficas gerais, vinculadas à idade e, em geral, organizadas em fases ou estágios, como por exemplo que as crianças engatinham até os nove meses, andam em torno dos 12 meses e assim por diante.

Na busca de um sentido explicativo para o desenvolvimento humano, é insuficiente informar a topografia das respostas de uma pessoa em certa idade, tal como considerar, no desenvolvimento da linguagem, que as crianças gorgeiam, balbuciam, dizem as primeiras palavras, as primeiras palavras-chave e, aos seis anos, têm um vocabulário entre 10 e 12 mil palavras diferentes (Newcomb, 1999). Para o estudo do desenvolvimento em uma abordagem das ciências naturais, é necessário identificar a relação entre a topografia de respostas ou uma classe de respostas – gorgeio, balbucio, palavras, frases, a ocasião que as propicia e o efeito produzido no ambiente (Bijou, 1961; 1995; Novak, 1993; Novak, Peláez, 2004; Rosales-

Ruiz, Baer, 1997; Schlinger, 1992, 1995, 2002; Skinner, 1957).

Uma análise comportamental do desenvolvimento requer, como em toda a abordagem comportamental, que sejam identificadas as variáveis ambientais funcionalmente relacionadas com as variáveis do organismo para se compreender o modo pelo qual tais relações são estabelecidas, mantidas e modificadas desde as primeiras interações entre o bebê e seu ambiente. A análise funcional das relações entre organismo e suas respostas é a pedra de toque da concepção comportamental do desenvolvimento e é a ferramenta para se buscar as respostas sobre por que, como e com quais resultados o desenvolvimento humano acontece. A pergunta do analista do comportamento recai, assim, sobre quais contingências são estabelecidas ao longo dos primeiros anos de vida que resultam na emissão do repertório específico de gorgear, balbuciar, dizer palavras, frases ou falar com fluência e correção gramatical nas circunstâncias apropriadas.

Adicionalmente à concepção da análise funcional ou análise de contingências que possibilitam a identificação das variáveis envolvidas no estabelecimento e na manutenção dos comportamentos, a análise comportamental do desenvolvimento trata de identificar as variáveis responsáveis pelas mudanças progressivas da relação entre os comportamentos de um indivíduo e os comportamentos de outras pessoas, os objetos ou eventos no ambiente (Bijou, 1995; Gewirtz, Peláez-Nogueras, 1992; Schlinger, 1992; Tourinho, Carvalho Neto, 2004).

Para a Análise do Comportamento, a mudança progressiva de todos os comportamentos depende da influência conjunta de processos selecionados ao longo da evolução da espécie, os chamados processos filogenéticos, dos processos que são selecionados na história individual de cada organismo, chamados ontogenéticos, e, também, da seleção de práticas culturais por meio da evolução das culturas. Segundo a concepção comportamental, é impossível determinar o papel que cada um desses processos desempenha quando consideramos o comportamento de animais ou de seres humanos, uma vez que aspectos selecionados a partir da filogênese, da ontogênese e da cultura delineiam variáveis que interagem de maneira complexa na multideterminação do comportamento (Danahoe, Palmer, 1994; Skinner, 1953, 1966, 1981).

É importante reiterar que o objeto de uma análise comportamental do desenvolvimento são os processos ontogenéticos que se estabelecem pelas relações entre organismo e ambiente no decorrer da vida de um organismo (Skinner, 1953; Tourinho, Carvalho Neto, 2004). A aquisição e as mudanças de comportamento que ocorrem ao longo do desenvolvimento podem ser compreendidas pela análise, com base em princípios gerais, da história idiossincrática de interação de cada organismo com seu ambiente. Empiricamente, a compreensão do comportamento requer análises particulares das variáveis funcionalmente relevantes que antecedem e que precedem a ocorrência de determinada classe de respostas. A compreensão de como se dá a aquisição, manutenção ou modificação de um repertório comportamental no processo de desenvolvimento implica identificar as contingências que são a ocasião para os processos básicos de interação do bebê com o ambiente, tal como a aprendizagem de discriminação que ocorre desde o nascimento. O conhecimento das contingências em vigor nesse período torna possível compreender como se configuram as interações básicas entre bebê e ambiente, por meio das quais o repertório discriminativo de uma criança ganha complexidade e, por sua vez, possibilitam que ela entre em contato com contingências que exigem respostas funcionalmente mais específicas e sutis, mesmo com topografias variadas.

Uma situação bastante corriqueira, na qual um bebê se aproxima de algum objeto "proibido" por um adulto, ilustra a crescente complexidade das interações bebê-ambiente. A emissão pelo adulto de uma resposta ou de uma classe de respostas aqui chamada de "Não, aí não pode", em geral, acontece com a fala acompanhada de meneios de cabeça e de gestos produzidos pelo movimento do dedo indicador. Muitas vezes, a classe de respostas "Não, aí não pode" é seguida do olhar do bebê para o adulto ou para o objeto "proibido". Qualquer das duas respostas do bebê é seguida de uma nova resposta do adulto que, com frequência, reorienta a atenção do bebê para alguma atividade ou objeto atraente ou restringe o acesso do bebê ao objeto "proibido". Uma das respostas do adulto que sinaliza o "Não, aí não pode" ou as diferentes combinações delas funcionam, muitas vezes, como estímulo antecedente para que o bebê emita classes de respostas cada vez mais específicas diante de ocasiões semelhantes. Inicialmente, o bebê pode somente observar o adulto e afastar-se do objeto, mas posteriormente o seu repertório discriminativo adquire novos elementos e torna-se mais complexo na medida em que as contingências arranjadas pelo adulto modelam novas respostas do bebê. As consequências sociais providas pelo adulto ao observar as respostas do bebê direcionadas ao objeto, como, por exemplo, ao vê-lo se afastar do objeto expressar aprovação ("isso, muito bem!"), constituem, juntamente com os estímulos antecedentes, a contingência que fortalecerá determinadas respostas específicas do bebê nessas condições. Por exemplo, diante do objeto "proibido", o bebê reproduz o meneio da cabeça emitido pelo adulto e/ou o gesto de "não" produzido com o dedo indicador e, futuramente, passa a emitir a resposta vocal "não". O exemplo suscita outras análises que não cabem no escopo deste capítulo, mas destaca as interações permanentes entre o bebê e seu ambiente físico e social no estabelecimento dos chamados operantes discriminados. Em todas as circunstâncias descritas, o adulto reage às respostas do bebê de diferentes maneiras que, entretanto, caracterizam-se por reforçá-las diferencialmente. As respostas do bebê de buscar, tocar, puxar o objeto "proibido" são fortemente reduzidas e as respostas que o mantêm afastado do objeto são fortalecidas.

Muitos estudiosos da Análise Experimental do Comportamento (Catania, 1999; Dube, McIlvane, Callahan, Stoddard, 1993; Sidman, 1994) afirmaram que as condições que possibilitam relacionar estímulos de maneira complexa ou formar discriminações complexas entre estímulos dependem de processos de interação entre organismo e meio, que apresentam características típicas formatadas a partir de processos básicos de aprendizagem. Os processos de aprendizagem que produzem discriminações complexas possibilitam a explicação comportamental para o aparecimento de repertórios considerados tipicamente humanos, como o comportamento verbal e os processos de formação de conceitos, resolução de problemas e outros designados pela literatura com o título de linguagem e cognição (Sério, Andery, Gioia, Micheleto, 2004).

O objetivo deste capítulo é destacar aspectos de estudos empíricos, realizados à luz do modelo comportamental, que contribuem para a compreensão da origem do comportamento simbólico. Serão apresentados os conceitos ou a racional que nortearam o percurso empreendido pelos estudiosos do desenvolvimento nas investigações realizadas com infra-humanos e bebês que permitiram testar empiricamente as contingências em operação na aquisição de repertórios discriminativos simples até a emergência dos repertórios discriminativos complexos.

O conceito de operante discriminado que implica descrever as relações específicas, estabelecidas entre a resposta e sua consequência, e a relação entre a resposta e os estímulos que a antecedem, foi decisivo para a compreensão da flexibilidade e complexidade do repertório comportamental de um organismo. Além da sensibilidade aos estímulos antecedentes e consequentes como produto evolucionário das espécies, o estabelecimento de controle de estímulos sobre a emissão de classes específicas de respostas é produto de uma história específica de reforçamento (Sério, Andery, Gioia, Micheleto, 2004). A área de investigação que estuda como se estabelecem e se mantêm os operantes discriminados é denominada Controle de Estímulos, e a unidade básica observada na relação entre respostas, estímulos antecedentes e consequências é a discriminação simples.

A discriminação simples é um processo básico de aprendizagem que implica a experiência do organismo com pelo menos duas contingências distintas, isto é, a emissão de uma classe de respostas diante de pelo menos dois conjuntos de estímulos. Nesse processo, as relações de contingência experimentadas pelo organismo farão com que um conjunto de estímulos antecedentes assuma função de estímulos discriminativos e o outro conjunto assuma uma função neutra para a emissão de determinada classe de respostas. Esse processo de aprendizagem ocorre por meio da experiência do organismo com uma história de reforçamento diferencial que proporciona a aquisição e manutenção de repertórios discriminativos básicos (Catania, 1999). É sabido que bebês entram em contato com contingências de reforçamento diferencial desde o nascimento e, portanto, desde bem pequenos apresentam repertórios básicos de discriminação simples (Novak, Peláez, 2004).

Alguns autores afirmam que as primeiras pesquisas com crianças na perspectiva comportamental utilizaram procedimentos e princípios da teoria de aprendizagem decorrentes do paradigma do comportamento operante proposto por Skinner na década de 1950 (Gewirtz, Peláez-Nogueras, 1992; Weisberg, Rovee-Collier, 1998). Os primeiros estudos com crianças basearam-se na consideração de Skinner (1953, 1969) de que a aplicação de princípios do comportamento operante para o comportamento humano, sob condições controladas experimentalmente, é imprescindível para reafirmar as similaridades entre as relações comportamentais de humanos e animais.

A partir do conceito de comportamento operante, as pesquisas com organismos infra-humanos mostraram empiricamente como a manipulação de diferentes esquemas de reforçamento alterava a frequência de taxas de respostas dos organismos e serviriam, igualmente, para a análise de comportamentos dos organismos humanos. Na obra de 1938, Skinner afirma que os procedimentos desenvolvidos com os animais permitiram a conclusão de que a manipulação de variáveis como a privação de alimento ou água maximiza o valor de eventos reforçadores para determinadas respostas cuja mensuração é relativamente simples. Essas respostas, passíveis de medida, guardavam relação biológica com um reforçador primário utilizado (água ou alimento).

Reproduzir os mesmos resultados com seres humanos, principalmente com crianças, trazia algumas dificuldades. Parte delas relaciona-se com questões éticas de submissão dos sujeitos humanos a procedimentos que previam a privação, e outras têm relação com a complexidade que o comportamento verbal dos humanos traz para a situação experimental, sobretudo ao considerar-se a interação experimentador-sujeito. Muitas dessas dificuldades foram superadas habilmente pela elaboração de procedimentos cujos controles experimentais prescindiam de privação programada do que se consideravam reforçadores primários.

A aplicação de técnicas e conceitos desenvolvidos na Análise do Comportamento depende da generalização dos princípios de aprendizagem estabelecidos com animais para os humanos (Lowe, Harzem, Hughes, 1978; Sério, Andery, Goia, Micheletto, 2004; Skinner, 1953). Cooper, Heron e Heward (1987) consideraram que talvez o maior desafio dessa aplicação refira-se à quantidade e complexidade das variáveis e da interação entre elas, que são a condição do comportamento humano, especialmente em situações nas quais os controles rigorosos do laboratório são impraticáveis. Segundo esses autores, a complexidade de variáveis envolve: a variabilidade do repertório humano; a complexidade do ambiente – pode haver mais de uma contingência em operação afetando a probabilidade de o comportamento ocorrer em uma dada situação; e diferenças individuais decorrentes da história de interação de cada organismo com seu ambiente.

Os analistas do comportamento são unânimes em afirmar que a definição de comportamento operante constitui a base da metodologia utilizada nas pesquisas com crianças, a despeito das diferenças nas proposições gerais sobre qual seria a análise do desenvolvimento humano cientificamente mais abrangente, acurada e parcimoniosa e que possibilitasse uma teoria coerente com os princípios das ciências naturais tal como proposto pelo behaviorismo (Bijou, 1961, 1995; Novak, Peláez, 2004; Schlinger, 1995, 2002). A condução de investigações experimentais com crianças pequenas é uma das maneiras de descrever similaridades entre resultados obtidos com infra-humanos e humanos, e é, também, o modo pelo qual é possível identificar as variáveis vigentes e suas interações no estabelecimento dos fenômenos estudados, quando se pretende explicar os processos de aquisição de repertórios comportamentais pelos pequenos (Bijou, Baer, 1978; Gewirtz, Peláez-Nogueras, 1992; Schlinger, 1995).

Dentre as vantagens dos estudos com a população de crianças jovens, pode ser destacada a possibilidade de minimizar os efeitos de variáveis como a história de reforçamento existente antes da entrada no ambiente experimental e o uso da linguagem, incluindo os subsequentes problemas que esta habilidade coloca para um controle rigoroso de variáveis experimentais (Pilgrim, Jackson, Galizio, 2000; Wilkinson, McIlvane, 2001).

Minimizar os efeitos da história de reforçamento de um organismo é uma estratégia importante para a experimentação na medida em que pode haver maior controle da efetividade das variáveis observadas e manipuladas. Supunha-se que, quanto mais curta a história de reforçamento experimentada pelo organismo, maior a probabilidade de garantir que o comportamento observado estivesse sob controle das variáveis experimentais manipuladas (Long, Hammack, May, Campbell, 1958; Skinner, 1965; Sidman, 1994). As crianças pequenas seriam, assim, sujeitos privilegiados para aumentar o controle da história pregressa nos experimentos. Outra estratégia adotada nas pesquisas experimentais com humanos para maximizar o rigor no controle do comportamento pelas variáveis programadas pelo pesquisador foi a tentativa de excluir o uso da linguagem (falada, oral) em experimentos cujos problemas de pesquisa nos quais a linguagem poderia ser uma variável determinante para a ocorrência de outros desempenhos diferentes daqueles requeridos pela pesquisa. Garantir o controle sobre a fala dos participantes seria uma maneira de provar empiricamente que a variável estabelecida pela linguagem não constituiria pré-requisito para

outros desempenhos simbólicos em estudo. Mais uma vez, as crianças pequenas seriam sujeitos com um repertório verbal incipiente altamente favorável ao controle dos efeitos da linguagem no planejamento do controle experimental.

A vantagem da história de reforçamento mais curta e do comportamento verbal incipiente das crianças pequenas em relação a adultos e jovens tem uma contrapartida desfavorável para o controle experimental: características do desempenho das crianças pequenas trazem desafios já enfrentados pela pesquisa na Psicologia do Desenvolvimento, como, por exemplo, a recusa das crianças em permanecerem na situação experimental sem a presença de um adulto familiar (Kagan, 1981) e a interação com o experimentador como variável interveniente/independente (ver Goldiamond, 1962).

É possível retraçar o percurso da análise comportamental do desenvolvimento na busca de condições eficientes de estudo da ontogênese do comportamento humano complexo. Os primeiros experimentos realizados com crianças visavam demonstrar a aplicabilidade e generalidade de princípios comportamentais, como discriminação, esquemas de reforçamento e extinção. Os estudos tinham a hipótese de que a obtenção de resultados similares quanto às variáveis de controle para o surgimento e a manutenção de determinadas respostas das crianças em comparação com os resultados obtidos com animais contribuiria para a compreensão de como se dá a aquisição do repertório comportamental dos organismos humanos.

Long, Hammack, May e Campbell (1958) realizaram um dos estudos pioneiros com sujeitos muito jovens no qual investigaram relações entre esquemas de reforçamento e respostas operantes em crianças. O estudo contou com a participação de aproximadamente 200 crianças com idade entre quatro e oito anos e objetivou mensurar a influência de esquemas de reforçamento de razão fixa, intervalo fixo e intervalo variável sobre as taxas de respostas operantes de puxar chaves que produziam estímulos visuais e brinquedos como consequência. Segundo os autores, os resultados obtidos foram "quase similares" ao desempenho dos animais diante de situações semelhantes.

Naquela época, uma das importantes descobertas decorrentes dos experimentos realizados com animais foi o aprimoramento de aparatos que possibilitavam mensurar respostas relativamente simples, tais como a pressão à barra pelos ratos e bicadas nos discos pelos pombos. Alguns trabalhos retomaram a afirmação de Skinner, em 1938, de que, para a compreensão das unidades de análise de um operante, a prática experimental e a descoberta de respostas simples e mensuráveis são essenciais para a Análise Experimental do Comportamento (Figueiredo, 1985; Sério, Andery, Goia, Micheletto, 2004).

As investigações com crianças traziam o desafio de se encontrar procedimentos que possibilitassem a medida de algum tipo de resposta operante igualmente conspícua e mensurável. Long *et al.* (1958) reproduziram as pesquisas realizadas com animais em um estudo no qual as crianças deveriam operar chaves que acionavam projetores automáticos para mostrar figuras e luzes com função de estímulos discriminativos e reforçadores. Outros estímulos reforçadores (pequenos brinquedos) ficavam disponíveis em uma abertura de modo similar ao que ocorria em uma caixa de Skinner.

Os principais aspectos discutidos no estudo consideravam a ideia geral de que, com as crianças, foi impossível conseguir o mesmo rigor no controle experimental alcançado com os animais. Os autores avaliaram que a diferença óbvia de procedimento era a necessidade de interação entre participantes e experimentadores, variável que não se pode manter constante ou excluir nas pesquisas com crianças. O reforço social dado pelo experimentador foi, segundo os autores, a variável que, provavelmente, controlou o desempenho dos participantes (Long, Hammack, May, Campbell, 1958).

A transposição dos resultados obtidos em estudos com animais para experimentos com crianças considerava, desde o início, que o contato social é uma variável diferenciada, e possivelmente crítica, nos estudos com humanos. Baron e Galizio (1983) e Weiner (1983) afirmaram que a extensão dos métodos de condicionamento operante para a análise do comportamento humano trouxe novos problemas que não eram encontrados com os animais, entre eles a variável contato social estabelecido entre experimentador e sujeito. A investigação a respeito dos efeitos desta variável deu lugar a inúmeras discussões e estudos sobre a influência do pesquisador enquanto provedor de estímulos antecedentes e reforçadores para o comportamento dos participantes (Goldiamond, 1962).

Em uma breve revisão dos principais resultados sobre a influência das instruções no controle do comportamento humano, Weiner (1983) constatou que inicialmente as investigações focalizaram a influência das instruções apresentadas pelo pesquisador. Estudos realizados por Arzin (1958) e por Weiner (1962) apresentaram resultados nos quais o responder operante foi controlado pelos esquemas de reforçamento em vigor, sem a necessidade da instrução do pesquisador. Outros estudos, entretanto, apresentaram resultados discordantes dos anteriores, tal como aqueles obtidos por Ader e Tatum (1961) e Ayllon e Azrin (1964), em que a instrução foi essencial para a emissão de respostas operantes pelos participantes.

O tempo de permanência de crianças pequenas em ambientes experimentais foi também uma variável discutida na comparação entre as pesquisas com sujeitos infra-humanos e crianças. As evidentes diferenças de repertório impossibilitam a realização, com as crianças, de um número muito alto de sessões e de sessões com duração relativamente extensa. Long *et al.* (1958) ressaltaram que as sessões com crianças duravam entre 20 e 30 min, no máximo, o que diferiu das sessões mais longas que poderiam ser realizadas com animais. Também é importante ressaltar que, embora pretendessem trabalhar com crianças mais novas no início do estudo (com cerca de 3 anos ou menos), eles as excluíram da pesquisa, uma vez que as crianças menores recusavam-se a ficar sozinhas na sala experimental.

Em seu trabalho pioneiro na análise comportamental do desenvolvimento, Bijou (1957, 1958) realizou investigações com crianças de 4 anos com o objetivo de explicar o controle exercido por esquemas de reforçamento e extinção sobre a frequência de pressão à alavanca pelas crianças e também utilizou aparatos experimentais com funcionamento similar às condições implementadas com animais. Assim como no estudo de Long *et al.* (1958), as crianças eram levadas por um adulto até a sala experimental e o pesquisador observava a sessão de outra sala, por um espelho unidirecional. A sala experimental tinha uma mesa com uma alavanca e um dispensador para pequenos brinquedos (supostos reforços) e outra mesa com os brinquedos disponíveis; o experimentador informava a criança de que ela poderia brincar com o que quisesse.

Nos resultados, Bijou (1958) apresentou uma breve descrição dos diferentes comportamentos emitidos pelos participantes expostos à extinção após o esquema de intervalo fixo e enfatizou que as crianças mostraram grande variabilidade nas respostas em comparação com os resultados com infra-humanos em condições similares. Bijou fez, entretanto, uma descrição muito sucinta das respostas emitidas pelas crianças: comportamentos relacionados com o próprio corpo – chupar o dedo, descansar a cabeça nos braços; ou emissão de respostas verbais – vocalizar baixo, "resmungar"; comportamentos direcionados ao material experimental – pressionar a alavanca de diversas formas, aumentar a manipulação dos estímulos usados como reforçadores; e comportamentos direcionados a outros aspectos do ambiente experimental – aumento de atividades como andar pela sala, por exemplo.

Na discussão a respeito da compreensão das variáveis que controlaram a emissão de diferentes respostas pelas crianças, Bijou (1958) afirmou que os humanos "parecem alterar a extinção introduzindo estímulos fora do controle do experimentador" (p. 28). Apesar de identificar as respostas emitidas pelas crianças, a análise apresentada pelo autor não explicitou variáveis antecedentes e subsequentes possivelmente relacionadas com as respostas, o que não permitiu identificar a relação entre as variáveis manipuladas pelo experimentador e as respostas observadas.

A partir das características de algumas das primeiras pesquisas experimentais com os pequenos, é possível considerar que análises cuidadosas do desempenho individual de crianças pequenas em tarefas experimentais serão mais eficazes nas investigações empíricas quanto mais forem consideradas variáveis peculiares à população, tais como a função do contato social com o experimentador e a variabilidade do repertório das crianças.

Buscando aprimorar o método experimental para os estudos com crianças, Simmons e Lipsitt (1961) desenvolveram um aparato específico para a população com idade entre um e quatro anos, para estudar respostas de discriminação com os objetivos de: empregar um "manipulador" adaptado ao repertório das crianças; promover uma situação de escolha para o estudo de comportamento discriminativo e possibilitar o registro automático de frequência de resposta.

Em uma pesquisa posterior, foram apresentados os resultados do uso deste aparato por 40 bebês com 12 meses de idade (Simmons, 1964). De modo geral, os dados mostraram que os bebês aprenderam discriminações entre duas luzes coloridas tendo som de campainhas como reforçador. O número relativamente alto de participantes impossibilitou a análise detalhada da sequência de interações entre o desempenho das crianças e as variáveis experimentais. Uma investigação que priorizasse a análise das variáveis das quais o desempenho dos participantes foi função suscitaria questões importantes sobre as condições experimentais, a participação efetiva ou não dos bebês nos experimentos e o ajuste de variáveis que se fizesse necessário ao longo dos experimentos para a emissão de respostas requeridas pelo experimentador.

Ainda na busca da transposição de resultados encontrados com animais para a população de crianças, Rovee-Collier, Morrongeello, Aron, Kupersmidt (1978) e Rovee-

Collier e Capatides (1979) conduziram pesquisas com bebês de 3 meses com o objetivo de investigar um fenômeno denominado contraste comportamental, descrito nos experimentos com animais sobre topografias de respostas e discriminação. Esse fenômeno ocorre em situações de esquema múltiplo de reforçamento nos quais a taxa de resposta em um componente do esquema depende da mudança no reforçamento sinalizado no outro componente. Diz-se, por exemplo, que há contraste comportamental positivo quando a taxa de resposta a um estímulo (S1) aumenta como resultado da diminuição no reforçamento contingente a resposta a outro estímulo (S2).

Sem aprofundar o conceito de contraste comportamental, um dos aspectos relevantes nos trabalhos de Rovee-Collier *et al.* (1978, 1979) foi a adaptação do aparato utilizado e das respostas requeridas dos participantes. As pesquisas foram realizadas na casa dos bebês; o operante escolhido foi a resposta de "chutar": um cordão era colocado no tornozelo dos bebês e estava amarrado a um móbile de cubos pendurado sobre o berço, cerca de 30 cm acima do abdome do bebê.

O procedimento incluía linha de base, esquemas de reforçamento simples e múltiplo e extinção. Os estímulos discriminativos visuais eram diferentes cores fixadas nas laterais de cubos que formavam um móbile suspenso acima da cabeça dos bebês. O arranjo possibilitava, diante do estímulo visual, que a intensidade do reforçador (balançar o móbile) dependesse da intensidade das respostas de chutar emitidas pelo bebê. Nos esquemas múltiplos de reforçamento e extinção, na presença do S-, o chutar não produzia movimento contingente do móbile.

Os resultados indicaram que os bebês foram altamente sensíveis às contingências que eram assinaladas por mudanças súbitas nos estímulos discriminativos do ambiente e que continuariam a responder a essas mudanças por períodos de tempo relativamente longos. Essa conclusão conduziu à realização de uma série de pesquisas posteriores nas quais foram investigadas as características da manutenção das respostas de bebês de 3 meses por períodos de dias ou semanas. A despeito da interpretação dos pesquisadores, que recorreram a constructos como expectativa e memória para explicar a chamada "retenção da aprendizagem" dos bebês, destacam-se as escolhas apropriadas da classe de respostas requerida dos bebês e das classes de estímulos antecedentes e subsequentes manejadas pelos pesquisadores (Fagen, 1993; Fagen, Morrongiello, Rovee-Collier, Gekoski, 1984; Fagen, Yengo, Rovee-Collier, Enright, 1981).

Rovee-Collier e Capatides (1979) apresentaram também uma discussão sobre algumas diferenças de procedimento em relação às investigações com animais. As pesquisas com animais em geral envolviam inúmeras sessões de treino, esquemas de intervalo variáveis, manipulavam reforçadores comestíveis e mantinham os sujeitos em privação. Já no caso dos bebês, os trabalhos realizados tiveram por característica:

- Realização de uma única sessão de treino
- Utilização de esquemas de razão fixa
- Escolha de respostas operantes sem relação biológica aparente com o reforçador (no caso, chutar com o efeito de produzir balanço do móbile)
- Manipular estímulo reforçador visual apresentado no próprio estímulo
- A ausência de privação.

A escolha da resposta operante de chutar dos bebês e a decisão de manipular um estímulo reforçador visual apresentado no próprio estímulo discriminativo basearam-se na hipótese de que as investigações empíricas com crianças pequenas seriam mais bem-sucedidas à medida que as variáveis antecedentes e subsequentes à resposta requerida dos bebês nas pesquisas atendessem às necessidades que o repertório comportamental deles impusesse ao pesquisador. As variáveis investigadas nos estudos de Rovee-Collier *et al.* e nos estudos que adotaram delineamentos e procedimentos similares forneceram indicadores importantes sobre os desafios que as características do repertório dos pequenos oferecem para os pesquisadores (Fagen, 1993; Fagen *et al.*, 1984; Fagen *et al.*, 1981).

O chutar é um movimento espontâneo no repertório dos bebês, uma resposta motora inicialmente independente de interações sociais. Ao mesmo tempo, o chute é uma resposta que rapidamente fica sob controle operante. Chutar não precisava ser modelado no repertório, o que evitou prováveis desconfortos aos bebês no caso de necessidade de um tempo longo de permanência na situação experimental. A adoção de um estímulo discriminativo visual cuja função reforçadora foi contingente à resposta de chutar foi bastante pertinente para as investigações sobre o efeito que o reforçamento diferencial produziria sobre a frequência de chutes dos bebês.

Quanto ao uso ou não da privação, as razões éticas para evitá-la parecem óbvias no caso dos estudos com bebês. É importante mencionar o fato de que privar os sujeitos tem a função de produzir operações estabelecedoras para o desempenho requerido nos experimentos (Keller, Schoenfeld, 1950/1974; Millenson, 1967) e não manipular essa variável denominada motivacional pode acarretar dificuldades. Há, entretanto, a concordância sobre o quanto será prejudicial privar crianças de suprir qualquer das suas necessidades básicas, bem como da impropriedade de oferecer-lhes guloseimas pouco saudáveis. Permanece, assim, o desafio de organizar situações experimentais que garantam a adesão dos bebês às tarefas experimentais.

O exame das pesquisas comportamentais conduzidas com crianças que foram descritas até aqui possibilitou identificar a preocupação dos pesquisadores em comparar os resultados obtidos com aqueles encontrados nos estudos realizados com animais, em consonância com a consolidação, na época, de uma proposta behaviorista. De certo modo, os estudos investigaram quais seriam as variáveis relevantes para se estudar a ontogênese dos processos básicos, consideradas as peculiaridades da aquisição de comportamentos pelas crianças pequenas.

No caso dos estudos realizados com crianças com menos de 2 anos de vida, as dificuldades das investigações experimentais realçam a importância de se reconhecer a multideterminação dos fenômenos comportamentais. Esse reconhecimento fortalece a concepção comportamental do desenvolvimento como um processo complexo de interação entre organismo e meio no qual ocorrem mudanças progressivas da natureza das interações entre organismo e ambiente, e não apenas do repertório comportamental (Bijou, 1995; Schlinger, 2002). À luz da perspectiva behaviorista, o comportamento da criança, desde recém-nascida, será tão mais extensamente o produto de processos ontogenéticos quanto mais avançada sua interação com o ambiente físico e social (Tourinho, Carvalho Neto, 2004). A base para as aquisições comportamentais é a interação entre organismo e meio, e o comportamento novo é, portanto, produzido a partir das relações já existentes ou de respostas fortuitas que produzem, por sua vez, novas contingências.

A multideterminação do comportamento, para os analistas do comportamento, é produto da seleção por consequências dadas pela filogênese, pela ontogênese e pelas contingências culturais. No decorrer de décadas de estudo, ainda há muita controvérsia sobre quais seriam alguns dos repertórios básicos, fruto da filogênese, que possibilitariam aos organismos humanos interagir com o mundo. Os analistas do comportamento têm considerado, desde as proposições de Skinner (1938), que a sensibilidade ao reforçamento diferencial é dada pela filogênese. Sendo assim, homens e mulheres estão aptos, desde o nascimento, a adquirir e transformar repertórios comportamentais, uma vez em contato com diferentes contingências.

Compreender o desenvolvimento humano do ponto de vista funcional, consoante com a abordagem das ciências naturais, implica buscar a inter-relação entre as capacidades do organismo, que se infere serem de origem filogenética, a partir do momento em que há o contato do recém-nascido com as contingências do ambiente, em um período que se denomina ontogênese. O desenvolvimento humano, especialmente o possibilitado pelo contato social, estabelece condições para a aquisição de repertórios discriminativos, cada vez mais complexos. No caso dos organismos humanos, os reforçadores sociais adquiriram, ao longo da história evolucionária, papel de destaque, uma vez que possibilitam ao indivíduo o acesso a diferentes outros reforçadores por meio da ação mediada de outro indivíduo no meio (Skinner, 1957). Com igual destaque, os estímulos antecedentes que passam a exercer a função de sinalizadores das contingências de reforçamento têm um papel central na análise do comportamento e compõem as unidades de análise que tornam possível descrever as variáveis de controle do comportamento.

O estudo ontogenético sobre o controle de estímulos foi fortemente impulsionado pelas questões que decorreram da formulação do paradigma da equivalência de estímulos, resultante de um expressivo número de estudos realizados a partir do trabalho seminal de Sidman e do programa de pesquisa desenvolvido por ele e seus colaboradores, na década de 1970. O modelo explicativo e o conceito de relações de equivalência entre estímulos ganharam, mais tarde, o reconhecimento dos analistas do comportamento como um importante avanço na compreensão empírica e conceitual de processos cognitivos, tais como a noção de significado e de formação de categorias conceituais, entre outras (de Rose, 2000; Matos, 1999). O estudo das condições necessárias e suficientes para a aquisição de relações entre estímulos por crianças pequenas tem sido considerado uma estratégia apropriada para a explicação da aprendizagem de repertórios totalmente novos, já que adultos têm longas histórias de aprendizagem anterior à situação experimental (Pilgrim, Jackson, Galizio, 2000; Wilkinson, McIlvane, 2001).

Os estudos com crianças pequenas passaram a visar ao planejamento de condições experimentais que testassem empiricamente alguns modelos formulados a partir das pesquisas experimentais realizadas até o presente. A comparação com o desempenho de animais infra-humanos deixou de ser a tônica, e a busca de respostas para explicar o surgimento do comportamento novo, sobretudo na aquisição do comportamento verbal, tornou-se central na análise comportamental de seu desenvolvimento. Os estudos sobre os processos de discriminação simples e complexa têm investigado o desempenho de participantes cada vez mais jovens e aumentado em número, embora sejam, ainda, insuficientes para se chegar a conclusões empiricamente sustentadas sobre a estrutura e a função das aquisições precoces dos comportamentos de ouvinte e falante.

Os avanços teóricos, a possível aplicação decorrente e os desafios a serem enfrentados pelos pesquisadores para compreender a aquisição de discriminações complexas, com a adoção do modelo de Equivalência de Estímulos, têm sido discutidos amplamente na literatura (de Rose, Souza, Hanna, 1996; Matos, Hübner, Peres, 1997). A metodologia desenvolvida nas pesquisas sobre equivalência tem sido aplicável para adultos e crianças em idade préescolar e para deficientes cujos desempenhos se encontram em níveis considerados iniciais de desenvolvimento, mas não foi adaptada com o mesmo sucesso para crianças no período da emergência do uso do comportamento simbólico (de Rose, 2000; McIlvane, 1992; O'Donnell, Saunders, 2003; Wilkinson, McIlvane, 2001).

O sucesso na adaptação metodológica para a realização de estudos com bebês tem implicado definir variáveis de controle eficazes para manutenção de bebês em atividades nos ambientes experimentais e o investimento em procedimentos que possibilitem o estudo dos parâmetros da aprendizagem de discriminações simples e condicionais (de Rose, 2000; O'Donnell, Saunders, 2003; Oliveira, 2003; Wilkinson, McIlvane, 2001). Os trabalhos realizados com as crianças pequenas refletem, no entanto, uma das controvérsias presentes desde os estudos iniciais propostos por Sidman e Tailby (1982), relativos ao papel que o repertório verbal dos participantes exerce na formação das classes de equivalência (Horne, Lowe, 1996; Lipkens, Hayes, Hayes, 1993; Pilgrim, Jackson, Galizio, 2000; Sidman, 1994; Wilkinson, McIlvane, 2001).

A proposta de Sidman (1994, 2000) deu destaque ao papel central das contingências de reforçamento na formação de classes equivalentes de estímulos. Alguns autores, no entanto, afirmam que o desempenho de equivalência em tarefas de pareamento com o modelo, e, assim, a formação de classes e relações simbólicas entre estímulos, depende da mediação de respostas verbais, ou seja, de nomeação (Horne, Lowe, 1996).

Parte dos estudos que busca uma explicação comportamental para o responder simbólico introduziu sistematicamente a "nomeação" em tarefas de pareamento com o modelo realizadas por sujeitos com repertório verbal incipiente. Os autores analisaram os resultados obtidos considerando que o desempenho dos participantes foi incrementado pelo emprego de mediadores verbais (Pilgrim, Jackson, Galizio, 2000; Zygmont, Lazar, Dube, McIlvane, 1992; Lowe, Horne, Harris, Randle, 2002).

Toda uma linha de investigação foi desenvolvida a partir da "teoria da nomeação". Para melhor entendimento, é considerado "nomeação" quando ensinamos a uma criança que o animal cachorro corresponde à palavra falada "cachorro"; além disso, ensinamos a criança a falar "cachorro" na presença da palavra escrita *cachorro*. Em decorrência, os 3 estímulos – o animal, o som e a *palavra escrita* – passam a fazer parte da mesma classe de estímulos, pois diante de qualquer uma delas a resposta de criança é dizer "cachorro". Os estímulos, então, formam uma classe simbólica, pois a criança será capaz de emitir respostas com a mesma função diante de estímulos formalmente diferentes, ou seja: se ela vir o desenho de um cachorro, poderá apontar o animal cachorro; se vir a palavra escrita *cachorro*, poderá apontar a fotografia de um animal cachorro; se ganhar um cachorro de pelúcia, ela poderá chamá-lo de cachorro e o brinquedo passará a fazer parte da classe "cachorro", sem que para isso tenha sido explicitamente ensinada.

Com o objetivo de demonstrar o papel da nomeação na formação de categorias simbólicas por crianças, foi realizado um programa de pesquisas cujo objetivo é comprovar empiricamente que a resposta de nomeação é determinante para o estabelecimento de categorias simbólicas (Lowe, Horne, Harris, Randle, 2002; Horne, Lowe, Randle, 2004; Lowe, Horne, Hughes, 2005; Horne, Hughes, Lowe, 2006; Horne, Lowe, Harris, 2007). Em todos os estudos, o procedimento geral foi o de ensinar relações entre um estímulo auditivo, ou um estímulo sinestésico visual, e um estímulo visual abstrato associado ao ensino de apenas um repertório de ouvinte para cada estímulo da classe, ou ao ensino da relação de nome (tato). Os resultados têm oferecido alguma evidência da influência da nomeação na formação de classes de estímulos arbitrários por crianças pequenas, mas sem permitir a afirmação de que a nomeação é imprescindível; portanto, é uma variável crítica.

Diante da controvérsia a respeito das variáveis críticas na ocorrência das relações equivalentes entre estímulos em organismos ditos não verbais, uma alternativa para elucidar a influência do repertório verbal nas relações de equivalência é a investigação desse fenômeno em estudos com crianças pequenas que, ao abordar a emergência dessas relações em uma perspectiva ontogenética, buscariam os precursores do repertório verbal (Carr, Wilkinson, Blackman, McIlvane, 2000; O'Donnell, Saunders, 2003).

O estudo do desenvolvimento de repertórios simbólicos e de seus pré-requisitos tem sido escassa se comparada à vasta produção sobre comportamento verbal, refletindo a dificuldade em investigar o início desses processos na população de crianças com menos de 2 anos de vida (Gil, Oliveira, 2003).

Com o objetivo de investigar variáveis presentes no ensino de tarefas de discriminação simples e pareamento de identidade para bebês com idade entre 16 e 20 meses, Gil e Oliveira (2003) organizaram uma situação experimental especialmente para essa população em uma creche. O procedimento inicial do estudo foi de discriminação simples e de reversão da discriminação com a típica apresentação simultânea de 2 estímulos (brinquedos), seguida por treino e teste de pareamento de identidade. Sempre que a resposta do bebê se dirigisse ao estímulo comparação, idêntico ao estímulo modelo recebido, era proporcionado o acesso ao brinquedo que se constituiu no S^r. Os resultados mostraram que diante de um estímulo modelo os bebês emitiram respostas sistemáticas de escolha e de comparação idênticos, desde que as condições experimentais fossem modificadas de acordo com o desempenho de cada participante. As dificuldades encontradas foram, sobretudo, relacionadas com o controle que variáveis do ambiente não planejadas exerciam sobre o comportamento dos bebês, com a curta duração da permanência na situação experimental e com a necessidade de ajustar o número de tentativas das sessões de treino e testa a disponibilidade de cada participante.

Os pesquisadores que trabalham com diferentes abordagens no estudo da ontogênese dos comportamentos simbólicos e de seus precorrentes, tendo crianças jovens como participantes, reiteram as posições dos pesquisadores que começaram a análise comportamental do desenvolvimento. Todos concordam que a prática experimental com os pequenos esbarra no fato de que eles geralmente estão disponíveis por pequenos períodos de tempo e apresentam dificuldade para se manterem atentos a tarefas de longa duração (Devany, Hayes e Nelson, 1986; Gil, Oliveira, Sousa, Faleiros, 2006; Seidl-de-Moura, 2004; Kagan, 1981; Wilkinson, McIlvane, 2001, dentre outros). Além disso, a velocidade das mudanças no repertório, características de um período de rápido desenvolvimento, torna pouco provável que as sequências longas de treinos e avaliações de procedimentos sejam aplicadas em uma mesma condição de desenvolvimento a despeito de contar com os mesmos participantes (Seidl-de-Moura, 2004; Oliveira, Gil, 2008).

No mesmo período, aproximadamente no final dos anos 1980 até o presente, as pesquisas têm indicado a superação de algumas dificuldades no estabelecimento do controle experimental em estudos com as crianças pequenas.

Em um dos estudos iniciais, Devany, Hayes e Nelson (1986) examinaram o desempenho de 12 crianças com idade mental entre 14 e 36 meses e repertórios linguísticos iniciais diferentes em testes de equivalência. As sessões eram realizadas individualmente e tinham duração média de 20 min. As crianças foram ensinadas a parear um estímulo modelo com um estímulo comparação arbitrário, relacionando pares de estímulos; todas as respostas corretas das crianças eram reforçadas (consequências verbais e pequenos brindes). Durante a fase de teste, o reforço era liberado a cada 3 ou 4 tentativas, condicionado à colaboração na tarefa e a permanecer sentado, independentemente do desempenho da criança na tentativa. Os autores sugeriram que havia uma relação entre o nível do repertório verbal das crianças e o desempenho em testes de equivalência, uma vez que observaram que os pequeninos com uso funcional da linguagem e com desenvolvimento normal ou retardamento mental precisaram de menos tentativas e menos dicas na etapa de treino e formaram classes de equivalência na etapa de teste, ao contrário daquelas que não faziam uso funcional da linguagem e apresentavam retardamento mental.

Indicando que as pesquisas continuam defrontando-se com a interferência da variável linguagem no estabelecimento do controle experimental, as variáveis críticas ao estudo ressaltaram a utilização de instruções verbais para a realização da tarefa para todos os participantes, com e sem uso funcional da linguagem, o que pode ter influenciado o desempenho daqueles que não tinham repertório verbal.

Resultados semelhantes aos de Devany *et al.* (1986) sobre o efeito facilitador de repertórios verbais na aquisição de discriminação condicional arbitrária foram obtidos por Pilgrim *et al.* (2000) em um estudo com 25 crianças de três a seis anos de idade e com desenvolvimento normal. As tarefas de discriminação eram realizadas sob condições que combinavam a taxa de reforçamento diferencial, instruções do experimentador e comportamento de ouvinte ou de falante. Os resultados gerais indicaram que a condição de apresentação exclusiva do reforçamento diferencial foi menos eficiente para a aprendizagem das discriminações condicionais quando comparada às outras condições. Os autores enfatizaram a necessidade de procedimentos especiais de treino para a aquisição das relações arbitrárias pelas crianças de 3 a 6 anos, pois a dificuldade na aquisição desse repertório pela população estudada estaria relacionada: com variáveis de procedimento, como a longa exposição ao procedimento requerida pelo pareamento com o modelo; e com peculiaridades da população sensível a ambientes diferentes daqueles que vivem no cotidiano.

Em outra direção, Lipkens, Hayes e Hayes (1993) obtiveram resultados indicativos de que um repertório verbal bem desenvolvido não seria condição necessária para a aquisição de relações condicionais entre estímulos. No estudo, foram realizadas sessões de treino e teste de discriminação para um bebê de 16 meses até a idade de 27 meses, com desenvolvimento normal, utilizando figuras de objetos novos e familiares como estímulos e brinquedos como reforçadores. Os autores afirmaram que houve aprendizagem de relações arbitrárias entre estímulos e emergência de relações simétricas e transitivas que pareceram não depender de um repertório verbal bem desenvolvido e que esses desempenhos deveriam ser vistos como ações situadas histórica e contextualmente, desenvolvidas ao longo do tempo pela exposição a múltiplos exemplares de diferentes relações, ou seja, à formação de "quadros relacionais".

Nesse estudo, também podem ser destacados aspectos do procedimento relacionados, respectivamente, com a permanência do bebê no ambiente experimental no decorrer do estudo, que durou 11 meses, e com o seu desempenho nas tarefas: atividades propostas em situação de brincadeira em contato com o adulto; ocorrência de brincadeira não contingente com o desempenho do bebê ao final da sessão em outro ambiente por 10 min; tentativas iniciais com a exposição apenas do estímulo comparação correto. A dificuldade em ajustar metodologias de ensino desse tipo de tarefa para a população de bebês foi descrita pelos autores, que relataram ter testado, por 4 meses, diversos tipos de tarefas, aparatos, estímulos experimentais e reforçadores efetivos para produzir o repertório requerido do bebê (p. ex., ouvir, apontar etc.) e mantê-lo nas tarefas por tempo suficiente para verificar seu desempenho, ressaltando a importância do contato direto com o experimentador, em situações similares de interação às ocorridas em situação natural.

Boelens, Broek e Klarenbosch (2000) trabalharam com 14 crianças de 26 a 34 meses no início do estudo, com desenvolvimento normal, a fim de verificar a aprendizagem de discriminações condicionais arbitrárias e a emergência de simetria dessas relações. As tarefas experimentais consistiam na apresentação de figuras desenhadas em papel por um pesquisador sentado diante da criança que deveria emitir a resposta de observação de olhar o desenho e o experimentador mostrava os desenhos que tinham função de comparação. As consequências para as respostas corretas dos participantes eram vocalizações do adulto e fichas que as crianças acumulavam e trocavam por pequenos adesivos. As sessões tiveram duração aproximada de 10 min, com 16 ou 24 tentativas por sessão; ao final de cada sessão, ainda na sala experimental, o experimentador brincava com a criança e com quebra-cabeças ou livros de histórias por 5 a 10 min. Sete dos 9 participantes aprenderam todas as discriminações condicionais arbitrárias e demonstraram a emergência das relações de simetria, sem nenhuma nomeação explícita aos estímulos, sugerindo que a capacidade de estabelecer relações com base na simetria pode ser adquirida na ausência de respostas verbais relacionadas. No entanto, eles reconheceram que, devido à idade dos participantes, não se poderia eliminar algum efeito de repertórios verbais sobre a aprendizagem das tarefas. Além disso, o modo de apresentação dos dados não deixa o leitor analisar as variáveis presentes na situação experimental que possivelmente exerceram controle sobre o desempenho de cada criança, principalmente daquelas que não aprenderam as relações ensinadas na primeira etapa do estudo.

As dificuldades observadas nos estudos sobre ensino de relações condicionais arbitrárias para crianças pequenas indicam a necessidade de investigar as condições da aquisição de repertórios básicos, como a discriminação simples e condicional por identidade, que podem ser apontados como base do desenvolvimento de repertórios simbólicos mais complexos: a identidade generalizada, a discriminação arbitrária e a equivalência de estímulos (Dube, 1996; Barros, Galvão, McIlvane, 2003; Boelens et al., 2000). Além disso, tais investigações podem propiciar condições mais adequadas para o aprimoramento metodológico dos estudos experimentais com bebês, pela diminuição de variáveis presentes nas situações relacionadas com estímulos modelo, exposição ao erro pela dificuldade da tarefa etc.

Nessa linha de investigação, Silva (2008) estudou a aprendizagem de discriminações simples com mudanças sucessivas na função dos estímulos (DSMS), com 3 bebês, que tinham 10, 12 e 14 meses no início do estudo. A tarefa consistia na apresentação de figuras bidimensionais animadas (GIFs) em uma tela de computador sensível ao toque, com um arranjo que simulava a configuração de um treino de 10 discriminações condicionais por sessão. A consequência para os comportamentos do bebê em relação à escolha do estímulo correto era a apresentação de um filme e interação social com vocalizações da experimentadora. Os resultados mostraram que as crianças somente alcançaram a etapa inicial do treino de DSMS planejado. Silva (2008) discute que, dentre as diversas manipulações que visaram favorecer a permanência das crianças na tarefa e a aprendizagem, a que pareceu proporcionar melhores resultados foi a substituição dos conjuntos de estímulos ao longo do treino.

Esta breve apresentação dos estudos com crianças jovens indica que a busca da compreensão da função que o repertório verbal dos participantes exerce na execução das tarefas experimentais direcionou o desenvolvimento das pesquisas sobre a formação de relações de equivalência em bebês. A ocorrência de resultados pouco consistentes, principalmente em se tratando de crianças menores de 2 anos, estaria relacionada com as peculiaridades do repertório da população e com as condições experimentais oferecidas aos pequenos. As pesquisas sobre aquisição de discriminações simples e condicionais, entretanto, não têm enfatizado estes aspectos por estarem direcionadas à questão do papel do repertório verbal. A pouca atenção da literatura para determinar as bases da realização de estudos que obtenham resultados quanto à aprendizagem de repertório discriminativo por crianças jovens deve considerar, portanto, aspectos do desenvolvimento de procedimentos experimentais que apreendam as peculiaridades da população (Pilgrim et al., 2000; Wilkinson, McIlvane, 2001).

A investigação das variáveis relacionadas com as condições de aprendizagem de discriminações simples e condicionais por identidade em bebês entre 12 e 24 meses, além daquelas relacionadas com a permanência das crianças nas situações experimentais, vem constituindo um programa de pesquisa que visa contribuir com a análise comportamental do desenvolvimento por meio da pesquisa experimental realizada com bebês. Teve início com o estudo de Gil e Oliveira, em 2003, e foi aprofundada no trabalho de Gil, Oliveira, Sousa e Faleiros (2006). Nesse estudo, foram realizadas sessões de treino das tarefas de discriminação simples, reversão e de discriminação condicional por identidade. Em outro estudo, Oliveira e Gil (2008) empregaram os mesmos critérios, os mesmos estímulos tridimensionais e o mesmo aparato do estudo de Gil *et al.* (2006). Dois bebês de 24 e 25 meses atingiram o critério de aprendizagem da tarefa de discriminação simples simultânea para 3 pares diferentes de estímulos e um participante atingiu o critério para o pareamento de identidade misto. Algumas variáveis favoreceram a permanência dos bebês na situação experimental, tais como a mudança do procedimento de ensino de discriminação, o estabelecimento do reforçamento diferencial a partir da apresentação da primeira tentativa e a introdução da brincadeira livre com a experimentadora no início, meio e ao final da sessão.

A efetividade da interação social durante a brincadeira livre para a permanência dos bebês na situação experimental suscitou a investigação sobre a efetividade do reforçamento social na aprendizagem da tarefa de discriminação simples. Sousa e Gil (2006) treinaram a tarefa de discriminação simples com um bebê de 19 meses. Em 7 sessões de treino de discriminação simples nas quais o reforçador planejado excluía contato social com o adulto, o bebê não atingiu o critério de aprendizagem. Entretanto, o participante atingiu o critério de aprendizagem na primeira sessão em que o reforçamento social foi planejado para ser liberado contingente às respostas de escolha corretas do bebê.

Tanto as dificuldades ainda presentes na investigação com bebês como as estratégias bem-sucedidas orientaram a realização de um estudo no qual um bebê de 17 meses, com desenvolvimento normal, foi submetido a um procedimento de ensino de discriminações auditivo-visuais, realizado na casa do participante com a mãe como experimentadora, que manejava fotografias bidimensionais, os estímulos experimentais, dispostas no chão. As tarefas consistiam em pareamento entre uma palavra falada pela mãe como modelo e a seleção de fotografias de animais familiares e não familiares pela criança. O procedimento foi eficaz no ensino de novos pareamentos por exclusão e as manipulações que pareceram favorecer o desempenho do bebê nas tarefas foram: considerar as peculiaridades do repertório comportamental do participante pela escolha dos estímulos experimentais e classe de respostas selecionada pelo seu alto valor reforçador para a criança (Oliveira, 2007).

Características similares de procedimento foram adotadas por Luciano, Becerra e Valverde (2007), que também investigaram a aquisição de repertórios relacionais em um bebê de 19 meses e desenvolvimento normal, realizado no ambiente doméstico e com a participação da mãe na apresentação dos estímulos e liberação dos reforçadores. Foram realizados 3 experimentos cujas sessões consistiam em 2 ou 3 tentativas cada e eram realizadas, no máximo, 6 tentativas por dia. As respostas corretas da criança eram reforçadas pela vocalização: "muito bem, este é o 'X'", enquanto nenhum *feedback* era fornecido depois de respostas incorretas ou da ausência de emissão de resposta de escolha. Os resultados indicam a ocorrência de simetria receptiva de relações entre estímulos visuais tridimensionais pelo participante após o treino de comportamento de ouvinte (nome-objeto) com múltiplos exemplares.

Algumas características do procedimento também podem ser ressaltadas por favorecerem a permanência do bebê e o desempenho na tarefa, respectivamente:

- Tarefa proposta em situação de brincadeira; máximo de 6 tentativas por dia; flexibilidade para interrupção das tentativas diante de sinais de desatenção do bebê
- Apresentação apenas do estímulo comparação correto durante as 2 tentativas iniciais de cada treino; reapresentação do estímulo modelo e estímulo comparação correto juntos após a escolha correta; utilização de procedimento remediativo em todas as tentativas de escolha incorreta pelo bebê durante o treino das relações.

Os autores ressaltaram na discussão do trabalho a importância da utilização de uma topografia de resposta simples e já bem estabelecida no repertório das crianças, além da adaptação do procedimento de pareamento com o modelo e para um contexto mais próximo da situação natural.

De maneira geral, os estudos sobre a aquisição de relações condicionais entre estímulos com participantes de até 24 meses produziram conhecimento para minimizar o controle do comportamento dos bebês por variáveis intervenientes, pela proposição de situações que se aproximem dos contextos naturais de interação entre adultos e bebês.

Foram definidas variáveis favorecedoras à permanência dos bebês nos ambientes experimentais que se inter-relacionavam com variáveis que favoreciam a aprendizagem das tarefas pelos participantes: sessões curtas; poucas tentativas por sessão; intervalo breve entre tentativas; proposição de tarefas em situações similares à de brincadeira natural, com utilização de vocalizações e interação social, além de brinquedos e objetos semelhantes aos comumente encontrados no cotidiano dos bebês; alternância dos brinquedos entre as sessões; brincadeira com o adulto contingente a cada acerto do bebê; flexibilidade para interrupção e retomada das tentativas experimentais (Boelens *et al.*, 2000; Devany *et al.*, 1986; Gil, Oliveira, 2003; Gil *et al.*, 2006; Lipkens *et al.*, 1993; Luciano *et al.*, 2007; Oliveira, 2007; Oliveira, Gil, 2008; Pilgrim *et al.*, 2000; Silva, 2008; Sousa, Gil, 2006).

Permanecem, entretanto, lacunas quanto à definição de critérios de aprendizagem que considerem as peculiaridades do repertório dos bebês, como a alta variabilidade de comportamentos e a dificuldade de manutenção do valor reforçador dos estímulos e procedimentos, assim como a exploração das variáveis relacionadas com o desempenho dos bebês nas tarefas experimentais, como o planejamento de procedimentos com exposição mínima ao erro e o papel da aquisição de repertórios básicos na aquisição de repertórios mais complexos (Gil *et al.*, 2006; Lowe *et al.*, 2002; Oliveira, Gil, 2008; Pilgim *et al.*, 2000; Saunders, Green, 1999).

A análise comportamental do desenvolvimento humano, iniciada com os estudos de Bijou, na década de 1950, merece ser explorada sistematicamente para que se possa, além de propor a aplicação dos princípios da Análise do Comportamento para explicar a função e a estrutura das aquisições do comportamento humano, fornecer as bases empíricas para se responder às perguntas sobre como e por que o desenvolvimento acontece. Em uma abordagem analítico-comportamental, espera-se o esforço da pesquisa no planejamento de estratégias que, ao considerar as variáveis observáveis das quais o comportamento é função, permitiriam o teste empírico das contingências em operação nos repertórios discriminativos simples até a emergência dos repertórios discriminativos complexos ao longo da vida dos indivíduos.

REFERÊNCIAS BIBLIOGRÁFICAS

Ader R, Tatum R. Free-operant avoidance conditioning in human subjects. *Journal of the Experimental Analysis of Behavior, 4*, 275-276, 1961.

Arzin NH. Some effects of noise on human behavior. *Journal of the Experimental Analysis of Behavior, 1*, 183-200, 1958.

Ayllon T, Azrin NH. Reinforcement and instructions with mental patients. *Journal of the Experimental Analysis of Behavior, 7*, 327-331, 1964.

Baron A, Galizio M. Instructional control of human operant behavior. *The Psychological Record, 33*, 495-520, 1983.

Barros RS, Galvão, OF, McIlvane WJ. The search for relational learning capacity in *Cebus apella*: a programmed "educational" approach. In: Soraci SJ, Kimiyo MS (Orgs.). *Visual information processing*. Westport: Praeger Publishers, pp. 223-245, 2003.

Bentall RP, Lowe CF, Beasty A. The role of verbal behavior in human learning: II developmental research. *Journal of the Experimental Analysis of Behavior, 43*, 165-181, 1985.

Bijou SW. Discrimination performance as a baseline for individual analysis of young children. *Child Development, 32*, 163-170, 1961.

Bijou SW. Methodology for an experimental analysis of child behavior. *Psychological Reports, 3*, 243-250, 1957.

Bijou SW. Operant extinction after fixed-interval schedules with young children. *Journal of the Experimental Analysis of Behavior, 1*, 25-29, 1958.

Bijou SW, Baer D. *Behavior analysis of child development*. Englewood Cliffs. New Jersey: Prentice Hall, 1978.

Boelens H, Van Den Broek M, Van Klarenbosch T. Symmetric matching-to-sample in 2-year-old children. *The Psychological Record, 50*, 293-304, 2000.

Carr D, Wilkinson KM, Blackman D, McIlvane WJ. Equivalence classes in individuals with minimal verbal repertoires. *Journal of the Experimental Analysis of Behavior, 74*, 101–114, 2000.

Catania AC. *Aprendizagem: comportamento, linguagem e cognição*. Porto Alegre: Artes Médicas Sul, 1999.

Cooper JO, Heron TE, Heward WL. *Applied behavior analysis*. Columbus, OH: Merrill, 1987.

Danahoe JW, Palmer DC. *Learning and complex behavior*. Boston: Allyn and Bacon, 1994.

de Rose JCC. *Equivalência de estímulos: uma área em busca de um problema*. Conferência proferida no IX Encontro da Associação Brasileira de Psicoterapia e Medicina Comportamental. Campinas, SP, 2000.

de Rose JCC, de Souza DG, Hanna ES. Teaching reading and spelling: exclusion and stimulus equivalence. *Journal of Applied Behavior Analysis, 29*, 451-469, 1996.

Devany JM, Hayes SC, Nelson RO. Equivalence class formation in language-able and language-disabled children. *Journal of the Experimental Analysis of Behavior, 46*, 243-257, 1986.

Dube W. Teaching discriminations skills to persons with mental retardation. In: Goyos C, Almeida MA, Souza DG (Orgs.). *Temas em Educação Especial/Programa de Pós-Graduação em Educação Especial/UFSCAR*. São Carlos: UFSCar, pp. 73-96, 1996.

Dube WV, McIlvane WJ, Callahan TD, Stoddard LT. The search of stimulus equivalence in nonverbal organisms. *Psychological Record*, 43, 761-778, 1993.

Fagen JW. Reinforcement is not enough: learned expectancies and infant behavior. *The American Psychologist*, 47, 1153-1155, 1993.

Fagen JW, Morrongiello BA, Rovee-Collier C, Gekoski MJ. Expectancies and memory retrieval in three-month-old infants. *Child Development*, 55, 936-943, 1984.

Fagen JW, Yengo LA, Rovee-Collier C, Enright MK. Reactivation of a visual discrimination in early infancy. *Developmental Psychology*, 17, 266-274, 1981.

Figueiredo LCM. Um capítulo na história do conhecimento científico do indivíduo: a metodologia experimental de caso único. *Psicologia*, 11(2), 1-25, 1985.

Gewirtz JL, Peláez-Nogueras M. B. F. Skinner legacy to human infant behavior and development. *The American Psychologist*, 47, 1411-1422, 1992.

Gil MSCA, Oliveira TP. Um procedimento de treino de discriminação condicional com bebês. In: Brandão MZ *et al.* (Orgs.). *Sobre comportamento e cognição: clínica, pesquisa e aplicação*. Santo André, SP: ESETec Editores Associados, v. 12, pp. 469-477, 2003.

Gil MSCA, Oliveira TP, Sousa NM, Faleiros DAM. Variáveis no ensino de discriminação para bebês. *Psicologia: teoria e pesquisa*, 22, 143-152, 2006.

Goldiamond I. Perception. In: Bachrach AJ (Org.). *Experimental foundations of Clinical Psychology*. New York, Basic Books Inc. Publishers, pp. 280-340, 1962.

Horne PJ, Hughes JC, Lowe F. Naming and categorization in young children: IV. Listening behavior training and transfer of function. *Journal of the Experimental Analysis of Behavior*, 85, 247-273, 2006.

Horne PJ, Lowe CF. On the origins of name and other symbolic behavior. *Journal of the Experimental Analysis of Behavior*, 65, 185-241, 1996.

Horne PJ, Lowe CF, Harris FDA. Naming and categorization in young children: V. Manual Sign Training. *Journal of the Experimental Analysis of Behavior*, 87 (3), 367-381, 2007.

Horne PJ, Lowe CF, Randle VRL. Naming and categorization in young children: II. Listener Behavior Training. *Journal of the Experimental Analysis of Behavior*, 81, 267-288, 2004.

Jordan CR, Pilgrim C, Galizio M. Conditional discrimination and stimulus equivalence in young children following three different baseline training procedures. *Experimental Analysis of Human Behavior Bulletin*, 19, 3-7, 2001.

Kagan J. *The second year – The emergence of self-awareness*. Cambridge: Harvard University Press, 1981.

Keller FS, Schoenfeld WN. *Principles of Psychology*. New York, Applenton Century-Crofts, 1974. (Originalmente publicado em 1950.)

Lipkens R, Hayes SC, Hayes L. Longitudinal study of the development of derived relations in an infant. *Journal of Experimental Child Psychology*, 56, 201-239, 1993.

Long ER, Hammack JT, May F, Campbell BJ. Intermittent reinforcement of operant behavior in children. *Journal of the Experimental Analysis of Behavior*, 4, 315-339, 1958.

Lowe CF, Beasty A, Bentall RP. The role of verbal behavior in human learning: Infant performance on fixed-interval schedules. *Journal of the Experimental Analysis of Behavior*, 39, 157-164, 1983.

Lowe CF, Horne PJ, Harris FDA, Randle VRL. Naming and categorization in young children. *Journal of the Experimental Analysis of Behavior*, 78, 527-249, 2002.

Lowe F, Harzem P, Hughes S. Determinants of operant behavior in humans: some differences from animals. *The Quarterly Journal of Experimental Psychology*, 30, 373-386, 1978.

Lowe F, Horne PJ, Hughes JC. Naming and categorization in young children: III. Vocal tact training and transfer of function. *Journal of the Experimental Analysis of Behavior*, 83, 47-65, 2005.

Matos MA. Controle de estímulo condicional, formação de classes conceituais e comportamentos cognitivos. *Revista Brasileira de Terapia Comportamental e Cognitiva*, 1, 159-178, 1999.

Matos MA, Hübner MM, Peres W. Leitura generalizada: procedimentos e resultados? In: Banaco RA (Org.). *Sobre comportamento e cognição: aspectos teóricos, metodológicos e de formação em análise do comportamento e terapia cognitivista*. São Paulo: ARBytes Editora Ltda., v. 1, pp. 470-487, 1997.

McIlvane WJ. Stimulus control analysis and nonverbal instructional methods for people with intellectual disabilities. In: Bray N (Org.). *International Review of Research in Mental Retardation*. San Diego: Academic Press., v. 18, pp. 55-109, 1992.

McIlvane WJ, Dube WV, Kledaras JB, Iennaco FM, Stoddard LT. Teaching relational discrimination to individuals with mental retardation: some problems and some solutions. *American Journal on Mental Retardation*, 95, 283-296, 1990.

Millenson JR. *Princípios de análise do comportamento*. Brasília, DF: Coordenada, 1967.

Newcomb N. *Desenvolvimento infantil: abordagem de Mussen*. Porto Alegre, RS: Artmed, 1999.

Novak G. *Developmental psychology: dynamical systems and behavior analysis*. Reno: Context Press., 1996.

Novak G, Pelaez M. *Child and adolescent development: a behavioral systems approach*. Thousand Oaks, CA: Sage Publications, 2004.

O'Donnell J, Saunders KJ. Equivalence relations in individuals with language limitations and mental retardation. *Journal of the Experimental Analysis of Behavior*, 80, 131-157, 2003.

Oliveira TP. *Aprendizagem de pareamento de identidade por bebês.* Dissertação de mestrado. Programa de Pós-Graduação em Educação Especial. Universidade Federal de São Carlos. São Carlos, SP, 2003.

Oliveira TP. *Condições experimentais para aprendizagem de discriminações por bebês.* Tese de doutorado. Programa de Pós-Graduação em Educação Especial. Universidade Federal de São Carlos. São Carlos, SP, 2007.

Oliveira TP, Gil MSCA. Condições experimentais facilitadoras para a aprendizagem de discriminação por bebês. *Psicologia: Teoria e Pesquisa, 24,* 5-18, 2008.

Pilgrim C, Jackson J, Galizio M. Acquisition of arbitrary conditional discriminations by young normally developing children. *Journal of the Experimental Analysis of Behavior, 73,* 177-193, 2000.

Rosales-Ruiz J, Baer DM. Behavioral cusps: a developmental and pragmatic concept for behavior analysis. *Journal of Applied Behavior Analysis, 30,* 533-544, 1997.

Rovee-Collier C, Capatides JB. Positive behavioral contrast in 3-month-old infants on multiple conjugate reinforcement schedules. *Journal of the Experimental Analysis of Behavior, 32,* 14-27, 1979.

Rovee-Collier C, Morrongiello BA, Aron M, Kupersmith J. Topographical response differentiation in three-month-old infants. *Infant Behavior and Development, 1,* 323-333, 1978.

Saunders RR, Green G. A discrimination analysis of training-structure effects on stimulus equivalence outcomes. *Journal of the Experimental Analysis of Behavior, 72,* 117–137, 1999.

Schlinger HD. *A behavior analytic view of child development.* New York: Plenum Press., 1995.

Schlinger HD. Concepts in behavioral development. *Behavioral Development Bulletin, 1,* 1-8, 2002.

Schlinger HD. Theory in behavior analysis: an application to child development. *The American Psychologist, 47,* 1396-1410, 1992.

Seidl-de-Moura ML. *O bebê do século XXI e a psicologia em desenvolvimento.* São Paulo: Casa do Psicólogo, 2004.

Sério MAP, Andery MA, Goia PS, Micheletto N. *Controle de estímulos e comportamentos operante: uma (nova) introdução.* São Paulo, SP: EDUC, 2004.

Sidman M. *Equivalence relations and behavior: a research story.* Boston: Authors Cooperative Pub., 1994.

Sidman M. Equivalence relations and the reinforcement contingency. *Journal of the Experimental Analysis of Behavior, 74,* 127-146, 2000.

Sidman M, Tailby W. Conditional discrimination vs. matching-to-sample: an expansion of the testing paradigm. *Journal of the Experimental Analysis of Behavior, 37,* 5-22, 1982.

Silva FTN. *Discriminação simples com mudanças sucessivas na função dos estímulos em bebês.* Dissertação de Mestrado. Programa de Pós-graduação em Teoria e Pesquisa do Comportamento. Universidade Federal do Pará. Belém, PA, 2008.

Simmons MW. Operant discrimination learning in human infants. *Child Development, 35,* 737-748, 1964.

Simmons MW, Lipsitt LP. An operant-discrimination apparatus for infants. *Journal of the Experimental Analysis of Behavior, 4,* 233-235, 1961.

Skinner BF. *Contingencies of reinforcement.* New York: Applenton-Century-Crofts, 1969.

Skinner BF. Selection by consequences. *Science, 213,* 501-504, 1981.

Skinner BF. *Science and human behavior.* New York: Macmillan, 1953.

Skinner BF. *The behavior of organisms: an experimental analysis.* New York: Applenton-Century Crofts, 1938.

Skinner BF. The phylogeny and ontogeny of behavior. *Science, 153,* 1205-1213, 1966.

Skinner BF. *Verbal behavior.* Englewood Cliffs: Prentice-Hall, 1957.

Sousa NM, Gil MSCA. Efetividade do reforçamento social na aprendizagem de discriminação por um bebê. In: XIV Jornada de Jovens Pesquisadores da Associação de Universidades do Grupo Montevidéu, Campinas. *CD de Trabalhos Completos da XIV Jornada de Jovens Pesquisadores da AUGM,* 2006.

Souza CBA, Pontes SS. Variações paramétricas em pré-requisitos da linguagem: Estudo longitudinal das interações criança-acompanhante. *Interação em Psicologia, 11(1),* 55-70, 2007.

Tourinho EZ, Carvalho Neto MB. O conceito de estado inicial na explicação do comportamento humano: considerações de uma perspectiva analítico-comportamental. In: Seidl de Moura ML (Org.). *O bebê do séc. XXI e a psicologia em desenvolvimento.* São Paulo: Casa do Psicólogo, pp. 122-148, 2004.

Weiner H. Some effects of response cost upon human operant behavior. *Journal of the Experimental Analysis of Behavior, 5,* 201-208, 1962.

Weiner H. Some thoughts on discrepant human-animal performances under schedules of reinforcement. *The Psychological Record, 33,* 521-532, 1983.

Weisberg P, Rovee-Collier C. Behavioral processes of infants and young children. In: Lattal A, Perone M (Orgs.). *Handbook of Research Methods in Human Operant Behavior.* New York: Plenum Press., pp. 325- 370, 1998.

Wilkinson KM, McIlvane WJ. Methods for studying symbolic behavior and category formation: contributions of stimulus equivalence research. *Developmental Review, 21,* 355-374, 2001.

PERSONALIDADE

CAPÍTULO X

Roberto Alves Banaco · Joana Singer Vermes · Denis Roberto Zamignani ·
Ricardo Correa Martone · Roberta Kovac

Personalidade é um termo consagrado, que se encontra no eixo principal de interesses no campo da Psicologia. Qualquer teoria que se proponha a abordar o comportamento humano deve, de algum modo, dar conta de explicar o que fazemos, especialmente aquilo que fazemos com certa regularidade. Mais ainda, essa teoria deve explicar as razões pelas quais, em alguns momentos da vida, nos desviamos dessa regularidade.

O conceito de personalidade tornou-se importante porque prometia essa explicação: destrinchar os processos responsáveis pela construção das características peculiares a cada indivíduo, padrões de comportamento que o tornam único e inconfundível em relação a todos os outros. Herdeira de uma cultura chamada de dualista, a Psicologia considerava que os comportamentos (do corpo) deveriam ser explicados por uma instância imaterial (que já fora chamada de espírito, alma e, mais modernamente, por "mente"). A personalidade seria a maneira pela qual essas instâncias imateriais se relacionavam com o mundo, exigindo teorias descritivas de sua formação, e explicativas de seu funcionamento.

Manuais básicos, bem como obras de autores consagrados das teorias psicodinâmicas (como Freud, Jung e Adler), dedicam-se, em grande parte, à teorização sobre a constituição, o desenvolvimento e os chamados desvios da personalidade. As primeiras hipóteses para esse processo sugeriam que a personalidade teria sua formação durante os primeiros anos de vida do indivíduo e que, uma vez constituída, sofreria poucas modificações.

Decorria dessa premissa a hipótese de que os problemas psicológicos teriam sua origem nos primeiros anos de vida, em geral explicados pela vivência de uma experiência forte e aversiva, chamada "trauma". Quando houvesse alguma falha no processo de constituição da personalidade de alguém, dela adviriam os chamados distúrbios psicopatológicos, ou doenças "da mente", e, consequentemente, os problemas de comportamento (esses desvios da personalidade serão discutidos no próximo capítulo, "Psicopatologia").

Assim, a Psicologia passou a buscar maneiras de tratar os desvios de personalidade e os distúrbios psicopatológicos. Para alguns teóricos, essa seria uma das características definidoras da própria Psicologia enquanto ciência.

Sendo a Análise do Comportamento uma das abordagens do campo da Psicologia, também foi instada a abordar esses temas, mas encontrou, logo de saída em sua história, dificuldades em concebê-los. Uma dessas dificuldades resultava do fato de que, para alguns cientistas (dentre eles, os chamados "behavioristas", que fundariam a Análise do Comportamento), a Psicologia deveria se modificar, de modo a atender às exigências das Ciências Naturais. Seu objeto de estudo, portanto, deveria ser passível de observação e mensuração, mesmo por meios indiretos. Em função disso, para que construtos, tais como a personalidade, pudessem ser assumidos como seu objeto de estudo, deveriam ser redefinidos. A solução para o problema foi abordar o próprio comportamento como o objeto de estudo, e não como sintoma de uma entidade imaterial.

Ainda com a preocupação de que a Psicologia se tornasse uma Ciência Natural, a Análise do Comportamento adotou o método experimental para o estudo dos fenômenos psicológicos, e isso trouxe todas as decorrências e exigências para a metodologia específica dessa abordagem. Logo, em vez de um modelo causal, foi adotado um modelo funcional para a explicação dos fenômenos comportamentais, dentre eles o que é concebido como personalidade. A diferença entre os dois é que, enquanto o modelo causal assume que um evento (A) causa o evento (B), em um modelo funcional, entende-se que A e B se influenciam mutuamente. Desse ponto de vista, transformações em um evento exercem funções específicas na relação com o outro evento, o que muda com notável diferença a maneira de encarar os problemas de comportamento. Este capítulo tratará da concepção analítico-comportamental do que comumente se chama personalidade, na Psicologia. O próximo capítulo enfocará o conceito de psicopatologia pela Análise do Comportamento.

A PERSPECTIVA TRADICIONAL DO CONCEITO DE PERSONALIDADE

A palavra "personalidade" tem origem no latim, e designa *persona*, a máscara utilizada pelos atores gregos que tinha a função de caracterizar o personagem e amplificar a voz do ator. O termo carrega a suposição de que personalidade é o modo como os indivíduos se apresentam para o mundo, mas não exatamente como a pessoa é em sua "essência".

Na Psicologia, a proposição do conceito de personalidade tem seu início no século 19, a partir dos primeiros escritos de Charcot e Janet, interessados no estudo das chamadas "personalidades anormais". Entretanto, é a Freud que devemos os principais créditos relativos à combinação de teorias da personalidade com a prática psicoterapêutica (Lundin, 1969/1974).

Conforme Atkinson, Atkinson, Smith, Bem, Nolen-Heoksema (1953/2000), autores de um manual básico de Psicologia: "A personalidade pode ser definida como os padrões distintivos e característicos de pensamento, emoção e comportamento que definem o estilo pessoal de interação de uma pessoa com o ambiente físico e social" (p. 457).

Tal definição, a princípio, parece bastante razoável: de fato, podemos observar certa regularidade quando observamos o comportamento das pessoas ao longo do tempo e em diferentes situações. Essas regularidades podem carac-

terizar certo "estilo pessoal", que bem poderia receber um rótulo ou adjetivo. O problema maior é quando tal termo (o rótulo ou o adjetivo) que aponta apenas uma descrição de padrões acaba sendo adotado como causa e/ou explicação para o comportamento do indivíduo. Essa maneira explicativa é circular: ela parte de uma descrição de padrões, a partir da regularidade nomeia o padrão e utiliza essa própria nomeação como explicação para esses mesmos padrões a partir dos quais ela foi derivada.

É essa interpretação do termo personalidade a que predomina no senso comum e, em parte, na Psicologia – um conjunto de características individuais que *determinariam* o modo de agir de um sujeito. Frequentemente ouvimos frases como: "isso faz parte da personalidade de Fulano" ou "não é da personalidade de Cicrano agir desse modo". Trata-se de uma concepção na qual a personalidade seria uma "bagagem" portada e apresentada pelo indivíduo ao longo da vida. Os chamados "testes de personalidade", então, teriam a função de desvendar a "verdadeira natureza" de cada pessoa.

Dois aspectos sobre essa perspectiva do termo devem ser salientados. Em primeiro lugar, nessa proposta, é atribuído à personalidade um *status* de *objeto* (no sentido de uma *coisa* que o indivíduo portaria: "fulano tem uma personalidade forte", por exemplo, assim como ele tem um braço ou uma marca de nascença). Essa característica portada é amplamente importante porque determinaria as relações do indivíduo com o mundo (como em uma relação causal: a personalidade [A] determinaria o comportamento [B]). Dessa maneira, a personalidade é concebida como algo *a priori*, definidor de um "jeito de ser". Assim, a personalidade não seria aquilo que observamos em si, mas algo que estaria por trás do que se vê, sugerindo uma concepção internalista. O segundo elemento a ser destacado refere-se ao dualismo embutido nessa proposta: o pensamento, a emoção e o comportamento (um grupo de padrões de comportamento individuais) afetariam os "estilos pessoais" (outro grupo de ações relacionadas com a interação do sujeito com o mundo).

Talvez, a ideia de personalidade mais amplamente conhecida e emblemática seja aquela associada ao sistema freudiano. Em *O mal estar da civilização*, obra escrita tardiamente na vida de Freud e, desse modo, reflexo da consolidação de sua proposta para o entendimento do comportamento humano, o autor descreve claramente aspectos da personalidade que determinam a conduta humana manifesta. Id, ego e superego, instâncias psíquicas que formam a personalidade, desempenham, cada um a seu modo, papel específico na vida mental. Impulsionando a interação entre essas instâncias estão duas grandes forças antagônicas constituintes do ser humano: a pulsão de vida e a pulsão de morte. Claro está que o modelo freudiano de personalidade transmite a ideia de determinação psíquica (ou mental). Assim, a gênese da personalidade e, por consequência, de suas patologias encontra-se em uma complexa relação de instâncias e forças psíquicas que, a princípio, foram criadas para explicar o comportamento humano normal e patológico. Não se trata, no caso de Freud, de negar a influência do ambiente na explicação do comportamento. Entretanto, Freud relega ao ambiente um papel secundário ao enfatizar que a personalidade humana é o receptáculo e o grande árbitro do embate existente entre as forças psíquicas constituintes do sujeito e as vicissitudes do ambiente que foram introjetadas nessa mesma personalidade.

Essa breve explanação serve basicamente para que possamos elucidar com mais cuidado a ideia de personalidade para o Behaviorismo Radical, que é divergente das premissas apresentadas por explicações internalistas, quando não incompatível com elas. Entretanto, a Análise do Comportamento apresenta uma proposta de entendimento do comportamento humano que não se furta a explicar sua complexidade. Como abordagem do campo da Psicologia, a Análise do Comportamento se propõe a compreender o comportamento humano em todos os seus aspectos, incluindo, entre eles, as questões clássicas abordadas sob o constructo *personalidade*.

A NOÇÃO DE PERSONALIDADE A PARTIR DA ANÁLISE DO COMPORTAMENTO

Provavelmente devido ao termo "personalidade" ser oriundo de proposições que guardam algumas divergências importantes em relação à Análise do Comportamento, raramente ele é mencionado por estudiosos dessa abordagem. Tais divergências, entretanto, não implicam que a Análise do Comportamento deva ignorar o termo; mas, assim como ocorre com outros tantos conceitos da Psicologia, é necessário que sejam atribuídas definições e explicações específicas aos fenômenos descritos por eles que sejam alinhadas com os preceitos teóricos da abordagem.

Em concordância com muitas abordagens da Psicologia, a Análise do Comportamento reconhece que os comportamentos de todos os indivíduos apresentam algumas características – ou, como preferimos, padrões

bastante regulares. Por isso, com a mesma segurança com que descrevemos a cor dos olhos, a estatura ou uma marca de nascença, frequentemente usamos adjetivos para descrever pessoas ao nosso redor: tímido, agitado, sério, simpático, ansioso, sensível, sagaz e assim por diante, em uma lista infindável. É bastante comum que pessoas independentes umas das outras façam as mesmas descrições sobre um mesmo indivíduo, o que realça a noção de que padrões comportamentais seriam apresentados em diferentes contextos e com certa regularidade.

No entanto, se pretendemos entender os padrões de comportamento, sem recorrermos a constructos tradicionais, precisamos compreender de que maneira tais padrões são desenvolvidos e por que parecem tão pouco variáveis ao longo da vida.

Para visualizar essa proposta, imaginemos um bebê recém-nascido. Provavelmente, nas primeiras horas de vida, ele apresentará algumas ações (respostas) cujas propriedades físicas parecem definidas especificamente por aspectos biológicos (embora não se possa desconsiderar que a vida intrauterina seja constituída por uma série de interações com um ambiente físico bem específico, iniciando-se uma história de aprendizagem, ainda que não seja de natureza social). A emissão de determinadas ações do recém-nascido serão consequenciadas com reforçamento primário: alimento, calor e proteção. Entretanto, essas respostas envolvem propriedades físicas, que podem ser medidas em magnitude, intensidade, duração, entre outros parâmetros. Determinadas propriedades do comportamento produzirão mudanças ambientais, tornando-o mais provável, ou seja, serão fortalecidas enquanto outras poderão exercer pouco ou nenhum efeito no mundo. Por exemplo, uma mãe "de primeira viagem", cuja gravidez foi imensamente desejada, poderá responder mais prontamente ao início de choro do bebê do que uma mãe que precisa atender à demanda de outros filhos mais velhos antes de voltar-se aos cuidados do caçula. Nesse último caso, é possível que uma história de reforçamento ensine o bebê a apresentar, logo aos primeiros sinais de fome ou desconforto, um choro alto e vigoroso, desencadeando, facilmente, uma descrição de "bravo", "chorão" ou "decidido". Se o choro intenso for aversivo à mãe (e frequentemente o é), talvez ela desenvolva um padrão idiossincrático de reação ao choro e a outras respostas pertencentes à mesma classe.

Usamos o choro apenas a título de exemplo, mas o fato é que desde o início da vida vão sendo estabelecidas várias relações funcionais entre os comportamentos do bebê e os comportamentos dos cuidadores, envolvendo reforçadores primários poderosos. O aspecto fundamental a ser destacado é que, na primeira fase de vida, ocorre um tipo muito especial de interação com o mundo, na qual o indivíduo se relaciona com alguém que detém uma concentração específica de reforçadores, que raramente será reproduzida no futuro. Considerando-se a importância dessa história, é possível assumir que padrões de comportamento desenvolvidos nos primeiros anos de vida da criança virão, facilmente, compor o repertório comportamental apresentado ao longo da vida.

Embora se reconheça a importância das primeiras relações estabelecidas entre a criança e o mundo, não se pode afirmar que as mesmas sejam as únicas responsáveis pela constituição do que se define por "personalidade". Claramente, inúmeras e complexas relações do indivíduo com o mundo devem ser entendidas como elementos responsáveis na criação dos padrões de comportamento.

O ponto de interesse é: qual é a proposta explicativa da Análise do Comportamento para o entendimento desse conceito e de que maneira ela se distingue das perspectivas tradicionais? Arrolamos a seguir algumas questões que compõem a conceituação da personalidade sob a perspectiva analítico-comportamental.

Em seu clássico artigo de 1981 (traduzido para o português em 2007), *Seleção por consequências*, Skinner explicita claramente sua proposta para explicar o comportamento humano que, a princípio, explicaria também a personalidade como fenômeno comportamental. O comportamento, segundo Skinner, é determinado por três grandes conjuntos de contingências – três histórias de interação dos organismos com o ambiente – que invariavelmente selecionam aspectos diferenciados do repertório de cada indivíduo.

A primeira dessas histórias é a da espécie à qual o organismo pertence (seleção filogenética), revelada por meio de características anatômicas e padrões herdados, entre eles a sensibilidade maior ou menor a determinados estímulos. A segunda diz respeito à seleção do repertório individual, que se dá a partir das interações operantes e condicionamento respondente, nas quais padrões de comportamento do indivíduo tornam-se mais ou menos prováveis. A terceira e última história refere-se à seleção de práticas culturais, as quais determinam certos padrões de comportamento do grupo que influenciarão, por sua vez, o comportamento do indivíduo.

Vale ressaltar que a proposta skinneriana, diferentemente do sistema explicativo freudiano, enfatiza a relação organismo-ambiente como determinante da conduta humana. O próprio Skinner (1981/2007) faz um interessante paralelo entre as instâncias psíquicas freudianas – id, ego e superego – e os três níveis de determinação do comportamento – filogênese, ontogênese e cultura. O id – entidade responsável pela energia que direciona a personalidade no caminho do desejo e, segundo Freud, apresentaria origem biológica – seria o equivalente ao que Skinner denomina contingências filogenéticas; o ego – árbitro das pressões impulsivas do id e das proibições do superego – seria o equivalente à história ontogenética; e o superego – sentinela da personalidade – corresponderia ao que Skinner denomina contingências culturais. O deslocamento da determinação comportamental realizada pelo sistema skinneriano, de "dentro para fora", ou seja, o deslocamento explicativo de instâncias psíquicas para relações organismo-ambiente na determinação dos comportamentos, torna possível uma abordagem do fenômeno conhecido como personalidade em termos científicos, tornando possível a transformação do comportamento individual por meio do manejo das condições ambientais responsáveis pela produção do comportamento, seja este saudável ou patológico.

A seguir, aprofundaremos o tema da determinação dos padrões comportamentais a partir dos três níveis de seleção.

O primeiro nível de seleção: aspectos herdados da personalidade

Quando nos referimos ao nível filogenético de determinação da personalidade, estamos colocando em pauta a seguinte questão: dentre os padrões estáveis de comportamento dos indivíduos, há algo de inato, que seja herdado, assim como o são outras características físicas, tais como a cor dos olhos ou dos cabelos?

Em resposta a essas questões, poderíamos nos referir, primeiramente, aos chamados padrões fixos de comportamento. Todos nós apresentamos alguns padrões fixos de reação a eventos do ambiente, que são os reflexos incondicionados. Esses são reflexos que garantiram a sobrevivência de indivíduos em relação a um ambiente razoavelmente estável através do tempo. Assim, estímulos tão intensos que possam ferir os órgãos dos sentidos são evitados. Da mesma maneira, estímulos que sejam tão irrelevantes que possam ter suas ações facilmente superadas em uma vida não controlariam os indivíduos que participam de uma árdua luta pela sobrevivência, preocupados com os estímulos relevantes.

Também é herdada a capacidade de o organismo responder às consequências de sua ação. A sensibilidade ao efeito de sua ação sobre o mundo é característica presente em todas as espécies animais a partir de certo ponto evolutivo. Entretanto, a existência ou não desses padrões não pode ser relacionada com o conceito de personalidade, já que não é o que nos diferencia uns dos outros, e sim o que nos torna muito semelhantes. O que há então de individual em padrões aparentemente tão semelhantes? A resposta aqui remete mais a aspectos quantitativos que qualitativos. O que há de individual na herança de padrões de comportamento é a intensidade com que cada evento do ambiente afeta cada organismo, individualmente, seja em contingências respondentes, seja em operantes. A sensibilidade aos estímulos, já abordada, poderia explicar essa diferença.

Com base nessas diferenças herdadas, alguns pesquisadores desenvolveram uma teoria denominada "teoria da personalidade com base na sensibilidade ao reforçamento"[1] (Corr, 2008), que busca explicar, com base em aspectos neurais e psicológicos, parte da determinação de dimensões importantes do que é chamado personalidade.

Podemos tomar como exemplo um padrão fixo do tipo respondente: a sensibilidade a eventos estranhos ou intensos (que representam ameaça). Responder a estímulos ameaçadores com respostas de fuga, ataque ou congelamento (paralisação) é um padrão selecionado filogeneticamente. Algumas crianças, entretanto, desde muito cedo, respondem com bastante intensidade – com choro, contração muscular etc. – quando expostos a ruídos não tão intensos ou à presença de pessoas desconhecidas. Esse padrão pode se estender por toda a vida, como resultado da interação com outras variáveis importantes. Tal sensibilidade aumentada pode determinar, em parte, um padrão mais passivo ou evitativo de interação com variáveis ambientais. Outro exemplo é a sensibilidade maior ou menor a diferentes tipos de estímulos reforçadores, tais como estímulos gustativos, visuais ou auditivos. Alguns terão um ouvido musical mais aguçado, outros, um paladar mais refinado para diferenciar sutilezas em sabores doces ou salgados, ou mais capacidade para perceber aspectos estéticos do ambiente. É claro que a história de interação ao longo da vida pode favorecer

a inibição ou o desenvolvimento de tais "dons", mas a herança genética, com certeza, tem parte da responsabilidade nessa história produzindo órgãos mais ou menos responsivos a esses estímulos.

O segundo nível de seleção: aspectos aprendidos da personalidade

Skinner (1953/2003) defendeu que o emprego da noção de personalidade ou de um "eu" seria um subterfúgio para apresentar o que seria um "sistema de respostas funcionalmente unificado".

Em uma perspectiva funcionalista, um primeiro aspecto a ser considerado ao referirmo-nos à personalidade é a noção de que existe um amplo conjunto de respostas de um indivíduo, apresentadas em diversos contextos, cuja função é a equivalente. Por exemplo: uma pessoa identificada como tímida provavelmente age de maneira similar em diversos contextos: evita alguns encontros sociais, situações de exposição e eventos nos quais seja o centro das atenções. Trata-se de um conjunto de ações emitidas em contextos discriminativos específicos e controlados por contingências de reforçamento negativo próprios. Provavelmente, se respostas similares forem apresentadas em diversos contextos, poderemos admitir que haja certa equivalência funcional entre as condições ambientais com as quais o indivíduo interage. Assim, quando alguém afirma que a "timidez" é intrínseca à personalidade de uma pessoa, provavelmente está se referindo a tais classes amplas de comportamentos.

O que é destacado nessa explicação é o papel primordial exercido pelas interações com o ambiente na determinação do que tipicamente é caracterizado como um traço de personalidade. A influência exercida pelo contexto ambiental pode ser percebida quando observamos os diferentes padrões de comportamento que apresentamos, dependendo do contexto com o qual interagimos. Tanto na clínica quanto na vida comum observamos, por exemplo, pessoas extremamente "tímidas" na interação com figuras de autoridade e absolutamente "extrovertidas" com amigos próximos e familiares. A citação de Skinner (1953/2003) a seguir destaca esse aspecto da constituição da personalidade:

"(...) Uma personalidade pode se restringir a um tipo particular de ocasião – quando um sistema de respostas se organiza ao redor de um dado estímulo discriminativo. Tipos de comportamento que são eficazes ao conseguir reforço em uma ocasião A são mantidos juntos e distintos daqueles

---

[1]No original: *The reinforcement sensitivity theory of personality.*

eficazes na ocasião B. Então, a personalidade de alguém no seio da família pode ser bem diferente da personalidade na presença de amigos íntimos" (p. 312).

Retomando o exemplo da timidez, a rigor, é pouco provável que observemos uma pessoa "tímida" em todo e qualquer contexto, e quando isso ocorre é um caso no qual a Psicologia e a Medicina redobrarão as atenções.

Ao assumirmos o sistema de relações estabelecidas entre o organismo e o ambiente como componente ontogenético do que se chama de personalidade, defendemos que essas relações consistem em uma extensa e complexa rede de operações comportamentais.

Lundin (1969/1972), em sua obra *Personalidade: uma análise comportamental*, dedicou-se, em grande parte, ao estudo do efeito dessas diferentes operações. É evidente, nessa proposta, que a ênfase dada pelo autor encontra-se nos processos de aprendizagem, sejam eles de comportamentos respondentes ou operantes. Vale destacar que tanto na análise apresentada por Skinner quanto na de Lundin as variáveis do terceiro nível de seleção, a interação com a cultura, ainda são pouco exploradas na conceituação da personalidade. Cada um desses conjuntos de variáveis será explorado adiante neste capítulo.

Em relação aos processos respondentes, Lundin (1969/1972) destaca o papel do pareamento entre estímulos como uma característica importante. Analisando o medo como um produto advindo do emparelhamento de eventos neutros com eventos aversivos, o autor apresenta o clássico experimento realizado por Watson e Rayner, em 1920, conhecido como "o caso do pequeno Albert": a criança, de 11 meses, que não havia tido contato com um rato, foi exposta a uma espécie mansa e de pelagem branca do animal. As primeiras reações da criança perante o rato foram neutras (sem qualquer manifestação de esquiva). Em seguida, os experimentadores passaram a apresentar um forte ruído a cada momento em que a criança dirigia-se para tocar no animal. Observou-se que, após algumas combinações entre aproximação da criança ao animal e o barulho intenso, a mesma passou a chorar e apresentar diversas reações típicas de medo quando o animal se aproximava dela. Além disso, foi constatado que, após esse experimento, o garoto passou a apresentar reações similares diante de estímulos com propriedades físicas semelhantes às do rato branco, tais como outros animais peludos, casacos de pele e até máscara de Papai Noel que portava uma barba branca.

Uma condição como a apresentada no experimento, acrescida de outras situações nas quais estímulos aversivos são apresentados juntamente com estímulos até então neutros, pode desencadear um padrão comportamental repleto de esquiva de estímulos comuns e de reações emocionais de medo bastante estranhas para as outras pessoas. Imaginemos, ainda, que uma série de relações de reforçamento de respostas operantes seja estabelecida, como, por exemplo, a atenção dos pais contingente às reações de medo da criança. Facilmente se supõe o desenvolvimento daquilo que se chamaria de uma criança cuja *personalidade* é evitativa. Entretanto, dois pontos centrais devem ser discutidos a partir desses exemplos: em primeiro lugar, essa criança não trouxe em sua "estrutura" o medo de certos estímulos "neutros" – em lugar disso, observamos um ambiente propício para o desenvolvimento do problema, já que apresentou dois estímulos (um neutro e outro aversivo) juntos. O que provavelmente ela carrega é a sensibilidade (cujo limiar é determinado filogeneticamente) para reagir perante alguns estímulos (tais como ruídos fortes) que, ao serem associados a estímulos neutros, expandem sua determinação de respostas a esses novos estímulos. Cunninghan (1998) chega a afirmar que:

"Um dos mais intrigantes aspectos do condicionamento pavloviano é a habilidade adquirida do Estímulo Condicionado (CS) eliciar ou controlar uma nova resposta na ausência do Estímulo Incondicionado (US) previamente associado ao CS. Essa alteração nas propriedades funcionais do CS (...) ilustra uma notável adaptação às condições ambientais (...) que mudam rapidamente, diria Skinner" (p. 520).

Em segundo lugar, dadas as condições adequadas e a introdução de procedimentos corretos, a mesma criança poderia deixar de apresentar as reações de medo, por um processo de extinção do pareamento. Esse processo dar-se-ia, no caso do pequeno Albert, à apresentação continuada do rato branco sem o concomitante ruído alto, e sem que lhe fosse possível escapar ou evitar o rato branco. Esse procedimento, mais tarde, veio a ser denominado *Exposição com Prevenção de Respostas*, e é uma das técnicas mais utilizadas na literatura para o tratamento de transtornos de ansiedade.

Em relação à aprendizagem operante, Lundin (1969/1972) dedica uma generosa parte de sua obra analisando os efeitos dos diversos esquemas de reforçamento envolvidos na composição dos padrões comportamentais. Este capítulo não tem o objetivo de esgotar o assunto, porém consideramos interessante destacarmos como alguns processos, desenvolvidos a partir de esquemas de reforçamento específicos, podem desencadear as chamadas "personalidades". Para isso, apresentamos a seguir alguns exemplos apresentados por Lundin, referentes aos esquemas de intervalo fixo, razão fixa, intervalo variável e razão variável.

Os esquemas de intervalo fixo produzem a discriminação temporal, como uma das principais características. São exemplos desse esquema: ligar a televisão na hora do noticiário, trabalhar por um salário, muitas vezes, após um tempo fixo de trabalho (1 hora, 1 semana, 1 mês etc.), engajar-se em atividades ligadas a estudo nas vésperas de provas, e a criança mostrar-se obediente às vésperas do final de semana prolongado, no qual poderá ser recompensada pelo "bom comportamento". Em linhas gerais, apresenta-se como efeito do esquema de intervalo fixo a chamada "tolerância à frustração" (Lundin, 1969/1972), ou seja: o sujeito aprende que é inócuo apresentar respostas específicas, antes de um determinado tempo – não adianta pedir o salário antes de fechar o mês, ou pedir para ir ao clube nadar antes que chegue o final de semana. É também típico desse esquema o "deixar para a última hora", como o entregar o trabalho ou a declaração do imposto de renda no último prazo.

Os esquemas de razão fixa tendem a produzir alta frequência de respostas e o reforçamento é liberado de acordo com o responder, independentemente de certa passagem de tempo. É o caso do artesão que ganha por peça produzida ou do tradutor que ganha por lauda. Tal esquema, especialmente quando instalado por meio de contingências de aumento gradual da razão, tende a produzir um tipo de comportamento relacionado com o que chamamos comumente de sujeito "batalhador" ou "determinado" ou "autoexigente".

Por seu turno, os esquemas de intervalo variável trazem como característica a estabilidade do responder. Lundin (1969/1972) oferece como exemplo o trabalho do pescador, que nunca sabe exatamente quando conseguirá fisgar o peixe e permanece continuamente atento aos movimentos que a linha ligada à sua vara de pesca apresenta. Lembramos, também, do vendedor de loja, que aguarda os fregueses, que poderão ou não adquirir os produtos por ele oferecidos. O autor refere-se a esse esquema como aquele responsável pela persistência do "continuar tentando", apesar dos insucessos.

Os esquemas de razão variável produzem um alto e contínuo padrão de responder. Lundin (1969/1972)

indica o jogador de bingo como um exemplo: quanto mais jogar, maior a chance de o jogador ganhar, mas não há predefinição sobre quando o reforço será apresentado. Um típico caso no qual se observa um esquema de razão variável em operação é a criança que aprendeu a insistir nos pedidos para conseguir algo da mãe ("água mole, pedra dura, tanto bate até que fura"). Tal padrão é reconhecido por estabelecer a chamada "persistência" ou mesmo o jogar considerado patológico.

É importante salientar que Lundin (1969/1972) apresentou em sua obra uma série de explanações sobre como tais esquemas se entrelaçam, como a extinção opera em cada um deles e estabelece um padrão específico de responder, bem como muitas outras operações comportamentais (como aquelas relacionadas com o controle de estímulos) contribuem para o entendimento daquilo que se chama normalmente de personalidade. Entretanto, além dessas operações e esquemas de reforçamento envolvidos nas histórias comportamentais, há que se considerar a interação do indivíduo com uma comunidade verbal. Essa comunidade exerce funções importantes ao ensiná-lo a olhar para o seu próprio comportamento, descrever, analisar, avaliar sua experiência e sua história, comparar com outras histórias, bem como prever relações futuras, aspectos que envolvem uma instância eminentemente verbal da interação com o ambiente (Wilson, Soriano, 2002).

O terceiro nível de seleção: aspectos verbais da personalidade

Até agora, foi possível analisar como diferentes níveis de interação dos organismos com o ambiente dão origem a diferentes instâncias a partir das quais se constroem características da personalidade individual. Enquanto no nível filogenético de determinação a seleção natural propicia a constituição do organismo, com suas características anatômicas e repertório inato particulares, o condicionamento operante que ocorre no nível ontogenético constitui a pessoa, considerada aqui um indivíduo, com seu repertório de comportamentos que lhe é único. Já quando nos referimos à convivência do indivíduo com a cultura, estamos analisando uma história responsável pela construção do eu (*self*), entendido como um "conjunto de estados internos que acompanham o comportamento", que pode ser observado apenas por meio de introspecção" (Micheleto, Sério, 1993).

Esse processo tem início e manutenção a partir da determinação que cada indivíduo passa a ter com relação a um aspecto importante na vida de outro indivíduo, constituindo um ambiente social. Nesses casos, a análise dos comportamentos de cada um dos indivíduos considera um entrelaçamento no qual a ação de um é ambiente para o outro (e vice-versa). Esse conjunto complexo de variáveis entrelaçadas seria então responsável pela formação do *eu* – daquilo que diferencia cada organismo humano em uma pessoa e, então, cada pessoa em um *self* único. Em outras palavras, estamos falando de sua subjetividade: "Sem o 3º nível de seleção é impossível discutir-se a construção da subjetividade" (Andery, 1997; Tourinho, 2009).

Na Psicologia, o conceito de *self* é amplamente utilizado. Quando falamos sobre a personalidade de alguém, estamos descrevendo este alguém ou observando como alguém se descreve. A noção de *eu* que os sujeitos constroem de si mesmos e para os outros está então intimamente relacionada com o tema *personalidade*.

Tourinho (2009) analisa que o conceito de subjetividade, como uma característica interna e privada do indivíduo, tem origem no contexto da sociedade ocidental moderna. Em meados do século 15, o surgimento da economia mercantilista e do modo de vida capitalista e individualista expôs o indivíduo a uma condição de competição inexistente nos sistemas sociais precedentes. Essa condição exigiu uma nova maneira de o indivíduo lidar com a própria experiência. Uma vez que nesse novo contexto cada decisão tomada poderia ter implicações para a sobrevivência desse indivíduo em um ambiente competitivo, foi necessária a aprendizagem de um novo repertório.

Além de uma complexa rede de referências sociais, que iria determinar o *status* ocupado por esse indivíduo, ele teve que aprender a observar o próprio comportamento, avaliar e comparar seu desempenho com os códigos sociais estabelecidos e prever novos cursos de ação. Esta nova condição aumentou enormemente a complexidade das relações sociais envolvidas na determinação de seu comportamento. Uma vez que os laços de interdependência que controlam as relações entre os homens tenham se tornado altamente complexos, tornou-se difícil identificar as variáveis ambientais que determinam cada instância comportamental. A ausência ou a pouca clareza de eventos imediatos que pudessem ser relacionados com o comportamento (ou a longa distância temporal entre os determinantes do comportamento e sua emissão posterior) teria dado origem a uma noção de ausência de determinação – de sujeito autônomo (Tourinho, 2009).

É a esse sujeito reflexivo, capaz de analisar e prever o próprio comportamento, que estamos nos referindo ao analisar a noção do *eu,* neste texto, tomado como conceito representativo da noção de personalidade. E é nesse sentido que alguns autores, incluindo Perez-Alvarez (1996), estendem a noção apresentada por Skinner (1974/1993) e outros autores, do *eu* como um *sistema unificado de respostas*.

A personalidade, desse ponto de vista, resulta de uma construção cultural, construção na qual o indivíduo tem como fundamentos o próprio corpo e o comportamento verbal da comunidade. O corpo seria, nesse processo, o elemento comum e permanente, perante o fluxo de experiências passageiras de interação com o mundo, enquanto o comportamento verbal da comunidade constitui a "liga" que nomeia e estabelece a conexão e o sentido entre essas experiências. É então que, a partir de múltiplas instâncias de interação, é estabelecido um controle discriminativo no qual o próprio corpo (em interação – por vezes, padronizada) é referência para a identidade (Pérez-Álvarez, 1996).

Essa identidade será construída em um processo de aprendizagem que, em primeiro lugar, envolve a aquisição do autoconhecimento, um repertório autodescritivo:

> "Para o behaviorismo radical, estes termos [consciência de si ou autoconhecimento] dizem respeito à extensão na qual as pessoas respondem discriminativamente com base no comportamento passado ou presente, nos comportamentos que são prováveis de serem emitidos no futuro e em condições das quais o comportamento é função" (Skinner, 1974/1993, p. 465).

Autoconhecimento, portanto, diz respeito à construção de um repertório descritivo e requer dois tipos de repertório, ambos estabelecidos socialmente. O primeiro diz respeito à auto-observação, que consiste em observar o próprio comportamento, assim como as condições nas quais ele ocorre e as consequências que produz (de Rose, 1997).

O segundo refere-se aos eventos privados do indivíduo, que serão importantes para a comunidade verbal, especialmente como probabilidade de ação. Skinner (1945) afirma que a comunidade verbal não pode ter acesso aos estímulos discriminativos necessários para a instalação de respostas descritivas desses eventos, mas beneficia-se de seu relato pelo indivíduo. Para possibilitar a construção desse repertório descritivo, a comunidade verbal utiliza-se de diferentes estratégias, recorrendo a aspectos públicos a eles correlacionados:

"Apesar de a comunidade reforçadora usar manifestações evidentes do comportamento, o falante adquire a resposta [autodescritiva] em conexão com uma quantidade de autoestimulação adicional. Esta pode assumir praticamente o controle completo; por exemplo, quando o falante descreve seu próprio comportamento estando com os olhos vendados. Nesse caso, o falante e a comunidade reagem a estímulos diferentes, apesar de estarem intimamente associados..." (Skinner, 1957/1978, p. 73).

Assim,

"(...) os estímulos privados concomitantes aos estímulos públicos (dos quais a comunidade verbal se vale para ensinar o autoconhecimento) servem ao falante como controle privado. Enquanto para os outros a referência é um evento público, para o sujeito sua referência é, acima de tudo, um certo tipo de evento privado (...) que pode passar a ser o controle antecedente para novas instâncias, que não foram treinadas pela comunidade" (Perez-Alvarez, 1996, p. 179).

Deste modo, estabelece-se um responder verbal autodescritivo sob controle parcial de estímulos privados. Tal estimulação privada será necessariamente componente de diferentes tipos de respostas autodescritivas, tais como aquelas relativas a comportamentos em curso, comportamentos ocultos (que podem ocorrer em uma magnitude tão reduzida a ponto de serem imperceptíveis aos outros), comportamentos passados, previsões sobre comportamentos futuros e descrições de variáveis de controle do próprio comportamento (Skinner, 1957/1978).

A partir de diferentes e múltiplas experiências nas quais o único elemento comum é o próprio sujeito da ação (o *eu*), estabelece-se gradativamente um tipo de controle discriminativo, a partir do qual se estabelece uma classe de comportamentos de ordem superior, sob controle (parcial) de variáveis privadas:

"O falante pode dizer 'eu vejo, tenho, sinto, quero, faço...' em uma diversidade de circunstâncias novas, incluindo a ausência de qualquer controle externo. Finalmente, o eu alcança a unidade funcional de todas as atividades (do sujeito). Esta terceira etapa constituiria propriamente a emergência do eu como unidade funcional, uma vez que ele sintetiza o controle dado pelos estímulos privados.

Neste sentido, o eu seria uma espécie de sensorial comum das distintas classes de ações, sentimentos, e pensamentos" (Perez-Alvarez, 1996, p. 179).

É nesse sentido que Kohlenberg e Tsai (2001) assumem como pressuposto o conhecimento e a realidade como algo de natureza contextual e verbal. Esses autores rejeitam a ideia de que qualquer coisa possa ter uma identidade permanente, como um ente real da natureza: "Até mesmo experiências que as pessoas consideram puramente físicas são, na verdade, modeladas pela linguagem e pelas experiências prévias" (p. 5).

Diferente disso, o "eu" que emerge das relações com a comunidade verbal não é um "eu" concreto e objetivo, cuja preocupação para a ciência deva ser uma descrição objetiva do que ele *é*. Temos acesso a um "eu" narrativo, no sentido de que ele consiste em uma construção verbal. É o indivíduo que, ao agir e observar sua própria experiência, a descreve tal qual esta experiência o permite (Pérez-Álvarez, 1996).

Nessa relação com o ambiente, com o próprio corpo em ação, com os corpos e ações dos outros indivíduos e com a linguagem (da comunidade e, posteriormente, do próprio indivíduo) tecendo relações verbais sobre todas estas instâncias se estabelecem as narrativas sobre si mesmo, as quais são únicas e, ao mesmo tempo, intimamente relacionadas com valores e normas da comunidade na qual ele está inserido.

CONSIDERAÇÕES FINAIS

O objetivo deste capítulo foi abordar o conceito de personalidade sob o ponto de vista behaviorista radical, baseado na atuação dos analistas do comportamento. Dessa maneira, a descrição de fenômenos chamados de "personalidade" leva em consideração, diferentemente de outras abordagens psicológicas, que:

• Personalidade diz respeito a padrões de comportamento, explicáveis por contingências a que os indivíduos foram submetidos em suas vidas. Assim, os padrões de comportamento são frutos tanto dessas contingências quanto de um substrato físico, resultante de seleção natural e da variabilidade da espécie. Mudanças no ambiente selecionam reações mais ou menos prováveis de cada indivíduo (variações explicadas pela variabilidade observada nos sentidos de cada indivíduo em relação aos outros membros da espécie) e fazem com que várias ações passem a ser mais ou menos prováveis em situações semelhantes subsequentes. Esse ambiente, em especial o ambiente social (o mais importante para o ser humano), é modulado pelas contingências culturais, ou seja, é razoavelmente estável, a ponto de se reproduzir com certa regularidade, mantendo o padrão de comportamento do indivíduo

• Exatamente porque tem evidências de que esses padrões de comportamento são plásticos, a Análise do Comportamento investiga que mudanças nas relações indivíduo-ambiente são necessárias para que "problemas de personalidade" (ou de padrão de comportamento, como preferimos) sejam administrados e/ou dirimidos

• O conhecimento dessas relações entre indivíduo e seu ambiente físico e social pode explicar, inclusive, as variações observadas que venham a ser classificadas como problemas de personalidade, ou problemas psicopatológicos. Esse tema será abordado no próximo capítulo, seguindo essas diretrizes aqui apontadas para explicar a "personalidade".

REFERÊNCIAS BIBLIOGRÁFICAS

Andery MA. O modelo de seleção por consequências e a subjetividade. In: Banaco RA (Org.). *Sobre comportamento e cognição.* Santo André, Arbytes, v. 1, pp. 199-208, 1997.

Atkinson RL, Atkinson RC, Smith EE, Bem DJ, Nolen-Hoeksema S. *Introdução à Psicologia de Hilgard.* Porto Alegre: Artmed, 2002.

Corr PJ. *The reinforcement sensitivity theory of personality.* Cambridge: Cambridge University Press, 2008.

Cunningham CL. Drug Conditioning and drug-seeking behavior. In: O'Donohue W (Org.). *Learning and behavior therapy.* Boston: Allyn & Bacon, pp. 518-544, 1998.

de Rose JC. O relato verbal segundo a perspectiva da análise do comportamento: contribuições conceituais e experimentais. In: Banaco RA (Org.). *Sobre comportamento e cognição.* Santo André, SP: ESETec, v. 1, pp. 146-161, 2001.

Kohlemberg RJ, Tsai N. *Psicoterapia analítico funcional: criando relações terapêuticas intensas e curativas.* Santo André: Esetec, 2001.

Lundin RW. *Psicologia da personalidade.* Rio de Janeiro: José Olympio, 1974.

Micheletto N, Sério MTAP. Homem: objeto ou sujeito para Skinner? *Temas em Psicologia, 2,* 11-21, 1993.

Pérez-Álvarez M. *La psicoterapia desde el punto de vista conductista.* Madrid: Editorial Biblioteca Nueva, 1996.

Skinner BF. *Ciência e comportamento humano.* São Paulo: Martins Fontes, 2003. (Publicado originalmente em 1953.)

Skinner BF. *O comportamento verbal.* São Paulo: Cultrix, 1978. (Publicado originalmente em 1957.)

Skinner BF. Seleção por consequências. *Revista Brasileira de Terapia Comportamental e Cognitiva, 9,* 129-137, 2007. (Publicado originalmente em 1981.)

Skinner BF. *Sobre o Behaviorismo.* São Paulo: Cultrix, 1993. (Publicado originalmente em 1974.)

Skinner BF. The operational analysis of psychological terms. *Psychological Review, 52,* 270-277, 1945.

Tourinho EZ. *Subjetividade e relações comportamentais.* São Paulo: Paradigma, 2009.

Wilson KG, Soriano MCL *Terapia de aceptación y compromiso (ACT): un tratamiento conductual orientado a los valores.* Madri: Ediciones Piramide, 2002.

Capítulo XI

PSICOPATOLOGIA

Roberto Alves Banaco · Denis Roberto Zamignani ·
Ricardo Correa Martone · Joana Singer Vermes · Roberta Kovac

Ao se ler qualquer manual de psicopatologia, é possível que se sinta um grande desconforto. Quase a totalidade de descrições de comportamentos envolvidos nas psicopatologias será reconhecida como fazendo parte daquilo que você próprio faz. É comum alunos de Psicologia e Psiquiatria entrarem em crise quando começam a estudar a psicopatologia e tentam identificar como separar o que é normal do que é anormal.

E assim é... É bem capaz de você fazer virtualmente tudo o que está descrito ali no manual de psicopatologia. O que vai separar o seu comportamento do comportamento de um portador de um transtorno psicopatológico é somente alguma dimensão do comportamento tal qual a frequência, a intensidade, a duração etc. com a qual você o emite.

Cientificamente, a psicopatologia foi primeiramente abordada pela Medicina, que tem um modelo bastante peculiar para estudar os eventos que "saem de um curso normal": conforme já visto no capítulo sobre personalidade, esse modelo procura fazer uma descrição detalhada do fenômeno em foco (denominada pelos médicos "fenomenologia"), tenta atribuir uma causa para o fenômeno (chamada de "etiologia" ou origem do desvio da normalidade) e faz um esforço para descrever o curso do desenvolvimento do desvio (ou da "doença"). Esse modelo foi utilizado também para descrever o desenvolvimento das personalidades, especialmente quando as personalidades apresentavam manifestações "fora do normal", ou seja, que chamavam a atenção por causarem problemas para quem os apresentava ou para os outros. Daí a origem do termo psicopatologia, ou seja, o estudo das doenças da mente.

A Análise do Comportamento deparou-se com divergências perante o modelo médico ao abordar os comportamentos psicopatológicos. As principais divergências advinham dos seguintes aspectos:

- O modelo médico descrevia a fenomenologia da psicopatologia, ou seja, descrevia minuciosamente como funcionavam os comportamentos psicopatológicos. Para a Análise do Comportamento, essa forma do comportamento não é a informação mais importante; o importante é a função que o comportamento adquire na relação do indivíduo com seu ambiente

- A Medicina procurava a etiologia da doença, em geral em anormalidades do organismo, e a Análise do Comportamento se propunha a explicar e descrever a probabilidade, a frequência, a intensidade com a qual todo e qualquer comportamento se apresenta

- A Psiquiatria se esforça para descrever o curso (ou o desenvolvimento) de uma doença mental, já a Análise do Comportamento tenta desvendar quais são as condições que mantêm um comportamento ao ser emitido

- Como se não bastassem essas diferenças, o modelo médico batizou os problemas de comportamento como "doenças mentais", e a Análise do Comportamento considera que os comportamentos sejam fruto de uma seleção pelas consequências, semelhantemente à seleção natural que opera sobre os organismos: o comportamento que, de alguma maneira, "funciona" para um indivíduo será mais provável do que aquele que "não funciona". Essa concepção dificulta o entendimento do problema de comportamento como fruto de uma "doença mental"

- Enquanto se tenta descrever o que é o comportamento normal para se identificar o anormal na Psiquiatria, a Análise do Comportamento tenta descrever as leis gerais do comportamento, seja ele qual for.

Assim, a Análise do Comportamento considera que a "psicopatologia" seja apenas um problema de excesso ou déficit comportamental. Ou seja, o comportamento psicopatológico pode ser descrito como uma série de comportamentos excessivos ou a falta de alguns deles. Em sua maioria, os comportamentos que compõem os quadros psicopatológicos não são mais que comportamentos típicos que ocorrem em uma frequência ou intensidade que causam desconforto ou que acontecem em um contexto inapropriado. É por esta razão que, como citamos no início do capítulo, você verá características de seu comportamento em quase tudo o que compõe a psicopatologia. No entanto, os excessos ou déficits comportamentais encontrados nos transtornos psicopatológicos foram selecionados na relação que determinado indivíduo estabelece com seu ambiente (é, portanto, uma relação adaptativa), que leva a sofrimento em algum grau e que apresenta reações emocionais bastante intensas (Ferster, 1973; Sidman, 1960; Skinner, 1959a; 1959b).

Há uma crença entre os analistas do comportamento de que

> "(...) o comportamento mal adaptado pode ser resultado de combinações quantitativas e qualitativas de processos que são, eles próprios, intrinsecamente ordenados, absolutamente determinados, e normais em sua origem" (Sidman, 1960).

A partir dessa concepção, Ferster sugere que, para identificar um comportamento psicopatológico, deve-se inicialmente olhar para categorias específicas do comportamento cujas frequências devem ser analisadas, e que podem facilmente ser encontradas na literatura clínica ou deduzidas da experiência comum. Assim, por exemplo, na depressão, observa-se um excesso de alguns comportamentos (choro, reclamações, declarações verbais de nulidade etc.) e déficit de outros (rir, brincar, fazer atividades físicas, namorar etc.).

AINDA HÁ MUITO O QUE SER EXPLICADO

Você deve estar se perguntando: a Análise do Comportamento tem a pretensão de explicar todo e qualquer comportamento psicopatológico? A resposta para essa questão é: não! Especialmente no que tange à etiologia e manutenção do comportamento psicopatológico, há ainda algumas observações a serem feitas.

Foi apontado que a Psiquiatria e a Medicina procuraram em estruturas físicas e mentais as explicações para os desvios de personalidade e de conduta, e que era pretensão da Análise do Comportamento explicar o aparecimento de qualquer comportamento, normal ou patológico, de uma única maneira ou, em outras palavras, encontrar um conjunto de leis que explicasse todas as instâncias do comportamento.

No entanto, mais modernamente, alguns autores têm sugerido que se faça uma distinção importante: deve-se perguntar se o comportamento transtornado é primariamente uma resposta anormal para uma situação normal ou se ele é uma resposta normal para uma situação extrema ou desordenada (Falk, Kupfer, 1998). Ou seja, admite-se aqui que alguns comportamentos psicopatológicos podem, de fato, ter sua origem em algumas estruturas físicas que variaram de tal maneira durante a evolução da espécie que tais variações poderiam explicar a raridade do fenômeno observado. Nesses casos, o comportamento poderia indicar um problema orgânico que deveria ser explicado pelas Ciências Médicas e pela Biologia (aí inserida obviamente a Genética em estudos sobre as mutações, como ocorre em casos de autismo, por exemplo).

Por outro lado, vários autores têm estudado, por meio de modelos experimentais de psicopatologia, arranjos ambientais que podem produzir comportamentos que seriam classificados como psicopatológicos, e estes seriam do âmbito de estudo da Análise do Comportamento. Esses ambientes indicam que muitos organismos "sadios" submetidos a essas situações extremadas poderiam apresentar um comportamento que produz problemas.

Essa é outra preocupação dos investigadores da psicopatologia pelo enfoque da Análise do Comportamento: se um comportamento produz problemas, não seria de se esperar que ele deixasse de existir? Mais uma vez, analistas do comportamento fazem essa pergunta, mas, em vez de atribuir a resposta ao problema à noção de anormalidade, procuram as variáveis que tornam esse problema mais ou menos provável, e o que o mantém, mesmo sendo submetido a certa aversividade.

DEFINIÇÃO ESPECIAL DE PSICOPATOLOGIA: COMO FUGIR DO ESTUDO DA ANORMALIDADE

Já foi abordado neste capítulo um conjunto de premissas que tiveram que ser discutidas e adequadas à Análise do Comportamento. A psicopatologia tem sido vista como um comportamento ou conjunto de comportamentos que seriam disfuncionais, prejudiciais, anormais. Por esta razão, o conceito de normalidade teve também que ser discutido e adequado aos estudos dos analistas do comportamento.

Há quatro critérios para que se classifique um evento (especialmente um evento comportamental) como normal ou anormal.

Um deles é o critério da estatística. Normal é tudo o que a maior parte das pessoas faz, e anormal é o que só se observa em apenas uma pequena parcela da população. Este critério não faz sentido para a Análise do Comportamento, já que esta explica as diferenças individuais pela própria história de interações ocorridas na vida de cada indivíduo com seu ambiente físico e social. Como cada um de nós tem uma história absolutamente particular, o comportamento não deveria ser normalizado pelo critério estatístico.

Outro critério utilizado na literatura é de que o comportamento anormal não obedece a leis, é caótico, não é passível de ordenação. Novamente a Análise do Comportamento procura leis gerais que expliquem todo e qualquer comportamento, assumindo que, se um evento não obedece a uma lei científica, esta deve ser descartada como insuficiente, e não o evento ser classificado como anormal. Ou seja, a lei é que ainda é, até onde o conhecimento progrediu, insuficiente para dar conta do evento. O mesmo seria aplicado se o evento for um comportamento. Um comportamento não explicado pela lei demonstra que ela deve ser reformulada.

Um terceiro critério é o da reversibilidade,[1] que se relaciona também com o incômodo ao qual nos referimos quando da leitura de manuais de Psiquiatria. Mesmo

eventos assustadores, como visões, ilusões ou percepções distorcidas, ocorrem na vida de todos, mas por curto intervalo de tempo. Às vezes, surgem em um átimo (p. ex., quando parece que vimos alguém que não está presente ou ouvimos uma voz estando sozinhos em um lugar), outras vezes, por ação de drogas etc., mas esses fenômenos deixam de acontecer, voltando "ao normal". O comportamento considerado psicopatológico demora a passar; é permanente, por exemplo, quando uma pessoa conversa sempre com alguém que não existe. Este critério também é questionado pela Análise do Comportamento, que tentará encontrar quais são os acontecimentos que sustentam a manutenção desses comportamentos, novamente identificando as mudanças de probabilidade de que eles ocorram.

Por fim, há o critério do sofrimento. Uma das definições encontradas na literatura para a psicopatologia ou para problemas graves de comportamento é: "... [um comportamento que] resulta em autolesão, lesão de outros, prejuízo significativo em propriedades, e aprendizagem danosa que cria obstáculo para viver em comunidade" (Pagel, Whitling, 1978, *apud* Sprague, Horner, 1999). Ou seja, assume-se que tal tipo de comportamento seja envolvido com controle aversivo, o qual acaba sendo um critério respeitado pela Análise do Comportamento, já que vários processos comportamentais que envolvem controle aversivo do comportamento produzem comportamentos patológicos.

O PAPEL DO CONTROLE AVERSIVO NA DETERMINAÇÃO DE COMPORTAMENTOS PSICOPATOLÓGICOS

O controle aversivo do comportamento foi um tema bastante estudado entre os anos 1950 e 1970 do século 20, e depois disso teve uma limitação em seu estudo (Todorov, 2001). Vários questionamentos éticos e científicos foram levantados e as pesquisas, embora não tenham deixado de existir, foram minguando em número (Andery, 2004, comunicação pessoal). No entanto, os processos comportamentais envolvidos nesse tipo de controle continuam sendo de grande esclarecimento para a compreensão da psicopatologia.

Um dos questionamentos científicos foi levantado por Michael (1993), quando afirmou que "punição tem sido [um processo] mais difícil de estudar porque não pode ser estudada por si só. Quando se tem um comportamento

---

[1] Os autores gostariam de agradecer a Isaías Pessotti por ter nos lembrado apropriadamente deste critério, em comunicação pessoal no ano de 2006.

para ser punido, significa que esse comportamento tenha sido ou ainda esteja sendo reforçado" (p. 35).

Esta pode ser exatamente a pista que nos faltava para explicar por que o comportamento psicopatológico, embora passível de punição de várias maneiras, continua acontecendo (o que lhe dá um "ar" ainda mais estranho).

Assume-se que, para que se estude um comportamento qualquer que vá ser punido depois, este precisa, primeiramente, ser mantido por consequências que sustentem a sua emissão (que sejam reforçadoras). Assim, assumem-se contingências conflitantes que competem na determinação da probabilidade de que um comportamento ocorra: as reforçadoras aumentariam a probabilidade e as punitivas diminuiriam essa probabilidade. Consequentemente, a maior parte dos comportamentos punidos deixa de acontecer, mas apenas quando as contingências reforçadoras são de baixa magnitude e as punitivas de alta intensidade no controle do comportamento, ou quando há alternativas de respostas sem punição para a obtenção dos reforçadores. Quando essas condições não puderem ser satisfeitas, e as operações estabelecedoras determinarem a obtenção de um estímulo importante, o comportamento será mantido, apesar do sofrimento causado pelas contingências aversivas. Sidman (1989) apresentou um texto brilhante para hipotetizar como essas contingências poderiam competir entre si e produzir comportamentos psicopatológicos.

Por essa e outras razões, assume-se que o estudo sobre o controle aversivo do comportamento deva ser continuado, embora as questões éticas envolvidas nesse estudo devam ser refletidas e aprofundadas (Todorov, 2001).

FONTES DO COMPORTAMENTO PSICOPATOLÓGICO

Assim como já apontado no capítulo sobre personalidade, enquanto um padrão de comportamento pode ser analisado pelos três níveis de seleção, os comportamentos psicopatológicos também serão abordados aqui dessa maneira, sempre lembrando que agora estaremos falando de comportamentos importantes para a vida em grupo social, e que determinam, de algum modo, um prejuízo para pelo menos uma das pessoas envolvidas nos episódios sociais.

O comportamento reflexo patológico

Os organismos, humanos ou não, herdaram certa sensibilidade a aspectos do mundo na história evolutiva da espécie. Esses aspectos do mundo são importantes para a sobrevivência e produzem reações nos organismos quando estão presentes. São chamados tecnicamente de estímulos. Encontram-se dentre esses estímulos para humanos, por exemplo, sal, luz do sol, alimentos doces, contato físico etc. (Skinner, 1974). Esses são considerados estímulos incondicionados, ou seja, todos os membros da espécie que sobreviveram são sensíveis a ele, e não precisam de nenhuma (in) condição (condicionados) especial para que exerçam controle sobre os seres humanos.

No entanto, dada a variabilidade da espécie expressa em cada ser humano (p. ex., características morfológicas como altura, cor dos olhos, formato das orelhas etc.), pode-se admitir que cada um de nós tem uma sensibilidade diferente a esses (e a outros) aspectos do ambiente. Tome como exemplo o órgão da visão e sua sensibilidade a um aspecto do ambiente importante para nós: a luz. Algumas pessoas têm os olhos bem sensíveis e uma "capacidade" (que chamamos comumente de acuidade visual) de enxergar bem, tanto de perto, quanto de longe. Outras pessoas podem enxergar tão mal que precisam de óculos logo cedo em suas vidas; outras, um pouco mais tarde, e podem, inclusive, nascer pessoas cegas. Essa é uma das dimensões nas quais a nossa sensibilidade à luz varia entre os indivíduos.

É do nosso conhecimento, portanto, que alguns indivíduos possam ter sensibilidade aumentada a gosto doce, podendo determinar uma série de comportamentos problemáticos, que podem chegar a produzir obesidade nesses indivíduos. Ou tamanha sensibilidade a sal que pode determinar problemas de hipertensão por excesso de consumo desse tempero. Ou ainda uma extrema sensibilidade a contato físico que determinaria um comportamento sexual considerado socialmente como excessivo, tal qual o encontrado em quadros de "ninfomania" ou "taras".

Com efeito, Sturmey, Ward-Horner, Marroquin e Doran (2007) afirmaram que tanto a evolução biológica quanto a cultural são importantes na determinação do comportamento, seja ele considerado normal ou psicopatológico. No entanto, afirmam esses autores, infelizmente essas variáveis não são facilmente identificáveis e suas relações com a psicopatologia não podem ser acessadas diretamente. Como se não bastasse, elas não podem ser manipuladas durante a terapia. Talvez, por isso, Skinner (1953) tenha afirmado que, sob seleção natural, a aprendizagem reflexa apresenta aspectos do ambiente que não mudam de geração a geração, tais como gravidade ou ameaças à integridade física do organismo.

Seria necessário, então, acrescentar à nossa análise uma sensibilidade a estímulos adquiridos na história pessoal e social dos indivíduos, como, por exemplo, uma série de drogas: tabaco, álcool, derivados de ópio etc. O reconhecimento de sensibilidades diferentes neste nível pode auxiliar no entendimento e enfrentamento dos problemas, bem como iniciar uma explicação dos motivos de alguns indivíduos (mesmo da mesma família) apresentarem reações mais agressivas que outros, ou suportarem dores que causam estranhamento, ou mesmo apresentarem uma adicção a determinadas drogas e outros não.

Portanto, acrescentam-se à sensibilidade inata, já descrita, algumas histórias de pareamento entre estímulos que tornarão estímulos neutros para a espécie bastante controladores dos comportamentos de alguns indivíduos. Ninguém estranharia (e sequer pensaria em tratamento) alguém que fuja de estímulos dolorosos. A maior parte dos indivíduos faz isso. No entanto, estranho é o caso das pessoas que provocam dores ou autolesões. Esse estranhamento levou alguns autores a criar, em laboratório, sensibilidades específicas a estímulos originalmente neutros para os membros das espécies.

Já havia a descrição de um exemplo clássico, bastante conhecido, sobre a sensibilidade adquirida a um tom sonoro sobre o salivar de um cachorro. A partir de 1889, Ivan Pavlov desenvolveu uma série de experimentos demonstrando que, por um procedimento denominado "emparelhamento de estímulos", poder-se-ia criar essa sensibilidade a um tom sobre a resposta de salivar dos cachorros submetidos a ele. Ou seja, a partir desse conjunto de experimentos liderados por Pavlov, podem-se considerar ainda melhor as diferenças individuais observadas entre os membros de uma espécie: aqueles submetidos a determinados procedimentos de pareamento podem apresentar sensibilidade bastante idiossincrática a alguns estímulos específicos. Esses estímulos, que originalmente eram neutros para a resposta do organismo, passam a ser chamados de condicionados (porque passaram por uma condição especial para adquirir controle sobre as ações reflexas dos organismos).

A descrição desse processo revela mais uma característica importante na evolução das espécies e, por conseguinte, da especificidade da atuação do mundo nas relações de cada indivíduo: a sensibilidade ao pareamento entre estímulos (Cunninghan, 1998); uma adaptação às condições ambientais que mudam rapidamente, diria Skinner (1953). Elas mudam, agora, durante a história de vida de um indivíduo, sendo passíveis de estudo e manipulação experimental.

Interações entre processos respondentes e operantes

Vamos voltar, então, ao exemplo de pessoas que se submetem voluntariamente à dor, ou a histórias de pessoas que aceitam que outros lhe inflijam dores físicas ou psicológicas.

Para uma abordagem explicativa dessa "psicopatologia", podemos nos basear em um experimento bastante engenhoso de Azrin (1959). Nesse experimento, o autor utilizou um pombo que ficava confinado em uma caixa experimental, alimentando-se apenas dentro dessa caixa. Inicialmente, o animal deveria bicar uma chave iluminada na parede para obter uma mistura de grãos quando precisasse. Cada bicada nessa chave liberava uma quantidade de grãos que ficava disponível por alguns segundos.

Em seguida, nem todas as bicadas do pombo produziam grãos: gradativamente, era exigido que o pombo bicasse mais e mais vezes para obter seu alimento. Então, quando o pombo já "trabalhava bastante" para comer, a bicada que antecedia a liberação do alimento era seguida por um choque elétrico de pequena intensidade. O pombo, obviamente, estranhava um pouco, mas, em seguida ao choque, o alimento era liberado e ficava disponível. Então, o pombo comia.

O experimentador observou o comportamento do pombo e quando não identificava mais o estranhamento do choque (um fenômeno denominado "habituação" a estímulos) aumentava mais um pouco a intensidade do choque. Assim que ocorria novo período de habituação, o choque ficava ainda mais forte.

Com esse procedimento, o experimentador conseguiu criar uma história de vida na qual o animal passou a trabalhar "para produzir choque", ou seja, o estímulo que sinalizava que ele seria alimentado. Essa história ficou tão forte que, mesmo quando o alimento foi suspenso, o animal continuou trabalhando para produzir choques elétricos, o que confundiu alguns observadores convidados a explicar o estranho comportamento do animal: bicar para receber choques elétricos tão fortes que produziam espasmos. Esses observadores, que não haviam acompanhado a história do pombo com os choques associados à liberação do alimento, só encontraram explicação na psicopatologia: esse pombo era, para eles, com certeza, masoquista.

Esses elementos podem se combinar de uma maneira bastante similar e cruel em uma história humana. Imaginemos a história de um casal que tenha como elemento inicial que um agrade ao outro. Os dois trabalharão para a manutenção da relação com bastante afinco, e um e outro podem liberar afeto em todas as ocasiões de encontro. No entanto, a vida não suporta uma relação de paixão e, algumas vezes, um dos parceiros, por exemplo, o homem, não responde mais com tanta frequência às buscas de afeto pela mulher, mas, ao fim de alguma insistência dela, acaba dando-lhe afeto e aceita sua aproximação.

Essa situação repete-se, e a cada dia fica mais escassa a liberação de afeto para a mulher por parte do homem. E ela, assim como o pombo do experimento, continua "cuidando" da relação e trabalhando para que ela sobreviva, até que se iniciem pequenas rejeições por parte do homem, às quais a mulher se "habitua", assim como o pombo habituou-se a pequenas intensidades do choque. Em seguida, culpado por tê-la agredido, ainda que levemente, o homem passa a liberar afeto naquela oportunidade.

Essa busca pelo afeto por parte da mulher se intensifica, e a agressividade por parte do homem pode aumentar, e o processo passa a ser muito semelhante àquele descrito para o pombo: a mulher produz uma briga na qual ela seja agredida (choque) e em seguida obtém o afeto pretendido (como o alimento do pombo). Não será difícil várias pessoas que não observaram a história de vida do casal estranharem o comportamento da mulher, e inclusive o classificarem como comportamento de "mulher de malandro", de alguém que gosta de apanhar ou, enfim, masoquista.

PSICOPATOLOGIA A PARTIR DA ANÁLISE DO COMPORTAMENTO

Toda uma área de estudos experimentais debruçou-se sobre o que se denominou "Modelos experimentais de problemas psicopatológicos", e desenvolveu-se o conhecimento de contingências extremadas que podem produzir um comportamento classificável como psicopatológico. A maior parte dos modelos experimentais de psicopatologia é de cunho fisio/farmacológico, mas também podem ser encontrados modelos comportamentais para a determinação de comportamentos que seriam considerados problemas.

Alguns desses estudos observaram explicações para problemas apresentados em quadros de fobias e ansiedade, transtorno do estresse pós-traumático, problemas psicossomáticos (asma, alergias), náuseas causadas por quimioterapia (Sturmey, Ward-Horner, Marroquin, Doran, 2007) e esquizofrenia. Todos esses estudos basearam-se na capacidade de estímulos condicionados adquirirem a mesma função que os estímulos incondicionados teriam sobre os organismos.

Mas uma abordagem intrigante dentro dessa linha de pesquisa é a que se utiliza dos mesmos processos respondentes, mas de maneira bastante peculiar: a adicção a drogas. Nesse caso, os pesquisadores acabaram por encontrar um processo intrigante: ao serem introduzidas no organismo, várias substâncias (p. ex., epinefrina, glicose, insulina, nicotina, anfetamina, histamina, morfina etc.) produzem dois tipos de respostas, antagônicas, em tempos diferentes.

Vamos analisar o caso da nicotina. Ela produz, em primeiro tempo, uma resposta de hiperglicemia e, em seguida, hipoglicemia, muito possivelmente para que o corpo volte à homeostase. Considere, no entanto, que a ingestão da nicotina ocorra em determinados ambientes, compostos por vários estímulos, os quais inicialmente são neutros para as respostas de hipo ou hiperglicemia do organismo que ingere a nicotina. Entretanto, pelo processo de condicionamento já comentado, esses estímulos passam a produzir, com antecedência, as respostas que levariam o corpo à homeostase: eles produzem hipoglicemia. Com esse efeito, o que ocorre é que, mesmo antes de o indivíduo ingerir nicotina, que produzirá hiperglicemia, os estímulos condicionados do ambiente estarão determinando que a resposta de hipoglicemia ocorra.

Esse processo explicará vários fenômenos que observamos na ingestão de nicotina:

- O indivíduo apresenta o que se chama de "tolerância" à substância, ou seja, para ter os mesmos efeitos iniciais, ele precisa de quantidades maiores
- Explica por que algumas vezes pessoas que ingerem nicotina têm uma "vontade irresistível" de ingeri-la (o que se chama "abstinência"), dado que os estímulos condicionados criam uma situação de hipoglicemia que exige que a glicemia seja aumentada (ou seja, que se ingira alguma "coisa" para que ela retorne aos níveis de homeostase)
- Por fim, explica as recaídas... Mesmo tendo parado por muitos e muitos anos de ingerir nicotina, ao serem expostos a estímulos anteriormente associados à sua ingestão, os indivíduos poderão voltar a usá-la.

Até aqui, foram apresentados parcialmente os processos conhecidos como "respondentes" da psicopatologia. Existem ainda outros processos, chamados de operantes, que serão apresentados a seguir.

O comportamento operante patológico

Trabalhando com o condicionamento respondente, alguns autores deram-se conta de que ele não explicava todos os tipos de comportamento, fossem eles considerados normais ou patológicos (p. ex., Thorndike e Skinner). Além do controle pelo que acontecia "antes" de o comportamento ocorrer (um estímulo que determinava uma resposta), também havia o controle pelo estímulo subsequente. A esse controle, Thorndike chamou de Lei do Efeito, e Skinner chamou de Seleção pelas Consequências. Vamos nos ater à proposta skinneriana.

Como o sistema pavloviano considerava que o comportamento dos organismos era uma resposta às mudanças ambientais (os estímulos), ele batizou esses comportamentos de "respondentes". Ao estudar uma relação diversa, agora de como ações do organismo produziam estímulos (ou produziam mudanças no ambiente), Skinner batizou-as de "operantes", já que eram essas ações que operavam, "determinavam" as modificações observadas. O mais importante, sobretudo, é que Skinner observou, estudou experimentalmente e descreveu magistralmente que mais do que operar sobre o mundo essas ações sofriam também mudanças (fortalecimento ou enfraquecimento) a partir das mudanças que produziam no mundo. Assim, se um indivíduo faminto, a partir de uma ação própria, produzisse comida em determinado ambiente (p. ex., abrindo uma noz que estivesse perto dele), essa ação ficava fortalecida (ou seja, o indivíduo, em presença de noz, a abriria e a comeria quando faminto; guardaria nozes para quando estivesse faminto; procuraria nozes quando não as tivesse etc.). A esse processo, Skinner chamou de reforçamento positivo, porque acrescentava, produzia um estímulo no ambiente.

Skinner e outros autores observaram também que o fortalecimento de uma ação poderia se dar pela exclusão de um estímulo: quando um indivíduo corre para um abrigo ao sentir que cai uma chuva fria. Correr, nessa situação, acaba sendo fortalecido pela remoção do estímulo aversivo "chuva fria". Esse processo foi chamado de reforçamento negativo, porque subtrai um estímulo do ambiente do indivíduo.

Boa parte das psicopatologias pode ser também explicada por esses processos.

Vamos retomar a concepção de psicopatologia como descrição de um comportamento "estranho", já que se observa, em consequência a ele, a apresentação de certa aversividade. Por essa razão, eles são raros (o que atenderia ao critério estatístico de normalidade), não obedecem a leis científicas (são seguidos por um evento aversivo e, mesmo assim, se mantêm), e não são reversíveis (são persistentes, intrusivos) e atrapalham a vida do indivíduo ou daquele(s) que vive(m) com ele.

Como já afirmado, a Análise do Comportamento resolveu abandonar todos esses critérios e ficou apenas com o critério do sofrimento para o indivíduo. Em nossa concepção, se há sofrimento, há controle aversivo do comportamento. Mas o que faria com que esse comportamento persistisse?

Boa parte da análise que Sidman (1989) fez sobre os comportamentos psicopatológicos tem relação com comportamentos de evitação de estimulação aversiva. Assim, Sidman interpreta vários quadros de ansiedade e de depressão como comportamentos que evitariam punições mais dolorosas do que as perdas causadas por esses problemas, e outros autores (Forsyth, 1999; Zamignani e Banaco, 2005) incluem muitas outras funções que se entrelaçam para analisar os casos de transtornos de ansiedade.

Forsyth (1999) sugeriu que os transtornos de ansiedade fossem abordados ao longo de pelo menos três dimensões funcionais:

- Os estímulos causadores de ansiedade podem ser classificados segundo suas especificidades, podendo ser gerais ou específicos
- A origem dos estímulos temidos ou que despertam ansiedade pode ser classificada como interna (corporal) ou externa (ambiental)
- A natureza das respostas psicofisiológicas avaliadas negativamente podem ser tanto abrupta e imediata como crônica e contínua.

Seguindo, portanto, os cruzamentos entre as 3 características levantadas por Forsyth, poder-se-ia chegar a uma categorização funcional dos diversos transtornos de ansiedade, que seriam fruto de contingências bastante distintas entre si. Por exemplo, segundo o Quadro 11.1, o transtorno do pânico poderia ser resultante de um entrelaçamento de estímulos gerais, originados internamente e de natureza abrupta e imediata (o que caracterizaria, por exemplo, os ataques de pânico).

Já Zamignani e Banaco (2005) apresentaram uma análise mais extensa, tentando demonstrar a complexidade comportamental que um transtorno de ansiedade apresenta. A Figura 11.1 contém uma explicação de como lê-lo.

Esse último trabalho aponta para mais uma variável importante a ser levada em consideração quando se considera um comportamento psicopatológico: o comportamento verbal e a cultura.

QUADRO 11.1 Classificação dos estímulos causadores de ansiedade segundo suas especificidades.

Especificidade	Específica				Geral			
Origem	Interna ou corporal		Externa ou ambiental		Interna ou corporal		Externa ou ambiental	
Natureza	Abrupta e imediata	Crônica e contínua	Abrupta e imediata	Crônica e contínua	Abrupta e imediata	Crônica e contínua	Abrupta e imediata	Crônica e contínua
Transtorno de ansiedade			Fobias específicas		Transtorno do pânico	Transtorno obsessivo-compulsivo	Transtorno de ansiedade generalizada	Transtorno do estresse pós-traumático

Aspectos verbais e culturais dos comportamentos psicopatológicos

Não é de hoje que a Análise do Comportamento se debate com a dimensão verbal do comportamento e, em especial para este capítulo, também do comportamento psicopatológico. Em dois estudos, um de 1958 e outro de 1961, Salzinger e Pisoni demonstraram que o discurso esquizofrênico de pacientes internados eram parcialmente controlados pelas perguntas do entrevistador e por verbalizações mínimas ("humhum", "sei", "hãhã" etc.) feitas em seguida à verbalização delirante. Mais do que isso, em um estudo de 1960 esses autores demonstraram que as mesmas variáveis afetavam igualmente a fala de pessoas consideradas normais (Salzinger e Pisoni, 1960).

A intervenção sobre respostas verbais

As primeiras aplicações da Análise do Comportamento também foram feitas sobre respostas verbais de indivíduos psicóticos. Estudos relatados na literatura utilizaram-se de

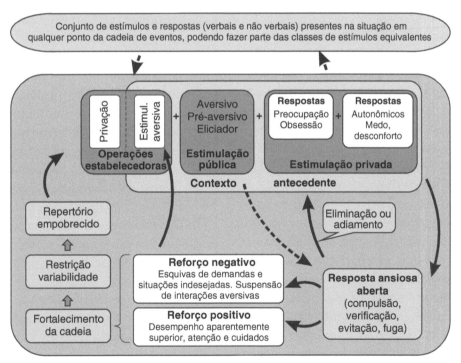

FIGURA 11.1 Possíveis relações funcionais entre eventos ambientais e a resposta ansiosa. No esquema, as operações estabelecedoras (condições de privação ou estimulação aversiva) compõem, juntamente com os estímulos discriminativos/eliciadores públicos e privados e com as respostas encobertas, o contexto antecedente para a emissão da resposta aberta sem a participação dos elos privados. O esquema ainda apresenta outras possíveis consequências que podem se seguir à resposta, além da eliminação ou adiamento da estimulação aversiva. Essas consequências podem controlar a ocorrência de toda a cadeia de eventos comportamentais, fortalecendo a cadeia de eventos e restringindo a variabilidade da resposta. Como resultado, temos um repertório empobrecido e estereotipado, característico dos transtornos de ansiedade. Os estímulos (e respostas) presentes em qualquer ponto da cadeia de eventos podem fazer parte de classes de estímulos equivalentes por meio de relações de equivalência e de generalização de estímulos, eliciando ou evocando respostas de ansiedade.

procedimentos de extinção e reforçamento aplicados não apenas a respostas motoras, mas também a verbalizações: por meio de aplicação ou retirada de atenção por parte dos cuidadores, esses estudos diminuíram o número de falas delirantes e aumentaram o número de verbalizações com sentido em pacientes psicóticos (p. ex., Ayllon e Michael, 1959; Ayllon e Haughton, 1964). Esses estudos e tantos outros que os seguiram demonstraram claramente que boa parte das falas delirantes tem uma função operante (para uma descrição mais detalhada, ver Wong, 2006).

Estes primeiros estudos, apesar de sua simplicidade, foram de grande importância para a época, já que, até então, o comportamento verbal delirante era considerado "intratável". Ao demonstrar que tais comportamentos poderiam ser influenciados por eventos ambientais, a análise do comportamento explicitou a dimensão social dos problemas psicopatológicos e abriu uma nova frente de intervenções. Ao assumir que tais comportamentos causam sofrimento para o indivíduo ou para pelo menos mais uma pessoa que esteja em relação com ele e que exercem uma função na interação social, a Análise do Comportamento passa, necessariamente, a explorar as variáveis culturais que podem determinar a origem e manutenção dos quadros psicopatológicos.

Outra linha de pesquisa desenvolvida por analistas do comportamento tem investigado os problemas de comportamento a partir da conceituação proposta por Skinner no livro *Verbal Behavior* (1957). Embora esse livro tenha sido publicado em meados dos anos de 1950, ele deu origem primeiramente a análises conceituais, e seu impacto sobre a prática clínica ocorreu um pouco mais tarde, por volta do final dos anos de 1980 (Kazdin, 1978; MacCorquodale, 1969; Zamignani e Nico, 2007).

Zamignani e Nico (2007), a partir de um levantamento sobre os estudos dos operantes verbais aplicados ao ensino de crianças com desenvolvimento atípico, analisaram as funções de queixas envolvendo comportamento agressivo ou autolesivo. Estes autores defenderam que tais comportamentos podem ser mantidos por consequências sociais, cujas funções seriam análogas àquelas encontradas nos operantes verbais do tipo "mando". Essa proposta parece especialmente importante para o atendimento a clientes com problemas graves e crônicos que, com uma frequência significativa, apresentam comportamentos destrutivos ou autolesivos, com déficits nas habilidades necessárias para interações sociais de qualidade. Em determinadas histórias de interação, estabelece-se um tipo de interação idiossincrática na qual, em vez de respostas de mando cultural-

mente apropriadas, são emitidas respostas agressivas ou autolesivas com a função de obter reforçadores específicos. Partindo dos dados da literatura sobre o ensino de mando a pacientes com desenvolvimento atípico, os autores defendem que estratégias para o ensino de mandos culturalmente apropriados podem minimizar tais problemas. Segundo os próprios autores:

"Uma série de queixas clínicas presentes em casos graves e que, portanto, são alvo de intervenção (...) pode ser composta de comportamentos análogos a mandos. É possível pensar diversos exemplos de comportamentos dessa natureza (tais como ameaças à integridade física do outro ou de si mesmo, comportamentos ditos histriônicos, déficits comportamentais que resultam em graves restrições de contato com o mundo físico e/ou social, dentre outros) que são mantidos pela mediação de reforçadores específicos, mas apenas por alguns indivíduos, não constituindo uma prática da cultura."

Tais comportamentos, presentes em casos graves, causam sofrimento a estes indivíduos e àqueles que com ele convivem, por variadas razões. A primeira delas é que, embora produzam importantes consequências via mediação do outro – e, por isso, sejam mantidos –, tais comportamentos não obtêm sucesso quando o cliente interage com outros membros da cultura. A história idiossincrática desses clientes, no que tange à obtenção de reforçadores específicos contingentemente à emissão de comportamentos destrutivos, autolesivos, histriônicos etc. (p. ex., na interação com sua família), constitui parte do problema a ser abordado [pelo terapeuta] (Zamignani, Nico, 2007, p. 109).

Um último aspecto que merece ser abordado com relação ao comportamento verbal refere-se aos estudos recentes sobre teorias de equivalência de estímulos e dos quadros relacionais. De acordo com Kovac, Zamignani e Avanzi (2009), o avanço nessa linha de estudo tornou possível analisar a função do contexto social verbal na produção e manutenção de problemas psicológicos.

Uma vez que relações de equivalência tenham sido estabelecidas entre eventos verbais e não verbais, situações, palavras e pensamentos constituem membros de uma classe funcional. Tal situação possibilita que as situações remetam ao estado psicológico tanto quanto as explicações relativas aos estados psicológicos remetam às situações. Pérez-Alvarez (1996) afirma que "uma situação depressora justificaria estar deprimido. Porém pensar deprimidamente e falar que se está deprimido seria por si equivalente à situação causadora [da depressão]".

Essa possibilidade de análise amplia enormemente a compreensão de fenômenos psicológicos, dentre eles os fenômenos que compõem a psicopatologia. De acordo com Kovac, Zamignani e Avanzi (2009):

> "(...) quando o assunto em questão é a psicoterapia, algumas questões relacionadas com o sofrimento psicológico tornam de primordial interesse a análise e a compreensão de um destes três níveis [o terceiro nível de seleção do comportamento]. Entende-se o sofrimento (psicológico) como uma experiência reservada aos seres humanos *verbais,* uma vez que descrever e analisar a experiência vivida, assim como olhar para sua própria história e antecipar um sofrimento futuro, é uma experiência eminentemente verbal [...]. Tal constatação aponta para o comportamento verbal como algo que produz a diferenciação do humano com relação às outras espécies, mas que é também a base do sofrimento psicológico [...]"

> Assim, o comportamento relacionado com o sofrimento clínico envolve, necessariamente, relações verbais. Adquirem importância ímpar questões relacionadas com o terceiro nível de seleção, especialmente no que se refere ao comportamento verbal".

Partindo de tal análise, torna-se de primordial importância o entendimento das relações verbais e suas nuances, tornando o comportamento verbal o objeto direto da análise e intervenção terapêutica.

A análise da cultura e a psicopatologia

Skinner, já em 1987, fez uma aterradora análise sobre a cultura ocidental e os efeitos que as mudanças culturais e o desenvolvimento econômico e tecnológico estavam produzindo sobre os indivíduos. Na apresentação desse texto, Skinner afirma:

> "Muitos daqueles que vivem nas democracias ocidentais desfrutam de um grau razoável de fartura, liberdade e segurança. Mas eles têm o seu próprio problema. Apesar de seus privilégios, muitos estão aborrecidos, inquietos ou deprimidos. Não estão desfrutando suas vidas. Não gostam daquilo que fazem: não fazem aquilo de que gostam. Em uma palavra, estão infelizes" (Skinner, 1987).

Os aspectos culturais que Skinner ressalta para esses efeitos são:
- A alienação do fruto do trabalho dos trabalhadores
- As pessoas não produzirem aquilo que consomem
- O seguimento excessivo de conselhos e regras
- Muitas atividades contemplativas ou que exigem pouquíssima ação (p. ex., o apertar de botões).

Desse modo, segundo Skinner, o homem ocidental torna-se deprimido, ocioso, irritado, por não entrar em contato com contingências que operam sobre seus comportamentos. Pode ter tudo, sem fazer nada, ou fazer muito pouco, e ter muitos estímulos prazerosos à sua disposição (quadros, filmes, músicas etc.), mas tudo o que faz é ver, ouvir e assistir. Ou seja, a vida moderna evita um tipo de controle aversivo, mas impede que o efeito do reforço mantenha o bem-estar dos indivíduos. Na mesma linha, Sidman analisou as implicações do excessivo controle aversivo que impera nas sociedades contemporâneas e interpretou vários problemas psicopatológicos como comportamentos evitativos e de fuga (Sidman, 1989).

Pérez-Álvarez (2003), adicionalmente às questões apontadas por Skinner e Sidman, defende que certos padrões de interação existentes em nossa cultura caracterizam o que ele chamou de "personalidade esquizoide" (reveja o conceito de Personalidade no capítulo anterior). De acordo com este autor, o que é categorizado nos manuais como um transtorno de personalidade não é mais que uma adaptação dos indivíduos a determinadas exigências do mundo contemporâneo, que produzem:
- Frieza emocional, afetividade distanciada ou embotada
- Capacidade limitada para expressar sentimentos calorosos, ternos ou raiva para com os outros
- Indiferença aparente a elogios ou críticas
- Preferência quase invariável por atividades solitárias
- Falta de amigos íntimos ou de relacionamentos confidentes
- Insensibilidade marcante para com normas e convenções sociais predominantes.

Tal análise compartilha com alguns aspectos da análise apresentada por Tourinho (2009). Conforme já apresentado no capítulo sobre Personalidade, esse autor discute que, com o aumento da complexidade das relações sociais no mundo moderno, os indivíduos passaram a se deparar com um enorme rol de possibilidades para sua atuação, sendo que os determinantes sociais foram ficando mais e mais obscuros, e gradativamente sendo substituídos por uma noção de autodeterminação do Ser Humano. Ao mesmo tempo, por encobrir as determinações do comportamento, esse desenvolvimento cultural levou à noção de "livre-arbítrio" e a consequente imputação de méritos, responsabilidades e culpas dos (bons e maus) comportamentos aos próprios indivíduos.

Tal condição pode causar, quando falamos de comportamentos passíveis de punição, estados de desamparo, ansiedade e solidão, presentes em muitos quadros psicopatológicos.

Fuentes Ortega e Quiroga (2005) apresentam uma análise muito semelhante da cultura atual ao conceituar o que eles denominam "conflito pessoalmente irresoluto de normas". De acordo com esses autores, o aumento da complexidade das relações nas sociedades modernas tornou cada vez mais problemático o processo de resolução das assimetrias existentes entre os indivíduos de diferentes grupos sociais. Com o agrupamento de indivíduos, desprendidos de seus círculos culturais iniciais e de suas normas de funcionamento, dá-se uma nova totalidade social, repleta de enfrentamentos, pois cada uma das partes sociais defenderia seus próprios interesses (privados ou coletivos) em ações que não contribuiriam para a estabilidade do grupo. As normas sociais, então, perdem a capacidade de guiar coletivamente a relação recíproca de resolução ou igualação entre as pessoas. Constituiu-se, então, a necessidade de uma personalização do comportamento ético. O indivíduo teria que agir por sua conta de modo a solucionar os conflitos ou enfrentamentos entre os contextos normativos definidos, donde se dão os conflitos morais e a reflexividade ética. Dado o grande número de variáveis envolvidas nesses conflitos entre as normas e suas possíveis soluções, ocorre uma proliferação de pseudorresoluções ou quase resoluções substitutivas das normas que incrementariam a multiplicidade numérica de trajetórias que cada indivíduo poderia seguir.

Tais trajetórias parecem apresentar-se como individualizadas quando, na realidade, seriam apenas trajetórias mais particularizadas dentro da rede de determinações sociais, trajetórias estas menos simétricas e, portanto, com menor valor coletivo. Segundo Fuentes Ortega e Quiroga (2005), é exatamente a partir do "conflito pessoalmente irresoluto de normas" que se constitui o campo de relações sociais que dariam origem aos problemas psicológicos e à própria psicologia enquanto instituição social.

O COMPORTAMENTO VERBAL DO CIENTISTA DETERMINANDO O COMPORTAMENTO PSICOPATOLÓGICO

Em o *Mito da Liberdade*, Skinner (1971/1977) afirma:

> "(...) uma pessoa não se expõe apenas às contingências que constituem uma cultura; ajuda a mantê-las e, na proporção em que elas o induzem a fazê-lo, a cultura apresenta uma autoperpetuação. (...) O que um determinado grupo de pessoas classifica como bom é um fato: é o que os membros do grupo consideram reforçador, como resultado de sua herança genética e das contingências naturais e sociais a que estiveram expostos. Cada cultura tem seu próprio conjunto de coisas boas, e o que se considera bom em uma cultura pode não sê-lo em outra" (p. 104).

Em acordo com essa citação, um aspecto cultural de extrema importância que não poderia ser deixado de fora em um texto sobre psicopatologia é a determinação verbal do cientista para definir o que é patológico. No último século, hordas de profissionais de saúde mental debateram-se com as mais variadas nomenclaturas, descrições e explicações para esse fenômeno.

Para se ter uma ideia, a produção cultural mais moderna que se tem sobre psicopatologia, e que dita parâmetros para pesquisas em saúde mental, internações em hospitais psiquiátricos, condutas de medicação, pagamentos de seguros-saúde, impedimentos legais etc., é o Manual Estatístico de Transtornos Mentais (em inglês, que origina a sigla consagrada, DSM – Diagnostic and Statistical Manual of Mental Disorders). Trata-se de um compêndio formulado por nada menos do que 27 profissionais que coordenam 13 grupos de trabalho, cada um com cinco pessoas qualificadas ou mais, e cada um desses grupos ainda conta com 50 a 100 consultores para a elaboração dos quadros psicopatológicos encontrados (APA, 2002, p. 21-22).

Essa tentativa de classificação e descrição de doenças mentais iniciou-se em 1840, quando o governo dos EUA preparou um censo no qual coletou dados sobre "idiotismo/insanidade". Em 1880, já eram 7 as categorias procuradas pelo censo: mania, melancolia, monomania, paresia, demência, dipsomania e epilepsia. Em 1945, o Código Internacional de Doenças, em sua 6ª versão (CID

6), trouxe pela primeira vez um capítulo totalmente destinado a transtornos mentais. Nele havia 10 categorias de psicose, 9 de psiconeurose e 7 de transtornos de caráter, comportamento e inteligência.

Em 1946, apareceu a primeira versão do DSM: um compêndio exclusivamente voltado para as doenças mentais, variante do capítulo encontrado no CID 6 (APA, 2002), com a indicação de um pouco mais de 100 transtornos mentais. A versão mais moderna publicada até o momento (DSM, IV versão revisada) indica quase 400 transtornos da psicopatologia (van Pragg, 1997, *apud* Pérez-Alvaréz, 2003).

Mais algumas evidências de que o comportamento psicopatológico pode ser determinado por este tipo de comportamento verbal foi a exclusão, em 1973, do comportamento homossexual do rol de desvios sexuais. Essa exclusão levou anos para ser assimilada pela cultura em geral, e em 1999 o Conselho Federal de Psicologia no Brasil proibiu que profissionais a ele afiliados se propusessem a oferecer tratamentos psicológicos para esse comportamento. Ainda assim, muitos membros da sociedade brasileira consideram a homossexualidade uma doença.

Uma ação semelhante tem sido esperada a respeito da exclusão do consumo de maconha do rol de adicção a drogas na versão V do DSM. Se isso, de fato, acontecer, pode ser esperado um grande incentivo para a descriminalização da utilização das drogas (em especial da maconha), como decorrência.

RESUMO

Este capítulo pretendeu apresentar a visão analítico-comportamental sobre a psicopatologia. Abordou os fenômenos psicopatológicos como comportamentos que causam sofrimento ao próprio indivíduo que os apresenta, ou a outros que com ele convivem. Dessa maneira, a interpretação aponta que o comportamento psicopatológico tem como uma de suas fontes principais o controle aversivo. Na busca por elucidar contingências em três níveis de seleção de comportamentos, exemplificou-as no nível filogenético abordando a sensibilidade diferenciada a estímulos que cada indivíduo apresenta em relação aos outros; no nível ontogenético, abordou os pareamentos entre estímulos que são peculiares em histórias de vida de algumas pessoas para a explicação do comportamento chamado de masoquista; no nível cultural, apontou como o comportamento verbal idiossincrático e delirante dos psicóticos pode ter função operante, como contingências culturais de avanço tecnológico podem produzir comportamentos chamados de irritadiços ou deprimidos e, por fim, apontou como os comportamentos verbais dos cientistas e profissionais da saúde mental podem determinar a classificação de indivíduos como portadores de doenças mentais ou não.

REFERÊNCIAS BIBLIOGRÁFICAS

Associação Psiquiátrica Americana (APA). *Manual Diagnóstico e Estatístico de Transtornos Mentais – DSM IV*, versão revisada (Cláudia Dornelles, Trad.). Publicado originalmente com o título "American Psychiatric Association: Diagnostic and Statistical Manual of Mental Disorders, Fourth Edition, Text Revision em 2000". Porto Alegre: Artes Médicas, 2002.

Ayllon T, Haughton E. Modification of symptomatic verbal behaviour of mental patients. *Behaviour Research and Therapy, 2*, 87-97, 1964.

Ayllon T, Michael J. The psychiatric nurse as a behavioral engineer. *Journal of the Experimental Analysis of Behavior, 2*, 323-334, 1959.

Azrin NH. Punishment and recovery during fixed-ratio performance. *Journal of the Experimental Analysis of Behavior, 2*, 301-305, 1959.

Cunningham CL. Drug Conditioning and drug-seeking behavior. In: O'Donohue W (Org.). *Learning and behavior therapy*. Boston: Allyn & Bacon, pp. 518-544, 1998.

Falk JL, Kupfer AS. Adjunctive behavior: application to the analysis and treatment of behavior problems. In: O'Donohue (Org.). *Learning and behavior therapy*. Boston: Allyn & Bacon, pp. 334-351, 1998.

Ferster CB. A functional analysis of depression. *American Psychologist, 28*, 857–870, 1973.

Forsyth JP. A process-oriented behavioral approach to the etiology, maintenance, and treatment of anxiety-related disorders. In: Dougher MJ (Org.). *Clinical Behavior Analysis*. Reno: Context Press, pp. 153-180, 1999.

Fuentes Ortega JB, Quiroga E. La relevancia de un planteamiento cultural de los trastornos de la personalidad. *Psicothema, 17*, 422-429, 2005.

Kazdin AE. *History of behavior modification: experimental foundations of contemporary research*. Baltimore: University Park Press, 1978.

Kovac R, Zamignani DR, Avanzi AL. Análise do comportamento verbal relacional e algumas implicações para a clínica analítico-comportamental. In: Wielenska RC (Org.). *Sobre comportamento e cognição: desafios, soluções e questionamentos.* Santo André: ESETec, v. 24, pp. 314-324, 2009.

MacCorquodale K. B. F. Skinner's Verbal Behavior: A retrospective appreciation. *Journal of the Experimental Analysis of Behavior, 12,* 831-841, 1969.

Michael J. *Concepts and principles of behavior analysis.* A publication of ABA – Association for Behavior Analysis, 1993.

Pérez-Álvarez M. *La psicoterapia desde el punto de vista conductista.* Madrid: Editorial Biblioteca Nueva, 1996.

Pérez-Álvarez M. *Las cuatro causas de los trantornos mentales.* Madrid: Editorial Universitas, 2003.

Salzinger K, Pisoni S. Reinforcement of affect responses of schizophrenics during the clinical interview. *Journal of Abnormal and Social Psychology, 57,* 84-90, 1958.

Salzinger K, Pisoni S. Reinforcement of verbal affect responses of normal subjects during the interview. *Journal of Abnormal and Social Psychology, 60,* 127-130, 1960.

Salzinger K, Pisoni S. Some parameters of verbal affect responses in schizophrenic subjects. *Journal of Abnormal and Social Psychology, 63,* 511-516, 1961.

Sidman M. *Coerção e suas implicações.* Campinas, SP: Livro Pleno, 1989.

Sidman M. Normal sources of pathological behavior. In: Ulrich R, Stachnik T, Mabry J (Orgs.). *Control of human behavior.* Glenview: Scott, Foresman and Co., pp. 42-53, 1966. (Originally published in *Science, 132,* 61-68).

Sidman M. *Tactics of scientific research.* New York: Basic Books, 1960.

Skinner BF. *About behaviorism.* New York: Vintage Books USA, 1974.

Skinner BF. *O mito da liberdade.* São Paulo: Summus, 1977. (Originalmente publicado em 1971.)

Skinner BF. Psychology in the understanding of mental disease. In Skinner BF, *Cumulative record.* New York, NY: Appleton-Century-Crofts, pp. 194-201, 1959b. (Originalmente publicado em 1956.)

Skinner BF. *Science and human behavior.* New York: MacMillan, 1953.

Skinner BF. *Verbal behavior.* Englewood Cliffs, NJ: Prentice Hall, 1957.

Skinner BF. What is psychotic behavior? In Skinner BF, *Cumulative record.* New York, NY: Appleton-Century-Crofts, pp. 202-217, 1959a. (Originalmente publicado em 1956.)

Skinner BF. What is wrong with Daily life in the Western World? In: Skinner BF, *Upon further reflection.* Englewood Cliffs: Prentice Hall, pp. 15-32, 1987.

Sprague JR, Horner RH. Low-frequency high-intensity problem behavior: toward an applied technology of functional assessment and intervention. In: Repp AC, Horner RH (Orgs.). *Functional analysis of problem behavior: from effective assessment to effective support.* Belmont: Wadsworth, pp. 98-116, 1999.

Sturmey P, Ward-Horner J, Marroquin M, Doran E. Advanced concepts and methods of intervention in behavioral approaches to psychopathology. In: Sturmey P (Org.). *Functional analysis in clinical treatment.* San Diego: Academic Press, pp. 51-64, 2007.

Todorov JC. Quem tem medo de punição? *Revista Brasileira de Terapia Comportamental e Cognitiva, 3,* 37-40, 2001.

Tourinho EZ. *Subjetividade e Relações Comportamentais.* São Paulo: Paradigma, 2009.

Wong SE. Behavior analysis of psychotic disorders: scientific dead end or casualty of the mental health political economy? *Behavior and Social Issues, 15,* 152-177, 2006.

Zamignani DR, Banaco RA. Um panorama analítico-comportamental sobre os transtornos de ansiedade. *Revista Brasileira de Terapia Comportamental e Cognitiva, 7,* 77-92, 2005.

Zamignani DR, Nico YC. Respostas verbais de mando na terapia e comportamentos sociais análogos: uma tentativa de interpretação de respostas agressivas e autolesivas. In: Zamignani DR, Kovac R, Vermes JS (Orgs.). *A clínica de portas abertas: experiências e fundamentação do acompanhamento terapêutico e da prática clínica em ambiente extraconsultório.* São Paulo: Paradigma/ESETEC, pp. 101-132, 2007.

CULTURA E LIBERDADE

Camila Muchon de Melo · Lucas Tadeu Garcia · Júlio César Coelho de Rose · Pedro Faleiros

A Ciência do Comportamento proposta por B. F. Skinner (1904-1990) procura explicar os fenômenos comportamentais dos organismos. Em 1938, Skinner (1938/1966) estabeleceu como objeto de estudo de sua ciência o comportamento. Essa ciência tem o Behaviorismo Radical como sua base filosófica, ou seja, ele apresenta quais são os pressupostos que embasam a Ciência do Comportamento proposta por Skinner.

De acordo com o Behaviorismo Radical (Skinner, 1953/1965; 1974/1976), o comportamento é visto como um processo ordenado, sujeito a leis naturais, ou seja, o comportamento é um processo determinado. Nesse caso, a Ciência do Comportamento tem o papel de esclarecer suas uniformidades e torná-las explícitas. Entretanto, o comportamento não se refere apenas à resposta ou à ação de um organismo, ele se refere a um processo. É a relação entre o organismo e seu ambiente que o constitui. Para Skinner (1953/1965; 1974/1976), sobre o comportamento não vigoram leis de "causa e efeito"; o comportamento humano é explicado a partir de relações funcionais. As relações funcionais são descritas por meio da identificação das relações entre as variáveis independentes (todos os eventos "físicos ou sociais" que afetam o comportamento) e a variável dependente (a resposta do organismo). As variáveis independentes são os estímulos ambientais (estímulos discriminativos, eliciadores e reforçadores) e as variáveis motivacionais (saciação, privação e estimulação aversiva); a variável dependente é a resposta do organismo.

Assim, ao assumir o comportamento como um processo, ou seja, como uma relação entre o organismo e seu ambiente, o Behaviorismo Radical apresenta uma ontologia relacional (Abib, 2001b). Por outro lado, ao assumir o comportamento como um processo sujeito a leis naturais, o Behaviorismo de Skinner assume um compromisso epistemológico com o fisicalismo, o que não implica um compromisso ontológico. Segundo Abib (1993), a epistemologia trata dos pressupostos ou dos fundamentos dos métodos usados na produção das evidências que apoiam o conhecimento de eventos e de objetos; já a ontologia refere-se a juízos e decisões para definir quais são os objetos que existem realmente; são decisões sobre a realidade e tais decisões ou juízos são baseados na irredutibilidade e especificidade dessa mesma realidade. Dittrich (2004) aponta que toda atividade científica está sustentada por um conjunto de pressupostos sobre seu objeto de investigação e por pressupostos referentes ao método adequado na investigação de seu objeto, ou seja, toda atividade científica contém implícita ou explicitamente pressupostos de ordem ontológica e epistemológica. Segundo Abib (2001b) e Dittrich (2004), a Análise do Comportamento estuda o comportamento como se fosse um processo da natureza física, e, sendo assim, Skinner apresenta uma orientação metodológica para definir conceitos com base em operações físicas. Uma concepção epistemológica fisicalista possibilita que o comportamento seja objeto legítimo de estudo e fundamenta a defesa de que os conceitos e as leis do comportamento não podem ser reduzidos a conceitos e leis da física.

Três tipos de comportamentos são descritos e explicados por essa teoria: o comportamento reflexo, o comportamento liberado e o comportamento operante. Dentre os operantes

168 Temas Clássicos da Psicologia sob a Ótica da Análise do Comportamento

tipicamente humanos, têm-se o comportamento social e o comportamento verbal.[1] De acordo com os pressupostos do Behaviorismo Radical, a evolução desses comportamentos ocorre por processos de variação e seleção em três níveis que se inter-relacionam: o nível filogenético, o nível ontogenético e o nível cultural (no caso da espécie humana). Esses processos de variação e seleção foram descritos por Skinner (1981) como o modo de causalidade que torna possível a evolução das espécies (por meio da seleção natural de Darwin), dos comportamentos de indivíduos e das culturas, isto é, de características biológicas, comportamentais e culturais. Esse modelo causal foi denominado explicitamente por Skinner em 1981 como o modelo de *seleção pelas consequências* (Skinner, 1981).

O princípio fundamental desse modelo consiste no pressuposto de que, uma vez que haja variações, contingências seletivas poderão proporcionar sua seleção.[2] A filogênese, primeiro nível da seleção pelas consequências (nível I), é o campo da seleção natural das espécies. Segundo Skinner (1981), a seleção natural é um princípio causal encontrado apenas em seres vivos ou em máquinas construídas por seres vivos. Por sua vez, a evolução, presumivelmente, é a própria consequência da seleção natural, quer dizer, apenas quando observamos que uma espécie evoluiu é que podemos inferir que ela passou por um processo de seleção natural. Nesse processo, as variações que forem favoráveis à sobrevivência e reprodução da espécie são mantidas e as desfavoráveis são extintas. Entretanto, o "favorável" e o "desfavorável" são critérios arbitrários sem direção a um objetivo, pois a evolução, explicada pela teoria da seleção natural, não tem sentido de "progresso". Dessa maneira, o processo de seleção natural não tem um propósito, não é teleológico, ele é apenas o efeito ou a consequência da interação dos organismos nas contingências ambientais.[3]

[1] Para uma caracterização abrangente sobre a definição de comportamento, ver Skinner (1953/1965; 1957; 1966/1969a; 1974/1976; 1984; 1987a). Além disso, os conceitos de comportamento reflexo e operante, bem como dos condicionamentos respondente e operante, foram trabalhados no segundo capítulo desse livro.
[2] Detalhes sobre o modelo de seleção pelas consequências foram tratados no primeiro capítulo desse livro.
[3] Em seus aspectos gerais, uma teoria teleológica se baseia em fins determinados que possam ser perseguidos; são teorias que apresentam um "propósito". Tanto a teoria da seleção natural de Darwin como o modelo de seleção pelas consequências de Skinner não defendem esse tipo de causalidade. Ambas argumentam que os processos de variação e seleção podem resultar em maior complexidade para os organismos e para o comportamento desses, entretanto, isso decorre das interações dos organismos com seu ambiente A complexidade, tanto de estruturas orgânicas quanto de características comportamentais, pode ser uma das consequências dessas interações, mas não é um "objetivo" dos processos seletivos. Assim, essas teorias não são teleológicas.

Como um segundo nível dos processos de variação e seleção pelas consequências, tem-se o campo da ontogênese (nível II), em que ocorre a história de aprendizagem individual, sobretudo por meio dos processos de condicionamento respondente e operante. Com esses processos, o meio ambiente modela o repertório comportamental básico do indivíduo e mudanças ambientais podem levar a ajustes comportamentais rápidos, com a aquisição de novas respostas, a extinção de antigas ou o aumento da eficiência de alguns comportamentos.

Nesse contexto, o paradigma operante, um aspecto central da obra de Skinner, implica seleção por consequências. Sendo assim, uma vez que existam variações comportamentais, comportamentos que apresentarem consequências reforçadoras para o indivíduo podem ser selecionados, à medida que as probabilidades de sua ocorrência aumentam. Por outro lado, comportamentos que não apresentarem consequências reforçadoras podem ser "enfraquecidos" e até mesmo extintos. O processo de condicionamento operante possibilita a modelagem do comportamento, o que pode resultar em comportamentos cada vez mais complexos. Skinner (1953/1965) definiu o comportamento operante como aquele que produz algum efeito no mundo ao seu redor e suas consequências podem retroagir sobre o próprio organismo. Quando isso acontece, a probabilidade de o comportamento ocorrer novamente pode ser alterada. Segundo Skinner (1969b), o comportamento operante é estabelecido nas contingências de reforçamento, ou seja, nas relações entre a ocasião em que uma resposta ocorre, a resposta em si e as consequências reforçadoras.

Segundo Skinner (1981), o terceiro nível de seleção (nível III), dado na cultura, é o campo das contingências culturais, ou seja, das contingências especiais de reforçamento mantidas por um grupo. Ele argumentou que o fato primordial para o desenvolvimento dos ambientes sociais ocorreu quando a musculatura vocal na espécie humana passou a ser sensível ao controle operante, o que, por sua vez, possibilitou a evolução do comportamento verbal. Foi o comportamento verbal que tornou possível aos indivíduos da espécie humana desenvolver padrões comportamentais de cooperação, formação de regras e aconselhamento, aprendizagem por instrução, desenvolvimento de práticas éticas, técnicas de autogestão e, além disso, o desenvolvimento do autoconhecimento ou da consciência.

Portanto, o modelo de seleção pelas consequências descreve três níveis de variação e seleção: a filogênese, a ontogênese e a cultura. Para cada um desses níveis, pode-se designar as unidades de variação e seleção que possibilitam o processo de seleção pelas consequências. Assim, temos que as unidades sujeitas à seleção são: genes, operantes e práticas culturais respectivamente para cada nível seletivo; e as consequências seletivas são aquelas relacionadas com a sobrevivência e reprodução da espécie para o primeiro nível, as consequências reforçadoras para o segundo nível e as consequências culturais para o terceiro nível.

Dito isso, poderíamos discutir a possibilidade de designar um "valor de sobrevivência" para dois níveis no modelo de seleção pelas consequências: no nível I, o processo de variação e seleção pode possibilitar a sobrevivência da *espécie*; e no nível III, a sobrevivência da *cultura*. Todavia, para o segundo nível, os comportamentos selecionados são aqueles que produzem o reforço, e, sendo assim, poderiam possibilitar ou não a sobrevivência do organismo ou da cultura. Entretanto, as unidades sujeitas à seleção são: genes, operantes e práticas culturais para cada nível seletivo. Dessa maneira, poderíamos dizer que há genes, operantes e práticas culturais com valor de sobrevivência (que possibilitam a sobrevivência da espécie ou da cultura) e há genes, operantes e práticas culturais que não têm valor de sobrevivência (que não possibilitam a sobrevivência ou que seriam letais para a espécie ou para a cultura). Essa é uma característica dos processos de variação e seleção pelas consequências: esses processos não são teleológicos e direcionados à perfeição. Segundo Skinner (1966/1969a), características biológicas e comportamentais "não adaptativas" podem ser selecionadas quando os organismos se tornam cada vez mais sensíveis às consequências. No nível I, isso ocorre quando um organismo apresenta "estruturas inúteis" com funções associadas "úteis" (adaptativas); no nível II há vários exemplos de comportamentos que produzem reforço, são selecionados, mas não favorecem a sobrevivência do organismo ou de sua cultura, como frequentemente é o comportamento de drogadição; e no nível III, práticas culturais "não adaptativas", como, por exemplo, as práticas culturais que degradam o ambiente, podem sobreviver juntamente com práticas "adaptativas". Segundo Skinner (1966/1969a, p. 177), "todas as características atuais de um organismo não contribuem necessariamente para a sua sobrevivência e procriação, todavia são *selecionadas*".

Resumidamente, esses são os três níveis de variação e seleção no modelo de seleção pelas consequências. Assim, esses processos possibilitam a evolução das espécies e dos comportamentos dos organismos; além disso, o terceiro nível dos processos de variação e seleção possibilita a evolução das culturas tipicamente humanas. Desse modo, a Ciência do Comportamento baseada no Behaviorismo Radical de Skinner entende o comportamento humano como produto da inter-relação entre as contingências filogenéticas, ontogenéticas e culturais. Entretanto, na maioria dos casos em que o foco é um comportamento complexo, dificilmente encontraremos um comportamento puramente filogenético, ontogenético ou cultural. O estudo das variáveis controladoras sugere que, frequentemente, as contingências se inter-relacionam na "produção" do comportamento ou de padrões comportamentais. Assim, o mais plausível é identificar o quanto de controle filogenético, ontogenético ou cultural encontra-se em um comportamento específico (Melo, 2005).

Portanto, a investigação do conceito de cultura nessa teoria requer que ele seja analisado de acordo com esses pressupostos, que constituem o Behaviorismo Radical: a filosofia que embasa a Ciência do Comportamento Humano de Skinner. Retomando, esses pressupostos apresentam uma ontologia relacional, na qual o comportamento é visto como uma relação; um compromisso com o fisicalismo epistemológico, no qual o comportamento é estudado *como se* fosse um processo da natureza física; e um modelo de causalidade que explica a evolução do comportamento por processos de variação e seleção.

Desse modo, investigar a cultura de acordo com a perspectiva da Análise do Comportamento implica entendê-la como um terceiro nível seletivo.

A CULTURA COMO UM TERCEIRO NÍVEL DE VARIAÇÃO E SELEÇÃO

Ao conceituar a cultura como um terceiro nível seletivo, três aspectos são centrais para essa investigação: a definição da variação no terceiro nível – a definição de práticas culturais, a caracterização das consequências culturais e o valor de sobrevivência para este nível seletivo – o bem da cultura. Assim, o itinerário a ser tomado neste momento consiste na definição das variações, das consequências seletivas, e posteriormente discutiremos o valor de sobrevivência para esse nível de seleção. Esse percurso permite-nos compreender os aspectos centrais do conceito de cultura na Ciência do Comportamento Humano baseado na filosofia do Behaviorismo Radical de Skinner. Passemos a esses aspectos.

A variação no terceiro nível dos processos de variação e seleção

A variação no terceiro nível de seleção refere-se às práticas culturais, ou seja, são as práticas culturais que constituem as unidades sujeitas à seleção. Segundo Skinner (1971/2002; 1981), as práticas de uma cultura compreendem a maneira como um povo cuida de suas crianças, cultiva seus alimentos, produz seu tipo de habitação ou vestuário, como se diverte, como forma seu governo, sua religião, suas instituições, como seus membros tratam uns aos outros, entre outras características. Portanto, de certo modo, a cultura pode ser entendida como os costumes de um grupo de indivíduos, e costumes ou práticas culturais são, em uma linguagem skinneriana, comportamentos de indivíduos em grupo.

Embora as práticas de uma cultura sejam constituídas e mantidas pelos mesmos processos do nível individual (processos de variação e seleção de comportamentos operantes e de comportamentos respondentes), elas apresentam algumas diferenças que nos deixam configurá-las no terceiro nível seletivo. O comportamento social, principalmente o verbal, é o comportamento observado quando as pessoas estão em um grupo. Esses comportamentos são os principais comportamentos presentes nas práticas de uma cultura. Entretanto, podemos descrever e explicar tais comportamentos também com base no controle das contingências de reforçamento. Assim, uma questão importante consiste em identificar quais são os aspectos que diferenciam as contingências culturais das contingências de reforçamento do comportamento individual para podermos identificar uma prática cultural. Muitos estudiosos do comportamento estão tentando esclarecer como ocorrem os processos de variação e seleção no terceiro nível (Dittrich, 2004; Biglan, 1995; Guerin, 1992, 1994; Lamal, 1991; Mattaini, 1996a; Todorov, Moreira, 2004; Todorov, Martone, Moreira, 2005). Além disso, novos conceitos criados posteriormente à teoria de Skinner surgiram para embasar essa investigação, como veremos mais adiante (Glenn, 1986; 1988; 1991; Glenn, Mallot 2004; Mallot, Glenn, 2006).

Um estudo abrangente que apontou alguns aspectos que diferenciam as práticas culturais do comportamento operante de um único indivíduo foi o de Dittrich (2004). Esse autor apontou 3 aspectos importantes na definição de uma prática cultural: primeiro – uma prática cultural pode ser definida como um conjunto de operantes reforçados pelos membros de uma cultura. Segundo – para que se tornem práticas culturais, os operantes devem ser transmitidos como parte de um ambiente social. Terceiro – para que um conjunto de operantes possa ser caracterizado como práticas culturais, a transmissão entre diferentes gerações deve ser assegurada. Isso ocorre quando os membros de uma cultura são ensinados a "praticar a prática" e, além disso, "ensinados a ensinar" a prática. Assim, esse autor destacou que a transmissão intergeracional de operantes é a marca principal do processo de variação e seleção no terceiro nível, daí podermos falar em *evolução* da cultura propriamente dita. As práticas educacionais da grande maioria das culturas podem ser um bom exemplo de práticas culturais formadas pelo comportamento de indivíduos em contextos sociais e transmitidas entre diversas gerações. Embora cada cultura apresente maneiras diferentes de ensinar conhecimentos diversos aos seus membros, as práticas educacionais vem se mostrando efetiva, em certa medida, na resolução dos problemas das culturas em geral.

Cabe ressaltar que é nos operantes que encontramos a "matéria-prima" para a formação de práticas culturais; assim como para o nível ontogenético as respostas indiferenciadas dos organismos são "as fontes" na constituição dos operantes, nas práticas culturais os operantes estabelecidos em uma cultura tornam-se as "fontes" para a constituição das práticas culturais. Portanto, respostas indiferenciadas e operantes são, respectivamente, as "primeiras ocorrências" de operantes e práticas culturais; são as fontes primeiras a partir das quais os operantes e as práticas culturais são formados. Entretanto, apenas aqueles operantes que forem transmitidos entre gerações podem, por fim, constituir as práticas de uma cultura; ao se constituir como práticas culturais, tornam-se, então, unidades sujeitas à seleção para o terceiro nível. Deste modo, práticas culturais surgem primeiramente de operantes, mas não são esses operantes que são selecionados, e sim as práticas já constituídas: elas são as unidades de seleção no terceiro nível. Ou seja, os operantes constituem a fonte primária de variação das práticas culturais, mas sobre operantes vigoram contingências de reforçamento. Por outro lado, somente sobre as práticas culturais é que operam as contingências culturais. Segundo Dittrich (2004, p. 135), "a conjunção dessas características permite atribuir a um terceiro nível seletivo a configuração das culturas". Além disso, esse autor salientou que frequentemente práticas culturais são executadas de modo coletivo: governar, educar, promover a saúde dos indivíduos, produzir bens de consumo, bens artísticos ou científicos. Tais atividades são as práticas de uma cultura.

Vejamos um exemplo colocado por esse autor: o exemplo é o do "início" da prática cultural de manipulação do fogo. Primeiramente um indivíduo deve ter ocasionado, provavelmente por acidente, o domínio do fogo por manipulação direta de seu ambiente. Esse comportamento, como um operante, devia ser mantido por consequências reforçadoras. Adquirido tal comportamento, outros membros do grupo poderiam aprender como manipular o ambiente para também obter fogo por um processo de imitação; o comportamento dos membros do grupo também estaria sendo mantido por consequências reforçadoras. Uma vez que a consequência desse operante passa a ser reforçadora para o grupo e o comportamento passa a ser transmitido aos novos integrantes dessa cultura, permanecendo entre sucessivas gerações, o operante inicial de um indivíduo passou a ser uma prática cultural, e como tal passa a ser unidade de seleção na cultura. Assim, a formação da prática cultural se dá por um processo que se inicia no nível do indivíduo e posteriormente ela se torna unidade de seleção intra e através das gerações.

Cabe ressaltar que, de acordo com o Behaviorismo de Skinner, embora algumas características possam ser consideradas inatas ou típicas da natureza humana (como a suscetibilidade do comportamento ser reforçado por alguns tipos de estimulação; a apresentação de comportamentos específicos da espécie, tais como o balbucio dos bebês humanos e o comportamento de sucção), grande parte dos comportamentos humanos são modelados na cultura. Vários são os exemplos de diferenças humanas de acordo com a cultura em que os indivíduos crescem e se desenvolvem; por exemplo, os brasileiros são geralmente monogâmicos, os hindus não comem carne bovina, os chineses comem uma ampla diversidade de insetos, os mulçumanos não comem carne de porco, o infanticídio foi e ainda é natural em algumas culturas etc. Assim, para o Behaviorismo Radical, a maior parte dessas características é determinada pelas contingências culturais as quais o indivíduo foi exposto desde seu nascimento. Sem desconsiderar que o organismo cujo comportamento é fruto de uma história filogenética interage com seu ambiente. Como resultado, aprende comportamentos complexos como os presentes nas práticas de cada cultura particular. Assim, as contingências filogenéticas, ontogenéticas e culturais promovem o desenvolvimento do indivíduo que se comporta. Desse modo, teremos indivíduos que se comportam de maneiras distintas e, portanto, com práticas culturais diversas de acordo com cada cultura particular.

Passamos neste momento à análise das consequências culturais e das contingências culturais.

As consequências culturais

Em seus aspectos gerais, pode-se argumentar que as consequências de práticas culturais são aquelas que produzem algum efeito sobre o grupo que as pratica. Esses efeitos podem apresentar ou não uma contribuição para o fortalecimento de uma cultura. Skinner (1981) destacou que é o efeito no grupo, e não as consequências reforçadoras para membros individuais, o responsável pela evolução das culturas.

Quando passamos a tratar das consequências de práticas culturais, a distinção entre uma contingência de reforçamento e uma contingência cultural deve ficar clara. O primeiro tipo, pertencente exclusivamente ao segundo nível de seleção, refere-se à relação de contingência estabelecida em uma classe de respostas e uma consequência comum – é o que entendemos como contingências de reforçamento. O segundo tipo, este sim pertencente ao terceiro nível de seleção, refere-se à relação de contingência estabelecida em uma classe de operantes e, agora, uma consequência *cultural* comum. No segundo caso, para prover explicações sobre as relações entre contingências que produzem consequências para a cultura, Glenn (1986) cunhou o conceito de metacontingência, que seria um novo conceito, uma unidade de análise, para descrever e, assim, explicar aquilo que Skinner (1971/2002, 1981) determinou como sendo as práticas de uma cultura e a seleção no terceiro nível.[4]

Posteriormente, Glenn (1988) denominou as consequências que produzem efeito sobre o fortalecimento das culturas como sendo os produtos agregados de contingências entrelaçadas de reforçamento. Assim, para compreendermos melhor o conceito de metacontingência, Andery e Sério (1997/2005) ressaltaram três "aspectos" que devem ser compreendidos. Primeiro, o que seriam as contingências comportamentais entrelaçadas; segundo, o que seriam as práticas culturais; e terceiro, o que seriam os produtos de tais práticas. Vejamos mais de perto esses aspectos.

_____

[4] Embora o conceito de metacontingência ainda seja incipiente na Análise do Comportamento quando o foco é a análise da cultura e é um conceito que ainda provoca debates e controvérsias, trataremos no decorrer do capítulo sobre esse conceito com o objetivo de ampliar nossa análise sobre os fenômenos comportamentais que perpassam o nível cultural. Detalhes sobre o conceito de metacontingência serão abordados no tópico 2 deste capítulo.

Ressalta-se que, ao tratar das relações em uma metacontingência, estamos no campo do comportamento social em que o reforço é mediado pelo comportamento de outros indivíduos. Skinner (1953/1965, p. 297) definiu o comportamento social como "o comportamento de duas ou mais pessoas em relação a uma outra ou em conjunto em relação a um ambiente comum". Neste caso, o comportamento de um indivíduo pode passar a ter a função de estímulo discriminativo ou de consequência para o comportamento de outro indivíduo.

A partir da definição de comportamento social de Skinner (1953/1965), Glenn (1988, 1991) defendeu que, em contingências entrelaçadas de reforçamento, o comportamento do indivíduo teria tanto o papel de ação como o de ambiente (para o comportamento de outros). Esse "duplo papel" que o comportamento de cada indivíduo desempenha nos processos sociais define as "contingências entrelaçadas de reforçamento". Passando às práticas culturais, Glenn (1988, p. 167) as define como um conjunto dessas contingências entrelaçadas:

> "Em resumo, uma prática cultural é um conjunto de contingências entrelaçadas de reforçamento no qual o comportamento e os produtos comportamentais de cada participante funcionam como eventos ambientais com os quais os comportamentos de outros indivíduos interagem."

Deste modo, uma prática cultural envolve as contingências entrelaçadas entre os comportamentos operantes de cada indivíduo; assim, produz consequências reforçadoras. Mas, além disso, uma prática cultural também produz feitos agregados como produtos de práticas culturais e esses produtos terão um papel sobre o fortalecimento ou não de uma cultura (Glenn, 1988). É importante salientar que tais conceitos foram introduzidos por Glenn (1986, 1988, 1991) para melhor se compreender os fenômenos comportamentais no campo da cultura, o que implica compreendermos melhor o terceiro nível de seleção e variação pelas consequências, proposto por Skinner (1981). Assim, quando a autora desenvolveu tais conceitos, ela os introduziu nesse modelo causal. Com isso, Glenn (1988) defendeu que no terceiro nível de variação e seleção são os produtos agregados que como "consequências de práticas culturais" selecionam tais práticas. Andery, Micheleto e Sério (2005, p. 135) esclarecem-nos: "(...) estaremos diante de uma metacontingência se, de algum modo, o produto agregado – que é dependente destas contingências entrelaçadas – retroagir sobre elas

selecionando-as". Além disso, essas autoras salientaram que o conjunto das contingências entrelaçadas, no caso da metacontingência, sugere que estas contingências constituem uma unidade, e é sobre esta unidade que retroage o efeito do produto agregado. Portanto, o produto agregado produz um efeito sobre o grupo, ou seja, sobre as contingências entrelaçadas de reforçamento. Segundo Glenn e Malagodi (1991), o produto agregado, como consequência de uma prática cultural, causa mudanças ambientais que podem (imediatamente, gradualmente ou a longo prazo) fortalecer ou enfraquecer as contingências entrelaçadas de reforçamento (que envolvem necessariamente o comportamento social), e é nesse sentido que o produto agregado pode selecionar as práticas culturais.

Vejamos um exemplo da autora. Uma prática para a diminuição da poluição do ar implicaria comportamentos operantes de vários indivíduos, cada qual produzindo consequências imediatas de reforço. Assim, os engenheiros engajam-se em comportamentos operantes necessários para a construção de catalisadores para o escapamento de automóveis; na linha de montagem, os trabalhadores constroem efetivamente tais catalisadores; consumidores compram esses automóveis. Cada um desses comportamentos deve apresentar consequências reforçadoras, ou evitar consequências aversivas; entretanto, o efeito longínquo do conjunto desses operantes em conjunto pode ser a redução da poluição do ar. Estaríamos, agora, tratando de uma consequência que afeta o fortalecimento daquela cultura, ou seja, entramos no campo das metacontingências. Nesse caso, o produto agregado da prática cultural poderia ser a diminuição da poluição do ar (Glenn, 1986).

Cabe ressaltar que, como salientou Martone (2008), o próprio conceito de metacontingência sofreu mudanças a partir de sua primeira versão (Glenn, 1986), e a unidade de análise e seleção ficou mais clara. Três momentos no desenvolvimento desse conceito são: primeiro, uma ênfase no processo seletivo do entrelaçamento de muitos operantes que possibilita a transmissão de padrões comportamentais através do tempo (Glenn, 1988); segundo, a descrição das funções de diferentes efeitos ambientais produzidos pelo entrelaçamento (Glenn, Malott, 2004); e terceiro, uma diferenciação mais clara entre os processos seletivos que ocorrem no nível do indivíduo e aqueles que ocorrem no nível da cultura, estabelecendo relações de macrocontingências e metacontingências, respectivamente (Malott, Glenn, 2006). Assim, temos que na macrocontingência diferentes indivíduos se comportam e emitem o mesmo comportamento, entretanto, os comportamentos dos indivíduos são "independentes" uns dos outros, embora produzam consequências que afetam a cultura. Na meta-contingência, os comportamentos dos indivíduos que participam de contingências entrelaçadas são "dependentes" uns dos outros, e o que é selecionado e transmitido entre gerações é a relação entre os indivíduos.

Uma questão interessante que Skinner (1953/1965; 1974/1976; 1989) levantou quando o foco é uma prática cultural e a seleção no terceiro nível, foi sobre as consequências a longo prazo e consequências imediatas do comportamento.

O comportamento operante dos indivíduos, que participam dos diversos operantes para a constituição de uma prática cultural, pode produzir vários reforçadores individuais e consequências que interferem na sobrevivência da cultura. Esses efeitos, como consequências de práticas culturais, podem retroagir sobre o comportamento do indivíduo, selecionando operantes, ou pode nunca retroagir, e, assim, as consequências seriam tão longínquas que poderiam ultrapassar o tempo de vida do organismo. Vejamos Skinner (1971/2002, p. 135-136):

> "Em um plano quinquenal ou em um programa de austeridade, as pessoas são induzidas a trabalhar duramente e abandonar determinados tipos de reforçadores em troca de promessas de outros reforçadores a serem recebidos posteriormente. (...) As honras concedidas aos heróis sobrevivem a eles sob a forma de monumentos. A riqueza e o conhecimento acumulados sobrevivem a quem os acumula. (...) O indivíduo não é, naturalmente, diretamente afetado por tais coisas; ele apenas se beneficia dos reforços condicionados utilizados pelos demais membros de sua cultura que a ele sobrevivem e são por eles diretamente afetados."

Nesse próximo tópico, os conceitos de contingências e metacontingências serão tratados com mais detalhes. As unidades de análises que descrevem cada um destes conceitos serão apresentadas no âmbito do terceiro nível de seleção pelas consequências – a cultura.

UNIDADES DE ANÁLISE NO ÂMBITO DA CULTURA

Como vimos, a Análise do Comportamento entende a cultura como um terceiro nível de seleção pelas consequências. Dentro disso, analistas do comportamento têm proposto modelos para a análise da cultura baseando-se nos pressupostos do Behaviorismo Radical. Assim, passamos neste momento para as propostas de unidades de análise no âmbito da cultura.

Como enfatizado por Johnston e Pennypacker (1993), as características gerais do comportamento devem ser consideradas como um fenômeno natural, e a tentativa de definição dessas características é fundamental para a realização de qualquer estudo do comportamento. Para estes autores, a parte constituinte do fenômeno inteiro que serve como base para este estudo é denominada unidade de análise, que pode ser definida como a parte irredutível e menor do todo.

Os estudos científicos do comportamento, realizados anteriormente, segundo Johnston e Pennypacker (1993), falhavam justamente pela falta de uma unidade apropriada de análise, pois havia a tendência de se definir classes de estímulos ambientais e classes de respostas em termos independentes e puramente físicos. Em vez de definir o estímulo e a resposta unicamente em termos de sua estrutura física ou forma, Skinner insistiu que eles fossem definidos nos termos de sua função, privilegiando as relações naturais que existem entre o comportamento e o ambiente.

As unidades de análise dos dois primeiros níveis de seleção pelas consequências (filogênese e ontogênese) são, respectivamente: a relação entre estímulo e resposta e a relação funcional entre estímulo, classe de respostas e consequência. No entanto, Andery, Micheletto e Sério (2005) mencionam que há um problema na delimitação da unidade de análise, quando se trata de fenômenos sociais. A pergunta feita pelas autoras na tentativa de solucionar este problema é a seguinte: "a mesma unidade de análise que tem sido utilizada para a descrição de comportamentos operantes – a tríplice contingência – deve ser mantida quando se trata do estudo de fenômenos sociais?" (p. 150).

Para responder a essa questão, inicialmente, Andery, Micheletto e Sério (2005) fazem uma distinção entre comportamento social e práticas culturais. As autoras recorrem a autores como Skinner e Guerin, os quais mencionam que um comportamento social ocorre quando o comportamento de outro indivíduo é ambiente para o primeiro, como antecedente ou como consequência. Já sobre as práticas culturais, as autoras citam autores como Glenn, que define práticas culturais com base na repetição de comportamentos operantes análogos entre indivíduos e entre geração a geração.

As mesmas autoras afirmam que a distinção entre as consequências que mantêm o comportamento individual e as consequências responsáveis pela manutenção das práticas culturais é muito importante, pois possibilita analisar como estas últimas evoluíram e possivelmente identificar quais comportamentos individuais estão ou não envolvidos nessa evolução. Para Todorov (1987/2005), as contingências estabelecem uma relação condicional entre um comportamento e suas consequências. A unidade básica que estuda esta relação é a tríplice contingência: situação, comportamento e consequência. Mas, ao se estudar relações sociais, a tríplice contingência sinaliza apenas o ponto de partida para seu estudo.

Ao responder definitivamente à questão sobre a unidade de análise no âmbito cultural, Andery, Micheletto e Sério (2005) afirmam que existem duas possibilidades de unidade de análise para o estudo dos fenômenos sociais: contingências entrelaçadas e metacontingências. A diferença entre elas é que a metacontingência, além de apresentar as características das contingências entrelaçadas, apresenta ainda um produto agregado. Para que seja possível identificar as metacontingências, é necessário buscar na cultura comportamentos emitidos pelos indivíduos que possam caracterizá-la e, a partir desses comportamentos, tentar estabelecer relações entre as ações emitidas e os ambientes que as selecionaram.

Sigrid Glenn: contingências entrelaçadas e metacontingências

"*Práticas culturais* podem ser consideradas como casos especiais de operantes, pois são comportamentos que são transmitidos entre indivíduos e através de gerações (Mattaini, 1996b, p. 15)."

No entanto, para Mattaini, o marco divisório entre o segundo nível de seleção (do comportamento operante) e o terceiro nível (a cultura) parece ocorrer quando os comportamentos operantes são transmitidos entre as pessoas e mantidos por meio de reforçamento social.

Uma contingência de reforçamento, conforme Glenn (1988), é considerada entrelaçada quando o comportamento de um indivíduo ou a consequência de seu comportamento torna-se ambiente para o comportamento de outras pessoas, geralmente envolvidas em um contexto específico com a que emitiu o comportamento. Uma prática cultural é o conjunto dessas contingências entrelaçadas.

Em outro momento, Glenn (1991) afirma que os comportamentos individuais se organizaram de tal modo que conseguiram transcender o tempo de vida dos próprios

indivíduos. As unidades nas quais os comportamentos individuais se organizam formaram o que a autora chamou de "redes de inter-relações entre os repertórios comportamentais ou de elementos de unidades culturais" (p. 16). A autora acrescenta que os elementos de unidades culturais são chamados de contingências entrelaçadas, pois representam, ao mesmo tempo, a ação e o ambiente para a ação do comportamento de outra pessoa.

Mattaini (1996a) salienta que as práticas culturais são comportamentos reforçados pelos membros de uma cultura por acarretarem vantagens para o grupo. Tais práticas são mantidas por membros de uma cultura e são selecionadas por apresentarem um resultado para a mesma. De acordo com Martone (2002), para que seja possível compreender o comportamento humano, é fundamental que as contingências comportamentais entrelaçadas sejam observadas, pois são elas que possibilitam aos indivíduos trabalharem em conjunto, alcançando, assim, consequências que comportamentos individuais não alcançariam.

Andery, Micheletto e Sério (2005) atentam para o fato de que são as histórias filogenéticas e ontogenéticas que possibilitam a sensibilidade do indivíduo ao ambiente. Por outro lado, são as contingências entrelaçadas (ou os comportamentos sociais) que tornam possível ao indivíduo agir no ambiente social e ser afetado por ele. Por meio das contingências entrelaçadas, surgem o comportamento cooperativo e o comportamento verbal.

São as contingências que levam aos resultados culturais, contingências, na maioria das vezes, entrelaçadas, por conterem o comportamento de mais de um indivíduo simultaneamente. Dessa maneira, a unidade de análise são os comportamentos emitidos dentro das contingências entrelaçadas (Mattaini, 1996a).

Uma outra unidade de análise surge quando as contingências entrelaçadas produzem um produto agregado. Nesse caso, passamos a tratar de metacontingências. De acordo com Glenn (1986), uma metacontingência poderia ser descrita como uma unidade de análise capaz de descrever as relações funcionais de vários operantes, cada operante possuindo uma relação funcional distinta e, desta maneira, uma única consequência, e todos os operantes possuindo uma consequência a longo prazo, consequência capaz de afetar cada relação funcional individualmente.

As metacontingências, conforme Glenn (1988), são responsáveis por descreverem as relações funcionais existentes no nível cultural, incluindo suas práticas culturais e seus produtos. As metacontingências, de acordo com a autora (1989), diferenciam-se das contingências de reforçamento, pois, enquanto as contingências de reforçamento são classes de respostas de um único indivíduo, as práticas culturais são constituídas por "um conjunto de operantes funcionalmente relacionados de diferentes indivíduos" (p. 11).

Todorov (1987/2005) faz uma distinção clara entre contingência e metacontingência. A contingência representaria para o autor a unidade de análise utilizada para descrever relações funcionais entre "o comportamento e o ambiente no qual a pessoa interage" (p. 31), enquanto a metacontingência descreveria relações funcionais entre classes de comportamentos, "cada comportamento como parte de uma contingência específica, e uma consequência que ocorre a longo prazo e que é comum a todos os comportamentos inseridos em uma metacontingência" (p. 31).

Um estudo, que utilizou o conceito de metacontingência para delinear um conjunto de contingências comportamentais entrelaçadas, foi realizado por Bortoloti e D'Agostino (2007). O foco do estudo foi o estabelecimento de ações pela promoção do controle reprodutivo de cães e gatos e pela posse responsável desses animais pelos moradores de uma cidade do interior de São Paulo. Assim, o estudo teve como objetivo identificar as contingências entrelaçadas e os produtos agregados envolvidos nesse programa, o qual envolveu diversos setores da sociedade e necessitou de planejamento de mudanças de práticas culturais consolidadas nesses setores. Assim, o programa caracterizou-se como uma obra de "engenharia comportamental".

Segundo Bortoloti e D'Agostino (2007), a superpopulação de cães e gatos causa problemas de saúde pública, ocasionando doenças como raiva, leishmaniose, toxoplasmose, proliferação de parasitos; além disso, também causam acidentes de trânsito, poluição por dejetos, poluição sonora e outras perturbações. Procedimentos de captura e extermínio têm-se demonstrado ineficazes, caros e impopulares; em muitos países, a substituição da "eutanásia" desses animais pelo controle reprodutivo combinado com medidas estruturadas para a responsabilidade dos proprietários desses animais têm sido recomendável. Conforme os mesmos autores,

> "a adoção da metacontingência pode orientar a criação de modelos explicativos para práticas que são abraçadas por uma comunidade e também ajudar no planejamento de políticas públicas que possam ser mais efetivas no alcance dos seus objetivos" (p. 20).

A relação entre os prováveis antecedentes, as ações e as prováveis consequências das entidades de proteção animal, do poder público municipal, dos médicos-veterinários e dos proprietários de cães e gatos foram descritas no âmbito "individual". Esses agentes são considerados como diretamente responsáveis pelas práticas do controle reprodutivo de animais domésticos na cidade. Segundo os autores, tais contingências de reforçamento relacionadas com as entidades tornaram-se habituais na cidade.

As ações emitidas pelas entidades de proteção animal resultam da mobilização pelo fim da carrocinha e pela construção de abrigos e contratação de veterinários, estabelecimento de convênio com clínicas particulares, levantamento de recursos para a utilização de cirurgias de castração, mutirões de castração, monitoramento de animais atendidos e programas educativos. Essas ações acontecem diante dos possíveis antecedentes, como o recolhimento e sacrifício de animais saudáveis pelo Poder Público e pelo excesso de animais nas ruas. As prováveis consequências produzidas pelas ações foram a abolição da carrocinha pelo Poder Público, um menor número de animais abandonados nas ruas e melhores condições para os que ainda vivem nelas, além do crescimento das entidades, possibilitando maior visibilidade social e prestígio político, e inclusive a eleição de um representante na Câmara de Vereadores, o que eleva o poder de barganha com a prefeitura.

O Poder Público construiu um abrigo para os animais, contratou veterinários, passou a fornecer material para cirurgias de castração em clínicas conveniadas e também ofereceu apoio financeiro para a realização de cirurgias de castração gratuitas. Estas ações provavelmente ocorreram em função do excesso de animais nas ruas e pressões diversas das entidades de proteção animal e da população geral. As consequências prováveis das mesmas ações foram a diminuição do número de animais nas ruas, de acidentes com animais agressores e de acidentes de trânsito, esquiva de pressões das entidades de proteção animal e de parte da população e apoio político na Câmara Municipal.

Os veterinários, outro agente diretamente relacionado com o controle reprodutivo dos animais da cidade, passaram a realizar cirurgias de castração de cães e gatos a preços reduzidos. Os prováveis antecedentes apontados pelos autores, que foram a razão de esse tipo de ação ser emitida, foram o fornecimento de material cirúrgico para clínicas conveniadas, a pressão das entidades de proteção animal pela adesão ao programa e inviabilidade competitiva dos preços praticados. As prováveis consequências produzidas por essa ação dos veterinários foram: maior número de cirurgias realizadas e de consumidores potenciais de outros serviços e produtos oferecidos na clínica; publicidade, com o nome da clínica impresso em materiais educativos); e esquiva de reprovação social pela não adesão ao programa.

Em relação aos proprietários, a ação de submeter os próprios animais à cirurgia de castração ocorreu diante dos prováveis antecedentes: castração a custos reduzidos, castração gratuita para animais de famílias de baixa renda, campanhas publicitárias e educativas. As prováveis consequências produzidas por esta ação dos proprietários foram os animais com comportamentos mais adequados à interação humana, esquiva dos transtornos das crias indesejadas e do abandono de filhotes. A Figura 12.1, elaborada por Botoloti e D'Agostino, apresenta as contingências entrelaçadas dos agentes envolvidos no programa de castração dos animais domésticos do município.

A descrição dos comportamentos de cada um dos agentes realizada por Bortoloti e D'Agostino (2007) mostra como tais contingências estão entrelaçadas, pois: "As ações de cada tipo de agente envolvido ajudam a estabelecer a ocasião para as ações dos demais e/ou fornecem consequências para essas ações" (p. 23). Este entrelaçamento de contingências comportamentais é o que provavelmente estabeleceu e mantém as práticas de cada um dos agentes.

Os autores também identificaram e analisaram três possíveis produtos agregados produzidos pelas contingências comportamentais entrelaçadas dos agentes responsáveis pelo controle de animais na cidade. O primeiro produto agregado foi o aumento do número de cirurgias de castração realizadas. Este tipo de cirurgia aumentou constantemente no período entre 2001 e 2006. Em 2001, o número de cirurgias estava abaixo de quinhentos; em setembro de 2006, este número estava próximo a nove mil. Essas cirurgias foram realizadas no abrigo municipal, nas sedes das entidades, nas clínicas veterinárias conveniadas e nos mutirões de castração ocorridos na cidade.

Um segundo produto agregado relacionado com as contingências entrelaçadas dos agentes foi a diminuição do número de filhotes abandonados. De 2002 a setembro de 2006, a diminuição de filhotes abandonados foi de aproximadamente novecentos. Em 2002, esse número era de mil e oitocentos, e em 2006 foram registrados aproximadamente novecentos abandonos na cidade.

O terceiro possível produto agregado foi o aumento da expectativa de vida de cães e gatos do município. No ano de 2001, cães com mais de 6 anos de idade era de aproximadamente 15% (machos) e 16% (fêmeas). Em 2006, esse percentual saltou para 25% da população. Os gatos acima de 6 anos de idade representavam, em 2001, 5% (machos) e 8,5% (fêmeas). Em 2006, esse índice atingiu 10% e 15%, respectivamente.

Além dos três possíveis produtos agregados produzidos pelas contingências entrelaçadas, os autores identificaram outras possíveis consequências das práticas emitidas pelos quatro agentes analisados. Com a castração, os animais deixam de fugir para se acasalar; o risco de acidentes por disputas de território diminui; os latidos e uivos diminuem e, como consequência, diminui a quantidade de envenenamento por vizinhos que se incomodam com tais comportamentos. Outro efeito das contingências entrelaçadas,

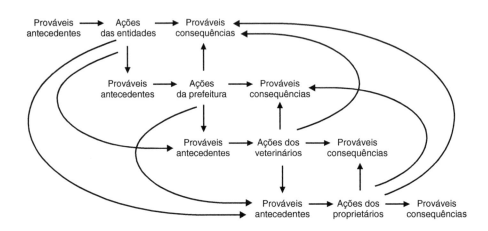

FIGURA 12.1 Representação esquemática de entrelaçamento de contingências que provavelmente contribuíram para a efetividade das ações de proteção e controle populacional de animais domésticos no município (Bortoloti e D'Agostino, 2007, p. 23).

mencionado pelos autores, foi em relação aos proprietários, que passaram a cuidar mais da saúde desses animais após as orientações recebidas dos veterinários durante o processo de castração. Essas consequências, como resultado da prática de castração de cães e gatos, apresentaram um aumento constante e consistente. Com isso, o estudo desses autores sugeriu que "é possível estabelecer contingências que promovam a castração em larga escala e a posse responsável de animais domésticos com vantagens para toda a comunidade envolvida nesse processo" (Bortoloti, D'Agostino, 2007, p. 27). A seguir, é apresentado um esquema (Figura 12.2), proposto por Andery, Micheletto e Sério (2005), de contingências entrelaçadas e sua relação com o produto agregado.

As práticas culturais envolvem produtos que não são os que obrigatoriamente mantêm o comportamento individual de cada participante. O produto cultural seleciona a prática cultural e não os comportamentos dos indivíduos que compõem a prática, que são mantidos por contingências de reforçamento (Andery, Micheletto e Sério, 2005).

O conceito de metacontingência proposto por Glenn vai além dos três termos da relação de contingência. Metacontingência é um novo conceito para analisar práticas culturais e ainda acrescenta as contingências entrelaçadas como uma medida a ser empregada no terceiro nível de seleção pelas consequências. Nesse caso, como afirmado pela própria autora, a unidade de análise do valor agregado difere da unidade de operante.

Outra diferença importante para a definição do terceiro nível em relação aos outros níveis de seleção consiste no fato de que o "valor de sobrevivência" que está em questão nesse nível não é a sobrevivência do indivíduo, e sim a sobrevivência da cultura.

O VALOR DE SOBREVIVÊNCIA NO TERCEIRO NÍVEL SELETIVO

O que está em questão na filogênese é a sobrevivência da espécie e na ontogênese é a efetividade dos operantes adquiridos durante o tempo de vida de um organismo, já na evolução da cultura o que está em questão é o efeito no grupo, e não apenas em membros individuais. Portanto, o valor de sobrevivência para o terceiro nível seletivo é a sobrevivência da cultura. Nesse sentido, dizemos que as práticas culturais que contribuem para o fortalecimento de um grupo, de uma cultura ou mesmo da humanidade apresentam "valor de sobrevivência positivo"; sendo assim, elas produzem o que Skinner denominou (1971/2002) "bem" da cultura.

Cabe esclarecer neste momento que o Behaviorismo Radical de Skinner apresenta um sistema ético (Abib, 2001a, 2002; Castro, 2008; Dittrich, 2004; Melo, 2005; Skinner, 1971/2002) no qual defende que o comportamento humano pode produzir três tipos de "bens" descritos como: bens pessoais, bens dos outros e bem da cultura. Esses bens estão relacionados com as consequências do comportamento. De modo simplificado, bens pessoais são aqueles que reforçam positivamente o comportamento de quem os produz. O comportamento que produz o bem dos outros é aquele que produz consequências reforçadoras para as outras pessoas, ou remove reforçadores negativos relacionados com o comportamento de outras pessoas; esse comportamento é mantido por relações de reforçamento recíproco. Os comportamentos que produzem o bem da cultura são os que, ao constituírem uma prática cultural, fortalecem a cultura no sentido de torná-la mais apta a resolver seus problemas. Assim, o bem da cultura pode ser identificado com o fortalecimento e a sobrevivência da cultura em questão.

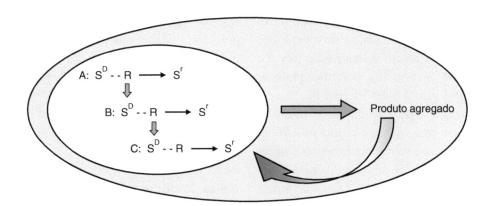

FIGURA 12.2 Representação esquemática de metacontingência (Andery, Micheletto e Sério, 2005, p. 135).

Em relação à questão do valor de sobrevivência no terceiro nível, podem-se defender dois aspectos na obra skinneriana. Primeiro: Skinner elege o bem da cultura como valor primordial ao qual os outros valores de sua filosofia moral devem ser subordinados. Portanto, o bem da cultura como um valor primordial indicaria o critério de avaliação para a inserção ou manutenção de práticas culturais em um planejamento cultural. Segundo: depois de eleger o bem da cultura como valor primordial e como critério de avaliação para o planejamento cultural, pode-se sugerir que a obra de Skinner indica que, além de planejarmos um mundo que favoreça a sobrevivência da cultura, devemos planejar um mundo em que o equilíbrio entre o bem do indivíduo e o bem da cultura seja assegurado (Melo, de Rose, 2006).

Os aspectos tratados neste capítulo até o momento são alguns que possibilitam conceituar a Cultura de acordo com uma perspectiva da Análise do Comportamento, ou seja, a cultura é um terceiro nível dos processos de variação e seleção proposto por Skinner (1981). Contudo, tratamos não apenas de conceitos originados do Behaviorismo Radical de Skinner, como também de novos conceitos que vêm sendo utilizados por analistas do comportamento quando o objeto de análise é a cultura. Entretanto, muitas outras questões decorrem da análise dos fenômenos comportamentais que ocorrem nesse nível. Trataremos neste momento de alguns aspectos do planejamento cultural para passarmos às questões relacionadas com a Liberdade de acordo com o Behaviorismo Radical de Skinner.

O planejamento da cultura

Skinner (1971/2002) defendeu que medidas podem ser tomadas para acelerar o processo de evolução das culturas, ou seja, para acelerar o surgimento de novas práticas culturais e para propiciar que as contingências necessárias sejam mantidas ou criadas. Dessa maneira, em vez de esperarmos que novas práticas surjam e sejam selecionadas por seu papel na sobrevivência de uma cultura, podemos planejar novas práticas para uma cultura mais "efetiva".

Em seus aspectos gerais, a posição skinneriana indica que uma cultura torna-se mais forte quando possibilita que práticas com valor de sobrevivência positivo mantenham-se e que práticas com valor de sobrevivência negativo extingam-se. O valor de sobrevivência de uma prática cultural é variável, ou seja, sempre dependerá das contingências vigentes: uma prática cultural que fortalece uma

cultura hoje poderá não fortalecê-la amanhã. Além disso, uma cultura deve produzir a novidade; assim, ela deve produzir variações para que possam ser as "matérias-primas" nos processos seletivos. Obviamente, nem toda novidade é benéfica. Portanto, uma prática cultural pode contribuir para o fortalecimento de uma cultura, desde que possibilite "variabilidade benéfica" e/ou a manutenção de "práticas com valor de sobrevivência positivo", quer dizer, desde que ela "satisfaça" as condições essenciais dos processos de variação e seleção.

Pode-se defender que a preocupação primordial de Skinner em um planejamento cultural é aumentar a probabilidade de o comportamento produzir consequências que fortaleçam a cultura, ou seja, que a ação dos indivíduos produza, além de seu próprio "bem" e o "bem" dos outros, também, e principalmente, o "bem" da cultura. Além disso, como enfatizamos anteriormente, a obra de Skinner sugere o planejamento de contingências para a promoção de certo tipo de equilíbrio entre comportamentos que produzam consequências que promovam o "bem" do indivíduo e comportamentos que causam consequências que possam fortalecer a cultura. Em nenhum momento de sua obra, Skinner defende o "bem" da cultura a "qualquer preço"; isso seria para o autor decorrência de um "mau planejamento" ou do acaso provocado pelo "não planejamento" (Melo, 2005; Melo, de Rose, 2006; 2007).

Portanto, entendemos que Skinner (1971/2002) elege como principal valor para nortear o planejamento cultural a consequência selecionadora do terceiro nível dos processos de variação e seleção: o "bem" da cultura. Os comportamentos que produzem o "bem" da cultura são aqueles que possibilitam o "bem" dos "outros do futuro" (Melo, 2005). Assim, as consequências desses comportamentos possibilitam o fortalecimento da cultura por meio da emergência ou manutenção de práticas culturais que aumentem as chances de que a cultura sobreviva, ou seja, práticas culturais que possuam "valor de sobrevivência" positivo. Práticas que produzem o "bem da cultura" são práticas que fortalecem a cultura no sentido de torná-la mais apta a resolver seus problemas.

Entretanto, como salientou Dittrich (2003, p. 19), a sobrevivência da cultura como uma consequência de certas práticas culturais não é uma consequência que possa exercer papel reforçador nas contingências de reforçamento: "a escala temporal através da qual podemos aferir a sobrevivência da cultura (décadas ou séculos) é muito diferente da escala temporal na qual ocorre o reforço do comportamento operante" (tempo de vida daquele indivíduo).

Portanto, trabalhamos em prol da cultura não porque sua sobrevivência nos é reforçadora, mas porque outras consequências mais imediatas nos levam a fazer isso.

Vejamos um exemplo de Skinner (1981, p. 502): "Um melhor modo para fazer uma ferramenta, cultivar alimentos ou ensinar uma criança é reforçado por suas consequências – a ferramenta, o alimento, ou o ajudante útil, respectivamente (...)." Esses são exemplos de práticas que podem, como consequência, fortalecer uma cultura. Entretanto, outras variáveis devem estar presentes nos ambientes daqueles que as praticam. Pensemos que artesãos habilidosos fortaleçam uma determinada cultura. Logo, a prática de ensinar um aprendiz pode produzir consequências que fortaleçam essa cultura (produz o "bem" da cultura), mas a própria consequência de "ganhar um ajudante útil" deve ser uma das variáveis que mantém o comportamento do artesão de ensinar, e é essa consequência que está no âmbito das contingências de reforçamento. "O artesão não ensina seu ofício porque a transmissão dessa prática cultural fortalece sua cultura. Ele ensina, isto sim, porque as consequências do ato de ensinar lhe são reforçadoras" (Dittrich, 2003, p. 19).

Por esse motivo, planejar contingências para que os indivíduos ajam de maneira que seus comportamentos resultem em consequências que fortaleçam a cultura significa, em última instância, um planejamento que leve os indivíduos a comportar-se de modo a produzir consequências a longo prazo. Além disso, para que essas consequências fortaleçam a cultura, elas devem ter valor de sobrevivência positivo. Não é suficiente produzirmos consequências a longo prazo; elas precisam ser efetivas no fortalecimento da cultura. Desse modo, a grande dificuldade no planejamento cultural de acordo com uma perspectiva skinneriana consiste no fato de que este visa além do bem-estar dos membros que vivem em uma determinada cultura, a sobrevivência da própria cultura. Isso significa também o bem-estar daqueles que nela viverão (Melo, 2005). Assim, Skinner (1969c) defende um planejamento que possibilite um estágio de desenvolvimento cultural em que o indivíduo aprenda a abdicar de alguns comportamentos que produzem ganhos "excessivos" para si (comportamentos relacionados principalmente com as suscetibilidades herdadas por meio do primeiro nível de seleção) em função de comportamentos que possam aumentar as chances de sobrevivência de sua cultura. Em suma, planejar um mundo que possibilite o fortalecimento da cultura resulta em permitir que o comportamento dos indivíduos seja sensível às consequências a longo prazo.

Dito isso, dois aspectos no planejamento cultural de acordo com uma perspectiva skinneriana são importantes: o primeiro aspecto decorre das questões relativas a "gostar do modo de vida" ao qual o planejamento se propõe, do que decorre uma nova perspectiva para o conceito de felicidade; o segundo aspecto traz as questões referentes ao exercício do controle explícito, trazendo algumas questões sobre o conceito de liberdade.

Vejamos o primeiro aspecto. Skinner (1969c) salientou que uma das objeções a uma cultura planejada traz a questão se os indivíduos vão "gostar" desse modo de vida, ou seja, se vão se sentir "felizes". O autor argumentou que dizemos gostar de um modo de vida na medida em que nossos comportamentos são reforçados pelas condições em que nos encontramos. Nas nossas sociedades, frequentemente, isso se traduz em um ambiente no qual os reforçadores naturais e sociais são abundantes, facilmente obtidos, e no qual os controles aversivos são raros ou facilmente evitados (Skinner, 1969d). Para Skinner (1953/1965, 1969c), a felicidade, assim tratada, remete principalmente às consequências imediatas do comportamento. Sendo assim, o indivíduo "sente-se feliz" ao ter seu comportamento reforçado, mesmo que isso implique consequências aversivas postergadas.

A felicidade medida pela abundância de reforçadores e ausência de estimulação aversiva deixa de considerar *como* o comportamento produz suas consequências. Para Skinner (1969c), um ambiente que proporciona "homens felizes" não tem apenas abundância de reforçadores e ausência de estimulação aversiva; esse ambiente deve deixar que o comportamento ativo, produtivo e criativo seja reforçado de maneira efetiva. Passando a palavra ao autor:

> "Os homens são felizes onde o comportamento ativo, produtivo e criativo é reforçado de maneira efetiva. O problema tanto com a sociedade próspera como com a paternalista é que os reforços não são contingentes ao comportamento. Homens que não são reforçados por fazer alguma coisa fazem pouco ou nada" (Skinner, 1969d, p. 64).

Além disso, as contingências que possibilitam máxima eficiência ao comportamento proporcionam o equilíbrio entre os comportamentos que produzem o "bem" do indivíduo e os comportamentos que promovem o "bem" da cultura. Portanto, a "felicidade", nesta perspectiva, não seria apenas estimada pela quantidade de reforçadores presentes no ambiente, mas, principalmente, pelo arranjo efetivo das contingências de reforçamento. Uma cultura que produz pessoas "felizes", com abundância de reforçadores e ausência de estimulação aversiva, pode não estar proporcionando a sua sobrevivência. Essa é uma das dificuldades do planejamento com base em uma perspectiva skinneriana: a sobrevivência da cultura como um critério para seu planejamento não é um valor tão "visível" como o valor de felicidade estimado pela abundância de reforçadores (Melo, de Rose, 2007).

Algumas das práticas culturais atuais podem nos sugerir o quanto a abundância de reforçadores e a consequente "felicidade" não implicam uma cultura "forte" em termos de sobrevivência. Um exemplo comum é visto nos EUA, país com alto desenvolvimento econômico, porém parte desse desenvolvimento ocorre em função de práticas que levam à degradação do meio ambiente. A quantidade de gases tóxicos que suas fábricas e automóveis expelem na atmosfera, por exemplo, provoca o desequilíbrio do clima da terra, o que pode acarretar prejuízos mais longínquos não só a essa cultura como a toda a população do nosso planeta. Vemos assim uma abundância de reforçadores produzida por tais fábricas que pode promover o "não fortalecimento" dessa cultura ou mesmo da humanidade. Esse exemplo nos sugere que a "felicidade", estimada pela abundância de reforçadores e pela ausência de estimulação aversiva, pode ser uma "armadilha" quando pensamos no fortalecimento da cultura.

Vejamos agora o segundo aspecto no planejamento cultural de acordo com uma perspectiva skinneriana. Outra objeção a uma cultura planejada decorre do exercício do controle do comportamento. Em uma análise skinneriana, o planejamento apenas explicita o controle e o maneja, um controle que já existe em qualquer ambiente independente de qualquer planejamento. Entretanto, ao explicitar o controle, estamos, *grosso modo*, contrariando os princípios decorrentes de uma concepção tradicional de liberdade. Como veremos adiante, esses princípios defendem que o ser humano deve ser livre de qualquer controle e, em função disso, é responsável pelos seus atos em termos de culpa ou de mérito.

A proposta de Skinner (1971/2002) é a de que planejemos uma cultura que possibilite que o comportamento humano esteja "livre", o máximo possível, de controles aversivos e de certos tipos de controle; como aqueles que causam consequências aversivas postergadas ao comportamento do indivíduo ou à cultura. Sendo assim, uma ciência do comportamento deve considerar, em sua análise, todas as formas de controles das quais o comportamento humano é função.

Uma vez que o planejamento implica explicitar o controle, as pessoas se opõem a ele por temerem a "exploração". Os dados da história da humanidade nos sugerem inúmeros exemplos de controles abusivos, e na maioria deles o controle era coercitivo.

Portanto, temos que a partir de princípios emergidos do estudo científico do comportamento Skinner (1971; 1971/2002; 1969c; 1969d) defendeu o planejamento de contingências para a promoção de "um mundo melhor", o que em termos comportamentais seria traduzido por uma cultura que possibilite práticas que a fortaleçam. O critério de avaliação para um planejamento cultural é fundamentado no valor principal da ética skinneriana: o "bem" da cultura, ou seja, sua sobrevivência. Entretanto, defendemos que a obra de Skinner sugere um planejamento cultural que proporcione o "bem" do indivíduo, o "bem" dos outros e, por fim, o "bem" da cultura. Para que esse equilíbrio ocorra, o planejamento torna-se necessário. Passando a palavra ao autor:

> "Uma cultura bem planejada é um conjunto de contingências de reforço, sob o qual os membros se comportam de acordo com os procedimentos que mantêm a cultura, capacitam-na a enfrentar emergências, e modificam-na de modo a realizar essas mesmas coisas mais eficientemente no futuro. Sacrifícios pessoais podem ser exemplos dramáticos do conflito de interesse entre o grupo e seus membros, mas *são produtos de um mau planejamento. Sob melhores contingências,* o comportamento que fortalece uma cultura pode ser altamente reforçador" (Skinner, 1969c, p. 41) (Grifos nossos).

LIBERDADE

A análise dos processos pelos quais o comportamento humano é selecionado pelo seu ambiente, nos níveis filogenético, ontogenético e cultural, levou Skinner a idealizar uma tecnologia do comportamento que pudesse fornecer à humanidade meios de resolver diversos problemas relacionados com questões sobre a conduta dos indivíduos (Skinner, 1953/1965; 1971/2002; 1974/1976).

Problemas como o da superpopulação, das guerras, da fome, do uso de recursos naturais não renováveis são considerados passíveis de serem solucionados não apenas pelo avanço de métodos contraceptivos, ou um melhor armamento bélico (se é que isso já se constituiu como solução), pela otimização da agricultura ou pela produção de combustíveis alternativos. As variáveis que controlam as condutas envolvidas nestes problemas, como o comportamento sexual, o comportamento conflituoso entre governantes e povos, comportamento de consumo e de preservação do ambiente, é o que precisa ser tornado evidente para que seja possível solucioná-los (Skinner, 1971/2002).

Para que uma ciência que tem como objetivo uma tecnologia eficaz de controle e modificação do comportamento seja possível, é preciso partir do princípio de que o seu objeto de investigação, qual seja, o comportamento humano, seja determinado pela sua história de seleção nos 3 níveis, e que sua ocorrência no contexto atual depende dos aspectos das atuais circunstâncias que correspondem de alguma forma aos aspectos da situação na qual a seleção ocorreu (Skinner, 1953/1965). Decorre deste princípio, no entanto, que o comportamento humano não é livre, uma vez que é totalmente determinado pelas variáveis que o controlam, colocando em questão a autonomia do ser humano. De que modo, então, o Behaviorismo Radical, que, como dito anteriormente, é a filosofia na qual se baseia a Análise do Comportamento, trataria de uma questão tão fundamental para a humanidade?

Sem dúvida, a liberdade tem sido algo importante pelo qual povos, nações, grupos sociais e grupos étnicos lutaram no decorrer da história da humanidade e, dessa maneira, deve ser considerada em uma teoria sobre o comportamento. Diante da experiência cotidiana em que dizemos que indivíduos fazem escolhas baseando-se no que desejam, buscam se livrar de situações em que são controladas, pretendendo exercer seu livre-arbítrio, a Análise do Comportamento tentará analisar a liberdade, ou sua busca, nos mesmos termos de qualquer outro comportamento.

Skinner se dedicou a esta questão principalmente em seu livro *Beyond Freedom and Dignity* (*Além da liberdade e da dignidade*, traduzido no Brasil com o título de *O mito da liberdade*), de 1971, no qual se propôs, como ele mesmo afirmou posteriormente, não a "discutir uma entidade filosófica chamada liberdade, mas o comportamento daqueles que lutam para ser livres" (Skinner, 1972/1978a, p. 197). Como afirmou Carrara (1988/2005), o autor estava preocupado em apontar o que a chamada literatura da liberdade estava pretendendo promover em termos de curso de ação, ao mesmo tempo que ressaltava os problemas implícitos na concepção de homem autônomo, presente nesta literatura, para, entre outras questões importantes, a própria liberdade individual. Serão apresentados neste momento os principais comportamentos apontados por

Skinner no decorrer de sua obra relacionados com a luta pela liberdade, bem como os aspectos dessas contingências que caracterizam o estado de ser livre, apontando paralelamente as concepções sobre comportamento envolvidas.

Em busca da liberdade

Uma primeira e óbvia condição na qual não existe liberdade é a restrição física. Algemas, camisas de força e prisões são exemplos típicos. Para Skinner (1971/2002), esses eventos são geralmente utilizados como metáforas para uma primeira definição de liberdade, qual seja, a ausência de resistência ou restrição. Muitas pessoas já devem ter observado algum dia, como símbolo da liberdade, uma algema sendo quebrada. Mas essa não é uma boa definição, segundo o autor, pois desconsidera um outro tipo de restrição, imposta pelas contingências de reforçamento positivo que determinam o comportamento atual do indivíduo. No entanto, a metáfora pode ser considerada importante por sinalizar quais são os eventos aos quais aqueles que defendem a liberdade estão se referindo. Restrição física é uma condição na qual muitos operantes, que de outra maneira seriam eficazes na obtenção de reforçadores, não podem sequer ser emitidos, embora possam ter elevada probabilidade. Uma condição desse tipo assemelha-se à punição em que se impede, ou se retira, o acesso a reforçadores, sendo, portanto, um evento aversivo.

Skinner (1971/2002) sugere que, nesse sentido, há uma instância de luta pela liberdade no próprio comportamento reflexo. Ao espirrarmos, por exemplo, quando uma substância nociva entra em contato com as nossas narinas, estamos, a partir de um comportamento filogeneticamente selecionado, nos livrando do risco. No entanto, os processos que normalmente interessam àqueles que lutam pela liberdade estão mais intimamente relacionados com o condicionamento operante, principalmente as técnicas de controle aversivo. Reforçamento negativo e punição são maneiras de controle aversivo que podem provocar fuga, esquiva e contracontrole (ver Capítulo 2), ou seja, são condições das quais os indivíduos têm a predisposição natural para tentar se "libertar".

Nesse sentido, podemos dizer que, quando usamos inseticidas para matar os insetos de nossa casa, ou criamos campanha para acabar com o mosquito da dengue, estamos envolvidos em certo tipo de luta pela liberdade. Eventos aversivos acontecem normalmente no mundo real, no contato do homem com a natureza, mas a "literatura da liberdade", a qual se refere Skinner (1971/2002), está preocupada com o controle aversivo estabelecido por outras pessoas ou agências sociais, mais especificamente o controle intencional.

É importante a distinção entre o controle com ou sem intenção. Uma pessoa, por exemplo, pode ser um incômodo para outra e esta pode se comportar de modo a se "livrar" da pessoa que a incomoda (Skinner, 1953/1965). Assim, alguém que esteja fumando em um recinto fechado pode ser convidado a se retirar, ou ainda fazer com que as pessoas incomodadas saiam do local. Observe que o comportamento de fumar, neste caso, pode não se manter devido a qualquer efeito sobre o comportamento do outro, no entanto produz reações de contracontrole e fuga. No caso do controle intencional aversivo, o comportamento do controlador (fonte de estimulação aversiva) ocorre sob controle da consequência da sua emissão sobre o comportamento do outro. Por exemplo, quando um pai dá bronca (punição) em um filho "para que" ele pare de fazer barulho, podemos supor que o silêncio, ou o filho fazendo uma atividade com menos barulho, deve ser reforçador para o comportamento de dar bronca do pai. O comportamento de exercer influência, de limitar o comportamento do outro, deve ser reforçado pelas consequências dessa limitação ou influência.

Aqueles que defendem a liberdade, segundo Skinner (1971/2002), têm suas ações voltadas para *induzir* as pessoas a se comportarem de maneira a se libertarem desse tipo de controle, seja escapando ou atacando as fontes que as controlam. São estratégias chamadas de contracontrole, ou seja, comportamentos causados por coerção, que têm a função de alterar ou impedir o comportamento do controlador (Sidman, 1989/1995). Consideremos, nesse ponto, que a luta pela liberdade corresponde, em certa medida, à tendência a se livrar de certos tipos de eventos, chamados de aversivos, e o termo "liberdade" é utilizado principalmente quando estes eventos são estabelecidos por outros indivíduos, intencionalmente.

Não há maiores problemas, a princípio, em usar a definição de liberdade em termos de ausência de controle aversivo, pois, como apontou Skinner (1971/2002), muito tem sido feito pela eliminação dessas estratégias em diversas áreas, como no governo, na religião e nas escolas. No entanto, deixamos de resolver os problemas que se apresentam com técnicas de controle que não provocam este tipo de luta. Reforçamento positivo não é coerção e não causa, naturalmente, contracontrole (Sidman, 1989/1995), mas algumas contingências programadas, que utilizam esquemas de reforçamento positivo na manutenção do comportamento-alvo, podem levar ao que Skinner chamou de consequências aversivas atrasadas ou a longo prazo. Um exemplo clássico é o pagamento por peça de trabalho. Embora seja uma estratégia de reforçamento positivo, ao ser aumentada a exigência de produção para a mesma quantia de dinheiro, cria-se uma condição aversiva na qual o pagamento não compensa o desgaste físico provocado pela intensidade do trabalho.

Outro sistema baseado no reforçamento positivo e que, sem dúvida, causa contingências aversivas para aquele que está sob seu controle são os jogos de azar. Nesse tipo de atividade, como salientou Skinner (1971/2002), o comportamento do apostador é reforçado em um esquema de razão variável, onde ele ocasionalmente ganha, e a quantidade de apostas que precisa fazer varia bastante até que ganhe novamente. No final das contas, o valor investido nas apostas frequentemente supera o valor total recebido. Quando um governo estimula o uso das loterias para arrecadar dinheiro sem as contingências aversivas envolvidas no pagamento de impostos, ele está utilizando uma técnica de controle positivo, que, no entanto, pode levar a consequências aversivas atrasadas, mas que não exercem nenhum tipo de efeito sobre o comportamento no momento de seu fortalecimento (Skinner, 1974/1976).

A ausência da defesa pela liberdade nesses casos está relacionada com o fato de os envolvidos na luta lidarem com o tema em termos de sentimentos ou estados mentais. Skinner (1971/2002) resume a concepção criticada na seguinte declaração: "Liberdade é uma 'posse'. Uma pessoa escapa ou destrói o poder do controlador de forma a se *sentir livre* e, uma vez que se sente livre, pode *fazer o que desejá*" (p. 30, grifos nossos). No entanto, sentimentos são produtos das mesmas contingências responsáveis pelo comportamento de luta pela liberdade, e expressões como "desejar" e "querer" descrevem predisposições para agir de determinadas maneiras, que são, como qualquer outra, determinadas pelas histórias de seleção filogenética, ontogenética e cultural (Skinner, 1974/1976).

Tais descrições, por outro lado, fornecem informações sobre outra característica da liberdade, que diz respeito não apenas à predisposição para escapar ou atacar certos tipos de controle, mas também tem relação com o estado de comportamento sob reforçamento positivo. Essa é a condição na qual é dito ser possível fazer o que se quer. Como afirmou Skinner (1974/1976):

> "Comportamento operante sob reforço positivo é distinguido pela falta de qualquer evento antecedente imediato que poderia servir plausivelmen-

te como causa, e como resultado é dito mostrar uma origem interna chamada de livre-arbítrio" (p. 217).

Fazer o que se quer é se comportar de acordo com as variáveis que controlam positivamente seu comportamento, e as condições corporais que acompanham o responder sob reforço positivo são chamadas de *sentimento de liberdade*.

Mas é importante salientar que, para Skinner (1974/1976), ao analisarmos as características definidoras da liberdade, temos que considerar que "o fato importante não é o que nós sentimos quando somos positivamente reforçados, mas *que não tendemos a escapar ou contra-atacar*" (p. 217). A liberdade só adquire sentido pela existência da coerção uma vez que é sua ausência que lhe dá significado (Sidman, 1989/1995). Isso é muito importante para entender o conceito e implica que, quando falamos de liberdade, embora possamos estar nos referindo ao que sentimos quando se pode fazer o que se quer, o comportamento denominado livre depende de uma condição aversiva anterior, quando fazer o que se quer era impossível devido a algum tipo de controle aversivo. Essa condição de controle aversivo é que evocou a fuga ou o contracontrole. Isso quer dizer que, se não há controle aversivo, não há busca pela liberdade, embora isso não implique, de maneira alguma, que não haja controle (Skinner, 1953/1965; 1971/2002).

Controle em que se exploram os controlados pode ocorrer tanto com reforçamento positivo quanto com reforçamento negativo, embora o primeiro não evoque tendências a se libertar. Controle é toda relação entre os eventos do contexto atual e o comportamento do indivíduo, em uma relação funcional, estabelecendo sua ocorrência devido à história de seleção. Uma teoria do comportamento que considere todas as relações não está, absolutamente, ameaçando a liberdade do indivíduo. O papel da Ciência do Comportamento seria, em certo sentido, libertar o homem, quando se propõe a identificar todas as relações de controle, o que tornaria possível eliminar práticas de controle que levam a condições potencialmente aversivas ou de exploração (Skinner, 1953/1965; 1971/2002).

Para Skinner (1972/1978c), não há vantagem em simplesmente libertar o indivíduo do controle aversivo. Ao considerar, por exemplo, a simples eliminação desse controle exercido na educação, vejamos como o autor se manifesta em relação ao objetivo desta estratégia e os seus efeitos sobre o ensino:

"Eles [os estudantes] deveriam estudar porque eles querem, porque eles gostam, porque eles estão interessados no que estão fazendo. O erro (...) é supor que eles irão fazer isso tão logo nós paremos de puni-los. Estudantes não são literalmente livres quando eles são libertados de seus professores. Eles então ficam sob controle de outras condições, e nós devemos olhar para estas condições e para seus efeitos de forma a melhorar o ensino" (Skinner, 1972/1978c, p. 143).

A discriminação das variáveis que exercem controle sobre um dado comportamento em certo momento é dificultada devido à natureza probabilística do comportamento operante, ou seja, o comportamento tem uma probabilidade de ocorrência, mas mesmo uma probabilidade alta não significa que o comportamento necessariamente ocorrerá. Além disso, muitas das variáveis relevantes não podem ser acessadas, já que estão na história filogenética e ontogenética do indivíduo. O controle intencional é somente mais evidente que o controle exercido pelo ambiente natural, e para Skinner (1953/1965) a objeção a qualquer tipo de controle surge de uma generalização a partir de técnicas coercitivas. O próprio termo "controle" torna-se aversivo e passa a ser algo do que as pessoas devem fugir e se libertar.

Skinner (1971/2002) afirma que concepções de homem autônomo, presentes na literatura da liberdade, em vez de libertarem, fazem com que práticas coercitivas continuem a serem usadas. Deveríamos esperar que aqueles que lutam pela liberdade trabalhassem em direção a um mundo no qual a punição seja menos comum. Mas o que o autor sugere é que a defesa do homem autônomo e livre para ser o que quiser tem levado à perpetuação dessas práticas. Uma vez que o homem é autônomo, ser "bom" ou "mau" passa ser um ato de vontade; deve-lhe ser permitido "escolher" (eliminação de controle), mas se ele "opta" por ser "mau" deverá ser, ou será, punido, na maioria das culturas, devido aos efeitos desta "escolha" sobre os outros. Ser livre, no sentido da autonomia, é uma questão de não identificação de modelos menos visíveis de controle.

Skinner propõe que práticas de controle social devem ser modificadas a partir de uma tecnologia do comportamento eficaz. No nível pessoal, Brandemburg e Weber (2005) sugeriram que um tipo de liberdade poderia existir quando o indivíduo, a partir do momento que "conhece" as variáveis que afetam seu comportamento, pode agir de modo a modificá-las, exibindo o tipo de autocontrole descrito por Skinner (1953/1965; 1974/1976). É evidente que não há eliminação do controle exercido pelo ambiente, mas o indivíduo passa a modificar intencionalmente[5] este ambiente que o controla, ainda que a capacidade de fazer isso seja certamente determinada por uma história de aprendizado que também será responsável pelas mudanças que serão feitas.

Segundo Skinner (1971/2002), deveríamos ensinar comportamentos de autocontrole que tornassem possível ao homem modificar as contingências aversivas que estão exercendo controle sobre si, e ainda poder lidar eficientemente com aquelas contingências de reforço positivo que possam vir a causar consequências aversivas atrasadas. Não devemos considerar que isso seria uma ameaça à liberdade, uma vez que as relações de controle entre o comportamento e o ambiente existem, independentemente de serem ou não levadas em consideração. O autor apresenta o seguinte argumento, para amenizar as críticas à concepção do comportamento como determinado e para justificar a necessidade de um planejamento deliberado:

> "O homem em si pode ser controlado pelo seu ambiente, mas é um ambiente que é quase todo de sua própria criação. O ambiente físico de muitas pessoas é em grande parte feito pelo homem. As superfícies em que uma pessoa caminha, as paredes que o abrigam, as roupas que ele veste, muitas das comidas que ele come, as ferramentas que ele usa (...). O ambiente social é obviamente feito pelo homem – ele gera a linguagem que uma pessoa fala, os padrões que ele segue e o comportamento que ele exibe com respeito às instituições ética, religiosa, governamental, econômica, educacional e psicoterápica que o controlam. A evolução da cultura é de fato um gigantesco exercício de autocontrole. (...) Erros têm sido cometidos e nós não temos segurança de que o ambiente que o homem construiu continuará a fornecer ganhos que superem as perdas, mas o homem, como nós o conhecemos, para melhor ou pior, é o que o homem tem feito do homem" (Skinner, 1971/2002, p. 196-197).

Como afirmou Skinner (1971/2002), na medida em que a visibilidade do controle diminui, diz-se que a liberdade aumenta. A grande complexidade na relação entre o comportamento dos homens e seu ambiente, ampliada pela possibilidade de comportamento verbal, pode tornar necessárias explicações interpretativas para a conduta, uma vez que as variáveis que produziram o comportamento atual de um indivíduo estão, em grande parte, fora do alcance de uma observação direta. Mas isso não significa que o comportamento deixa de ser ordenado; é uma questão de conhecermos todos os fatos envolvidos (Skinner, 1987b).

Os processos comportamentais, citados aqui, pelos quais as pessoas buscam a liberdade, também levam a um resultado contra a sobrevivência da espécie, assim como a outras condições aversivas. A fuga de estímulos aversivos ambientais, por exemplo, resultou também em uma busca trivial por cada vez mais conforto na vida contemporânea. Esse conforto não está disponível para todos e; para que alguns possam manter essa condição, muitos outros têm de viver sob condições precárias. A tecnologia que nos livrou do trabalho exaustivo e do dano físico também teve um papel na geração de altos índices de desemprego (Skinner, 1976/1978b).

Responder sob controle positivo, sob controle das histórias genética e ambiental, também acarreta problemas para a sociedade. A busca por reforçadores, pelo direito de fazer o que se deseja, leva os homens a gastar fortunas nas loterias, consumir os recursos naturais e poluir o ar. O homem é dotado de uma constituição genética que o leva a se comportar de modo a buscar contato sexual, se alimentar com alimentos calóricos e gordurosos, atacar outras pessoas que de alguma maneira o ameaçam, sendo reforçado por sinais de dano ao outro (Skinner, 1987b). Todas essas tendências ficam disponíveis para o homem livre, que pode fazer o que quiser; no entanto, todas elas são potencialmente perigosas para o indivíduo e para a espécie na medida em que podem levar à superpopulação, à violência e a um grande número de pessoas com problemas do coração relacionados com a obesidade, para citar os mais óbvios. A busca pela liberdade é importante e chama a atenção para a existência de práticas coercitivas e de exploração, mas o conceito de homem autônomo, possuidor de livre-arbítrio, não considera todas as relações que determinam o comportamento do ser humano e pode até impedir um curso de ação eficaz na eliminação dessas práticas (Skinner, 1971/2002; 1987b).

---

[5]Intencionalmente, deve ser entendido como o indivíduo que está sob controle do efeito que a modificação do ambiente exerce sobre seu próprio comportamento, uma vez que em toda relação operante do homem com o ambiente há uma influência recíproca (Skinner, 1953/1965; 1957).

Skinner acreditou que seria possível a construção de um mundo melhor, menos aversivo, mais produtivo e criativo, justamente a partir da compreensão das causas da conduta humana. Libertar o homem seria, de certo modo, criar um mundo com relações humanas menos coercitivas, mas, além da questão liberdade, seria, por meio de uma ferramenta eficaz de controle, baseada em conhecimento produzido pela Ciência do Comportamento, buscar resolver importantes problemas relacionados com o controle do comportamento. Para o autor, dificilmente, algo além de uma compreensão integral do comportamento humano pode tornar possível tal feito.

CONCLUSÃO

Os pressupostos do Behaviorismo Radical de Skinner embasaram a Ciência do Comportamento por ele proposta. Dentro disso, o Behaviorismo Radical, como filosofia, e a Análise do Comportamento, como ciência, fornecem-nos as diretrizes para a Análise do Comportamento humano de acordo com um modelo de causalidade em que o comportamento é visto como produto de processos de variação e seleção. Três níveis de seleção e variação são defendidos por Skinner: filogenético, ontogenético e cultural. Portanto, descrever e explicar a cultura e os fenômenos comportamentais que nela ocorrem, de acordo com essa perspectiva, implica entendê-la como um terceiro nível de variação e seleção.

As contingências entrelaçadas e o conceito de metacontingência de Glenn têm surgido para contribuir com o desenvolvimento da análise da cultura de acordo com uma perspectiva behaviorista. Esses novos modelos podem facilitar a identificação de práticas culturais em diversos contextos de atuação do analista do comportamento.

Além disso, a análise da cultura possibilita-nos questionamentos sobre o seu planejamento, na tentativa de um mundo melhor. A liberdade que pareceria ameaçada nesta empreitada, pelo controle deliberado do comportamento, pode ser analisada, por outro lado, como algo a ser preservado com este controle. Consideramos que o sentido da liberdade humana baseia-se na ausência de controle aversivo, principalmente aquele estabelecido intencionalmente por outros indivíduos, e que o comportamento livre descreve um estado em que a pessoa está sob controle positivo e de sua história de seleção nos três níveis. Assim, uma análise eficaz da cultura possibilitaria um planejamento cultural que leve a práticas de controle menos coercitivas, e que desenvolva nos seus membros repertórios comportamentais "livres", eficientes em garantir a sobrevivência daquela cultura e que não produzam, na medida em que seja possível prever, consequências aversivas a longo prazo.

Assim, a Análise do Comportamento apresenta uma proposta para a análise da Cultura e da Liberdade. Tal proposta está fundamentada em uma ciência que pode proporcionar uma ação mais efetiva sobre o mundo na promoção de práticas culturais que possibilitem a sobrevivência da cultura.

REFERÊNCIAS BIBLIOGRÁFICAS

Abib JAD. "A psicologia é ciência?" O que é ciência? *Psicologia: teoria e pesquisa, 9*, 451-464, 1993.

Abib JAD. Arqueologia do Behaviorismo Radical e o conceito de mente. In: Guilhardi HJ, Madi MBBP, Queiroz PP, Scoz MC (Orgs.). *Sobre o comportamento e cognição.* Santo André, SP: ESETec Editores Associados, v. 7, pp. 20-35, 2001b.

Abib JAD. Ética de Skinner e metaética. In: Guilhardi HJ, Madi MBBP, Queiroz PP, Scoz MC (Orgs.). *Sobre comportamento e cognição: contribuições para a construção da teoria do comportamento.* Santo André, SP: ESETec Editores Associados, v. 10, pp. 125-137, 2002.

Abib JAD. Teoria moral de Skinner e desenvolvimento humano. *Psicologia: reflexão e crítica, 14* (1), 107-117, 2001a.

Andery MA, Micheleto N, Sério TM. A análise de fenômenos sociais: esboçando uma proposta para a identificação das contingências entrelaçadas e metacontingências. In: Todorov JC, Martone RC, Moreira MB (Orgs.). *Metacontingência:*

comportamento, cultura e sociedade. Santo André, SP: ESETec Editores Associados, pp. 127-147, 2005.

Andery MA, Sério TM. O conceito de metacontingência: afinal, a velha contingência de reforçamento é insuficiente. In: Todorov JC, Martone RC, Moreira MB (Orgs.). *Metacontingência: comportamento, cultura e sociedade,* Santo André, SP: ESETec Editores Associados, pp. 149-159, 2005. (Originalmente publicado em 1997.)

Biglan A. *Changing cultural practices: a contextualist framework for intervention research.* Reno, NV: Context Press, 1995.

Bortoloti R, D'Agostino RG. Ações pelo controle reprodutivo e posse responsável de animais domésticos interpretadas à luz do conceito de metacontingência. *Revista Brasileira de Análise do Comportamento, 3,* 17-28, 2007.

Brandenberg OJ, Weber LND. Autoconhecimento e liberdade no Behaviorismo Radical. *Psico-USF, 10* (1), 87-92, 2005.

Carrara K. *Behaviorismo Radical: crítica e metacrítica.* São Paulo: Editora UNESP, 2005. (Originalmente publicada em 1988.)

Castro MSLB, De Rose JCC. *A ética skinneriana e a tensão entre descrição e prescrição no Behaviorismo Radical.* Santo André, SP: ESETec Editores Associados, 2008.

Dittrich A. *Behaviorismo radical, ética e política: aspectos teóricos do compromisso social.* Tese de Doutoramento. Programa de Pós-Graduação em Filosofia. São Carlos: Universidade Federal de São Carlos, 2004.

Dittrich A. Introdução à filosofia moral skinneriana. In: Costa CE, Luzia JC, Sant'Anna HHN (Orgs.). *Primeiros passos em análise do comportamento e cognição.* Santo André, SP: ESETec Editores Associados, pp. 11-24, 2003.

Glenn SS. Contingencies and metacontingencies: toward a synthesis of behavior analysis and cultural materialism. *The Behavior Analyst, 11,* 161-179, 1988.

Glenn SS. Metacontingencies in Walden Two. *Behavior analysis and social action, 5,* 2-8, 1986.

Glenn SS. Contingencies and metacontingencies: relations among behavioral, cultural, and biological evolution. In: Lamal PA (Org.). *Behavioral analysis of societies and cultural practices.* New York: Hemisphere Publishing Corporation, pp. 39-73, 1991.

Glenn SS. Verbal behavior and cultural pratices. *Behavior analysis and social action, 7* (1 & 2), 10-15, 1989.

Glenn SS, Malagodi EF. Process and content in behavioral and cultural phenomena. *Behavioral and social issues, 1,* 1-14, 1991.

Glenn SS, Malott M. Complexity and selection: implications for organizational change. *Behavior and social issues, 13,* 89-106, 2004.

Guerin B. Behavior analysis and the social construction of knowledge. *American Psychologist, 47*(11), 1423-1432, 1992.

Guerin B. *Analyzing social behavior: behavior analysis and the social sciences.* Reno: Context Press, 1994.

Johnston JM, Pennypacker HS. *Strategies and tactics of behavioral research.* Hillsdale, NJ: Lawrence Erlbaum Associates, 1993.

Lamal PA. *Behavioral analysis of societies and cultural practices.* New York: Hemisphere Publishing Corporation, 1991.

Malott ME, Glenn SS. Targets of intervention in cultural and behavioral change. *Behavior and social issues, 15,* 31-56, 2006.

Martone RC. *Efeito de consequências externas e de mudanças na constituição do grupo sobre a distribuição dos ganhos em uma metacontingência experimental.* Tese de Doutorado. Programa de Pós-Graduação em Ciências do Comportamento. Brasília: Universidade de Brasília, 2008.

Martone RC. Podemos nos beneficiar do conceito de metacontingências na análise dos problemas sociais? In: Teixeira AMS *et al.* (Orgs.). *Ciência e comportamento humano: conhecer e avançar.* Santo André: ESETec Editores Associados, v. 2, pp. 164-175, 2002.

Mattaini AM. Envisioning cultural practices. *The behavior analyst, 19*(2), 257-272, 1996a.

Mattaini AM. Public issues, human behavior, and cultural design. In: Mattaini MA, Thyer BA (Orgs.). *Finding solutions to social problems: behavior strategies for change.* Washington. DC: APA Books, pp. 13-40, 1996b.

Melo CM. *A concepção de homem no Behaviorismo Radical de Skinner: um compromisso com o "bem" da cultura.* Dissertação de Mestrado. Programa de Pós-Graduação em Filosofia. Universidade Federal de São Carlos, 2005.

Melo CM, De Rose JCC. A tecnologia do comportamento na promoção do "bem" da cultura: uma análise conceitual de trechos da obra de B. F. Skinner. In: Guilhardi HJ, Aguirre NC (Orgs.). *Sobre o comportamento e cognição: expondo a variabilidade,* Santo André, SP: ESETec Editores Associados, v. 17, pp. 41-50, 2006.

Melo CM, De Rose CC. O conceito de cultura e de liberdade na teoria de B. F. Skinner: implicações do controle do comportamento humano no fortalecimento da cultura. In: da Silva WCMP (Org.). *Sobre comportamento e cognição. Reflexões teórico-conceituais e implicações para pesquisa.* Santo André, SP: ESETec, v. 20, pp. 87-95, 2007.

Sidman M. *Coerção e suas implicações.* Tradução Andery MA, Sério TM. Campinas: Editorial Psy, 1995. (Originalmente publicado em 1989.)

Skinner BF. A behavioral analysis of value judgments. In: Tobach E, Aronson IR, Shaw E (Orgs.). *The biopsychology of development.* New York: Academic Press, pp. 543-551, 1971.

Skinner BF. *About behaviorism.* New York: Vintage Books, 1976. (Originalmente publicado em 1974.)

Skinner BF. *Beyond freedom and dignity.* New York: Alfred A. Knopf, 2002. (Originalmente publicado em 1971.)

Skinner BF. Freedom and dignity revisited. In: Skinner BF, *Reflexions on behaviorism and society.* Prentice-Hall, Inc., pp. 195-198, 1978a. (Trabalho originalmente publicado em 1972.)

Skinner BF. Human behavior and democracy. In: Skinner BF, *Reflexions on behaviorism and society.* Pretice-Hall, Inc., pp. 3-15, 1978b. (Originalmente publicado em 1976.)

Skinner BF. *Recent issues in the analysis of behavior.* Columbus, Ohio: Merrill Publishing Company, 1989.

Skinner BF. Selection by consequences. *Science, 213,* 501-504, 1981.

Skinner BF. *Science and human behavior.* New York: Free Press, 1965. (Originalmente publicado em 1953.)

Skinner BF. *The behavior of organisms.* New York: Appleton-Century-Crofts, 1966. (Originalmente publicado em 1938.)

Skinner BF. The environmental solution. In: Skinner BF, *Contingencies of reinforcement: a theoretical analysis.* New York: Appleton-Century-Crofts, pp. 50-71, 1969d.

Skinner BF. The free and happy Student. In: Skinner BF, *Reflexions on behaviorism and society.* Prentice-Hall, Inc., pp. 140-148, 1978c. (Originalmente publicado em 1972.)

Skinner BF. The phylogeny and ontogeny of behavior. In: Skinner BF. *Contingencies of reinforcement: a theoretical analysis.* New York: Appleton-Century-Crofts, pp. 172-217, 1969a. (Originalmente publicado em 1966.)

Skinner BF. The role of the environment. In: Skinner BF. *Contingencies of reinforcement: a theoretical analysis.* New York: Appleton-Century-Crofts, pp. 5-28, 1969b.

Skinner BF. The evolution of behavior. *Journal of the Experimental Analysis of Behavior, 41,* 217-221, 1984.

Skinner BF. The evolution of verbal behavior. In: Skinner BF, *Upon further reflection.* Englewood Cliffs, New Jersey: Prentice-Hall, pp. 75-92, 1987a.

Skinner BF. Utopia as an experimental culture. In: Skinner BF. *Contingencies of reinforcement: a theoretical analysis.* New York: Appleton-Century-Crofts, pp. 29-49, 1969c.

Skinner BF. *Verbal behavior.* Nova York: Appleton-Century-Crofts, 1957.

Skinner BF. Why we are not acting to save the world. In: Skinner BF, *Upon further reflections.* Englewood Cliffs, New Jersey: Prentice-Hall, pp. 1-14, 1987b.

Todorov JC. A constituição como metacontingência. In: Todorov JC, Martone RC, Moreira MB (Org.). *Metacontingência: comportamento, cultura e sociedade.* Santo André: ESETec Editores associados, pp. 29-35, 2005. (Trabalho originalmente publicado em 1987.)

Todorov JC, Martone RC, Moreira MB. *Metacontingências: comportamento, cultura e sociedade.* Santo André: ESETec, 2005.

Todorov JC, Moreira M. Análise experimental do comportamento e sociedade: um novo foco de estudo. *Psicologia: reflexão e crítica, 17,* 25-29, 2004.

CONSCIÊNCIA E AUTOCONHECIMENTO

CAPÍTULO XIII

Júlio César Coelho de Rose · Marina Souto L. Bezerra · Tales Lazarín

"A ciência frequentemente fala sobre coisas que não pode ver ou medir" (Skinner, 1969).

"Uma ciência do comportamento não ignora, como se diz frequentemente, a consciência. Pelo contrário, ela vai muito além das psicologias mentalistas ao analisar o comportamento auto-descritivo. Ela tem sugerido maneiras melhores para ensinar o autoconhecimento e também o autocontrole, que depende do autoconhecimento" (Skinner, 1969).

O que é a consciência? Qual a sua natureza e como ela surge? Ela tem um papel relevante em nosso comportamento, não só no modo com que agimos, mas também como percebemos e conhecemos o mundo e a nós mesmos? Podemos estudá-la cientificamente? Neste capítulo vamos explorar essas questões da perspectiva do Behaviorismo Radical, pontuando alguns dos argumentos mais importantes para a interpretação da consciência e passando também por alguns experimentos sugestivos presentes na literatura da Ciência do Comportamento. Mais ao final, abordaremos a questão estreitamente relacionada com o autoconhecimento, que é essencial para que possamos nos autogerenciar e que, por esse motivo, também é um tema central para a psicoterapia.

A consciência é um assunto que tem algumas peculiaridades se a compararmos com outros tópicos na história das ciências. É, por certo, um assunto pendular, que foi ignorado em alguns momentos e muito estudado em outros, dependendo, em boa medida, do modo como a psicologia científica foi concebida em diversos momentos ao longo de sua história;[1] e, também, muitos autores que escrevem sobre o assunto questionam se a "consciência" que investigam é algo que existe de fato ou se não se trata de uma mera ficção ou especulação. Há uma impressionante quantidade de material sobre o assunto nas neurociências e nas ciências cognitivas desde a década de 1990 (a "década do cérebro"), e o chamado "problema da consciência" é um dos mais discutidos na filosofia da mente (um ramo da filosofia analítica que se tornou muito próximo das ciên-

---

[1]Quando a psicologia se tornou 'científica' nas duas últimas décadas do século 19, a consciência era seu objeto de estudo por excelência e ela era definida como "ciência da mente e da vida mental", uma concepção em que se apoiaram as primeiras tradições dessa nova ciência (como o funcionalismo de William James e o estruturalismo psicológico de Edward Titchner). Nos primeiros laboratórios de psicologia, a introspecção era estudada de forma controlada e sistemática com a ajuda de aparato experimental e registrada em forma de relato pelos participantes. Porém, problemas internos a esse tipo de abordagem e inconsistências aparentemente inelimináveis nos dados (em especial com relação ao estruturalismo) precipitaram a chamada 'revolução behaviorista' liderada por Watson a partir de 1913, com a proposta de que a psicologia devia estudar o comportamento manifesto (*i. e.,* reflexo) – que é observado de forma imediata (*i. e.,* sem recurso a relatos subjetivos) e que mostrou produzir dados confiáveis –, negando que a consciência pudesse ser estudada cientificamente uma vez que não é algo que possa satisfazer o critério de observação intersubjetiva. A situação não foi revertida de imediato com a chamada 'revolução cognitiva' ocorrida na década de 1950 com a proposta do modelo computacional da mente, pois computadores digitais são máquinas que executam instruções sequenciais (*i. e.,* de forma 'mecânica'), um passo por vez, e não podem sustentar algo como a experiência subjetiva. Assim, a consciência figura mais como uma 'anomalia' com relação a tal abordagem, o que gerou um grande interesse recente em seu estudo (cf. Güzeldere, 1997, para mais informações históricas e para um guia de estudo com relação às pesquisas atuais sobre a consciência). Cabe ressaltar, por fim, que Skinner figura mais como uma exceção aos seus colegas behavioristas, pois sua proposta de ciência do comportamento abre a possibilidade do estudo científico ou da interpretação da consciência a partir das descobertas científicas, assunto sobre o qual versa o presente texto.

cias cognitivas), sendo que muitas teorias cognitivistas da consciência têm sido propostas, embora, até o momento, estas sejam mais de natureza especulativa que científica propriamente.[2]

Além disso, a consciência é geralmente considerada, no mínimo, como difícil de ser submetida aos métodos de investigação empírica de que poderíamos dispor. Afinal, a ciência trabalha com aquilo que podemos observar, manipular e medir, e podemos fazê-lo, dentro de certos limites, com o comportamento e também com o corpo dos organismos (p. ex., estudando a sua anatomia e fisiologia). No entanto, como poderíamos aplicar tal método à consciência (ou a estados de consciência), cuja privacidade parece desafiar o avanço da técnica de instrumentação científica e que talvez nos leve, outra vez, a pensar se não há algum problema com nossas concepções sobre tal "objeto"?

Esse "mistério" presente na concepção e na investigação científica sobre a consciência parece envolvido em ares de paradoxo, pois talvez nada nos seja tão familiar; afinal, não vivemos todos em um mundo repleto de cores, cheiros e sons? É justamente a existência dessa chamada "vida mental" – o modo como as coisas nos aparecem – que é intrigante e que permanece como um último desafio às tentativas de integrar a psicologia ao retrato do mundo que nos é apresentado pelas ciências naturais "duras" (p. ex., física, química e biologia). Para a física, a luz é entendida como ondas eletromagnéticas de certos comprimentos, mas as cores dos objetos que vemos não se parecem em nada (ou só de maneira remota) com as propriedades físicas da luz refletida por eles. Há, por certo, uma lacuna a ser explicada entre os eventos físicos que terminam por estimular nossos corpos e a experiência subjetiva correspondente que temos, mas o que causa perplexidade é a

dificuldade em entender como o retrato físico do mundo pode sustentar algo como a experiência subjetiva sem se tornar inconsistente – isto é, sem que sejamos obrigados a postular a existência de algo que não seja físico para realizar essa tarefa.

Além disso, há mais algumas questões intrigantes sobre a natureza da consciência e que permanecem em aberto: por que, afinal, temos algo como a experiência subjetiva em vez de simplesmente nos comportarmos sem que nada do tipo ocorra (ou por que nossos comportamentos não ocorrem "no escuro", por assim dizer)? Organismos não humanos têm esse tipo de experiência (se sim, como poderíamos saber disso, e em que ponto da taxonomia os seres vivos tornaram-se conscientes)? E, por fim, a experiência subjetiva tem algum papel funcional (ou causal) na determinação da conduta ou ela é um mero *epifenômeno* – como a sombra que nos segue ou a fumaça emitida pela chaminé de uma locomotiva, que apenas acompanha nossas ações sem influenciá-las de fato?[3]

O que o Behaviorismo Radical tem a dizer sobre o assunto? Ao contrário do Behaviorismo Metodológico ou outras concepções de Behaviorismo (que aceitam o critério de intersubjetividade), o Behaviorismo Radical não nega que seja possível o estudo científico da consciência ou de outros fenômenos ditos "mentais" ou "subjetivos" porque é apenas a própria pessoa que os tem, mas propõe uma reinterpretação dos fenômenos psicológicos a partir das descobertas da ciência do comportamento. O que cuidaremos de mostrar neste capítulo é como a consciência pode ser interpretada de maneira comportamental e, embora uma definição mais adequada deva esperar até que as ideias principais tenham sido apresentadas, podemos adiantar desde já que o comportamento verbal tem um papel central nessa interpretação – algo que talvez fosse insuspeito, haja vista nossa discussão até o momento.

No que se segue, tentaremos esclarecer, principalmente, a interpretação comportamental dada por Skinner (1969, 1974 e em diversas passagens) à consciência, e que ainda hoje é aquela adotada por cientistas e analistas do comportamento. Também vamos apresentar alguns relatos expe-

---

[2]William Seager (1999), um dos estudiosos da consciência, diz que essa coloca um problema que é daquele tipo peculiar que surge na filosofia em que uma boa parte dos estudiosos do assunto duvidam da própria existência dos 'objetos' que estão supostamente criando o problema. Seager (1999) também alude a várias teorias cognitivistas propostas para tentar resolver o 'problema da consciência' (teorias de que não trataremos aqui), mas se refere a elas como *científicas,* embora tencionem ser compatíveis com a ciência futura, pois afirma não haver teorias científicas concebidas até agora que se reportem à *natureza* da consciência em oposição ao seu substrato neural. Isto é, embora atualmente haja uma linha de pesquisa vigorosa nas neurociências que busca encontrar correlatos neurais da experiência consciente – dentre as quais a hipótese de Crick e Koch (cf. Crick, 1994) de que oscilações sincronizadas de pulsos neurais entre 30 e 70 Hz seriam uma condição neurobiológica essencial à consciência – não há uma explicação de por que tais correlatos dariam origem à experiência consciente. As teorias cognitivistas propostas são tentativas de elucidar a 'natureza' da consciência, algo que as neurociências têm sido incapazes de suprir.

[3]William James (1890) deve ter sido o primeiro a argumentar que a consciência deve ter consequências benéficas, pois, se não fosse efetiva nesse sentido, ela não poderia ser submetida à seleção natural, uma vez que tê-la não seria uma vantagem evolutiva – e então podemos pensar que nossa espécie tornou-se (e permaneceu) consciente por um acidente fortuito no curso da sua evolução. Como veremos, Skinner (1969, 1974) entende a consciência como um tipo de comportamento que requer educação e que se reverte, em última análise, em melhores chances de sobrevivência para as comunidades que tornam seus membros conscientes.

rimentais e discutir sobre a aplicação desse conhecimento à psicoterapia. Iniciaremos discorrendo brevemente a respeito da possibilidade do estudo dos eventos privados pela ciência do comportamento, já que a questão da privacidade da experiência consciente é uma de suas características mais problemáticas.

EVENTOS PRIVADOS

Podemos pensar, inicialmente, que os eventos privados, em geral, e a consciência, em particular, realmente são um grande desafio para o Behaviorismo Radical. Afinal, como poderia uma ciência cuja proposta é observar o comportamento manifesto e as condições em que ele ocorre – e, a partir disso, encontrar regularidades que serão expressas como leis ou princípios do comportamento dos organismos – lidar com esses eventos inacessíveis e que parecem pressupor um mundo mental? Para responder a essa indagação, vamos discorrer, agora, a respeito do tratamento que Skinner (1969, 1974) dá aos eventos privados e, em seguida, sobre a natureza do "conteúdo consciente" (ou seja, sobre o modo como as coisas nos aparecem em nossa experiência subjetiva).

Primeiramente, é preciso considerar que Skinner (1945/1972; cf. Capítulo 1 deste livro para mais detalhes), ao formular o Behaviorismo Radical, abandona o critério de verdade por concordância adotado pelos behavioristas metodológicos, critério esse que tem como consequência a recusa do estudo científico da experiência subjetiva, uma vez que essa é inacessível a observadores independentes. Colocando de outra maneira, a classe de fenômenos naturais que chamamos de "privados" ou "subjetivos" é excluída da investigação científica de maneira categórica porque conflita com tal concepção de ciência, e que Skinner termina por rejeitar, uma vez que essa consequência não lhe parece razoável. Skinner afirma (1974, p. 21):

> "Uma pequena parte do universo está encerrada dentro da pele de cada um de nós. Não há razão pela qual ela deveria ter um *status* físico especial porque ela está dentro dessa fronteira, e talvez possamos ter um tratamento completo dela pela anatomia e fisiologia (...). Nós a sentimos e em algum sentido observamos, e poderia parecer tolo negar essa fonte de informação só porque não mais que uma pessoa pode fazer contato com seu mundo interior. Entretanto, nosso comportamento, ao fazer esse contato, precisa ser examinado."

O que Skinner (1969, 1974) pondera é que, por um lado, não há razão para excluir os eventos privados de consideração científica só porque eles são acessíveis apenas para a própria pessoa que os tem e não podem ser examinados por observadores independentes (afinal, é esse mesmo o significado de "privados"); por outro lado, admitir o estudo científico desses eventos não significa aceitar que eles tenham um *status* diferenciado e não sejam físicos. Por fim, aquilo que sentimos e que podemos relatar não pode ser simplesmente tomado pela ciência como um dado confiável, e faz-se necessário um exame conceitual rigoroso à luz das descobertas da ciência de modo que possamos entender como esses eventos privados e físicos se relacionam com o comportamento.

Skinner, então, recorre à fisiologia para tentar esclarecer esse ponto e constata que os eventos que ocorrem no interior dos nossos corpos são percebidos por meio de sistemas perceptivos internos, bastante primitivos se comparados ao nosso sistema perceptivo orientado ao exterior (ou seja, *exteroceptivo*, composto pelos chamados "órgãos dos sentidos"), e que foram selecionados porque cumprem funções biológicas importantes na percepção dos órgãos internos, e do equilíbrio, da postura e do movimento (ou seja, sistemas *interoceptivo* e *proprioceptivo*, respectivamente). Entretanto, com o aparecimento do comportamento verbal, esses sistemas perceptivos passaram a ser empregados com uma função distinta, isto é, as pessoas da comunidade passaram a fazer alguns tipos de questões umas às outras que requeriam um tipo de responder ao próprio corpo diferente daquele que acontece normalmente. Questões do tipo "você está com fome?" e "onde você vai amanhã?", ou mesmo aquelas mais gerais, como "o que vai fazer?" ou "como você se sente?", são úteis para as pessoas da comunidade porque possibilitam antecipar o comportamento da pessoa questionada, ou para se obter informações sobre algo que não está diretamente acessível (p. ex., suas necessidades ou sentimentos...). As pessoas a quem são feitas essas questões são levadas a discriminar seus estados internos, pois dessa maneira elas podem responder de maneira razoavelmente adequada e então ser reforçadas (ou corrigidas) pela comunidade de modo contingente.

Assim, embora as sensações corporais nos acompanhem desde sempre, Skinner (1945/1972, 1969, 1974) observa que é somente com a ajuda da comunidade verbal que essas sensações tornam-se discriminativas para nós. Aqui, o autor inverte uma tese bastante difundida – de que temos conhecimento privilegiado e imediato daquilo que ocorre em nossos corpos e em nossa consciência. De fato, temos um contato bastante íntimo com a estimulação privada, que não é diretamente acessível às outras pessoas e que sempre nos acompanha (p. ex., podemos "fugir" do dentista, mas não da dor de dente...). Mas, se não fosse por intermédio dos membros da comunidade verbal em que estamos inseridos, certamente seriam muito raras as ocasiões em que discriminaríamos nossos próprios estados corporais, pois é por intermédio da comunidade que nossos relatos a respeito de nossos estados corporais (ou seja, privados) podem ser reforçados de maneira contingente. Esse tipo de autoconhecimento tem, pois, origem social – o que também ocorre com a consciência.[4]

No entanto, embora seja a comunidade verbal a responsável por nos ensinar a discriminar e a nomear nossas sensações corporais – que passamos a chamar então de "sentimentos" (p. ex., medo, amor, raiva, angústia...), seus membros encontram na privacidade dos nossos estados corporais uma dificuldade considerável, uma vez que não têm acesso direto à "ocasião" em que nosso comportamento deve ser reforçado de contingentemente. Esse problema, não obstante, pode ser superado em uma medida razoável com a ajuda de certos indícios de que um evento privado ocorreu (p. ex., se uma criança cai, se machuca e começa a chorar, esses são indícios de que ela está sentindo dor, e a comunidade pode então modelar seu comportamento verbal de acordo).

Entretanto, a comunidade nunca consegue ser tão precisa nesse ensino como poderia ocorrer com o ensino dos eventos públicos, e isso resulta em uma imprecisão ou vagueza inerente aos relatos que emitimos sobre a ocorrência de eventos privados – o que é sempre um problema com relação à confiabilidade desses dados se tentarmos usá-los, por exemplo, para realizar investigações científicas. Ademais, os membros da comunidade geralmente recebem relatos de eventos privados com uma certa desconfiança, ainda mais quando tais relatos intermedeiam recompensas ou a suspensão de condições aversivas (p. ex., "estou com dor de cabeça e não posso continuar trabalhando..."). Para o próprio indivíduo, a consequência é que seu autoconhecimento é incompleto ou inadequado e ele encontra limitações para se gerenciar de maneira eficiente.

De acordo com a interpretação comportamental, então, tomar os eventos privados como objeto de estudo científico não significa assumir um compromisso com um mundo não físico da vida mental; mas ainda é preciso esclarecer sobre o assunto do *conteúdo consciente*, cuja privacidade impõe questionamentos similares.

CONTEÚDO CONSCIENTE

Tradicionalmente, quando se fala em conteúdo consciente, entende-se uma espécie de "recorte" em que algum aspecto momentâneo no correr de nossa experiência subjetiva é enfatizado ou examinado – como quando vemos o vermelho de uma maçã, temos uma dor de dente ou experimentamos um sentimento de angústia. Sobre as dificuldades impostas pelo assunto a uma interpretação comportamental, Skinner (1974, p. 72) comenta:

"Talvez o problema mais difícil enfrentado pelo behaviorismo tenha sido o tratamento do conteúdo consciente. Nós não somos todos familiares com cores, sons, gostos e cheiros que não têm contrapartes no mundo físico? Qual é o seu lugar em um tratamento behaviorista [radical]? Creio que a resposta deve ser encontrada no papel especial designado aos estímulos em uma análise operante."

O problema do conteúdo consciente é difícil porque experiências como as citadas não têm contrapartes no mundo físico (p. ex., um comprimento de onda eletromagnética tem propriedades distintas das cores como essas nos aparecem) e, por serem privadas, não só tornam a investigação científica difícil, como parecem pressupor um mundo mental em que possam ocorrer. Entretanto, como nosso autor bem disse, uma interpretação comportamental do assunto deve considerar o papel dos estímulos, ou melhor, do controle que esses estímulos exercem sobre o comportamento operante, e vamos iniciar a discussão com uma breve exposição do assunto (ver Capítulo 2 deste livro para maiores detalhes).

Estímulos adquirem certo controle sobre uma resposta quando esta é reforçada em sua presença, isto é, respostas desse tipo tornam-se mais prováveis de ocorrer quando esse estímulo está presente – ou quando o fazem outros estímulos que compartilham suas propriedades. Dizemos que esses estímulos estabelecem a ocasião ou que se tornam *discriminativos* para a resposta em questão, e tais estímulos também podem surgir em conjunto com outras condições

---

[4]Sobre o autoconhecimento, Skinner diz: "O autoconhecimento tem origem social, e ele é útil primeiro à comunidade que faz as questões. Depois, ele se torna importante para a própria pessoa – por exemplo, em se gerenciar ou controlar..." (Skinner, 1974, p. 169).

motivacionais que influenciam de maneira momentânea a probabilidade de emissão, como a privação ou a presença de estimulação aversiva.

O controle assim estabelecido pode ser modificado de duas maneiras. Há uma generalização quando a resposta é emitida em uma condição algo similar àquela em que foi reforçada, mas em que apenas algumas das propriedades da ocasião original estão presentes, outras podendo diferir. Porém, se a resposta for consistentemente reforçada quando apenas uma propriedade particular estiver presente, essa última termina por ganhar controle exclusivo por um processo chamado de discriminação, e o comportamento pode ficar sob controle de variações muito sutis da propriedade envolvida por meio desse procedimento. Skinner (1974, p. 74) afirma que o papel do estímulo dá ao comportamento operante um caráter especial, uma vez que:

> "O comportamento não é dominado pela situação (*setting*) atual, como parece ser na psicologia do tipo estímulo-resposta… Não obstante, a história ambiental ainda está no controle; a dotação genética da espécie juntamente com as contingências às quais o indivíduo foi exposto ainda determinam o que ele irá perceber."

Assim, aquilo que percebemos depende do controle que os estímulos da situação exercem sobre nosso comportamento subsequente – e tal controle não determina completamente a ocorrência desse comportamento, mas torna sua ocorrência mais provável. O controle exercido pelos estímulos em uma situação atual depende das contingências de reforço a que fomos expostos em nossa história passada e isso só é possível, em última análise, porque nossa espécie tornou-se sensível a essas contingências no decorrer de sua evolução.

Até aqui temos uma explicação de como nosso comportamento fica sob controle de estímulos que se encontram ao nosso redor e de como esse controle pode tornar-se muito preciso por intermédio de procedimentos de discriminação, mas ainda falta explicar o que ocorre com relação a comportamentos como imaginação, alucinação, ou mesmo sonhos, casos em que temos percepções, mas aquilo que é percebido não está presente em nosso ambiente imediato. Ademais, não são justamente esses os casos mais problemáticos e que reforçam a ideia de que é necessário um mundo mental? Psicólogos e filósofos mentalistas certamente concordariam e também parecem ter uma resposta pronta para explicar os fenômenos em questão, e que é a seguinte.

A chamada "teoria da cópia", concebida inicialmente pelos filósofos gregos, foi sendo reformulada ao longo da história e chegou até nós, sendo aquela que é adotada, em linhas gerais, pelos psicólogos cognitivistas.[5] De acordo com ela, quando percebemos o mundo, fazemos cópias internas que ficam guardadas e que depois podem ser vistas novamente quando queremos ver uma coisa percebida anteriormente, mas que, por conta das circunstâncias, está inacessível para observarmos no momento. Essa teoria foi formulada para dar conta não somente das imagens lembradas, mas também da imaginação e da alucinação, de modo que características das cópias que temos podem ser recombinadas para formar algo novo. (Não é difícil perceber que uma teoria desse tipo se ajusta muito bem à linguagem da informática, em que termos como armazenamento e recuperação de informações são corriqueiros, e é um dos motivos pelos quais a analogia entre mentes e programas computacionais tornou-se popular.)

Algumas críticas podem ser feitas a essa teoria. Primeiramente, é preciso explicar como o mundo é copiado ou armazenado nos organismos e como essas cópias podem ser recuperadas depois para que possamos observá-las, e é para isso que as metáforas são empregadas. Porém, talvez não exista qualquer suporte empírico a essas metáforas ou talvez elas possam ser refutadas pelas evidências científicas de que dispomos, devendo então ser substituídas por outras. A posição de Skinner (1974) em favor de uma análise operante é que, embora sejamos estimulados pelos objetos de nosso ambiente próximo, esses não são absorvidos ou replicados pelo organismo, mas a estimulação passa a controlar o comportamento, como acabamos de ver.[6]

---

[5] No diálogo *Teeteto*, Platão (2001) emprega metáforas para ilustrar o processo de aquisição do conhecimento e sua lembrança ou esquecimento. Primeiramente, supõe que o funcionamento mental seja como um bloqueto de cera quente em que os objetos que percebemos são estampados. Assim, o filósofo podia explicar a nossa lembrança desses objetos como um novo exame das imagens criadas, e seu esquecimento quando a estampagem fosse defeituosa ou quando a imagem, posteriormente, se apagasse. Depois, postula que a mente seja como um aviário, em que as coisas que conhecemos são como os pássaros aprisionados ali, disponíveis para que possamos apanhá-los e inspecioná-los novamente quando necessário. Platão emprega essas metáforas apenas para estudo e termina por considerá-las inadequadas e rejeitá-las, mas isso não impediu que a mesma ideia de "copiar (ou armazenar) para lembrar" fosse reciclada com o passar do tempo, com o uso de novas metáforas para substituir as antigas quando estas acabaram caindo em descrédito ou passaram a conflitar com a evidência empírica disponível.

[6] Skinner (1974, p. 73) diz que "em uma análise operante, e no Behaviorismo Radical que é construído a partir dela, *o ambiente fica onde está e onde sempre esteve – fora do corpo*". Entretanto, é preciso cuidado ao interpretar essa passagem, porque nosso autor está, aqui, argumentando contra os psicólogos cognitivistas e a teoria da cópia, e, também, principalmente, por conta de que nosso corpo pode nos estimular, de modo que serve também de "ambiente", isto é, essa estimulação pode vir a controlar nosso comportamento, o que deve ficar mais claro adiante.

Em segundo lugar, e mais importante, a teoria da cópia não dá conta, por fim, de explicar o comportamento de ver. Ora, se o mundo é copiado internamente, o que vemos quando olhamos para nossas cópias? Supor que uma nova cópia é criada é cair em um regresso infinito, pois cada tentativa de ver deveria criar uma cópia a partir de outra cópia e assim por diante. Em algum momento, devemos, pois, fazer algo além de criar cópias dos estímulos observados, e isso a teoria da cópia, por si mesma, deixa completamente sem explicação. Skinner (1974, p. 85-86) afirma o seguinte sobre essa discussão:

> "Que uma pessoa possa ver coisas quando não há nada para ser visto deve ter sido uma forte razão por que o mundo da mente foi inventado. Era suficientemente difícil imaginar como uma cópia do ambiente atual poderia parar dentro da cabeça onde ela poderia ser 'conhecida', mas havia ao menos um mundo exterior que podia dar conta disso. Porém, puras imagens parecem indicar uma pura coisa mental. É somente quando nos perguntamos como o mundo ou uma cópia do mundo é vista que perdemos o interesse em cópias. Ver não requer uma coisa vista."

Então, embora a teoria da cópia tenha sido concebida para explicar como podemos ver quando não há nada para ser visto (o que, a princípio, certamente deve ter causado perplexidade aos antigos), ela termina por deixar sem explicação o próprio comportamento de ver. A respeito desse último ponto, Skinner (1974, p. 85) indica uma solução ao afirmar que tal comportamento não requer uma coisa vista:

> "Há muitas maneiras de fazer uma pessoa ver quando não há nada para ser visto, e elas podem ser todas analisadas como arranjos de contingências que fortalecem o comportamento perceptual. (...) não há imagens no sentido de cópias privadas, há comportamento perceptual."

Podemos considerar então que, se não há cópias para serem vistas dentro dos organismos, aquilo que resta para ser visto quando o objeto está ausente é o próprio comportamento de ver. Porém, como isso é possível? Muitas vezes o comportamento de ver é, ele mesmo, reforçador, seja porque apreciamos o objeto visto, ou porque ver uma situação torna possível, por exemplo, resolvermos um problema. Assim, na ausência do objeto visto e com motivação para vê-lo (*i. e.*, privação ou estimulação aversiva), podemos emitir comportamentos para produzir o próprio

objeto ou algo parecido (como ver uma fotografia). Mas, como sabemos, podemos ir além e ver o objeto na ausência de qualquer estimulação similar em nossas imediações. Tal comportamento é muito semelhante àquele de ver em circunstâncias normais. Ocorre que a privação a que estamos submetidos aumenta a probabilidade de emissão de uma resposta privada e que causa uma estimulação similar à que somos expostos quando vemos o objeto em nosso ambiente próximo.

Vamos explicar um pouco mais sobre o tipo de estimulação envolvida. Qualquer comportamento produz estimulação colateral que é produzida automaticamente quando emitimos respostas. Essa estimulação é proveniente da alteração a que nossos corpos se submetem e é captada pelos sistemas perceptivos de que falamos; a estimulação provocada pode ser tanto pública como privada, dependendo da localização do estímulo (*i. e.*, dentro ou fora da pele). A estimulação automática (ou autoestimulação) é importante na interpretação comportamental de vários tipos de comportamentos, uma vez que são os estímulos – e não as respostas – que controlam o comportamento, isto é, respostas não podem controlar respostas subsequentes, a não ser que haja uma estimulação intermediária que estabeleça esse controle.

Dessa maneira, quando vemos, na ausência da coisa vista, emitimos, por conta da motivação estabelecida anteriormente, uma resposta privada que nos estimula automaticamente; e é esse mesmo estímulo privado autoproduzido e similar que observamos sem que a coisa figurada esteja presente em nossas imediações. De maneira mais técnica, trata-se de um encadeamento em que a resposta privada cria a ocasião para a observação por meio de uma estimulação produzida automaticamente quando houve a ocorrência da primeira.

Discorremos, até o momento, sobre a interpretação comportamental do "conteúdo consciente", que pode ser feita a partir do conceito de controle pelo estímulo. Entretanto, Skinner (1969, 1974) sustenta, ainda, que não é a percepção somente – seja essa de eventos privados ou públicos – que causa o problema da consciência, mas um tipo especial de contingência que nos leva a "ver que estamos vendo", o que é o mesmo que ter consciência de que vemos. Ele diz (Skinner, 1969, p. 233, grifos do autor):

> "Não é, entretanto, ver (...) que levanta a questão da consciência, mas 'ver que estamos vendo (...)'. Não há contingências naturais para esse comportamento. Nós aprendemos a ver que estamos vendo somente porque uma comunidade verbal arranja para que o façamos. Nós geralmente adquirimos o

comportamento quando estamos sob estimulação visual apropriada, mas não segue que a coisa vista deva estar presente quando vemos que a estamos vendo. As contingências arranjadas pelo ambiente verbal podem estabelecer respostas autodescritivas que descrevem o *comportamento* de ver mesmo quando a coisa vista não está presente."

Vamos tentar explicar essa passagem em algum detalhe. Percebemos, isto é, somos controlados por estímulos do nosso ambiente próximo porque as contingências a que fomos expostos em nossa história passada estabeleceram esse controle, porém a comunidade verbal faz perguntas sobre nós mesmos e que estabelecem a ocasião em que a auto-observação será reforçada, uma vez que assim essas questões poderão ser respondidas de modo satisfatório. Aprendemos, dessa maneira, a relatar eventos privados como sentimentos e sensações corporais, ou mesmo aquilo que imaginamos e com que sonhamos (nesses últimos casos, falamos sobre coisas que percebemos e que não estão presentes). No entanto, as contingências continuam a ser efetivas mesmo quando não temos conhecimento do que fazemos ou estamos impossibilitados de nos observar, e essas últimas condições terminam por fazer diferença no modo como nos comportamos. Skinner (1974, p. 220, grifos nossos) esclarece um pouco mais sobre o ponto ao discorrer sobre os sentidos do termo "consciência":

> "No sentido em que dizemos que uma pessoa está consciente de suas circunvizinhanças, ela está consciente de estados ou eventos em seu corpo; ele está sob seu controle como estímulos. Um boxeador que está 'inconsciente' não está respondendo a estímulos atuais de dentro ou fora da sua pele (...). Uma pessoa se torna consciente em um sentido diferente quando uma comunidade verbal arranja contingências sob as quais ele não apenas vê um objeto, mas *vê que o está vendo*. Nesse sentido especial, a consciência (...) é um produto social."

Aqui, Skinner (1974) distingue dois "sentidos" em que poderíamos empregar a palavra "consciência". O primeiro é aquele em que há controle de estímulo envolvido, com resultado de que a pessoa ou o organismo se comporta de maneira diferencial quando aquele estímulo está presente, como vimos. Esse é um sentido mais rudimentar, em que o termo é usado para verificar se o organismo comporta-se diferencialmente em relação aos estímulos de seu ambiente e que não provoca maiores problemas conceituais ou empí-

ricos, uma vez que podemos decidir sobre o estabelecimento desse controle por meio da manipulação dos estímulos em questão.

Há também um segundo sentido, mais elaborado, aquele em que estamos interessados. Skinner (1974) afirma que uma pessoa está consciente quando "vê que está vendo" e, nesse caso, não é apenas o objeto visto que controla o comportamento subsequente – como no caso anterior –, mas também os estímulos produzidos automaticamente pelo ato de ver. Assim, a pessoa observa e *se* observa ao mesmo tempo, podendo, então, descrever não só aquilo que vê, mas também o que ela faz e como se sente enquanto vê (daqui por em diante, usaremos a palavra "consciência" nesse sentido específico apenas). A diferença entre as duas situações fica mais evidente se considerarmos que, quando as contingências são efetivas, comportamo-nos sob controle dos estímulos da situação mesmo sem saber que o fazemos ou estarmos conscientes nesse último sentido. Por fim, a consciência é um produto social porque as contingências responsáveis pela aquisição e manutenção dos comportamentos requeridos de auto-observação e de descrição não estão disponíveis no ambiente não social, havendo a necessidade de uma comunidade verbal que as estabeleça.

Há, ainda, um último ponto que é preciso discutir antes de passarmos para o assunto seguinte. Tradicionalmente, um exame mais detido ou sistemático do conteúdo consciente é chamado de *introspecção*, que poderíamos entender como um modo de auto-observação cuidadosa e dirigida, principalmente, aos nossos eventos privados (em uma introspecção, a maior preocupação é com a experiência subjetiva em si e não precisa haver um questionamento sobre aquilo que a causou). Vimos, no entanto, que as questões sobre o conteúdo consciente podem ser interpretadas em uma análise comportamental em termos do controle que estímulos terminam por adquirir sobre o comportamento operante; e que uma pessoa consciente "vê que está vendo" – o que certamente ocorre em uma introspecção, pois se trata de um exame cuidadoso da própria experiência subjetiva. Por fim, o comportamento descritivo também tem um papel importante no processo, uma vez que podemos empregar os relatos assim obtidos para guiar o processo de auto-observação e também para compartilhar com os outros as experiências vividas (investigaremos o papel desse tipo de comportamento mais adiante).

Contudo, existe um problema com a introspecção que é algo típico dos eventos privados e sobre o qual já discorremos. As contingências de reforçamento arranjadas pela comunidade verbal em que estamos inseridos não são suficientemente precisas para que possamos discriminar eventos privados de maneira acurada, e o resultado é que os relatos das experiências que temos quando nos introspeccionamos provavelmente não serão dados confiáveis ou mesmo replicáveis (como aprenderam a duras penas os psicólogos introspeccionistas do início do século 20. Então, embora a introspecção seja, também, um modo de autoconhecimento, devemos questionar a respeito da confiança que podemos ter no conhecimento assim adquirido ou mesmo ponderar sobre sua eficiência frente a outros tipos de autoconhecimento, como a descrição das contingências a que estamos submetidos.[7]

Dissemos que o comportamento consciente depende do desenvolvimento dos repertórios especiais de auto-observação e de autodescrição – que dão origem ao autoconhecimento e que são adquiridos por intermédio da comunidade verbal –, e que serão explorados em maior detalhe. Discorreremos agora sobre comportamentos de auto-observação e também sobre o processo de autodiscriminação.

AUTO-OBSERVAÇÃO E AUTOCONSCIÊNCIA

Podemos perceber não somente aquilo que está à nossa volta, mas também nossos corpos e aquilo que fazemos. Assim, podemos considerar que nossos corpos também fazem parte do nosso ambiente, uma vez que produzem estímulos que podem, eventualmente, controlar nosso comportamento se as contingências forem apropriadas; e o mesmo se dá com o comportamento, que é outra fonte importante de estimulação, já que, como vimos, as respostas que emitimos nos estimulam automaticamente (e, igualmente, essa estimulação pode se tornar discriminativa, dependendo das contingências em vigor).

Comportamentos de auto-observação podem levar pessoas a discriminarem a si mesmas – um modo de autoconhecimento geralmente chamado de "autoconsciência"

(self-awareness) na literatura especializada.[8] Então, podemos não só discriminar nossos corpos e nosso comportamento, mas também, mais ampliadamente, as consequências que se seguem às nossas ações e a relação entre elas (i. e., as contingências de reforçamento a que estamos submetidos).

Entretanto, as contingências em que comportamentos de auto-observação são reforçados de maneira contingente são raras na natureza e por isso devem ser ensinadas pela comunidade por meio de procedimentos que envolvem o comportamento verbal. Ainda assim, a auto-observação não é algo que somente seres humanos podem ser ensinados a fazer; animais também podem se observar e discriminar se as contingências apropriadas forem estabelecidas (apesar de não possuírem repertório verbal). Vamos discutir brevemente alguns experimentos que mostram como esse treinamento pode ser realizado, o que também contribuirá para esclarecer sobre o estabelecimento desses comportamentos em humanos.

Discriminação condicional do próprio comportamento

Há experimentos com animais na literatura da Ciência do Comportamento que tentam estabelecer comportamentos que ficam sob controle daquilo que esses organismos fizeram anteriormente (cf. Dymon; Barnes, 1997; Souza; Abreu-Rodrigues, 2007). Nesses experimentos, geralmente são estabelecidas tarefas de discriminação condicional em conjunto com certos esquemas de reforçamento, de modo que é o próprio comportamento anterior do organismo que será discriminado condicionalmente. A peculiaridade desse tipo de estudo é que o operante emitido de início não é sempre o mesmo; ele é variável, pois é controlado ora por um ora por outro esquema de reforçamento previamente estabelecidos, o que torna a discriminação do próprio comportamento necessária para a produção consistente de reforçadores.

Lattal (1975) realizou um experimento com pombos em que não apenas o comportamento anterior se tornava discriminativo, mas sim a própria contingência (i. e., esquema) de reforçamento em vigor anteriormente. O

---

[7]Skinner (1974, p. 16-17) diz: "O Behaviorismo Radical (…) não nega a possibilidade da auto-observação ou do autoconhecimento ou a sua possível utilidade, mas ele questiona a natureza do que é sentido ou observado e, portanto, conhecido. Ele restaura a introspecção, mas não aquela que filósofos e psicólogos introspeccionistas acreditaram estar 'espectando' (…) [O Behaviorismo Radical] simplesmente questiona a natureza do objeto observado e a confiabilidade das observações. A posição pode ser expressa da seguinte maneira: o que é sentido ou observado introspectivamente não é um mundo não físico da consciência, da mente ou da vida mental, mas o próprio corpo do observador."

---

[8]O termo "autoconsciência" (self-awareness) é concebido de maneira mais restrita e, em geral, aplica-se à experiência de condições que são privadas, em oposição à consciência (consciousness), que envolve também a experiência com eventos publicamente observáveis. Porém, há cientistas do comportamento que preferem reservar o primeiro termo para discriminações que um organismo faz de seu próprio comportamento (Dymon, Barnes, 1997).

experimento consistiu em uma tarefa de discriminação condicional (*i. e.*, *matching-to-sample* ou escolha de acordo com o modelo) em uma caixa com três chaves que podiam ser iluminadas. Os resultados mostraram que os pombos passaram a discriminar consistentemente os esquemas de reforço a que responderam anteriormente. Há, também, outros estudos que empregam aspectos distintos do comportamento dos organismos estudados como eventos discriminativos. Por exemplo, Reynolds (1966) e Shimp (1983) empregaram o intervalo de tempo entre respostas (IRTs), e Pliskoff e Goldiamond (1966) empregaram valores distintos de esquemas de razão fixa (FR).

Autorreconhecimento no espelho

Em um estudo pioneiro, Gallup (1970) investigou a capacidade de primatas se reconhecerem, formulando uma situação experimental que veio a ser chamada de "teste do espelho" (Gallup, 1977, 2002). Tal teste pode ser considerado um segundo tipo de critério para constatar a auto-observação em animais, isto é, por meio de seu autorreconhecimento frente a um espelho. Gallup (1970) investigou chimpanzés primeiramente e sua hipótese era que o chimpanzé reagia a sua imagem como se fosse um outro inicialmente, mas, com a exposição ao espelho, aprendeu a se reconhecer nele e também a usá-lo para se observar.

Para dar mais suporte experimental direto a essa hipótese, Gallup (1970) anestesiou completamente seus chimpanzés e pintou alguns pontos de suas faces cuja observação direta não é possível (p. ex., a parte logo acima de uma de suas sobrancelhas e a parte superior da orelha oposta) com uma tinta sem cheiro e sem propriedades táteis, de modo que o chimpanzé não tinha como saber que estava marcado a não ser que utilizasse o espelho. Quando os chimpanzés se recuperaram e os espelhos foram reintroduzidos nas jaulas, o número de comportamentos dirigidos especificamente às marcas aumentou consideravelmente, indicando o autorreconhecimento de modo bastante convincente. Gallup, então, tentou repetir todo o procedimento descrito com algumas espécies de macacos, que terminaram por não se reconhecerem no espelho; e novamente com outros chimpanzés, mas que, dessa vez, foram marcados sem que houvesse tempo prévio de exposição, e estes também não mostraram o comportamento dirigido às marcas característico da situação anterior.

Tais resultados foram confirmados e estendidos por estudos posteriores (cf. Gallup, 1977, 2002) e levaram o autor a conjeturar que o comportamento de autorreconhe-

cimento é específico de certas espécies – talvez limitado a seres humanos e a alguns primatas superiores – e que este parece depender de "uma forma de intelecto algo avançada" (Gallup 1970, p. 87) ou que "o autorreconhecimento da imagem no espelho implica um conceito de *self*"; ou mesmo um "autoconceito suficientemente bem integrado" (Gallup, 1977, p. 334), o que seria tornado evidente pela necessidade da exposição inicial ao espelho para que os comportamentos dirigidos às marcas ocorressem.

Essas conclusões, com tons cognitivistas, foram questionadas por outro estudo experimental realizado com pombos por Epstein, Lanza e Skinner (1981). Nele, os pombos puderam ver uma marca azul em seus corpos cuja imagem era refletida no espelho e passaram a bicá-la, sendo então reforçados.

Esse experimento é bastante representativo das tentativas da análise do comportamento em analisar e interpretar ocorrências a que são atribuídas explicações cognitivas (autoconceito ou *self* bem integrado etc.) em termos da história ambiental passada. Porém, nesse caso específico, há ressalvas que precisam ser feitas em relação às conclusões que podemos tirar a partir dos resultados experimentais obtidos. Inicialmente, é preciso considerar que, desde o experimento inicial de Epstein, Lanza e Skinner (1981), a evidência experimental com o teste do espelho realizada em primatas tem se acumulado de maneira sólida, com variações relevantes estendendo os resultados. Assim, a exposição ao espelho foi muito prolongada, sendo usadas nos testes as mais variadas espécies de primatas sob condições experimentais bem diversas como tentativas dos experimentadores de "ajudar" os primatas a se autorreconhecerem. Esses resultados favorecem a tese de Gallup (1970) de que o comportamento de autorreconhecimento no espelho é específico de certas espécies, uma vez que só pôde ser constatado de modo confiável até o momento em alguns primatas superiores, como chimpanzés, orangotangos ou mesmo bonobos – mas não pôde ser observado, por exemplo, em gorilas (Gallup, 2002).

Em segundo lugar, é possível questionar se a necessidade de ensinar os repertórios descritos previamente ao teste de observação não compromete a analogia pretendida com o do teste do espelho realizado com primatas, em que há muito menos ou mesmo nenhum treinamento envolvido. Por fim, houve problemas em replicar o experimento original de Epstein, Lanza e Skinner (1981) com pombos (Dymon; Barnes, 1997) e fica aberta aos cientistas do comportamento a oportunidade para tentar replicar e estender esses resultados.

Autodiscriminação de estímulos privados

Lubinsky e Thompson (1987) realizaram um experimento em que pombos discriminavam estados corporais provocados pela aplicação de certas drogas e "comunicavam" aquilo que sentiam a pombos que compartilhavam suas gaiolas pressionando certas chaves. Os pombos recebiam treinamento individual de acordo com as tarefas a serem realizadas e depois "interagiam" em uma gaiola, separados por uma parede transparente. O delineamento desse experimento é complexo e composto de várias fases (visando responder a questões experimentais um tanto diversas), e que não descreveremos aqui em detalhes.

O experimento de Lubinsky e Thompson (1987) é uma replicação estendida do experimento de Epstein, Lanza e Skinner (1980), e este último experimento, por sua vez, foi baseado em outro, realizado com dois chimpanzés (Savage-Rumbaugh, Rumbaugh, Boysen, 1978), em que aprenderam a trocar informações sobre comidas que só um deles tinha visto com o emprego de símbolos geométricos (posteriormente, os chimpanzés foram observados pedindo comida um ao outro espontaneamente com o uso dos mesmos símbolos).

É muito provável que os animais que figuraram nesses experimentos nunca aprendessem a se observar e a se discriminar se não tivessem sido expostos a essas situações experimentais e deixados ao sabor das contingências encontradas em seus ambientes naturais, mas isso ocorreu porque as contingências apropriadas foram estabelecidas. Foi constatado nesses experimentos que estímulos privados (Lubinski, Thompson, 1987) ou produzidos pelo comportamento dos animais em estudo (Lattal, 1975; Gallup, 1970; Epstein, Lanza, Skinner, 1981), em que comportamentos de auto-observação estavam envolvidos de alguma maneira, foram discriminados e passaram a controlar o comportamento dos sujeitos, de modo que esses adquiriram algum conhecimento sobre si mesmos.

Isso significa que a autodiscriminação (ou "autoconsciência") não é um processo especial de discriminação, mas que há, sim, uma diferença com relação à localização dos estímulos discriminados (que podem ser produzidos pelo próprio corpo ou como decorrência do comportamento) ou pela requisição de que comportamentos específicos de auto-observação ocorram para que certas autodiscriminações possam acontecer. Em última análise, são as contingências que determinam quais estímulos serão discriminados: se os do ambiente próximo ou aqueles relacionados com o próprio organismo. Colocando de outra maneira,

isso ocorre ao sabor das consequências que acompanham esses estímulos e que talvez venham a torná-los discriminativos. O autoconhecimento, por sua vez, depende das autodiscriminações que um organismo realizou até o momento (mas cabe ressaltar que há, também, outra maneira de autoconhecimento que surge quando as pessoas passam a fazer relatos sobre si mesmas).

O que foi dito já parece bastante esclarecedor, mas é preciso considerar, ainda, que as pessoas geralmente desenvolvem repertórios de auto-observação com a ajuda da comunidade verbal, o que ocorre simultaneamente à aquisição de repertórios de autodescrição (em procedimentos semelhantes àqueles empregados para o ensino de discriminação de eventos privados).

COMPORTAMENTO DESCRITIVO

Até o momento, discutimos sobre a consciência apenas no sentido do responder discriminativo aos estímulos produzidos pelo próprio comportamento, sem incluir necessariamente o comportamento verbal em nossa definição. Ou seja, analisamos como respostas de auto-observação provocam a exposição do organismo a estímulos produzidos por seu próprio comportamento, os quais passam a ser discriminativos para outras respostas. Como vimos, por exemplo, em Gallup (1970), existem alguns fenômenos que denominaríamos "autoconscientes", mas que não incluem comportamento verbal. A partir do presente tópico, analisaremos o papel do operante verbal *tato* na definição do que consideramos ser a consciência na interpretação da análise do comportamento, isto é, veremos como esses estímulos produzidos pelo próprio comportamento do organismo na resposta de auto-observação podem se tornar discriminativos para respostas descritivas.

Nesse sentido, em grande parte da literatura da área que trata do tema (Micheletto, Sério, 1993), encontramos a defesa de que a descrição (o tato, o relato) é necessária para falarmos em consciência em humanos, ou seja, quando o indivíduo é capaz de emitir o operante verbal *tato* em relação a algo, dizemos que ele tem consciência desse algo. Mesmo em experimentos com animais, como aqueles já descritos, podemos questionar sobre o papel do comportamento verbal na ocorrência dos comportamentos "autoconscientes" observados nos experimentos descritos, pois contingências em que comportamentos de auto-observação são reforçados são raras (ou mesmo inexistentes) na natureza, e então é preciso que uma comunidade verbal as estabeleça. Assim, mesmo que tais comportamentos autoconscientes não sejam verbais, eles são estabelecidos por contingências arranjadas pela comunidade verbal e, então, podemos afirmar que estar consciente é um modo de reagir ao próprio comportamento e também é um produto social (Skinner, 1959/1972).

Segundo Skinner (1957), o próprio termo *tato* carrega a sugestão de que o tato é o operante que possibilita o "con-tato" com o mundo físico. Operacionalmente, o tato é estabelecido quando reforçamos consistentemente determinada reposta na presença de determinado estímulo não verbal (e não de outro), que se torna discriminativo, por meio de muitos reforçadores diferentes ou com reforçador generalizado. Duas características necessárias na instalação de um tato são: controle pelo estímulo discriminativo (Sd), que é não verbal, e reforço generalizado. A utilização do reforço generalizado estabelece o controle pelo Sd em detrimento, por exemplo, de estados de privação ou de outra estimulação aversiva, como no caso do operante chamado *mando*. No tato, uma dada resposta "especifica" determinada propriedade do estímulo (Skinner, 1957).

Podemos pensar, por exemplo, que, se um repertório de tatos é bem estabelecido, uma testemunha pode relatar os fatos em um julgamento de acordo com o que ela presenciou na situação do crime, mesmo se estiver sendo ameaçada por contar a verdade. Quando a correspondência com a situação de estimulação é precisa, chamamos a resposta de "objetiva", "válida", "verdadeira" ou "correta" (Skinner, 1957). Vejamos como Skinner (1957, p. 81-82, 85) define essa classe de respostas nesse mesmo texto:

> "Um tato pode ser definido como um operante verbal no qual uma resposta de uma dada forma é evocada (ou ao menos fortalecida) por um objeto ou um evento particular ou por uma propriedade de um objeto ou evento (...) ele funciona em benefício do ouvinte por estender seu contato com o ambiente e, por essa razão, tal comportamento é estabelecido pela comunidade verbal."

O suposto relato "verdadeiro" da testemunha exemplificado é um "tato puro". No entanto, esse tipo de tato acontece muito raramente, pois, em geral, há outros controles que modificam a resposta. No caso em que a testemunha fala a verdade, podemos supor que, se a ameaça fosse intensificada, a probabilidade de ela emitir um "tato puro", de falar a verdade, diminuiria. Segundo Skinner (1957), o

operante verbal chamado de tato estabelece uma ligação entre o comportamento do ouvinte e um relevante estado de coisas. No exemplo anterior, entre o juiz e a situação do crime. Entretanto, a correspondência entre o estado de coisas e o relato verbal pode não ser tão "pura", já que outras variáveis (p. ex., privação) podem passar a controlar o comportamento causando uma distorção no relato. A sentença "meu copo está vazio" pode parecer apenas uma descrição desse estado de coisas, mas também pode funcionar como um pedido velado por água em uma situação em que realizar o pedido de maneira direta poderia ter consequências aversivas.

O controle exclusivo pelo Sd, que ocorre no "tato puro", é de extrema importância para a ciência, pois os cientistas buscam descrever o mundo assim como ele é de fato, isto é, sob controle quase exclusivo dos Sds (esta afirmação pressupõe um realismo quase ingênuo, mas ao menos podemos supor que os diferentes organismos reagem de maneira semelhante aos mesmos eventos, ou seja, existe uma intersubjetividade que possibilita afirmarmos que temos contato com o mesmo mundo físico). O tato é crucial na ciência, pois, a partir da descrição, é possível a previsão e o controle. Talvez por isso Skinner considere que o tato é o operante verbal mais importante (Skinner, 1957).

Nas ciências exatas, temos, *grosso modo*, tatos dos cientistas a respeito de seus achados experimentais. Nas ciências humanas, temos dois níveis de relatos: além do relato do cientista sobre suas pesquisas, muitas vezes o relato verbal dos sujeitos é um dado de pesquisa para o próprio cientista – pois muitos dos eventos estudados são inacessíveis a ele, como em pesquisas sobre comportamento de uso de drogas ilícitas. O pesquisador não pode reproduzir as condições que levam os sujeitos a usar drogas, por isso, faz perguntas a eles, sendo que as respostas a essas questões são tatos dos sujeitos a respeito de seu próprio comportamento. Segundo de Rose (2001, p. 150): "O relato verbal é um tato, sob controle dos aspectos relevantes deste estado de coisas, que permite ao pesquisador fazer inferências sobre este estado de coisas ao qual ele não tem acesso direto". De acordo com esse autor, os relatos podem não ter muita correspondência com o evento relatado por vários motivos: os relatos podem se referir a assuntos considerados tabus; podem também estar sujeitos limitações de acessibilidade, de memória, de atenção etc.; além disso, podem ser deliberadamente distorcidos pelo falante.

No sentido que queremos abordar no presente tópico, poderíamos dizer que a pessoa está "consciente de" algo quando ela emite um tato sob controle desse algo. Utilizamos "emitir um tato", "tatear", "descrever" e "relatar" como sinônimos. Dizemos que temos consciência da crise internacional do capitalismo financeiro quando a descrevemos; que temos consciência ambiental quando conseguimos descrever uma série de eventos e suas consequências para o meio ambiente; que temos consciência de nós mesmos quando conseguimos realizar a auto-observação e a descrição do que é observado, em relação ao próprio comportamento, suas condições e suas consequências.

Também afirmamos, por exemplo, que alguém tem consciência política quando é capaz de descrever, sob controle dos estímulos discriminativos estabelecidos pelo reforço generalizado, eventos chamados de "políticos". Nesse caso, não poderíamos falar em consciência política se o sujeito apenas repete a fala do apresentador de um telejornal em relação a esses eventos políticos, pois tal comportamento não pode ser classificado como um tato e, portanto, não é um exemplo de "consciência política" de acordo com a análise do comportamento. Por outro lado, muito do conhecimento que adquirimos é intraverbal (p. ex., Chaves é presidente da Venezuela); não é simplesmente ecoico. Por essa razão, talvez não possamos falar em consciência nesse último caso (ecoico), mas no primeiro (intraverbal) é possível. Informações desse tipo possibilitam um controle razoável sobre o mundo, mesmo sem ter havido ainda contato com as contingências. É para obter esse tipo de conhecimento que vamos à escola.

Parte do nosso comportamento de descrever refere-se a nós mesmos. É o que Skinner (1957, p. 139) denominou autotatos:

> "Estamos preocupados aqui com autotatos – com comportamento verbal controlado por outro comportamento passado, presente ou futuro do falante. O estímulo pode ou não ser privado. O comportamento autodescritivo é de interesse por várias razões. Somente através da aquisição de tal comportamento o falante torna-se consciente [*aware*] do que e do porquê ele está fazendo ou dizendo."

O papel da comunidade verbal é de extrema importância no estabelecimento desse repertório autodescritivo. Em geral, a comunidade está interessada no que o indivíduo faz, fez, planeja fazer e por quê. Apenas porque o comportamento do indivíduo é importante para a sociedade é que a sociedade o torna importante para o indivíduo (Skinner, 1945/1984, p. 551), ou seja, a comunidade ensina o autotato ao indivíduo de modo que ela

própria possa conhecer, de algum modo, algo que antes era inacessível ou pouco acessível a ela. Ao mesmo tempo, essa aprendizagem poderá trazer vantagens para o indivíduo, conforme será discutido no tópico sobre autocontrole mais à frente.

Como um tipo de tato, o autotato também pode sofrer "distorções". Há experimentos a respeito da correspondência entre comportamento verbal descritivo e comportamento não verbal que é descrito. Esses estudos buscam analisar as circunstâncias nas quais o indivíduo relata o comportamento sob controle do próprio comportamento. Esses experimentos esclarecem que a correspondência é estabelecida por meio das contingências de reforçamento. Ribeiro (1989) descreve um procedimento em que crianças pré-escolares brincavam com alguns brinquedos e posteriormente relatavam se haviam brincado ou não com os brinquedos cujas fotos lhes eram apresentadas. Na linha de base, houve correspondência precisa entre o comportamento verbal e não verbal das crianças, ou seja, entre ter brincado ou não ter brincado com aquele brinquedo e relatar que brincou ou não com aquele brinquedo. Todas as crianças inicialmente descreviam bem o próprio comportamento, falavam a verdade. Posteriormente, o experimentador passou a reforçar as respostas afirmativas das crianças, independente da correspondência. Como resultado, a frequência dos relatos afirmativos aumentou e a correspondência verbal-não verbal diminuiu. Esse experimento demonstrou claramente como respostas que antes da intervenção podiam ser classificadas como autotato passaram a ter função de mando.

As contingências verbais estabelecidas pelos outros levam o indivíduo a se auto-observar e a descrever o que observa, mesmo quando o observado é inacessível aos outros. Segundo Skinner (1969), podemos aprender a relatar eventos que ocorrem sob a pele do falante. Imaginemos perguntas feitas a uma criança de dois anos que começou a chorar: "O que você está sentindo?", "Está doendo em algum lugar?", "O que aconteceu?", "Você se machucou?", "É aqui na barriguinha?", "Quer ir ao banheiro?", e assim por diante. A criança responde de alguma maneira, por exemplo, sinalizando afirmativamente com a cabeça a algumas dessas questões e, a partir disso, o adulto toma alguma providência que tem como consequência, para a criança, a fuga dessa estimulação aversiva que é acessível apenas à própria criança. Esse é um exemplo simples de como a comunidade verbal estabelece contingências que constroem repertório de auto-observação e modelam a descrição. Segundo Skinner (1978), o autoconhecimento apareceu muito tarde na evolução da espécie, pois apenas quando o indivíduo começou a ser questionado sobre seu comportamento e sobre as causas de seu comportamento é que ele começou a se tornar consciente de si nesse sentido.

AUTOCONHECIMENTO

O autoconhecimento é a consciência a respeito de si mesmo. Dizemos que um indivíduo tem autoconhecimento quando é capaz de discriminar e descrever eventos que ocorrem no próprio organismo ou relações estabelecidas entre esse organismo e o mundo. O autoconhecimento não é especial em relação ao método. Ele difere apenas em relação ao seu objeto, conforme explicita Sério (2000, p. 170):

> "O autoconhecimento é apenas o conhecimento no qual o sujeito que produz conhecimento é também o objeto conhecido. A especificação 'auto' refere-se ao objeto do conhecimento e não à forma ou maneira que o conhecimento é produzido. Para o Behaviorismo Radical, o autoconhecimento não é imediato; ao contrário, ele é sempre mediado por outros."

Esses "outros" são a comunidade verbal. A comunidade produz comportamentos autodescritivos ao perguntar: "O que você está fazendo?" ou "Por que você está fazendo isso?" e reforçar apropriadamente as respostas. De início, as respostas que damos às perguntas não devem ser muito acuradas, mas elas vão sendo modeladas conforme a comunidade consiga usar correlatos de eventos privados para reforçar os relatos de maneira contingente. De acordo com Skinner (1969), o comportamento com o qual respondemos a essas questões não pode ser confundido com aquele produzido pelas contingências originais. O comportamento com o qual respondemos tem origem verbal, isto é, não haveria razão para emiti-lo se não fossem as contingências arranjadas pela comunidade verbal.

O repertório de autoconhecimento estabelecido com perguntas como as citadas no parágrafo anterior inclui respostas de auto-observação e respostas autodescritivas (autotatos). A auto-observação inclui observar: as condições em que o comportamento surge, o próprio comportamento e as suas consequências. O autotato é o relato sob controle daquilo que é auto-observado. Enunciando tecnicamente, a auto-observação é uma resposta encoberta que ocorre no mesmo instante em que o comportamento está sendo observado (este comportamento *pode ser público ou não*). A consequência da auto-observação é a exposição do indivíduo aos estímulos produzidos automaticamente por seu próprio comportamento, como exposto anteriormente. Esses estímulos são os S^d para determinadas respostas, inclusive os autotatos, no caso dos humanos. Finalmente, os autotatos são reforçados pela comunidade. Quando a comunidade faz isso, ou seja, quando a comunidade reforça o relato a respeito do próprio comportamento, de suas condições e consequências, ela mantém e fortalece respostas de auto-observação, tendo em vista, em outros termos, que a auto-observação é, ao menos em parte, *precorrente* para o autotato (de Rose, 2001). O seguinte esquema talvez esclareça um pouco mais:

Perguntas da comunidade são S^d para –> *resposta* de auto-observação que produz –> S do próprio comportamento (e de suas condições e consequências) que *são S^d para* –> *resposta* de autotato que produz –> S *reforçador* social.

No caso dos humanos, muitas vezes, os S^d automaticamente produzidos pelo próprio comportamento na resposta de auto-observação servem de S^d para respostas de autotato. As questões feitas pela comunidade são a ocasião na qual o sujeito emite respostas de auto-observação de modo a responder adequadamente às questões, isto é, as questões tornam a autoestimulação discriminativa porque ela passa a ser a ocasião em que o reforço ocorre (*i. e.*, estabelece esse controle de estímulos). Tal discriminação não precisa ser imediatamente acurada, mas vai se refinando na medida em que o controle de estímulos se estabelece, essencialmente da mesma maneira como acontece uma discriminação sobre estímulos públicos. A única questão é que, por serem privadas, essas discriminações talvez não possam ser estabelecidas tão acuradamente, como comentamos.

Quando o S^d, que é consequência da auto-observação, tem correlato público, a descrição pode ser modelada de modo mais preciso. A sudorese e o rubor facial são observáveis tanto para o falante como para o ouvinte. Por outro lado, o "frio na barriga" não o é. Então, temos um problema (Skinner, 1978, p. 72): "A comunidade verbal que nos ensina a fazer distinções entre as coisas do mundo ao nosso redor não possui as informações que ela precisa para nos ensinar a distinguir entre eventos do nosso mundo privado". Skinner (1971) observa que conhecer os eventos privados é mais do que responder a eles; é descrevê-los. Como a comunidade pode, então, construir um repertório de descrição de eventos privados se ela não tem acesso a esses eventos? Segundo Skinner (1957; 1959/1972), há, pelo menos, quatro maneiras de a comunidade, que não tem acesso à estimulação privada do indivíduo, ensiná-lo a responder verbalmente a essa estimulação, e que vamos descrever brevemente.

A primeira delas é o reforçamento contingente a respostas verbais que acompanham eventos públicos vinculados a eventos privados. Exemplificando, quando uma criança se fere no joelho, tem o evento privado da dor e a resposta verbal pública: "Isso dói!" Logo, a comunidade não tem acesso aos eventos privados, mas pode ter acesso a seus correlatos públicos e, a partir deles, modelar o relato do indivíduo. Malerbi e Matos (1982) citam várias pesquisas arranjadas de modo que o relato verbal dos sujeitos a respeito de determinado evento privado fosse modelado pelo experimentador a partir de eventos públicos correlatos acessíveis inicialmente apenas ao experimentador. As autoras citam estudos a respeito do nível de álcool no sangue, da pressão arterial, da frequência cardíaca, entre outros. Em uma dessas pesquisas, pedia-se aos sujeitos que relatassem as alterações em seus batimentos cardíacos e a coincidência entre tais alterações e alguns estímulos apresentados na situação experimental. As experimenta-doras registravam as alterações da frequência cardíaca em um eletrocardiograma. Como resultado, obteve-se que, inicialmente, não havia correspondência entre as alterações medidas pelo eletrocardiograma e os relatos dos sujeitos. Posteriormente, o experimentador indicava aos sujeitos a correspondência entre os seus relatos sobre a frequência cardíaca e a própria frequência cardíaca. Esse procedimento pode ser entendido como um treino discriminativo. Esse treino levou os sujeitos a aumentarem a precisão do relato a respeito da sua frequência cardíaca. Podemos tomar esse experimento como exemplo de como a comunidade verbal, ao modelar o autotato do sujeito a partir de correlatos públicos dos eventos privados, modela também as respostas de auto-observação que têm como consequência os estí-mulos que são "tateados", descritos, relatados.

Em uma segunda maneira descrita por Skinner, de acordo com a qual a comunidade ensina o indivíduo a falar sobre eventos privados, "a comunidade infere o estímulo privado, não a partir de estímulos públicos que o acom-panham, mas de respostas colaterais, geralmente incon-dicionadas e, no mínimo, não verbais (mão no maxilar, expressões faciais, gemidos etc.)" (Skinner, 1959/1972, p. 375). O sujeito que permanece com a mão no maxilar pode ser questionado: "Você está com dor de dente?", e sua resposta, por exemplo, "é o dente do ciso que está nascendo", será reforçada.

Em uma terceira estratégia, a comunidade modela o indi-víduo a falar sobre seus comportamentos públicos, abertos, observáveis. Desse modo, o indivíduo pode descrever os mesmos comportamentos quando eles ocorrerem no nível privado, por exemplo, em um sonho. Somos ensinados a retroceder muitos de nossos comportamentos ao nível privado, ao fazermos contas de cabeça ou deixarmos de ler em voz alta, por exemplo.

A última maneira seria aquela em que, por indução, uma resposta adquirida e mantida em conexão com estí-mulos públicos pode ser emitida em resposta a eventos privados. Neste caso, os estímulos públicos e os privados têm propriedades em comum. Então, os eventos privados são descritos por meio de metáforas. A pessoa pode relatar eventos internos usando expressões como tristeza aguda, estômago embrulhado ou peso na consciência, por exemplo. Nesses casos, a comunidade reforça respostas a eventos privados que guardem alguma relação com os eventos públicos. Como todas essas 4 estratégias não esta-belecem um grau acurado de precisão, Skinner afirma que o sujeito não consegue conhecer claramente a si mesmo (Skinner, 1959/1972).

Podemos afirmar, então, que o autoconhecimento é constituído socialmente, pois o produto da auto-obser-vação torna-se, por meio de contingências estabelecidas pela comunidade, S^d para o relato. De acordo com Abib (2007, p. 64): "com o comportamento verbal, descreve-se um mundo e um sujeito constituído pela linguagem de uma cultura. Uma descrição dessa natureza não signi-fica representação, significa constituição". Portanto, sob a ótica da análise do comportamento, "embora estranho, é a comunidade que ensina o indivíduo a 'conhecer a si mesmo'" (Skinner, 1957, p. 134), e podemos concluir que "a consciência é um produto social" (Skinner, 1971, p. 192), conforme analisado.

AUTOCONTROLE

Skinner (1969, p. 244) afirma que estamos conscientes do que estamos fazendo quando descrevemos a topografia de nosso comportamento. Mas só estamos conscientes das razões de nosso comportamento quando descrevemos as variáveis relevantes e os aspectos importantes da ocasião ou do reforçamento, isto é, sabemos por que agimos deste ou daquele modo quando conseguimos descrever funcio-nalmente as relações que existem entre o comportamento em questão e o ambiente. Ao descrevermos essas relações, facilitamos a intervenção sobre o que controla nosso comportamento. A partir dos autotatos, podemos construir regras, as quais podem ser utilizadas para controlar o nosso próprio comportamento.

Uma pessoa que tomou consciência de si por meio de perguntas que lhe foram feitas pela comunidade está em melhor posição para prever e controlar seu próprio comportamento (Skinner, 1974/1976, p. 35). Como na ciência, se conseguirmos descrever, poderemos prever e controlar. Se conheço, se tenho consciência de algumas das variáveis que controlam meu comportamento de fumar, por exemplo, tenho mais chances de modificar essas variáveis, estabelecendo o autocontrole. Com o autoconhecimento, o sujeito pode construir autorregras que, por sua vez, promovem o autocontrole. No caso do fumante, ele pode se tornar consciente de que, sempre que toma café, acende um cigarro. A partir desse autoconhecimento, ele poderá criar a seguinte autorregra: deixar o maço de cigarros guardado quando for tomar café. Esse procedimento diminui a quantidade de cigarros que ele fuma por dia, e dizemos, então, que ele adquiriu um certo autocontrole sobre seu comportamento de fumar.

Para Micheleto e Sério (1993), a discussão sobre se o homem é sujeito ou objeto na psicologia de Skinner[9] leva à questão do autocontrole e, consequentemente, do autoconhecimento, que, segundo as autoras, é sinônimo de consciência (p. 19). O argumento é que o homem consciente seria capaz de planejamento e autogoverno, o que o torna sujeito. Nesse momento, ele encontra a possibilidade de arbitrar sobre os seus determinantes, construir as próprias regras e segui-las. Skinner (1971, p. 194-195) afirma que o autocontrole é um tipo especial de solução de problemas. E, mesmo quando os problemas estão no mundo privado, é sempre o ambiente que seleciona o comportamento que os soluciona.

A partir disso, podemos analisar por que, em épocas de regimes políticos totalitários, como o de 1964 a 1984 no Brasil, ocorrem situações em que certas autoridades impedem a divulgação de descrições de fatos sob controle dos próprios fatos. Isso prejudica a "consciência de mundo". Um exemplo literário em que a consciência é prejudicada por causa das contingências sociais está presente no livro *1984*, de George Orwell. Ele conta a história de um povo que, entre outros acontecimentos, tem a sua própria história reinventada por agências governamentais de acordo com o benefício que essas alterações proporcionarão ao governo. Assim, os cidadãos nunca estão conscientes do que de fato ocorreu no passado e, portanto, não podem agir sobre seus próprios determinantes. É preciso observar, porém, que a consciência é necessária, mas não suficiente para o autocontrole. Existe a possibilidade de as variáveis estarem inacessíveis ou de o indivíduo não ter repertório suficiente para, mesmo ciente da sua situação, gerenciar-se por meio da manipulação das variáveis das quais seu comportamento é função. Muitas vezes, são necessárias regras externas, como a de um terapeuta, para se estabelecer o autocontrole.

COMPORTAMENTO INCONSCIENTE

Inicialmente, todos os nossos comportamentos são inconscientes. A descrição acontece *a posteriori* e é, como vimos, estabelecida pela comunidade. As contingências são efetivas a despeito de se o sujeito as observa e analisa. Por isso, todo o comportamento é basicamente inconsciente no sentido de que é modelado e mantido pelas contingências. O que nos restaria, então, como problema não é o inconsciente, mas sim a consciência (Skinner, 1969). Então, esse inconsciente, primeiro, não seria problemático, se considerarmos que a comunidade cumprirá seu papel e estabelecerá a consciência.

O segundo tipo de comportamento inconsciente que pode ser descrito pela análise do comportamento é semelhante ao inconsciente reprimido, conforme encontramos na obra de Freud (1888). Ele ocorre basicamente como produto de práticas coercitivas, pois o reforço social que estabelece e mantém a auto-observação e a descrição pode simplesmente não ocorrer ou pode, em alguns casos, ser substituído por práticas punitivas, condição que levaria ao seguinte quadro: o próprio relato passa a produzir autoestimulação aversiva, que é cancelada ou evitada por outros comportamentos. Consequentemente, o relato pode retroceder ao nível privado e supomos que pode deixar de ser emitido até mesmo no nível privado, e mesmo as respostas de auto-observação podem não mais surgir, dependendo da gravidade, do tempo de início e da frequência da punição. Nesse caso, é lícito o paralelo com o inconsciente recalcado da teoria freudiana.

Conforme vimos, a consciência pode envolver a capacidade de relatar a própria ação ou os sentimentos que a

---

[9]A possibilidade da defesa de um homem-sujeito em contraposição a um homem-objeto já havia sido inaugurada com a definição fundamental de comportamento operante, como aquele comportamento que age, que opera sobre o meio. Como afirma Skinner (1957) na primeira frase do Verbal Behavior: "Os homens agem sobre o mundo, e o modificam, e são, por sua vez, modificados pelas consequências de suas ações" (p. 1).

antecedem e, em um nível bem mais elaborado e mais difícil de atingir, o dar-se conta das razões do próprio comportamento. Nesse último caso, Skinner sustentaria, como Freud, que os seres humanos frequentemente não têm consciência da razão de sua conduta e, comumente, admitem razões distorcidas em virtude da repressão ou outras formas de controle que têm origem no meio social. Skinner (1953, pp. 289- 291) descreve este processo em detalhes:

> "Punição torna aversivos os estímulos gerados pelo próprio comportamento. Qualquer comportamento que reduza tal estimulação é reforçado automaticamente. Entre os tipos de comportamento que mais provavelmente geram estímulos aversivos condicionados como resultado de punição está o comportamento de observar o ato punido ou de observar a ocasião para este ato ou qualquer tendência para executá-lo. Como resultado de punição, não apenas nos engajamos em outro comportamento que exclui as formas punidas, nos engajamos em outro comportamento que exclui o conhecimento do comportamento punido (...). Isto pode começar simplesmente como 'não gostar de pensar' no comportamento que levou às consequências aversivas. Pode, então, passar para o estágio de não pensar nele e, finalmente, atingir o ponto no qual o indivíduo nega ter se comportado de determinada maneira diante de prova do contrário."

Grande parte das práticas culturais se fundamenta no controle aversivo. Skinner (1969) explicita que algumas das contingências culturais mais poderosas para provocar consciência envolvem punição, como quando se culpa alguém por ter feito algo. Como resultado, comportamento similar ou que tenha consequências similares pode causar estímulos aversivos condicionados, possivelmente sentidos como culpa ou vergonha. Isso pode impedir que a pessoa "adquira" consciência, isto é, pode impedir que ela desenvolva repertório de auto-observação e de autodescrição, conforme esperamos ter elucidado ao longo deste capítulo.

AUTOCONHECIMENTO E PSICOTERAPIA

É possível que a comunidade não tenha estabelecido as contingências necessárias para produzir autoconheci-

mento. É possível também que práticas coercitivas tenham eliminado o autoconhecimento em alguns aspectos. Nos dois casos, por falta de repertório de autoconhecimento, o indivíduo não consegue criar autorregras em determinadas situações e, por isso, não consegue estabelecer o autocontrole. Nesses casos, ele poderá buscar ajuda na terapia.

Alguns clientes dizem ao terapeuta que não têm muitos problemas, mas que pretendem "se conhecer melhor". Isso pode significar que o seu déficit em relação ao autoconhecimento é de tal magnitude que ele nem mesmo discrimina por que procurou terapia, ou seja, mesmo as respostas de auto-observação foram suprimidas por práticas coercitivas ou nunca estabelecidas. Em geral, podemos supor que há algum sofrimento, alguma situação na vida do cliente que lhe é aversiva. Ir à terapia é um modo de fuga ou de esquiva. Também é possível que o cliente que afirma não ter problemas e que seu objetivo é se conhecer melhor pode ser capaz de dizer por que procurou terapia, mas não o faz ao terapeuta. Neste caso, existem as respostas de auto-observação, mas o autotato foi suprimido provavelmente também por um histórico de controle aversivo, coercitivo. Então, dizemos que o cliente pode estar inconsciente em dois sentidos: no primeiro, as contingências estabelecidas por sua comunidade verbal foram insuficientes para estabelecer repertório de autoconhecimento; no segundo, contingências aversivas estabeleceram a diminuição de repertórios autodescritivos e até mesmo de respostas de auto-observação (este seria o inconsciente reprimido).

É coerente supor que o objetivo da terapia é o autoconhecimento? Em parte, sim (de Rose, 2001). Considerando que o autoconhecimento habilita o sujeito a analisar as relações funcionais dos próprios comportamentos e, a partir disso, construir autorregras que proporcionem maiores efetividade e contato com consequências reforçadoras, é possível afirmar que um dos principais objetivos da psicoterapia é estabelecer um repertório de autoconhecimento no cliente.

De acordo com Skinner (1989, p. 46), a psicoterapia é um espaço para aumentar a auto-observação, para "trazer à consciência" aquilo que é feito e suas razões. Isso ocorre porque, durante a terapia, o cliente é solicitado a falar sobre o que está fazendo e por que o faz. Como indicado, o reforço contingente a respostas de autodescrição aumenta, consequentemente, a probabilidade de emissão de respostas de auto-observação. Quando o terapeuta reforça as descrições do cliente a respeito de seus comportamentos, respostas de auto-observação, necessárias e anteriores à descrição, também são fortalecidas. Como resultado do processo terapêutico, o cliente pode se tornar consciente de determinados aspectos de sua vida por ter sido exposto a contingências que produziram discriminações em relação ao seu próprio repertório de comportamentos, aos seus eventos privados e à relação estabelecida entre esses comportamentos, sentimentos, sensações e o meio.

Um aspecto importante a ser considerado na terapia é o fato de que, muitas vezes, diz-se que o cliente não está preparado para ter consciência de determinados eventos de sua vida. Isso quer dizer que, se o terapeuta "der consciência", ou seja, descrever os comportamentos do cliente e suas relações funcionais, ou mesmo levar o cliente a se auto-observar, mas não selecionar outro repertório para o cliente lidar com isso, o cliente pode entrar em desamparo. Como exemplo simples, podemos imaginar um cliente inserido em uma comunidade que pune pessoas com determinada orientação afetiva e que o cliente é uma dessas pessoas. Podemos supor que ele pode não estar consciente de sua orientação afetiva por causa do histórico de punição, que teve como consequência que qualquer comportamento em direção a essa orientação afetiva causava autoestimulação aversiva condicionada, cuja retirada reforçava negativamente comportamentos incompatíveis com essa orientação. O terapeuta pode ser capaz de descrever esses fatos e suas análises. Se o terapeuta apressadamente apresentasse, direta ou indiretamente (neste caso, modelando repertório de auto-observação), ao cliente que sua orientação afetiva não está de acordo com a orientação valorizada na comunidade, poderíamos supor que: ou o cliente negaria veementemente o fato, caso não tivesse nenhum repertório de auto-observação em relação a isso; ou o cliente entraria em desamparo, pois ele não teria repertório adequado de esquiva de tal situação aversiva. Aliás, esse é um dos principais motivos de ele procurar terapia.

Nesse caso, o terapeuta pode, então, estabelecer regras para o cliente de modo que ele entre em contato com contingências que estabeleçam a auto-observação em determinadas situações e a autodescrição (mais próxima possível do tato puro). Além disso, o terapeuta pode agir como uma comunidade verbal não punitiva, de modo que os comportamentos de descrever do cliente, a partir daquelas auto-observações, possam surgir aos poucos. Os reforçadores fornecidos pelo terapeuta precisam ser os mais generalizados possível, para que o relato do cliente fique sob controle do S^d exclusivamente. De acordo com Skinner, a psicoterapia é uma agência de controle cuja prática principal é funcionar como audiência não punitiva,

fazendo com que os comportamentos do cliente punidos pela comunidade possam emergir (Skinner, 1953) e, não sendo punidos, que se estabeleçam as condições para que a análise funcional seja feita.

Assim, quando o cliente começar a descrever seus comportamentos e as relações funcionais que eles estabelecem, ou seja, começar a ter consciência de que não está de acordo com a orientação afetiva mais valorizada socialmente, o terapeuta precisa manter esses relatos por meio de reforçadores sociais generalizados. Podemos imaginar que o cliente evolui bastante na terapia e já consegue descrever grande parte daquilo que antes estava "reprimido". Um passo adiante e bastante complexo seria: como estabelecer um novo repertório social fora da sessão? Como se esquivar das punições da comunidade verbal? Tal análise já está além do escopo do presente capítulo.

Resta ainda uma importante questão: e o autoconhecimento do terapeuta? O terapeuta precisa fazer terapia? O terapeuta consciente seria aquele que consegue identificar o que sente pelo cliente e pela sua problemática e por que o sente. Sabe ainda como se comporta e por que o faz, em função de sua história de contingências, estando, assim, mais bem preparado para conduzir a relação terapêutica do que outro com pouco autoconhecimento.

Considerando que a situação terapêutica é composta basicamente por episódios verbais, nos quais terapeuta e cliente alternam papéis de falante e ouvinte, no sentido de que um provê estímulos para o outro, os quais constroem a interação, a função desses estímulos pode variar enormemente de acordo com a história de contingências de cada um dos participantes dessa interação. Por isso, o autoconhecimento é importante enquanto repertório do próprio terapeuta, pois possibilita que ele analise essas funções na interação, por meio da auto-observação, manejando os estímulos de modo mais eficiente.

Ou seja, o terapeuta precisa estar consciente, precisa ser capaz de descrever as funções que os estímulos fornecidos por cliente e terapeuta apresentam na interação em situação terapêutica. Nesse sentido, parte desse repertório refere-se ao autoconhecimento: o terapeuta saber quais funções que determinados estímulos têm para ele próprio. De acordo com Vandenberghe (2008), os sentimentos e as reações do terapeuta na sessão podem conter importantes dicas a respeito das contingências que operam nessa relação com o cliente. E o terapeuta precisa comparar essas contingências com aquelas que ocorrem na vida do cliente fora da sessão. Nesse sentido, o papel do terapeuta é realizar uma análise funcional e não necessariamente topográfica.

O terapeuta autoconsciente saberá discriminar entre as funções que determinadas ações do cliente têm em sua comunidade verbal de origem e na comunidade verbal que é o próprio terapeuta. Suponhamos outro exemplo: o cliente mantém um relacionamento afetivo extraconjugal e procurou a terapia por causa de desentendimentos constantes com a pessoa com a qual mantém esse relacionamento. Suponhamos também que, na história de vida do terapeuta, o fato de alguém ter amante é severamente punido. Se o terapeuta não tem repertório de autoconhecimento em relação a isso, ele pode, por exemplo, trabalhar com a hipótese de que o cliente está infeliz por ter uma amante e não pelas características específicas do relacionamento com essa amante (considerando que com outra amante ele poderia não ter problemas).

CONCLUSÃO

Tradicionalmente, a consciência é entendida como a experiência subjetiva que temos a partir de nosso contato com o mundo, cuja ocorrência requer um mundo mental de dimensões não físicas e que pode ser acessada diretamente e estudada por meio da introspecção. No entanto, pela interpretação comportamental que apresentamos, o que é percebido em uma introspecção não é a mente ou uma coisa mental, mas o próprio corpo do observador (incluindo os estímulos produzidos de maneira automática por seu próprio comportamento), e o conhecimento obtido dessa maneira talvez não seja confiável, pois os procedimentos de ensino de discriminação de eventos privados de que as comunidades dispõem não são tão precisos como se poderia desejar. O chamado "conteúdo consciente" também pode ser entendido em termos de controle de estímulo e estudado em laboratório por meio de experimentos de discriminação, muito embora o cientista só tenha acesso ao comportamento do organismo e não às suas experiências subjetivas diretamente (*i. e.*, o cientista do comportamento não tem como saber que houve uma discriminação até que o organismo se comporte de maneira diferencial com relação ao estímulo discriminado).

O comportamento é, em boa medida, inconsciente, porque não podemos nos observar e descrever sempre que nos comportamos, e também porque as contingências de reforço a que estamos submetidos continuam sendo efetivas mesmo quando não temos conhecimento delas. Não precisamos estar conscientes das causas de nossas ações para que essas causas sejam efetivas (Skinner, 1971, p. 193). De acordo com o autor (Skinner, 1959/1972, p. 247):

> "Começamos por atribuir os comportamentos do indivíduo a eventos na sua história genética e ambiental. Então notamos que, por causa de certas práticas culturais, o indivíduo pode vir a descrever alguns desses comportamentos e algumas de suas relações causais. Podemos dizer que ele está consciente das partes que ele consegue descrever e inconsciente do resto."

Para que haja comportamento consciente, porém, é preciso que exista uma comunidade verbal que estabeleça os repertórios especiais de auto-observação e de autodescrição, porque as situações naturais em que esses comportamentos são reforçados são raras. Uma pessoa geralmente aprende a se discriminar respondendo a perguntas que os membros da comunidade fazem sobre ela mesma, e o controle que a estimulação originada no corpo da própria pessoa exerce sobre seu comportamento descritivo torna-se mais acurado conforme as consequências são aplicadas contingentemente (como em qualquer discriminação). A privacidade dos eventos relatados é uma dificuldade a ser contornada nesse processo e impõe limites para o conhecimento obtido dessa maneira, tanto para a comunidade como para a própria pessoa. Assim, a comunidade ensina o indivíduo a falar de coisas às quais ele mesmo não tem acesso, o que diminui sobremaneira a precisão do relato.

Por fim, um outro tipo de autoconhecimento (distinto da autodiscriminação) surge quando a pessoa adquire repertório verbal, pois então o que ela faz pode ser descrito por ela mesma e pelos outros; e esses relatos podem ser facilmente transformados em regras que, empregadas como antecedentes, servem para dirigir seu comportamento em situações novas (em que o indivíduo tem pouca ou nenhuma exposição a contingências similares) e melhorar suas habilidades de autogerenciamento – o que tem grande campo de aplicação nos assuntos humanos. Afirmamos que a consciência é requisito para o autocontrole, fundamental para a autodeterminação em vários aspectos, conforme analisado neste capítulo: em relação à política, à ciência, à psicoterapia e a muitos outros. Logo, para termos uma política promissora, uma ciência eficaz e uma psicoterapia que se faça desnecessária o mais rápido possível (*i. e.*, que leve seu cliente à independência do terapeuta), é preciso que se estabeleça um comportamento o qual denominamos "consciência".

Ressaltamos ao longo de todo o capítulo o papel da comunidade na seleção de repertórios de auto-observação e de descrição daquilo que se observa. Nesse sentido, a consciência tem origem social. Por isso, diferentes sociedades estabelecem consciências diferentes. Segundo Skinner (1974/1976, p. 186):

> "Diferentes comunidades geram tipos e quantidades diferentes de autoconhecimento e diferentes maneiras de uma pessoa explicar-se a si mesma e aos outros. Algumas produzem a pessoa profundamente introspectiva, introvertida ou voltada para dentro; outras produzem o extrovertido sociável. Umas produzem as pessoas que só agem após cuidadosa consideração das possíveis consequências; outras, os tipos imprudentes e impulsivos. Certas comunidades produzem pessoas particularmente conscientes de suas reações à arte, música ou literatura; outras, de suas relações com aqueles que as cercam. As perguntas feitas pelos psicólogos mentalistas e as feitas pelos behavioristas naturalmente produzem diferentes espécies de autoconhecimento. As perguntas feitas pelos primeiros acentuam como uma pessoa se sente acerca das coisas."

Considerando o que se discutiu neste capítulo, poderíamos então falar em dois tipos de comportamento inconsciente na análise do comportamento. Temos um inconsciente inicial, um inconsciente primeiro, pois em princípio não descrevemos nada até que sejamos ensinados pela comunidade verbal. Um segundo tipo seria o inconsciente reprimido, não descrito por causa de um histórico de coerção (controle aversivo: reforço negativo e/ou punição).

Além disso, é possível aproximar, de algum modo, consciência e liberdade. Vejamos: Skinner definiu 3 circunstâncias em que dizemos que somos livres (Skinner, 1968/2003). A primeira diz respeito ao controle por reforçamento positivo; quando agimos sob controle de reforçamento positivo, agimos com prazer e nos sentimos livres; acima de tudo, não nos revoltamos, nem fugimos do controle, nem estabelecemos um contra-ataque. O segundo tipo de liberdade refere-se à liberdade de consequências positivas imediatas que levariam a consequências aversivas atrasadas, como o uso de drogas, por exemplo. Um último tipo de liberdade analisado pelo autor provém da autoconfiança. Isso ocorre quando o indivíduo age menos por regras estabelecidas por outras pessoas e mais por contingências com relação às coisas. Talvez possamos supor a consciência, conforme analisada neste capítulo, sob a interpretação do Behaviorismo Radical, como um quarto tipo de liberdade, pelo fato de possibilitar a ação do indivíduo sobre os determinantes de seu próprio comportamento.

Vimos como a história de exposição às contingências pode alterar o modo como vemos as coisas e também maneiras como o autoconhecimento pode ser adquirido. Porém, isso ainda não é o fim da discussão sobre a consciência, e levantamos algumas questões de início que ainda permanecem em aberto (o que é de se esperar, pois trata-se de um assunto controverso e bastante estudado atualmente). As neurociências certamente devem ter um papel importante na explicação do assunto, até porque uma análise comportamental não é capaz de vencer a privacidade da experiência subjetiva – mas tenta lidar com ela de maneira indireta tanto conceitualmente (em que regularidades observadas publicamente são extrapoladas ao nível privado) como experimentalmente (por meio de experimentos de discriminação como os citados) – e resta esperar que o avanço das técnicas de instrumentação neurofisiológica possam progredir e fornecer novas pistas sobre essas ocorrências privadas. A história ambiental também tem um papel nessa explicação, o que coloca a interpretação comportamental que apresentamos como uma proposta viável do estudo científico de ao menos alguns aspectos da consciência, e com perspectivas promissoras, com destaque para as aplicações práticas imediatas a assuntos relacionados com a questão do autoconhecimento.

REFERÊNCIAS BIBLIOGRÁFICAS

Crick FH. *The astonishing hypothesis: the scientific search for the soul.* New York: Scribners, 1994.

Dymond S, Barnes D. Behavior-analytic approaches to self-awareness. *The Psychological Record, 41,* 181-200, 1997.

Epstein R, Lanza RP, Skinner BF. Symbolic communication between two pigeons. *Science, 207,* 543-545, 1980.

Epstein R, Lanza RP, Skinner BF. "Self-awareness" in the pigeon. *Science, 212,* 695-696, 1981.

Freud S. Histeria. In: Freud S. *Obras completas.* Buenos Aires: Amorrortu Editores, v. 1, pp. 41-63, 1888.

Gallup Jr. GG. Chimpanzees: self-recognition. *Science, 167,* 86-87, 1970.

Gallup Jr. GG. Self-recognition in primates: a comparative approach to the bidirectional properties of consciousness. *American psychologist, 32,* 329-338, 1970.

Gallup Jr. GG, Anderson JR, Shillito DJ. The mirror test. In: Bekoff M, Allen C, Burghardt GM (Orgs.). *The cognitive animal.* Cambridge & London: The MIT Press, pp. 325-333, 2002.

Güzeldere G. The many faces of consciousness: a field guide. In: Block N, Flanagan, Güzeldere (Orgs.). *The nature of consciousness: philosophical debates.* Cambridge & London: The MIT Press, pp. 1-67, 1997.

James W. *The principles of psychology.* Cambridge: Harvard University, 1983. (Originalmente publicado em 1890.)

Lattal KA. Reinforcement contingencies as discriminative stimuli. *Journal of the Experimental Analysis of Behavior, 23,* 241-246, 1975.

Lubinski D, Thompson T. An animal model of the interpersonal communication of interoceptive (private) states. *Journal of the Experimental Analysis of Behavior, 48,* 1-15, 1987.

Micheletto N, Sério TMAP. Homem: objeto ou sujeito para Skinner? *Temas em Psicologia, 1,* 11-21, 1993.

Platão. *Diálogos: Teeteto, Crátilo.* Belém: Editora Universitária UFPA, 2001.

Pliskoff SS, Goldiamond I. Some discriminative properties of fixed ratio performance in the pigeon. *Journal of the Experimental Analysis of Behavior, 9,* 1-9, 1966.

Prado Jr. B (Org.). *Filosofia e Comportamento.* São Paulo: Brasiliense, 1982.

Reynolds GS. Discrimination and emission of temporal intervals by pigeons. *Journal of the Experimental Analysis of Behavior, 9,* 65-68, 1966.

Ribeiro AF. Correspondence in children's self-report: tacting and manding aspects. *Journal of the Experimental Analysis of Behavior, 51,* 361-367, 1989.

Savage-Rumbaugh ES, Rumbaugh DM, Boysen S. Symbolic communication between two chimpanzees (pan troglodytes). *Science, 201,* 641-644, 1978.

Seager W. *Theories of consciousness: an introduction and assessment.* London e New York: Routledge, 1999.

Seligman MEP. *Desamparo: sobre depressão, desenvolvimento e morte.* São Paulo: Hucitec/Edusp, 1977.

Sério TMAP. O impacto do Behaviorismo Radical sobre a explicação do comportamento humano. In: Guilhardi HJ (Org.). *Sobre comportamento e cognição: expondo a variabilidade.* Santo André: ARBytes, v. 7, pp. 164-172, 2000.

Shimp CP. The local organization of behavior: dissociations between a pigeon's behavior and self-reports of that behavior. *Journal of the Experimental Analysis of Behavior, 39,* 61-68, 1983.

Skinner BF. *About behaviorism.* New York: Alfred A. Knopf, 1974.

Skinner BF. *Contingencies of reinforcement.* New York: Meredith Corporation, 1969.

Skinner BF. *Cumulative record.* 3. ed. New York: Meredith Corporation, 1972. (Originalmente publicado em 1959.)

Skinner BF. *Questões recentes na análise comportamental.* Campinas, SP: Papirus, 1995. (Originalmente publicado em 1989.)

Skinner BF. *Science and Human Behavior.* New York: The MacMillan Company, 1953.

Skinner BF. *Upon Further Reflection.* New Jersey: Prentice-Hall, 1987.

Skinner BF. *Verbal Behavior.* New York: Appleton-Century-Crofts, 1957.

Souza AS, Abreu-Rodrigues J. Autoconhecimento: contribuições da pesquisa básica. *Psicologia em estudo, 12,* 141-150, 2007.

Vandenberghe L. Culture-sensitive functional analytic psychotherapy. *The Behavior Analyst, 31,* 67-79, 2008.

Watson JB. *Behaviorism.* 6. ed. New Brunswick e London: Transaction Publishers, 2007.

Índice Alfabético

A

Abstração, 107
Alegria, 95
Amor, 96
Análise do comportamento, 1-18
- motivação do comportamento, 78
- operante patológico, 160
- personalidade, 146
- psicopatologia, 159
Anfetamina, 159
Ansiedade, 96
Aprendiz experiente, 34
Aprendizagem, 20-40
- comportamento
- - operante, 22
- - respondente, 22
- condicionamento
- - operante, 26
- - respondente, 24
- definição, 20
- ensino formal, 38
- *imprinting*, 32
- indireta, 32
- *insight*, 37
- instrução, 33
- *learning set*, 37
- princípio unificado do reforço, 30
- processos básicos, 24
- vicariante, 32
Atenção, 42-53
- perceber, relação, 48
Auto-observação, 195
Autoconhecimento, 200
- psicoterapia, 203
Autoconsciência, 195
Autocontrole, 201
Autodiscriminação de estímulos privados, 197
Autorreconhecimento no espelho, 196

B

Behaviorismo, 1
- radical, 2
- - causalidade, 7

- - concepção de homem, 11
- - explicação, 7
- - linguagem, 100
- - pensamento, 121
- - sentimentos, 94
- - vicissitudes, 3
- surgimento, 1

C

Ciência do comportamento, 12
- controle, 16
- método de pesquisa, 17
- objeto de estudo da análise do comportamento, 13
- previsão, 15
- unidade básica de análise, 14
Classes de equivalência, 35
Comportamento, 22
- análise, 1-17
- - agentes internos, 10
- - controle, 16
- - método de pesquisa, 17
- - motivação do comportamento, 78
- - objeto de estudo, 13
- - personalidade, 146
- - previsão, 15
- - unidade básica, 14
- descritivo, 197
- inconsciente, 202
- operante, 22
- reflexo patológico, 157
- respondente, 22
Condicionamento
- operante, 26
- respondente, 24
- sentimentos, relação, 91
Consciência e autoconhecimento, 188-207
- auto-observação e autoconsciência, 195
- autocontrole, 201
- autodiscriminação de estímulos privados, 197
- autorreconhecimento no espelho, 196
- comportamento descritivo, 197
- conteúdo consciente, 191
- discriminação condicional do próprio
  comportamento, 195

- eventos privados, 190
Conteúdo consciente, 191
Controles verbais
- audiência, 109
- complexos, 107
- comportamento não verbal, 110
Criatividade, 124
Culpa, 96
Cultura, 167-187
- conceito de terceiro nível de variação e seleção, 169
- liberdade, 180
- planejamento, 178
- unidades de análise, 173
- valor de sobrevivência no terceiro nível seletivo, 177

D

Desenvolvimento humano, 129-141
- atípico, 49
Discriminação, 28
- condicional do próprio comportamento, 195
Distorções da memória, 66
Dualismo, 117

E

Epinefrina, 159
Esquecer, 61
Esquecimento, teorias, 58
- deterioração, 59
- esquemas, 61
- estudos de Ebbinghaus, 58
- falha na recuperação, 61
- interferência, 59
- neurológica, 61

F

Frustração, 95

G

Generalização primária, 35
Glicose, 159

Índice Alfabético

H

Histamina, 159
Hiperglicemia, 159
Hipoglicemia, 159
Homeostase, 159
Homossexual, comportamento, 165

I

Imprinting, 32
Insight, 37
Insulina, 159
Introspecção, 194

L

Learning set, 37
Lembrar e esquecer, 61
- aprendendo a lembrar, 63
- influências, 66
Linguagem, 100-113
- controles verbais
- - audiência, 109
- - complexos, 107
- - comportamento não verbal, 110
- controles verbais complexos, 107
- proposta behaviorista para estudo, 100
- proposta comportamental para estudo, 101
- relações verbais, 103
- - autoclíticos, 106
- - formais, 103
- - temáticas, 104

M

Maconha, 165
Mando
- mágico, 108
- supersticioso, 108
Medo, 96
Memória, 56-71
- análise do comportamento, 70
- aprendizagem, aprendendo a lembrar, 63
- curto prazo, 58
- distorções, 66
- esquecimento, teorias, 58
- explícita, 58
- implícita, 58
- lembrar e esquecer, 61
- longo prazo, 58
- melhora, 67
- remota, 58
- trabalho, 57

Metacontingência, 171
Modelagem e encadeamento de respostas, 35
Monismo, 117
Morfina, 159
Motivação, 74-87
- análise do comportamento, 76
- diferentes usos na psicologia, 75
- - disposicional, 75
- - função adverbial, 76
- operações estabelecedoras, 82
- - condicionada
- - - reflexiva, 85
- - - substituta, 85
- - - transitiva, 85
- - taxonomia, 83

N

Natureza e relação com o comportamento, 88
Nicotina, 159

O

Operações estabelecedoras condicionadas
    das motivações, taxonomia, 83
- reflexiva, 85
- substituta, 85
- transitiva, 85
Operantes verbais, 103

P

Pensamento, 116-127
- criatividade, 124
- problemas
- - conceito de mente e com a equivalência
    mente-cérebro, 118
- - relação pensamento/comportamento encoberto
    ou comportamento verbal, 119
- teoria behaviorista radical, 121
Percepção, 42-53
- atenção, relação, 48
Personalidade, 144-153
- análise do comportamento, 146
- aspectos
- - aprendidos, 148
- - herdados, 147
- - verbais, 150
- perspectiva tradicional do conceito, 145
Prestar atenção, 45
Princípio unificado do reforço, 30
Psicopatologia, 154-165
- análise do comportamento, 159

- comportamento verbal do cientista, 164
- controle aversivo na determinação
    de comportamentos psicopatológicos, 156
- definição, 156
- fontes do comportamento psicopatológico, 157

R

Raiva, 95
Relações verbais
- formais, 103
- temáticas, 104

S

Sentimentos, 88-99
- alegria, 95
- amor, 96
- ansiedade, 96
- aprender a prestar atenção neles, 91
- condicionamentos, 91
- culpa, 96
- definição, 91
- descrição de alguns sob a perspectiva behaviorista
    radical, 94
- diferenças entre os outros, 94
- frustração, 95
- medo, 96
- natureza e relação com o comportamento, 88
- pesquisa e aplicação, 97
- raiva, 95
- relato, 92
- tristeza, 95
- vergonha, 96

T

Tato
- distorcido, 109
- genérico, 108
- metafórico, 108
- metonímico, 108
- nomeação, 108
- solecista, 108
Tristeza, 95

U

Unidades de análise no âmbito da cultura, 173

V

Vergonha, 96